经济学文库

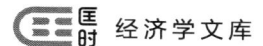

劳动禀赋时空异质性与我国种植业结构调整

吴方卫　康姣姣　闫周府　著

The Adjustment of Planting Structure
in China Under Space-temporal Heterogeneity
of Labor Endowment

上海财经大学出版社

图书在版编目(CIP)数据

劳动禀赋时空异质性与我国种植业结构调整/吴方卫,康姣姣,闫周府著. —上海:上海财经大学出版社,2023.3
(匡时·经济学文库)
ISBN 978-7-5642-4128-5/F·4128

Ⅰ.①劳… Ⅱ.①吴…②康…③闫… Ⅲ.①种植业-农业经济-经济结构调整-研究-中国 Ⅳ.①F326.1

中国国家版本馆 CIP 数据核字(2023)第 034491 号

本书由国家自然科学基金(71873082)、"上海财经大学中央高校双一流引导专项资金"和"中央高校基本科研业务费"资助出版。

□ 责任编辑　徐　超
□ 封面设计　张克瑶

劳动禀赋时空异质性与我国种植业结构调整

吴方卫　康姣姣　闫周府　著

上海财经大学出版社出版发行
(上海市中山北一路 369 号　邮编 200083)
网　　址:http://www.sufep.com
电子邮箱:webmaster@sufep.com
全国新华书店经销
江苏凤凰数码印务有限公司印刷装订
2023 年 3 月第 1 版　2023 年 3 月第 1 次印刷

710mm×1000mm　1/16　21.5 印张(插页:2)　299 千字
定价:98.00 元

序　言

改革开放 40 多年来,中国农业生产取得了瞩目的成就,农业生产条件不断改善,农业供给保障能力不断增强,过去长期困扰国民经济发展的农产品总量不足的矛盾已得到充分缓解。然而,在农业生产取得巨大成就的同时,也出现了一些较为突出的矛盾,如近年来日益凸显的农产品供需结构失衡、外贸结构不合理、农民"增产不增收"等,这些都反映出农业生产层面所存在的结构性问题。正因如此,2017 年中央"一号文件"就明确指出:"农业的主要矛盾由总量不足转变为结构性矛盾"[1],矛盾的主要方面集中体现在农业供给端的结构变化。其中,中国农业种植结构的发展变化表现尤为突出,特别是随着劳动力价格快速上涨以及农村劳动力加速流动,作物生产的品种结构和空间结构分化现象日趋严重,存在诸多悖异和使人疑惑的现象,而这些现象的发生均有可能进一步加深农产品供需结构失衡矛盾。在农业转型发展的迫切需求下,对于这些问题的深入研究是十分必要的。

食为政首,农为邦本。粮食安全问题始终在任何时候对任何国家而言都是一个战略性问题,对于中国这样一个拥有 14 亿人口的发展中大国来说,确保粮食有效供给显得尤为重要。新中国成立以来,特别是改革开放之后,粮食供给实现了从长期短缺到总量基本平衡、丰年有余的历史性

---

[1] 参见:《中共中央国务院关于深入推进农业供给侧结构性改革加快培育农业农村发展新动能的若干意见》,http://politics.people.com.cn/GB/n1/2017/0205/c1001-29059232.html。

转变,2021年粮食产量达到创纪录的6.83亿吨,但相对于庞大的人口,粮食的供需却一直处于紧平衡状态。在中国现有的国情、农情背景下,粮食生产成本不断攀升,价格增幅有限,粮农的收益并不高甚至出现亏损的状况。粮食生产区域转移和区域集中的现象愈发明显,产粮大省也多为经济弱省、财政穷省,粮食生产越多,经济越落后。

从时间维度来看,随着城市用工需求的不断增加,数以亿计的农村劳动力转移到城市工业部门从事非农生产活动,农村劳动力相对资本等要素的稀缺程度不断上升。在此背景下,中国三种主要粮食作物播种面积比例不断增加,其产量自2004年开始也呈现出"十二连增"的发展态势。与之相反,一些小杂粮、糖料作物、油料作物、纤维作物以及蚕桑等小品种农作物等,却表现出了停滞、萎缩甚至退出农业生产领域的特点,如江浙一带蚕桑生产规模不断萎缩①、全国范围内的麻类作物生产基本退出了农业领域。在劳动力市场不断完善和农民市场意识逐渐增强的背景下,农民理性的经济选择使得作物生产品种结构分化现象日趋严重。为什么在同一诱发机制下,不同作物生产呈现这种截然相反的发展特点?它们应对劳动力价格上涨的逻辑有什么差异?作物品种结构的上述变化是否预示着种植结构的发展演变方向将朝着高劳动生产率、高资本密集型的作物品种集中?需要我们深入地进行分析研究。

从空间维度来看,由于不同地区经济发展的条件不同,农业劳动转移率存在显著差别,一定程度加深了劳动禀赋的区域差异。特别是东部地区的率先发展,对农村剩余劳动力的消耗明显强于中西部地区。在此背景下,作物生产的空间布局调整进程不断加快,一些劳动密集型农作物,如棉花、油料、糖料以及蚕桑等小品种农作物整体向西部、西南地区转移。这是否意味着劳动禀赋区域差异构成了农业产业转移的充分条件?

从粮食作物比较来看,粮食生产的重心整体向北偏移,并有向主产区集中的趋势。在20世纪50年代各个地区的粮食流通较少,各个地区粮

---

① 作为蚕桑生产的传统优势区位,江浙一带蚕桑产出规模由1990年的49.6万吨下降到2016年8.9万吨,下降了82.1%。

食生产皆有调出,只有上海、辽宁、北京、河北、天津、青海为粮食净调入地区;到1993年全国商品粮输出省份减少到9个;现有的粮食净调出区域,只有黑龙江、吉林、内蒙古、河南、安徽等5个地区。粮食生产重心北移。南方地区粮食产量逐渐减少,粮食调出地转为调入地,例如,广东、浙江等地粮食生产转移;北方地区的粮食生产逐渐增加,例如,黑龙江已成为中国粮食产量最大的省份。然而粮食生产变化趋势和原因不尽相同,例如,同作为劳动力输入地区的浙江、广东、江苏、北京、上海,北京和上海一直为粮食调入地,浙江、广东、江苏是20世纪80年代后才转变为粮食调入地,并且粮食生产区域变化原因也不尽相同,浙江和广东粮食产量呈减少趋势,江苏的粮食产量虽然需要调入但是其粮食产量却呈逐渐扩大的趋势。

经济活动在特定空间上集聚,已成为一种普遍的经济现象,而且这种产业集聚现象不仅存在于制造业和服务业领域,而且在农业领域也已开始显现(肖卫东,2012)。自20世纪30年代开始,农业的空间分布出现了明显的地理集聚现象,例如美国的玉米集聚区、小麦集聚区,荷兰的花卉集聚区,以及法国的葡萄集聚区,包括中国新疆的棉花集聚区、中国福建的茶叶集聚区等,粮食生产也呈现出一定集聚的特征。生产集聚是农业现代化发展的必然趋势,建设和培育规模化和专业化的生产集聚区,已成为农业发展的重要方向(Garnett等,2013)。能够看出,经济作物生产重心的调整以及生产区位转移的路径和粮食作物不尽相同,除了要素赋予的差异之外,是否存在其他经济因素促成这一现象的发生?其生产区位调整的路径选择具备哪些规律?不同作物品种的转移次序是否存在差异?

系统回答上述问题,有助于加深对农业种植结构调整逻辑的认识,了解种植结构调整可能的路径选择以及调整所面临的困境,从而把握种植结构潜在的调整空间。一般而言,面对劳动力价格上涨以及劳动力流失冲击,农户农业生产往往具备两种可供选择的调整策略:一是调整要素投入结构,农户用相对廉价、丰裕的资本要素替代昂贵、短缺的劳动要素,降低生产成本。二是调整种植结构,降低高度依赖劳动要素生产的作物规模,通过调整不同作物的种植比例,来缓解劳动力短缺的影响。由于各地区要素禀赋状况不尽相同,不同的禀赋条件有可能促成不同的生产决策逻辑:一种情景是大量农村劳动力流失以及劳动力价格上涨构成农业生产的劳动短缺效应,农户增加机械等替代劳动的生产要素投入,来缓解劳动力短缺的影响;另一种情景是劳动力外出务工并不构成劳动短缺效应,相反有可能缓和高度紧张的人地矛盾,特别是对一些农业生产"内卷化"较为严重的地区,劳动力外流对此可以起到疏解作用。情景二下劳动要素相对丰裕的特点,有可能诱使高附加值的作物种植规模的扩大。此外,要素替代能否顺利实现,也面临多重约束,包括技术供给水平、农机农艺融合的难度等。在劳动力短缺又无法实现要素替代的情况下,情景一下的某些作物生产有可能选择退出农业领域,从而导致农业种植偏向某一类作物品种。虽然粮食存在技术替代的可行性,但要素替代的实现也面临耕地条件的约束,较差的耕作条件也有可能阻碍要素替代的实现,从而提升生产成本,导致生产萎缩。应当指出,一些高附加值的经济作物具有密集使用劳动的特点,可以部分解决农村剩余劳动力的就业问题,在无法实现非农就业的情况下,增加经济作物生产也是一种理性的选择。总体来看,劳动禀赋及其区域差异、要素替代难易程度、作物比较收益差异均有可能诱致上述问题的发生。

本研究的目的在于揭示农村劳动力外出务工背景下,农业生产条件的发展变化对农业种植结构调整的影响。在充分了解农业种植结构调整轨迹的基础上,通过系统的理论和实证分析,探讨禀赋变化对种植结构调整的影响及其作用逻辑,揭示要素替代如何在种植结构调整中发挥作用,总结种植结构调整的内在逻辑和一般规律,借此判断中国农业种植结构的未来发展走势,探明结构调整的潜在空间和路径选择,为推动种植业总量结构和空间结构调整提供依据和参考。

农业要素禀赋结构的发展变化对种植结构产生了哪些影响?种植结构的不断调整,具备哪些时间和空间规律?农业劳动供给水平的进一步发展变化,是否会促成区域分工生产格局的形成？在中国农业发展进入关键的转型时期,这些是迫切需要研究和探讨的问题。本研究将提供一个更全面的视角观察种植结构调整状况,揭示劳动禀赋变化对种植结构调整的作用逻辑,明确农业种植结构调整可能面临的难题,总结种植结构调整时空演变规律,从而进一步判断种植业未来结构调整的路径选择和发展演变趋势。一方面,现有关于种植结构调整问题的研究较为薄弱,本研究从劳动禀赋区域差异和要素替代难易程度差异两个视角考察种植结构变迁成因,丰富现有研究资料；另一方面,通过考察劳动禀赋区域差异和要素替代难易程度对种植结构调整的影响,一定程度上深化了诱致性技术变迁理论解释我国种植结构演变的能力。除此之外,本研究也对农业生产愈发突出的生产退出和产业转移问题展开研究,尝试总结农业生产退出与产业转移的规律,刻画种植业未来发展演变趋势,从而全面把握种植结构调整逻辑,是一种尝试和创新。

劳动力转移和种植结构调整是乡村振兴发展的关键问题,研究这两个问题的协调发展,对于促进农村劳动力合理、有序流动,促进农民增收、农业产业转型升级、农业可持续发展都具有重要的现实意义。本研究将揭示种植结构调整的逻辑,为种植业未来发展演变、区域专业化分工趋势的形成提供一种判断。研究结论有助于为发挥资源禀赋优势,实现资源合理、有效配置,促进主要农产品生产向最适宜地区集聚提供科学依据,对于政府强化涉农资源整合和协调配套政策的制定和实施,深化农业供给侧结构性改革具有重大的现实意义。

本书根据我们承担的国家自然科学基金项目"劳动禀赋时空异质性变化下我国种植业结构调整问题研究"(71873082)的相关研究成果撰写而成,基于自身学识以及资料和数据等因素,研究肯定存在不少缺陷和不当之处,恳请各位读者不吝赐教,批评指正。

该书的撰写得到了国家自然科学基金和上海财经大学中央高校双一流引导专项资金的支持,特此表示感谢。感谢参与项目研究的博士生、硕士生,正因为研究过程中他们付出了艰苦的劳动和辛勤的汗水,兢兢业业、勤勤恳恳地承担相对繁重和枯燥的研究工作，才能使得本书得以顺利付梓。

作 者

2023年2月于上海财经大学红瓦楼

目　录

第一章　改革开放以来农业生产发展与种植结构调整/001

　　第一节　种植结构调整历史考察/001

　　第二节　粮食生产布局的历史演变/009

　　第三节　惠农政策、粮食市场与粮食流通体系的完善/027

　　第四节　经济发展与农产品需求变化/033

　　本章小结/043

第二章　农村劳动禀赋变化与农业生产条件改善/044

　　第一节　农村劳动力转移与农业劳动投入变动/044

　　第二节　物质资本投入的变化与特征/068

　　第三节　农村劳动力转移背景下土地利用变化/087

　　第四节　农村劳动力转移、要素投入变化与农业生产过程调整/102

　　第五节　农村劳动力转移、要素投入与粮食生产决策调整/114

　　本章小结/118

第三章　价格变化、要素替代与农业生产技术变迁/120

　　第一节　农业生产要素价格变动及其特征/120

　　第二节　农业技术进步与技术选择模式/130

第三节 农业技术供给及存在问题/143
第四节 农产品价格变动与比较收益分析/146
第五节 劳动禀赋变化、要素替代与粮食作物生产变迁/154
  本章小结/176

第四章 农村劳动禀赋变化与粮生产区域转移/179
  第一节 农村劳动禀赋变化与粮食生产区域转移过程/181
  第二节 劳动禀赋变化与粮食生产区域转移的理论与文献回顾/185
  第三节 农村劳动禀赋变化与粮食生产区域转移的实证分析/211
  第四节 实证模拟结果分析/214
    本章小结/224

第五章 农村劳动禀赋变化与粮食生产区域集中/225
  第一节 农村劳动力转移与粮食生产区域集中的内在动因/225
  第二节 农村劳动禀赋变化与粮食生产区域集中的理论与文献回顾/229
  第三节 农村劳动力转移与粮食生产区域集中的实证分析/241
  第四节 实证模拟结果分析/243
    本章小结/252

第六章 农村劳动禀赋变化、要素替代与经济作物生产变迁/253
  第一节 劳动禀赋变化、要素替代与经济作物生产变迁的机理/254
  第二节 劳动禀赋变化、要素替代与经济作物生产变迁的理论与文献回顾/257
  第三节 劳动禀赋变化、要素替代与经济作物生产变迁的实证分析/261
  第四节 实证模拟结果分析/263
    本章小结/273

第七章 农村劳动禀赋变化、区域差异与农业生产区位转移/275

第一节 劳动禀赋变化、区域差异与农业生产区位转移的机理/276

第二节 劳动禀赋变化、区域差异与农业生产区位转移的实证分析/278

第三节 实证模拟结果分析/281

本章小结/289

第八章 结论及政策建议/292

第一节 主要结论/292

第二节 政策建议/298

第三节 研究展望/307

参考文献/310

第一章 改革开放以来农业生产发展与种植结构调整

第一节 种植结构调整历史考察

一、种植结构调整的总体过程

改革开放以来,中国农业种植结构经历了多轮变动,每一轮变动的诱因、特征以及结构调整的目标、范围和逻辑都不尽相同。按照结构矛盾以及结构调整的目标,可以大致将种植结构调整划分为如下四个阶段。

(一)第一阶段(1978～1984年):打破单一的粮食种植格局

从新中国成立到改革开放初期的很长一段时间,粮食短缺问题一直是悬在中国人民头上的"达摩克利斯之剑",为了强调粮食生产,"以粮为纲"的制度曾严重抑制了综合经营的发展,种植结构单一,结构调整极为缓慢。改革开放以后,为了扭转宏观政策对农业生产力的桎梏和破坏,中央适时提出了以家庭承包经营为基础的统分结合双层经营制度,尊重并赋予了农民更多的经营自主权。这一制度的实施,极大激发了农民的生产积极性,有力促进了劳动生产率的提升。粮食产出水平打破新中国成立以来踟蹰徘徊的局面,粮食人均占有量由改革开放前的299.7千克/人迅速增加到1984年的392.8千克/人。粮食产出能力的增加,进一步增强了中央政府调整农业种植结构的决心。在"决不放松粮食生产,积极发展多种经营"的方针指导下,农业种植结构调整逐渐突破单一的粮食种植格局,棉油糖等经济作物播种面积开始增加,农业生产朝着多样化经营发展。

(二)第二阶段(1985～1997年):适应性调整阶段

1985年初,粮棉流通领域出现了严重的"卖难"问题,在有限的财力约束下,政府力推种植结构调整,取消粮棉统购,以"倒三七"的比例计价压低粮棉价格,有步骤地引导农户调减粮棉播种面积。到1988年,粮食、棉花播种面积分别减少了2 761.2千公顷、1 388.4千公顷,油料、糖料以及蔬菜等经济作物在需求拉动下获得了较快发展。1989年初,粮食地区性短缺问题出现,粮价猛涨,为了鼓励粮食生产,国家再次提高粮食收购价格。之后在1989～1991年的"三年治理整顿"时期,大量从农业中流出的劳动力资源返回农业,农业生产获得了全面发展。

1990年,农产品卖难的问题再次出现,价跌卖难的农产品由粮棉向其他领域延伸,只有少部分农产品供不应求。为此,国务院于1992年提出在稳定数量的基础上,发展高产优质高效农业的决定。政府通过调低粮食收购价、调高经济作物收购价,逐步加快农业种植结构调整的步伐(宋洪远等,2001)。此后1992～1996年,乡镇企业的加快发展也为解决农产品供给过剩问题提供了巨大的市场空间。不过,经济过热增长,使得中国经济迎来了自改革开放以来最严重的通货膨胀,增加农产品数量成为抑制通货膨胀的主要任务,数量不足取代品质不优再次成为农业面临的主要矛盾(叶兴庆,1999)。到1997年,经济增速相对前几年有所下滑,大量农产品再次积压,几乎所有农产品都面临价跌卖难的问题。

(三)第三阶段(1998～2003年):由政策引导向市场需求引导过渡

1998年,党的十五届三中全会指出:"农产品供给由长期短缺到总量大体平衡、丰年有余",农产品供给状况发生了根本变化,但农业生产结构性矛盾依然突出,中央指出"应当抓住粮食供给比较宽松的有利时机",积极推进"农业增长方式转变"。与以往几轮对农产品数量进行"增减调节"

的结构调整不同,新一轮结构调整强调以市场需求为导向,"依靠科技进步,优化农业和农村经济结构"。这一时期,中国顺利加入了WTO,但国内农产品价格普遍高于国际市场价格,面对国际市场环境变化,提升农产品的国际竞争力,需要加快转变农业生产方式,实现高产、高效增长。然而,由于对粮食生产的要求有所放松,粮食生产在这一时期出现了较大滑坡,粮食播种面积、产量持续下降。之后在一系列政策措施的支持下(如取消农业税、粮食四项补贴、粮食价格支持政策等),粮食生产于2004年止跌回升,重又进入稳步发展的轨道。

在前三个阶段,市场机制在引导农业种植结构调整方面存在明显缺位,种植结构的自我调节机制尚不健全,粮食增产导向的政策变动在引导结构调整方面占据主导地位。如果把结构调整比作揉面,这一时期的结构变动表现出明显的"水多了加面,面多了加水"的变动特征,属于事后、短期的适应性调整行为。历史地看,作为世界上第一人口大国,要把饭碗牢牢端在自己手中,无论如何强调粮食生产的重要性均不为过。但也需要兼顾经济转型和消费结构升级的变化,根据经济社会发展的需要,调整农业政策,改变农业发展思路。

(四)第四阶段(2004年至今):向现代农业生产方式转型

得益于政策调整以及农业生产条件的不断改善,农业供给保障能力不断增强,农产品供给总量持续增长,品类日益丰富。但受小农生产方式以及体制机制创新滞后的影响,种植结构调整步伐明显落后于消费结构升级的速度。新形势下,农产品的供应水平已经难以跟上居民食品消费多元化需求的增长,中国农业发展的主要矛盾已经由过去的总量不足转变为结构性矛盾,部分农产品供需矛盾呈不断加深的趋势。表1.1显示了2016年种植业主要农产品供需结构状况,其中,大米、蔬菜、水果基本能够实现供需平衡;玉米、小麦存在产出过剩,尤以玉米最为严重;大豆、棉花、食糖、食用植物油处于生产不足状态,特别是大豆,87.6%的国内消费依赖于进口,而棉花和食糖也存在严重的生产不足,通过贸易调节也无法有效解决国内消费需求的快速增长。种植业农产品供需结构失衡状况集中反映了当前中国农产品供需市场的发展变化及矛盾,正因如此,2017年中央"一号文件"明确指出:中国农业农村发展"已进入新的历史阶段","农业的主要矛盾由总量不足转变为结构性矛盾"。

表 1.1　　　　　　　2016 年中国部分农产品供需平衡表　　　　单位:万吨,%

类型	农产品	产量	进口量	消费量	出口量	供求结构Ⅰ	供求结构Ⅱ
供过于求	玉米	21 955	317	17 768	1	123.6	125.3
	小麦	12 884	348	11 600	73	110.7	114.1
产需平衡	大米	14 577	480	14 080	27	103.5	106.9
	蔬菜	49 804	24	47 734	1 019	104.3	104.4
	水果	28 351	397	27 185	347	104.3	105.7
生产不足	大豆	1 179	8 323	9 500	11	12.4	100.0
	棉花	530	112	893	3	59.4	71.9
	食糖	1 058	306	1 750	5	60.5	77.9
	食用植物油	2 668	553	3 156	11.36	84.5	102.1

资料来源:根据 USDA 数据库计算。

注:供求结构Ⅰ指产量与消费量之比,供求结构Ⅱ指产量和进口量之和与消费量之比。

这一阶段,农业生产的资源与环境约束不断增强,农业生产中现代生产要素的使用不断增加,资本对土地和劳动的替代程度不断加深。但也由于农药、化肥等物质资本投入水平的增加,拉动成本快速上升,而农产品价格上升空间有限,使得"增产不增收"的矛盾日益加剧。总体而言,随着要素禀赋结构的不断变化,劳动、土地的日益稀缺,改造传统生产方式的需求比以往任何时期都更为迫切,尽管现代生产要素的使用频率在加快,使用量也在大幅增加,但农业现代化的发展步伐依然是缓慢且有失全面性的。

二、种植品种结构变动

人多地少的耕地矛盾一直是中国农业发展面临的主要矛盾,立足国内生产,满足经济发展对农产品需求的变化,是中国农业发展的基本目标之一。耕地资源的有限性对作物种植比例的适宜性提出了较高的要求,为了适应经济发展需要,中国农业种植结构不断调整。

改革开放之后,中国粮食产能不断提升,粮食产量由1978年的3.05亿吨上升到2021年的6.83亿吨,增长1倍多,这为农业种植结构调整创造了有利的调整空间。图1.1给出了粮食作物和经济作物种植比例的变动状况,能够看出中国粮食作物种植比例总体呈"平稳下降、快速下降、恢复性上升、稳步发展"的特征。在经历1999～2003年的快速下降之后,三种主要粮食作物的种植比例快速回升,表现出强劲的增长势头。经济作物种植比例总体呈"平稳上升、快速上升、快速下降、稳步上升"的特点,这当中2007～2015年,经济作物种植比例年均增速0.27%,明显低于三种主要粮食作物的0.48%。在消费结构不断升级的背景下,作物种植比例的上述变化无疑会加深农产品供需结构矛盾。

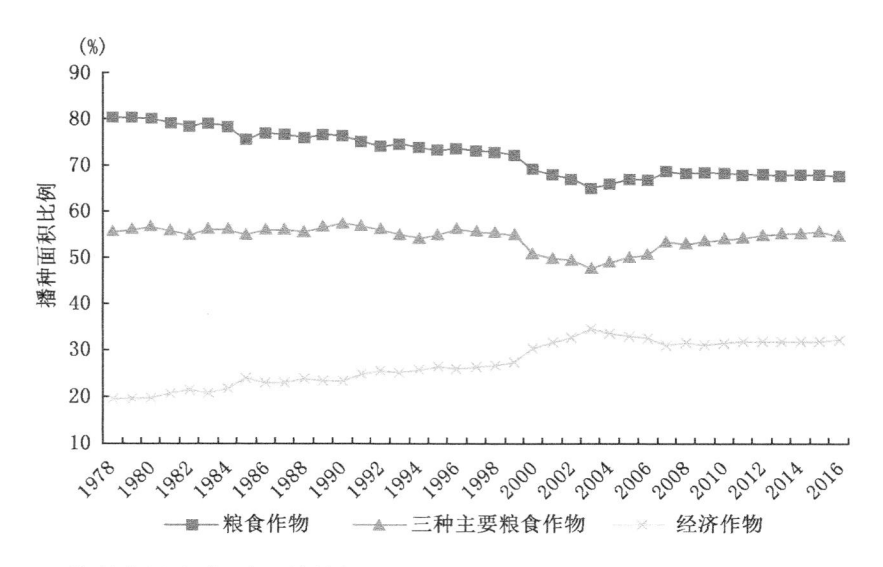

资料来源:根据《中国统计年鉴》整理。
图1.1 中国种植业生产结构变化(1978～2016年)

在粮食作物内部,1978～1998年,三种主要粮食播种面积均呈短周期的大幅波动特点(见图1.2),考虑到这一时期粮食政策不断调整,粮食生产的大幅波动可能和粮食政策改革有关。1999～2003年,三种粮食生产均表现出一定的滑坡,随后2004～2015年,水稻和小麦播种面积快速恢复,之后平稳增长,玉米则呈加速增长趋势。在此过程中,其他粮食作物播种面积持续下降,2000年之后下降速度明显加快。

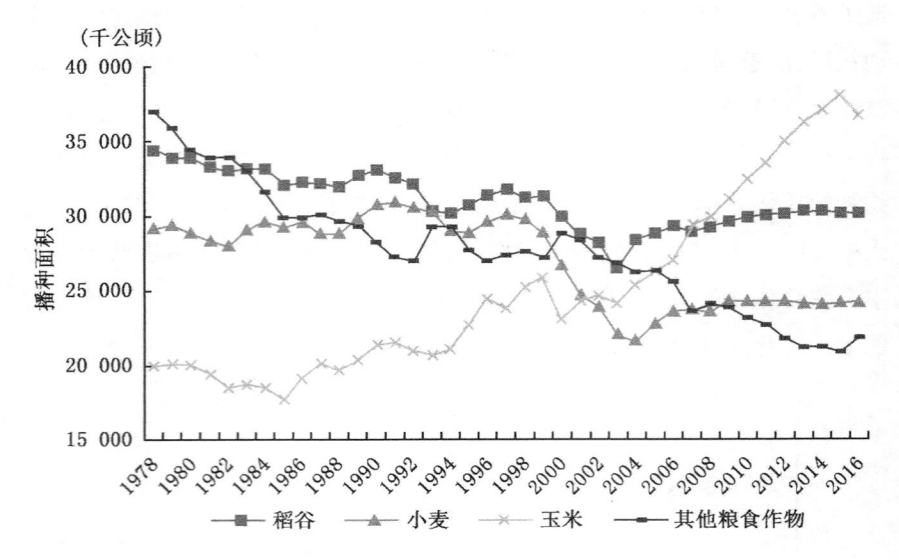

资料来源:根据《中国统计年鉴》整理。

图1.2 粮食作物生产结构变化(1978～2016年)

在经济作物内部,棉花播种面积变动带有明显的"政策型波动"特征,但从2007年开始,棉花播种面积持续下降,到2016年,棉花播种面积下降为334.5万公顷,相当于1978年的68.7%(图1.3)。麻类作物播种面积在1985年达到峰值之后,开始持续下降,到2016年,麻类作物播种面积不足9万公顷,基本退出了农业生产领域。油料、糖料以及烤烟在1998年之前,总体均呈波动上升趋势,进入21世纪之后,上述三类作物增长乏力,总体呈水平变化,在近年甚至表现出一定下降趋势。蔬菜、瓜类、水果一直表现出较强劲的上升趋势,但相较于2000年之前的快速上涨,2000年之后蔬菜、瓜类以及水果的上升速度有所放缓。茶园在2000年之前基本呈水平变化,2000年之后则呈加速上升趋势。

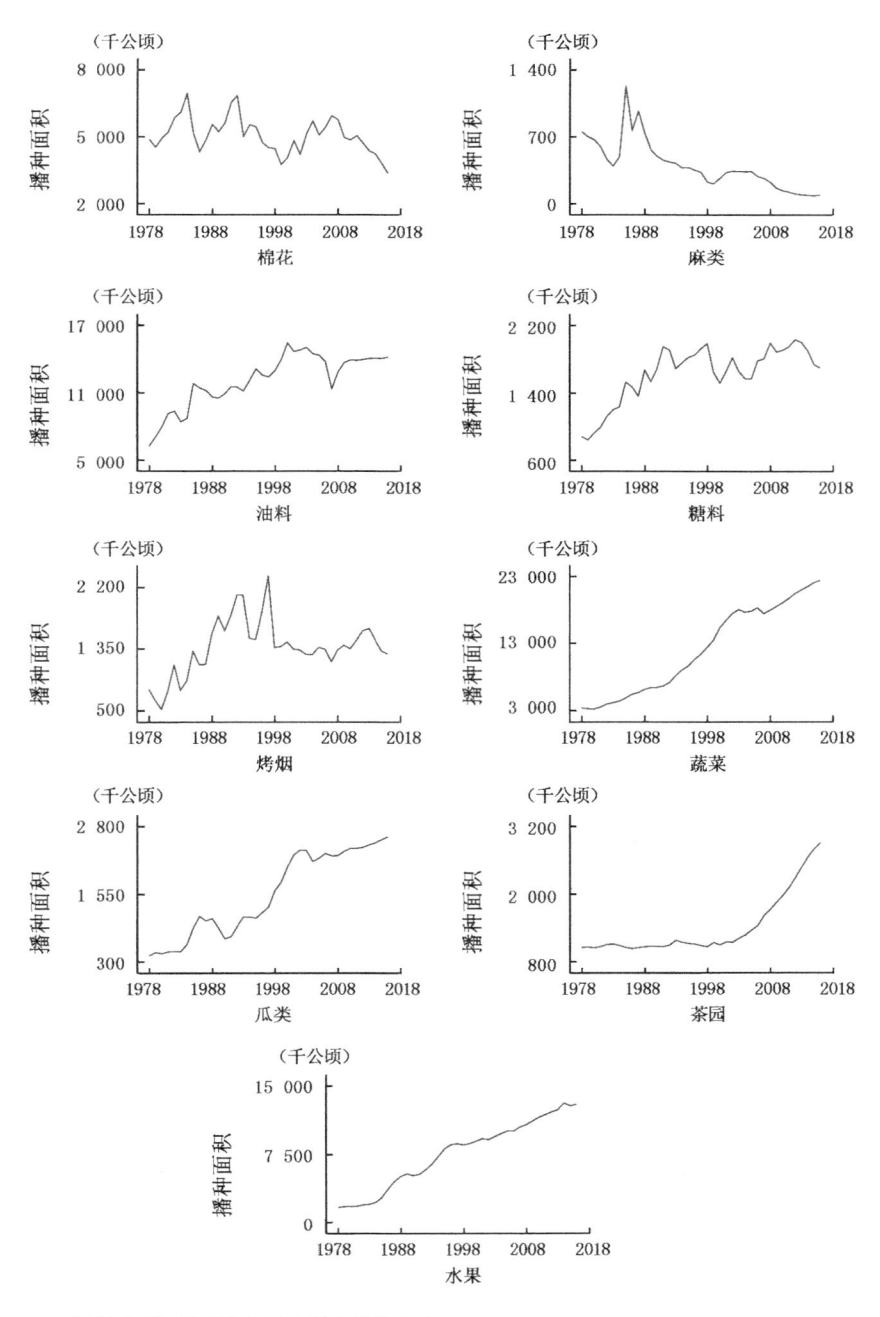

资料来源：根据《中国统计年鉴》整理。

图 1.3 经济作物生产结构变化（1978～2016 年）

三、种植空间结构变动

在作物品种结构不断变化的同时,作物生产的空间布局也在不断调整。就粮食作物而言,多数省份粮食作物播种面积表现出增加趋势,黑龙江、内蒙古、吉林、河南、云南五省份增加趋势最为明显。在此过程中,江苏、山东的粮食作物播种面积同样表现出一定的增加趋势,而同为发达省份的浙江、广东、福建等省粮食作物播种面积明显下降。造成这一差异的原因,主要和耕地条件有关,由于浙江、广东、福建等省的耕地资源以山地、丘陵居多,不利于机械技术的采用,导致其粮食生产的比较优势下降(郑旭媛和徐志刚,2016)。从方向变化上来看,粮食生产的重心逐渐向北移动,并有向粮食主产区集中的趋势。具体而言,稻谷和玉米在稳定传统生产区位的基础上,呈现出向北扩散的趋势,特别是东北地区,水稻和玉米播种面积大幅增加;小麦生产区位呈现收缩的特点,并不断向中部地区集中;其他粮食作物呈现出向东北和西南地区集中的特点。总体而言,水稻和玉米的生产空间不断拓宽,小麦生产空间有所收缩,其他粮食作物生产空间的收缩趋势更为明显。

在经济作物空间结构调整进程中,总体表现为集中式转移和扩散式转移两大特征。就具体经济作物而言,棉花生产逐渐从东部、中部地区退出,生产重心向西北地区转移,截止到2016年,新疆棉花播种面积占全国的54%之多;麻类作物生产的重心不断向西南地区转移,在转移的过程中同样表现出明显的退出趋势,截止到2016年,除四川之外,全国其他省份基本退出了麻类作物生产;油料生产在东部地区表现出小幅下降趋势,作物生产的重心不断向中部地区转移;糖料生产在除广西、云南、广东以外的其他省份均表现出明显的退出趋势,作物生产集中在西南地区;与糖料类似,烤烟生产的重心逐渐向西南地区转移,截止到2016年,云南、贵州、四川三省的烟叶播种面积占全国的比重接近60%。

与上述作物相比,蔬果茶等园艺作物的需求弹性更大,其响应经济结构变动的调整进程更为迅速。与上述作物品种生产区位调整总体表现为集中式转移的特点,同时在转移的过程中伴随相应省份作物生产规模的下降甚至退出不同,蔬菜、茶园、果园在稳定原有生产区位的基础上表现出明显的扩张趋势。其中,蔬菜播种面积在不同省份均有扩大,中西部省份扩大最为明显;茶园和果园在原有区位增加播种面积的基础上,不断向周边省份扩张,贵州、四川逐渐成为茶叶新的优势生产区位,陕西、广西、新疆则逐渐成为水果新的优势生产区位。

此外,作为中国农村的传统优势产业,蚕桑生产具有极高的经济附加值,同时也兼具一般经济作物密集使用劳动要素的特点,在国际贸易中也占有重要的位置。蚕桑生产规模及其生产区位的变化,更直观反映了经济结构变化对小农生产格局变迁的冲击以及农户响应劳动禀赋变化的逻辑。从中国蚕桑生产区位布局的变化情况来看,蚕桑生产区位选择在不同的历史时期分别表现出分散式转移和集中式转移的特点。具体而言,1990年中国蚕桑产业主要分布在太湖流域、四川盆地、珠江三角洲地区,此后,蚕桑生产开始向除黑龙江、西藏地区以外的其他省份扩散,随着劳动禀赋短缺变化由东部向中西部地区蔓延,到2016年,蚕桑生产的重心逐渐转移到西南地区,并表现出向少数几个省份集中的趋势。

总体而言,作物生产空间布局调整的路径和方向基本遵循资源禀赋优势和市场需求诱导指向,伴随着作物生产重心的空间转移,农业生产的专业化分工特点开始显现。

第二节 粮食生产布局的历史演变

改革开放前,中国处于计划经济时期,也是农业为工业提供积累的重要时期。这一时期,粮食生产扩张较慢,总量增幅较小。1949年中国粮食总产量为 11 318 万吨,1979 年达到 30 477 万吨,年增长率仅为 3.33%。改革开放后,尤其是家庭联产承包责任制实施之后,粮食产量迅速增加,粮食供给逐渐富足,各区域经济发展差异日益扩大,粮食生产布局随之调整。结合农村劳动力自由转移的时间段,本节以 1981~2019 年为研究时间段,讨论粮食生产分布变化。

我们普遍认知的粮食主要是广义粮食,即把凡是能吃并能为人类提供所需营养的物质都看作是粮食,包括谷物、豆类和薯类。联合国粮农组织将粮食定义为谷物,主要包括麦类、粗粮、稻谷等。从品种来看稻谷、小麦和玉米三大作物占粮食总产量比重最大,且在国家一系列惠农政策支持下,近年来比重也逐步提升,2018年达到91.31%左右。故本书主要讨论稻谷、小麦、玉米等三种粮食的生产变化。

一、粮食生产分区

关于粮食主产区的定义,是指地理、土壤、气候、技术等条件适合粮食作物种植,并具有一定优势的专属区域,主要从粮食种植规模和商品粮规模来衡量。在大多数文献研究中,关于粮食主产区的界定皆依据2003年财政部下发的《关于改革和完善农业综合开发政策措施的意见》提出的范围,即按照各地主要农产品产量等标准,分为主产区、主销区、产销平衡区。本节的时间跨度为1981~2019年,将现有的31个省份根据其20世纪70、80年代的粮食调出调入状况,与2019年粮食调出调入状况对比。20世纪70年代到1981年以前为粮食调出地区,2019年也为粮食调出地区的界定为**集中区**;20世纪70年代到1981年一直为粮食调出地区,2019年为粮食调入地区的界定为**转移区**;20世纪70年代到2019年一直需要粮食调入的地区界定为**调入区**。

改革开放前,粮食流通主要为计划调节,市场流通较少,粮食生产区域差异较小。粮食生产主要与区域的自然禀赋有关,只有上海、辽宁、北京、河北、天津、青海为粮食净调入地区。经过区域经济增长和产业结构调整,粮食生产分布也发生了较大改变,2014年,全国净调出率在5%以上的地区减少到7个。2019年,粮食净调出地区只剩下黑龙江、内蒙古、河南、吉林、安徽。

将黑龙江、内蒙古、河南、吉林、安徽5个省份定义为粮食生产集中区,2019年这5个省份人均粮食生产量在638.95千克~1 994.31千克之间，具体各省份的人均粮食生产量分别为 1 439.84 千克、1 437.66 千克、1 994.31 千克、638.95 千克、695.81 千克。

河北、辽宁、江苏、浙江、江西、山东、湖北、湖南、广东、重庆、四川等 11 个省份定义为转移区。在 2019 年人均粮食生产量的范围为 102.21 千克~557.91 千克，具体分别为 493.69 千克、557.90 千克、459.81 千克、102.21 千克、463.29 千克、532.57 千克、460.15 千克、430.60 千克、108.52 千克、345.37 千克、418.58 千克。江浙、两广、两湖一带一直是粮食主要生产地区。例如浙江省，在 20 世纪 70 年代以前，为粮食生产大省，粮食较为丰裕，并有粮食调出，到 20 世纪 80 年代变成缺粮地区，需要粮食调入，粮食缺口逐渐拉大，因而将浙江省定义为转移区。广东省在 20 世纪 70 年代也一直是中国主要的调出省，20 世纪 80 年代粮食缺口逐渐拉大，到 2019 年成为第一大缺粮地区，因而将广东省定义为转移区。四川省一直以来是我国的粮食调出大省，在 1959~1961 年饥荒期间，调出粮食高达 735 万吨。20 世纪 90 年代以后逐渐转变为调入省，每年净调入粮食在 500 万吨左右，近年来，调入量大幅增加，2011 年的粮食净调入已达 1 150 万吨，2013 年达 1 419 万吨（郭晓鸣和虞洪，2015）。另外江苏、河北、辽宁、江西、山东、湖北、湖南、重庆一直作为中国主要的粮食主产区，其粮食生产由于增幅相对于集中区来说较小，到 2019 年其粮食调出率较低，这些省份的人均粮食呈现明显的下降或者增幅不大的趋势，因而定义为粮食转移区。

北京、天津、山西、上海、福建、广西、海南、贵州、云南、西藏、陕西、甘肃、青海、宁夏、新疆等 15 个省份定义为调入区。在 20 世纪 70 年代至 80 年代一直为调入地区，80 年代至 2019 年，粮食生产有所增加，但粮食产量增幅不大，依靠外省调入，因而将这些地区认定为粮食供需调入区。2019 年人均粮食生产量的范围为 13.35 千克~609.61 千克，具体分别为 13.35 千克、143.05 千克、365.73 千克、39.53 千克、124.82 千克、269.47 千克、154.30 千克、291.08 千克、386.07 千克、299.30 千克、318.10 千克、439.98 千克、174.30 千克、539.71 千克、609.61 千克。

粮食生产区域具体分类见表 1.2。

表 1.2　　　　　　　　　粮食生产区域分类

	省份	分类		省份	分类		省份	分类		省份	分类
1	内蒙古	集中区	9	浙江	转移区	17	北京	调入区	25	云南	调入区
2	吉林	集中区	10	江西	转移区	18	天津	调入区	26	西藏	调入区
3	黑龙江	集中区	11	山东	转移区	19	山西	调入区	27	陕西	调入区
4	安徽	集中区	12	湖北	转移区	20	上海	调入区	28	甘肃	调入区
5	河南	集中区	13	湖南	转移区	21	福建	调入区	29	青海	调入区
6	河北	转移区	14	广东	转移区	22	广西	调入区	30	宁夏	调入区
7	辽宁	转移区	15	重庆	转移区	23	海南	调入区	31	新疆	调入区
8	江苏	转移区	16	四川	转移区	24	贵州	调入区			

二、粮食生产分布演变特征分析

对 1981～2019 年中国粮食产量数据进行分析，总体上，中国粮食产量呈现出波动式增长趋势（图 1.4），在 1998 年达到短暂的高峰之后，开

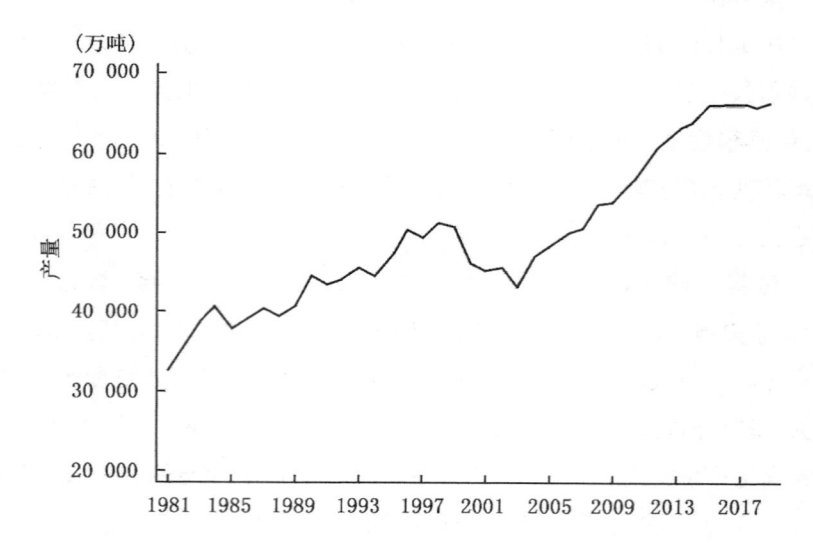

资料来源：根据《中国统计年鉴》整理。

图 1.4　粮食产量

始迅速下降,到 2003 年粮食产量下降为 43 070 万吨。此后粮食生产逐渐恢复并持续增加,到 2019 年粮食产量达到 66 384 万吨。

中国粮食播种面积在 2003 年之前呈现波动式下降(图 1.5),在 2003 年下降到最低点,为 99 410 千公顷,其后粮食播种面积呈直线上升的趋势,在 2016 年达到峰值 119 230 千公顷,2017、2018、2019 年的粮食播种面积都呈一定幅度的下降趋势,在 2019 年的粮食播种面积为 116 064 千公顷。

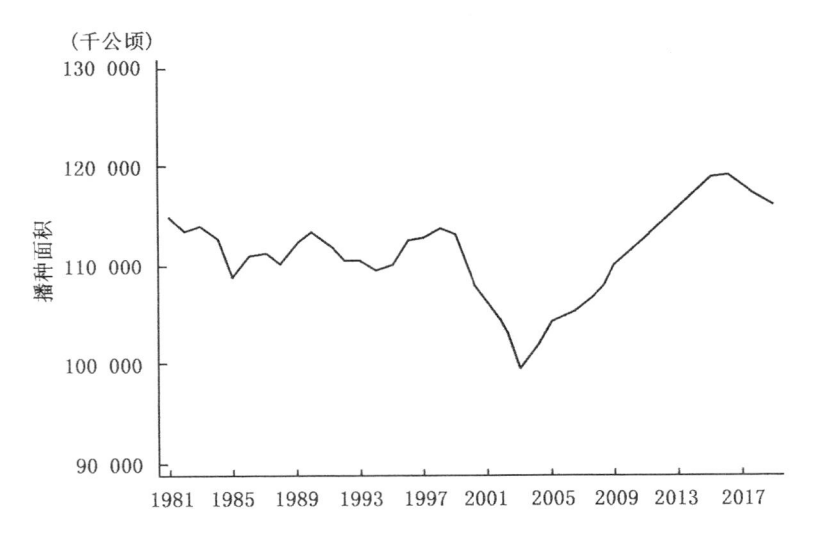

资料来源:根据《中国统计年鉴》整理。

图 1.5 粮食播种面积

中国人均粮食生产量呈波动式上升(图 1.6),在 1981 年人均粮食生产量为 324.8 千克,1996 年人均粮食生产量达到峰值 414.4 千克,其后呈波动下降的趋势,在 2003 年人均粮食生产量为 334.3 千克,其后人均粮食生产量又呈直线上升的趋势,在 2015 年达到最高值 481.8 千克,并在近几年人均粮食生产量呈下降趋势,2019 年人均粮食生产量为 474.9 千克。

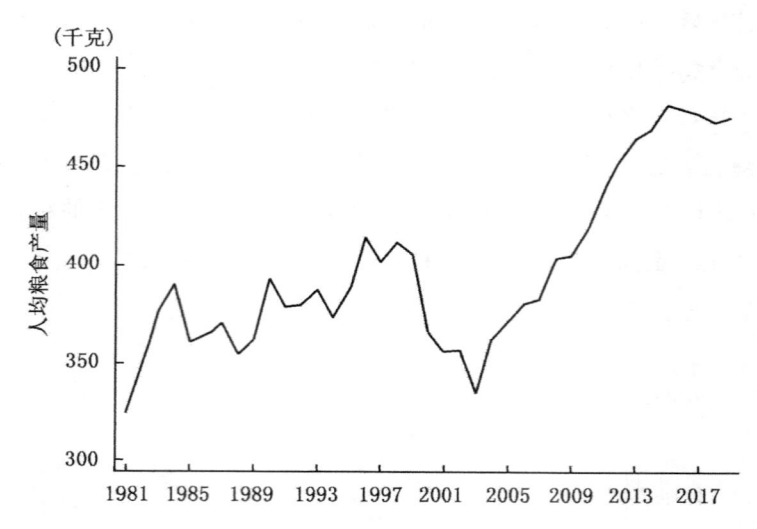

资料来源：根据《中国统计年鉴》整理。

图 1.6 粮食人均生产量

(一)粮食产量分布演变

根据 1981~2019 年中国粮食生产的区域变化将 31 个省份分类（表 1.2），对转移区、集中区、调入区的粮食产量变化进行分析，发现集中区的粮食产量增幅较大（图 1.7）。集中区 5 个省份的产量占全国粮食产量的比例直线上升（图 1.8），从 1981 年的 20.97% 上升到 2019 年的 38.84%；转移区产量占比呈现先上升后下降的趋势，总体上呈下降的趋势，由 1981 年的 58.29% 下降为 2019 年的 44.43%；调入区占比呈现出波动下降的趋势，由 1981 年的 20.22% 下降为 2019 年的 16.73%。

中国粮食增量主要在集中区，粮食产量呈现出直线上升的趋势（图 1.7），由 1981 年的 6 814.91 万吨，增加到 2019 年 25 782.84 万吨，增长了近三倍。内蒙古、黑龙江、吉林、河南、安徽粮食产量增幅都较大（图 1.9），尤其是黑龙江的产量，由 1981 年的 1 150 万吨，增加到 2019 年 7 506 万吨；其次是河南，由 1981 年的 2 217 万吨，增加到 2019 年的 6 695 万吨；再次是吉林，由 921 万吨增加到 4 154 万吨，内蒙古从 510 万

图 1.7　粮食产量分布

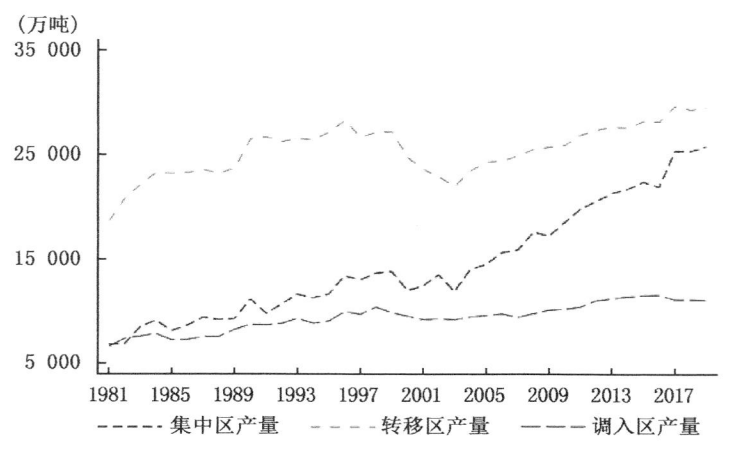

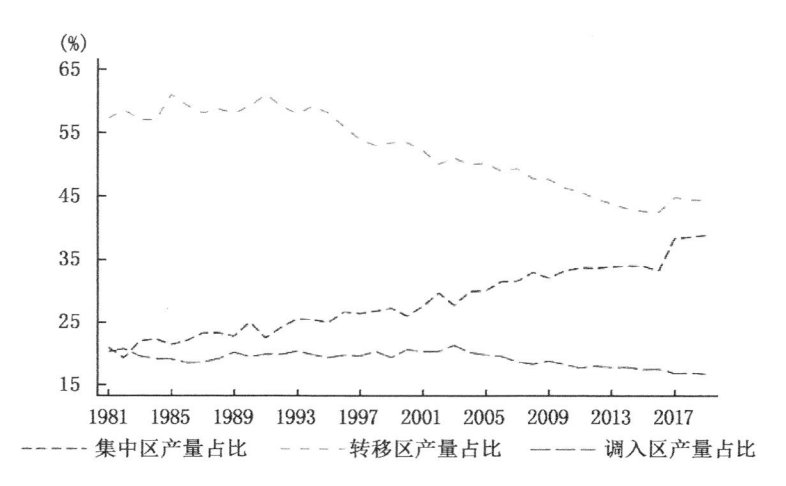

图 1.8　区域粮食产量占比

资料来源:根据各地区统计年鉴整理。

吨增加到 3 652 万吨,安徽由 1 818.50 万吨增加到 4 054 万吨。

转移区的粮食增幅较小,粮食产量经历了先平缓上升,下降,又上升的趋势(图 1.7),在 1998 年达到峰值 27 130.5 万吨,其后逐渐下降,2003 年粮食产量降到最低值 21 972.52 万吨,其后又呈现逐渐上升,但是增幅

资料来源：根据各地区统计年鉴整理。

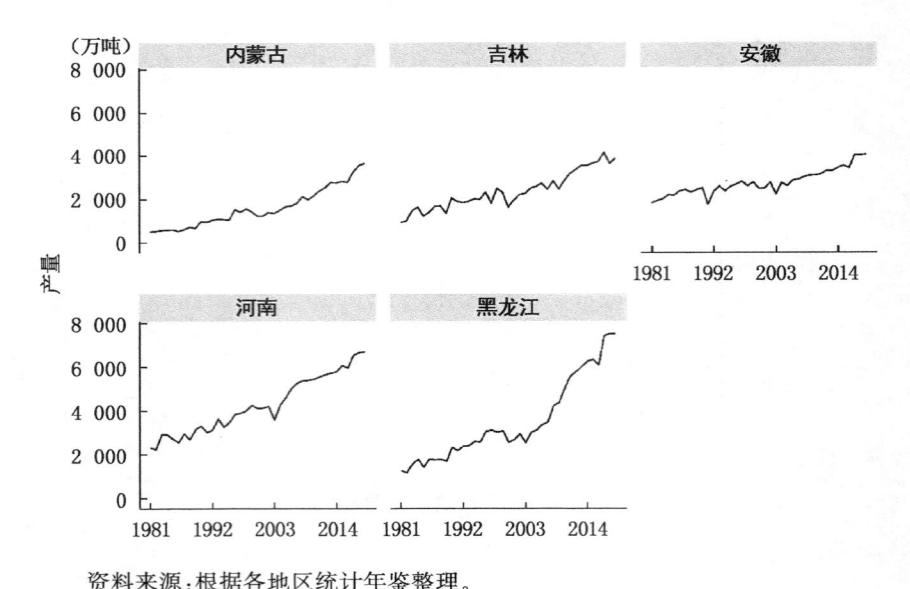

图 1.9　集中区粮食产量变化

小于集中区的增幅，在 2019 年粮食产量为 29 496.27 万吨。总体而言，转移区省份粮食产量增幅较小（图 1.10），只有河北和山东增长较为明显，粮食产量由 1981 年的 1 575 万吨、2 312 万吨，增加到 2019 年的 3 829 万吨、5 374 万吨；江苏、湖北、四川的粮食产量呈现出先增长后下降，其后又上升的趋势，在 1981 年的粮食产量分别为 2 511.65 万吨、1 706.76 万吨、2 551.30 万吨，到 2019 年粮食产量为 3 706.20 万吨、2 724.98 万吨、3 498.50 万吨；辽宁、江西、湖南、重庆的粮食产量呈现出缓慢增长的趋势，其粮食产量由 1981 年的 1 160.60 万吨、1 268.71 万吨、2 201.3 万吨、394.58 万吨，增加到 2019 年的 2 429.95 万吨、2 157.45 万吨、2 974.84 万吨、1 075.15 万吨；浙江和广东的粮食产量下降趋势明显，由 1981 年的 1 419.20 万吨、1 521 万吨，下降到 2019 年的 592.15 万吨、1 240.8 万吨。

调入区的粮食产量呈现缓慢上升，下降，又上升的趋势（图 1.7），在 1998 年粮食产量达到峰值 10 408.7 万吨，其后粮食产量呈缓慢下降又增

资料来源:相关省份统计年鉴。

图1.10 转移区粮食产量变化

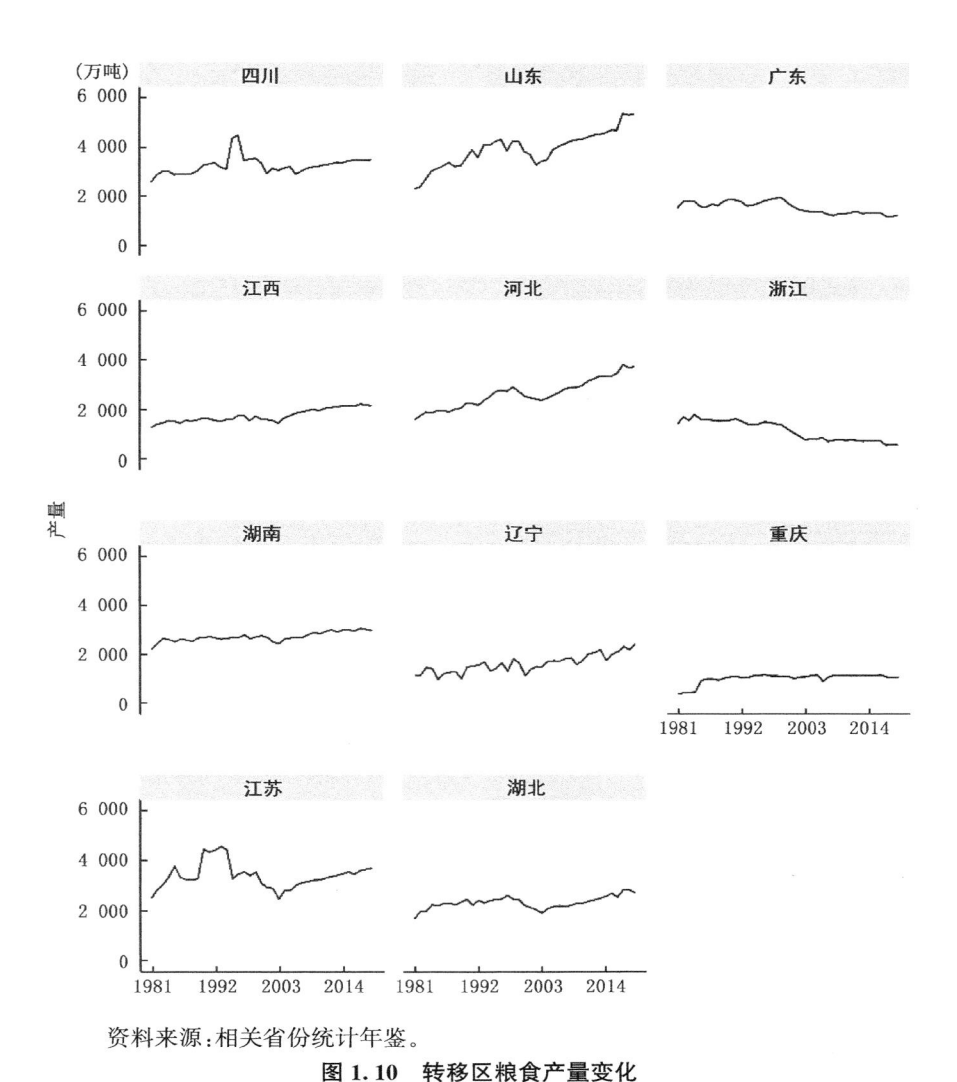

加的趋势,在2019年粮食产量达到11 105.24万吨。调入区的粮食生产规模较小,粮食生产自然禀赋条件相对较差,粮食产量普遍较低(图1.11)。1981～2019年15个调入地区的粮食产量在28.76万吨～1 902.89万吨的范围,其中云南、甘肃、新疆有相对较大的增长,从1981年917.09万吨、412.81万吨、387.65万吨,增加到2019年1 870.03万

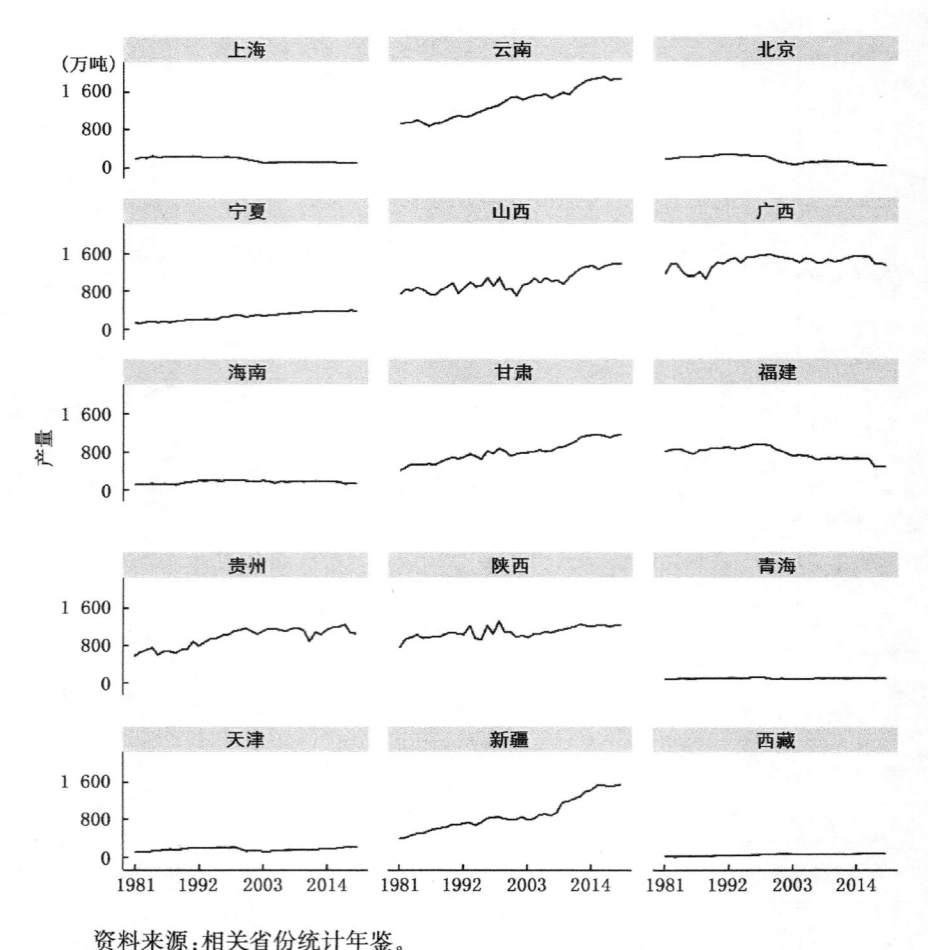

图 1.11 调入区粮食产量变化

吨、1 162.58万吨、1 527.07万吨；山西、广西、贵州、陕西呈现出波动上升的趋势，粮食产量从1981年725.00万吨、1 149.45万吨、567.36万吨、750.00万吨，增加到2019年1 361.80万吨、1 332.00万吨、1 051.24万吨、1 231.13万吨；天津、海南、西藏、青海、宁夏等省份粮食产量增长缓慢，从1981年110万吨、121.61万吨、48.37万吨、79.78万吨、126.26万吨，增加到2019年223.253万吨、144.96万吨、103.92万吨、105.54万吨、373.15万吨；北京、上海、福建呈现出下降趋势，粮食产量从1981年

180.66万吨、185.37万吨、809.83万吨,降低到2019年28.76万吨、95.89万吨、493.90万吨。

(二)粮食生产分布变化

从中国粮食播种面积来看,转移区呈下降、上升,再下降到达谷值,后又开始缓慢增长的过程,而集中区呈大幅增加,调入区几乎呈下降趋势(图1.12)。粮食播种面积的增量主要在集中区,集中区的粮食播种面积一直呈上升的趋势。集中区在1981年粮食播种面积占比仅有25.41%,到2019年粮食播种面积占比达到38.63%;转移区的粮食播种面积占比,整体上呈下降趋势,在1981年为50.11%,在2019年降低为41.32%;调入区的粮食播种面积占比总体上呈现下降趋势,从1981年的24.07%下降到2019年20.05%(图1.13)。总体来看,粮食播种面积增量主要在粮食集中区,集中区的粮食生产具有持续扩大的趋势,转移区的增幅相对较小,调入区的粮食播种面积持续下降。虽然不同地区的自然禀赋存在差异,粮食生产能力存在异质性,但粮食产量与粮食的播种面积之间的趋势大体上一致。

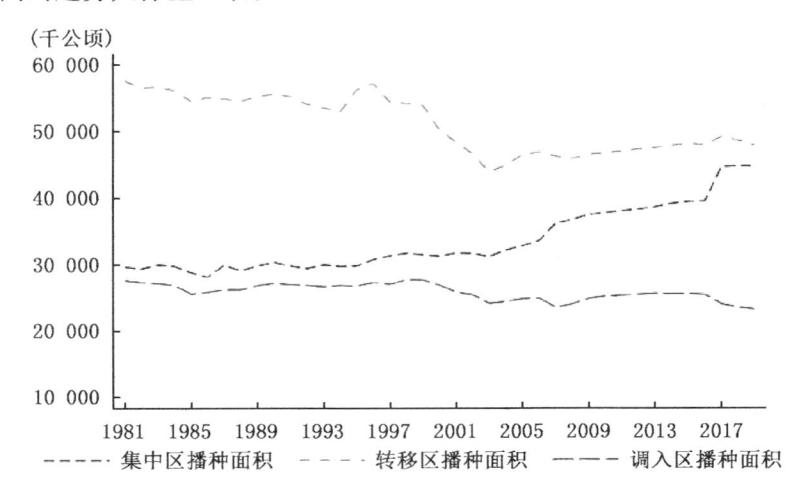

资料来源:根据各地区统计年鉴整理。

图1.12 粮食播种区域变化

图 1.13　区域粮食播种面积占比

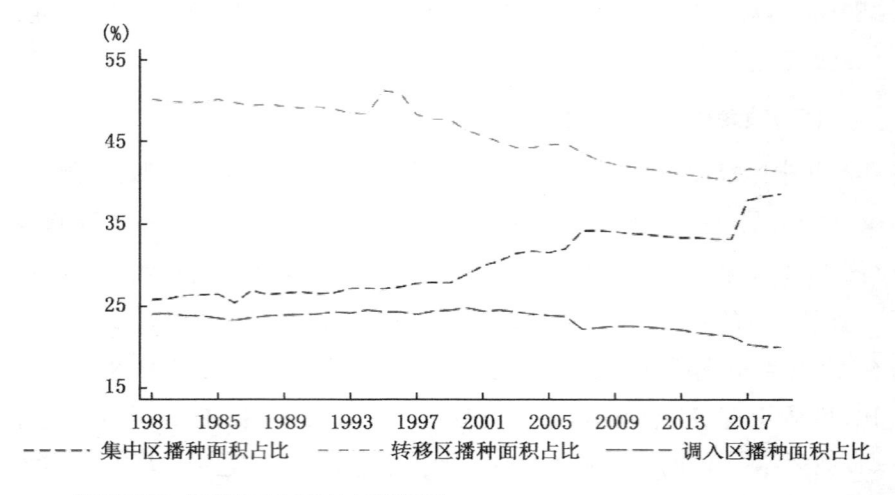

资料来源：根据各地区统计年鉴整理。

集中区的粮食播种面积呈现明显的上升趋势（图 1.12），由 1981 年的 29 698.83 千公顷，增加到 2019 年的 44 832.07 千公顷。尤其是黑龙江的粮食播种面积增幅较大，由 1981 年 7 282.00 千公顷增加到 2019 年 14 338.1 千公顷，增长了近一倍；河南省的粮食播种面积规模一直较大，在 1981 年播种面积已经达到了 9 029.30 千公顷，并在 2019 年达到 10 915.1 千公顷；内蒙古、吉林、安徽粮食播种面积都实现较大规模增加，由 1981 年 3 854.00 千公顷、3 509.30 千公顷、6 024.23 千公顷，增加到 2019 年的 6 827.5 千公顷、5 644.93 千公顷、7 287.00 千公顷（图 1.14）。

转移区的粮食播种面积呈现出明显的下降、上升、又下降、上升的波动趋势（图 1.12），总体来讲，转移区的播种面积具有一定程度下降，由 1981 年的 57 599.85 千公顷，在 1994 年达到谷值 52 875.54 千公顷，其后又逐渐上升，在 1996 年达到峰值 57 229.13 千公顷，其后又逐渐下降，在 2003 年跌至谷值 43 956.77 千公顷，其后粮食播种面积呈缓慢增加的趋势，并在 2019 年达到 47 958.99 千公顷。转移区 11 个省份的粮食播种面积，只有辽宁和山东的粮食播种面积呈现出小的增幅，辽宁粮食播种面积，由 1981 年

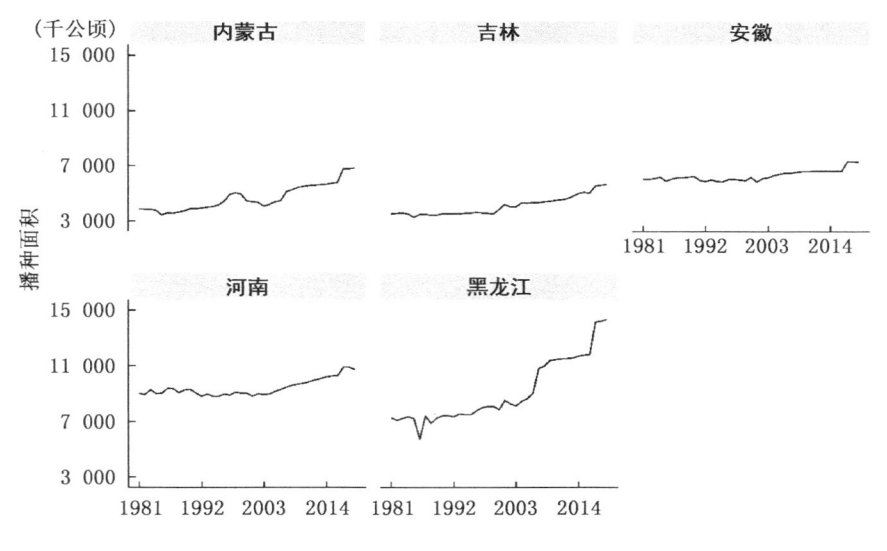

资料来源：相关省份统计年鉴。

图 1.14 集中区粮食播种面积

3 139.30 千公顷增加到 2019 年 3 488.73 千公顷，增幅为 349.426 千公顷；山东粮食播种面积呈现波动性下降，其后又呈波动性上升的趋势，由 1981 年 8 150.00 千公顷，增加到 2019 年的 8 312.81 千公顷；四川呈现出波动上升，后又下降的趋势，从 1981 年 7 461.00 千公顷，在 1996 年达到 10 027.6 千公顷，后又逐渐下降，在 2019 年下降到 6 279.32 千公顷。河北、江苏、浙江、江西、湖北、湖南、广东、重庆等地区，由 1981 年 7 310.45 千公顷、6 395.58 千公顷、3 375.07 千公顷、3 758.30 千公顷、5 173.34 千公顷、5 420.07 千公顷、4 365.60 千公顷、3 051.14 千公顷，减少到 2019 年的 6 469.17 千公顷、5 381.48 千公顷、977.44 千公顷、3 665.14 千公顷、4 608.60 千公顷、4 616.38 千公顷、2 160.64 千公顷、1 999.28 千公顷（图 1.15）。

调入区的粮食播种面积呈现出持续下降的趋势（图 1.12），由 1981 年的 27 669.54 千公顷，下降到 2019 年 23 272.54 千公顷。其中，只有贵州和云南粮食播种面积具有相对扩大的趋势，由 1981 年的 2 308.06 千公顷、

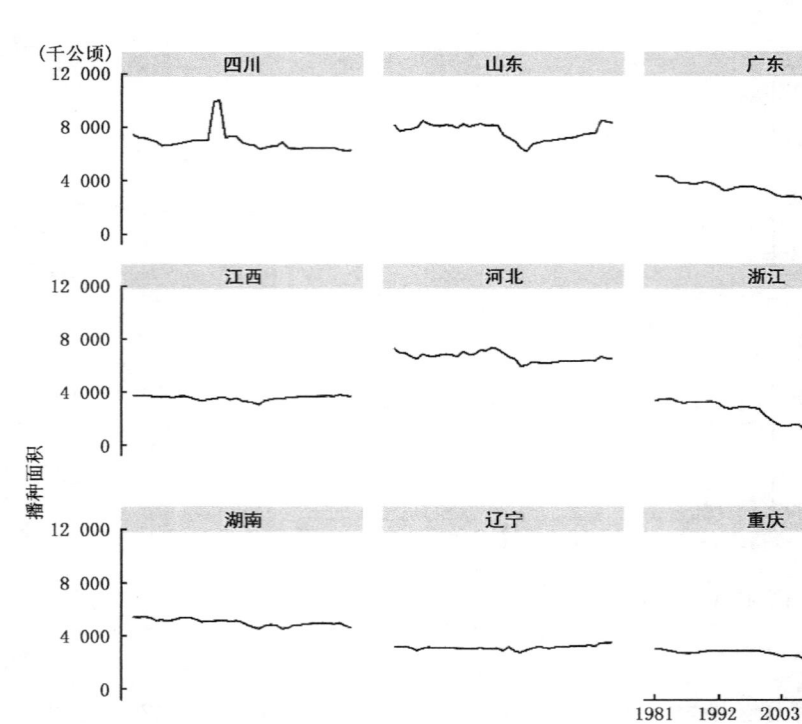

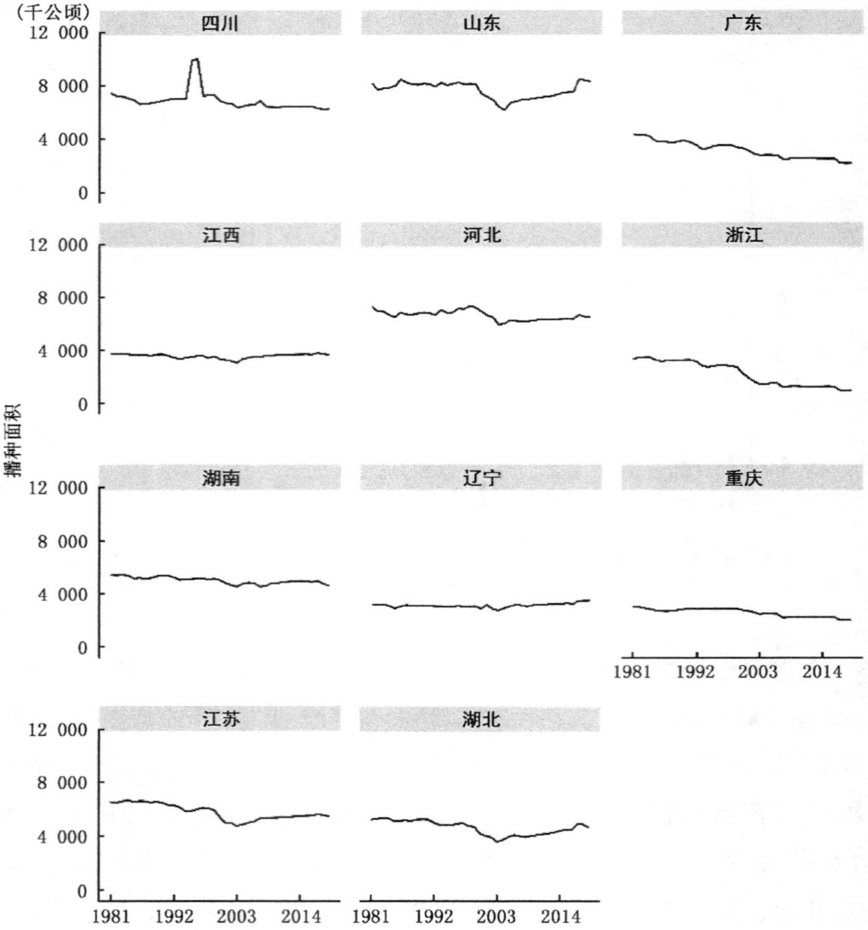

资料来源：相关省份统计年鉴。

图 1.15　转移区粮食播种面积

3 540.00 千公顷，增加到 2019 年的 2 709.41 千公顷、4 165.76 千公顷；宁夏也有较小规模增加，由 1981 年的 668.00 千公顷，增加到 2019 年的 677.36 千公顷；新疆的播种面积在 2003 年以前一直呈现下降趋势，从 1981 年的 2 071.97，下降到 2003 年的 1 377.2，在 2003 年之后粮食播种面积又呈现缓慢上升的趋势，到 2019 年增加到 2 203.61 千公顷；北京、天津、山西、上海、福建、广西、海南、西藏、陕西、甘肃、青海等地区,粮食生产规模几乎呈收缩趋势,由 1981 年 530.00 千公顷、521.40 千公顷、3 420.29 千公顷、444.52 千公顷、2 137.51 千公顷、3 933.10 千公顷、551.39 千公顷、193.31 千公顷、4 079.33 千公顷、2 862.52 千公顷、408.14 千公顷,减少到 2019 年的 46.52 千公顷、339.27 千公顷、3 126.17 千公顷、117.37 千公顷、822.43 千公顷、2 747.00 千公顷、272.65 千公顷、184.78 千公顷、2 998.92 千公顷、2 581.11 千公顷、280.20 千公顷(图 1.16)。

资料来源:相关省份统计年鉴。

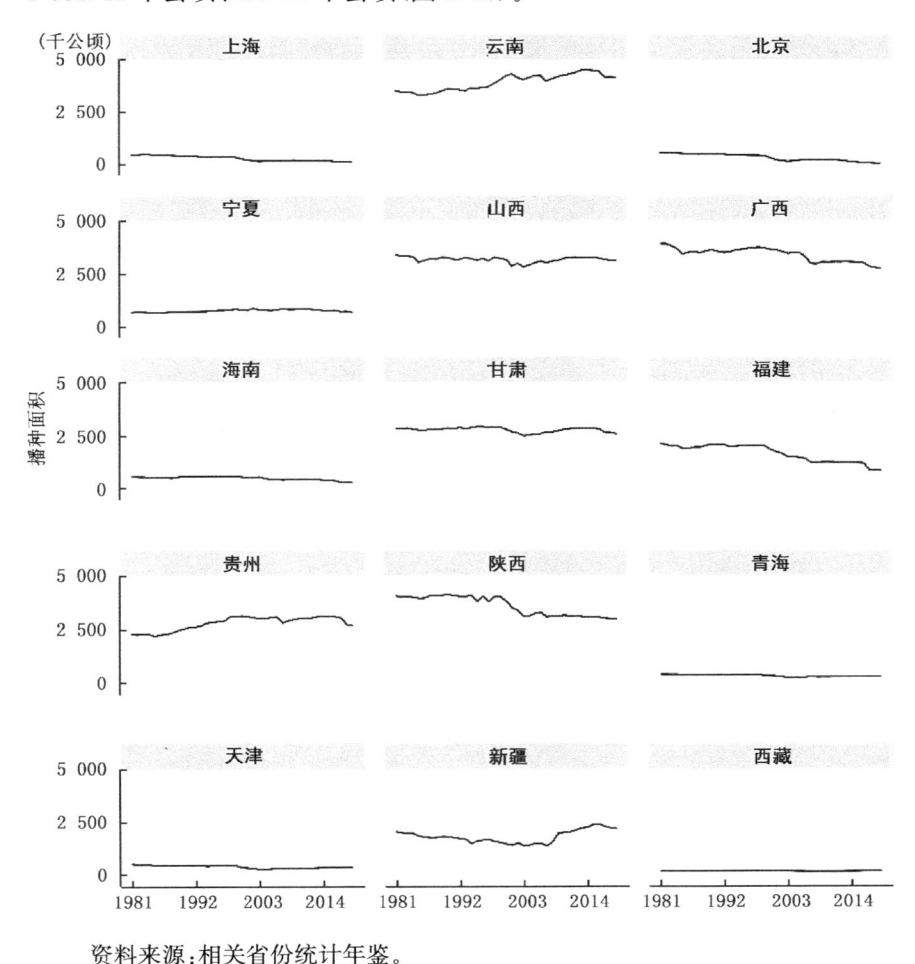

图 1.16 调入区粮食播种面积

(三)种植结构变化

粮食种植结构具有去粮化的特征,尤其是在转移区和调入区的粮食生产去粮化特征较为明显,集中区粮食生产则呈趋粮化特征。中国的粮食生产分布演变,不仅表现为各区域粮食产量、播种面积的变化,也表现为地区种植结构的变化。全国的粮食播种面积虽然在一定程度上得到一定扩大,但粮食种植占比呈现出明显的下降趋势,在1981年粮食播种面积占比为79.2%,到2019年只有69.95%(表1.3)。尤其是转移区和调入区粮食种植占比呈明显下降的趋势,粮食播种面积占比由77.01%、80.97%,下降到2019年的65.07%、57.93%(图1.17)。尤其是转移区的重庆、广东、浙江等地区,1981~2019年粮食播种占比,由89.05%、76.43%、72.67%,下降到59.76%、49.59%、48.88%,下降了20多个百分点。调入区的海南、广西、新疆、福建等地区的种粮占比下降幅度较大,由1981年的81.25%、81.44%、69.81%、84.6%,下降到2019年的40.32%、45.87%、35.71%、51.42%。集中区的粮食种植占比,虽然具有一定程度的波动,但基本上具有一定上升的趋势,尤其是黑龙江、安徽、

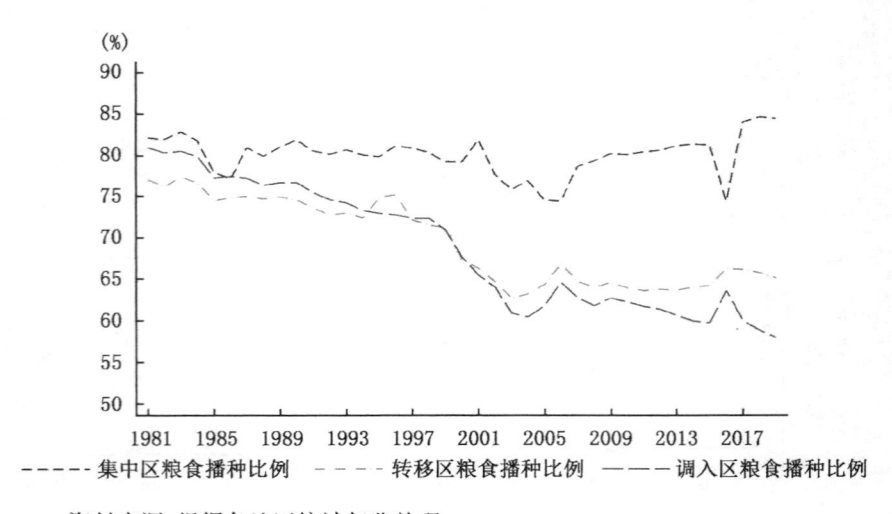

资料来源:根据各地区统计年鉴整理。

图 1.17 区域粮食种植占比

第一章 改革开放以来农业生产发展与种植结构调整 025

表1.3 各地区粮食种植占比

单位：%

		1981年	1985年	1990年	1995年	2000年	2005年	2010年	2015年	2016年	2017年	2018年	2019年
内蒙古	集中区	82.67	75.23	82.06	81.58	75.01	70.36	78.53	75.67	64.58	75.22	76.95	76.84
吉林	集中区	86.12	80.8	87.28	88.11	94.3	86.7	86.04	89.41	82.82	91.09	92.09	92.28
黑龙江	集中区	83.44	84.08	86.69	86.74	84.17	76.41	94.23	95.7	79.6	95.85	96.87	97.08
安徽	集中区	76.45	72.06	75.13	70.05	73.46	73.22	73.08	74.11	75.59	83.9	83.41	82.98
河南	集中区	81.99	77.27	78.35	72.59	68.73	65.74	68.36	71.18	69.02	74.09	73.77	72.95
河北	转移区	82.76	75	77.71	78.32	76.67	71.03	72.06	73.14	74.73	79.44	79.77	79.55
辽宁	转移区	81.61	77.97	86.26	83.64	78.92	80.29	78.04	78.14	76.16	83.11	82.81	82.73
江苏	转移区	74.2	75.16	77.04	72.77	66.76	64.25	69.33	70.04	71.11	73.15	72.82	72.31
浙江	转移区	72.67	73.48	74.49	71.74	64.72	53.24	51.35	55.79	64.5	49.33	49.31	48.88
江西	转移区	67.81	67.37	64.26	58.98	58.79	64.58	66.68	66.42	65.03	67.15	66.98	66.38
山东	转移区	78.21	73.51	74.91	75.04	63.85	62.52	65.49	67.95	66.6	76.12	75.88	76.03
湖北	转移区	71.33	69.67	70.64	64.27	54.8	53.13	50.87	56.16	56.1	61	60.95	58.96
湖南	转移区	67.67	69.03	67.48	65.25	62.86	58.04	58.53	56.72	58.63	59.83	58.54	56.83
广东	转移区	76.43	71.56	68.44	65.46	64.21	57.87	55.96	52.37	60.01	51.32	50.26	49.59
重庆	转移区	89.05	85.5	82.8	81.57	77.24	72.61	66.79	62.47	67.51	60.81	60.26	59.76
四川	转移区	85.35	81.02	76.1	106.79	71.33	69.71	67.54	66.6	67.98	65.71	65.16	64.78
北京	调入区	82.3	82.69	82.03	78.5	67.9	62.4	70.43	60.13	60.02	55.29	53.6	52.5
天津	调入区	81.85	74.79	82.31	80.73	64.88	57.6	67.88	74.64	80.52	79.95	81.58	82.69

续表

		1981年	1985年	1990年	1995年	2000年	2005年	2010年	2015年	2016年	2017年	2018年	2019年
山西	调入区	82.52	76.79	81.92	80.9	78.83	79.93	86.06	87.25	90.25	88.91	88.24	88.7
上海	调入区	58.6	62.96	66.09	63.43	49.63	41.14	44.66	47.6	46.11	46.73	46.01	44.9
福建	调入区	84.6	80.85	75.77	71.15	65.46	60.23	54.27	51.18	75.98	53.78	52.84	51.42
广西	调入区	81.44	77.58	70.8	63.75	58.41	55.11	51.91	49.87	50.67	47.79	46.92	45.87
海南	调入区	81.25	68.65	68.26	66.08	59.59	54.18	52.44	44.44	49.24	39.82	40.13	40.32
贵州	调入区	80.88	73.21	71.06	68.12	67.11	63.98	62.17	56.2	55.55	53.94	50.03	49.43
云南	调入区	89.09	82.88	80.63	73.46	76.51	70.27	66.4	62.45	66.03	61.39	60.58	60.03
西藏	调入区	90.27	92.41	89.82	85.48	87.19	75.62	70.84	70.76	69.53	73.06	68.3	68.06
陕西	调入区	84.26	85.03	85.08	84.67	83.89	74.33	75.49	71.74	73.76	74.3	73.48	72.58
甘肃	调入区	84.08	79.51	79.61	77.62	74.81	69.44	70.08	67.38	75.05	70.55	70.1	67.36
青海	调入区	80.82	77.24	73.49	67.56	58.28	51.51	50.19	49.62	50.39	50.88	50.47	50.62
宁夏	调入区	82.78	78.5	81.44	79.69	78.81	70.6	67.64	60.92	69.57	63.79	63.17	58.75
新疆	调入区	69.81	65.1	61.31	52.52	43.32	40.04	42.63	41.6	40.55	39	36.57	35.71
集中区种植结构		82.13	77.89	81.9	79.81	79.13	74.49	80.05	81.21	74.32	84.03	84.62	84.43
转移区种植结构		77.01	74.48	74.55	74.89	67.29	64.3	63.88	64.16	66.21	66.09	65.7	65.07
调入区种植结构		80.97	77.21	76.64	72.91	67.64	61.76	62.21	59.72	63.55	59.95	58.8	57.93
全国种植结构		79.2	75.78	76.48	73.43	69.39	67.07	69.52	71.5	71.42	70.94	70.55	69.95

资料来源：根据各省份统计年鉴整理。

吉林的粮食种植占比具有一定程度上升,由 1981 年 83.44%、76.45%、86.12%,上升到 2019 年的 97.08%、82.98%、92.28%,而内蒙古和河南的种粮比例呈小幅度下降,由 1981 年的 82.67%、81.99%,下降到 2019 年的 76.84%、82.98%。

第三节 惠农政策、粮食市场与粮食流通体系的完善

农产品的弱质性和公共产品属性,使得农业需要政府的扶持,财政支农,尤其是农业补贴是各国政府扶持农业的通行做法(Gohin 和 Latruffe,2006;Yi 等,2015;Kirwan 和 Roberts,2016)。中国的农业补贴开始于 20 世纪 50 年代,国营拖拉机站实施机耕定额亏损补贴,其后政府多次调低化肥、农药、农机以及农用的柴油、薄膜出厂价格,并以流通暗补的形式补贴农业。1958 年,制定《农业税条例》,实行比例税率(税率约为 10%～15%)。在这一阶段,以"三提五统"以及集资、摊派、罚款等农业"负"补贴形式,用牺牲农业的方式来支持工业与城市的发展。

自 2002 年开始实施良种补贴和粮食直接补贴试点,2006 年全面取消农业税,并开始农资综合补贴,自此建立起以良种补贴、种粮农民直接补贴、农机具购置补贴和农资综合补贴为基础的农业补贴体系。现有的农业补贴是以四项补贴为主、其他补贴为辅的农业补贴政策体系(朱福守和蒋和平,2016)。2016 年,农业部和财政部颁发了《关于全面推开农业"三项补贴"改革工作的通知》,将"三项补贴"政策调整为"农业支持保护补贴",政策目标调整为耕地地力保护和支持适度规模经营。

一、惠农政策演变

(一)农业补贴

中国农业补贴体系以拖拉机定额亏损补贴开始,流通暗补是早期的中国农业补贴模式。一直以来的统购统销政策,使得粮食价格购销倒挂,从 1985 年开始取消粮食统购,建立粮食价格的"双轨制",即主要为合同

订购,订购以外的粮食,通过市场交易。1990年,建立了粮食专项储备制度,1993年,取消统购统销制度,实行保量放价政策。1995年,实行粮食省长负责制,提出了"米袋子"省长负责制。1998年,国务院颁布了《粮食收购条例》,建立以粮食风险基金为主要形式的补贴。2000年,缩小了粮食补贴范围,规定长江以南的玉米退出保护价收购。2001年,国务院下发《关于进一步深化粮食流通体制改革的意见》,提出"放开主销区、保护主产区、省长负责、加强调控"的粮食流通制度。

自2002年开始实行高油大豆良种补贴政策、2003年增加实行小麦良种补贴政策、2004年增加水稻和玉米良种补贴政策、2007年新增加油菜和棉花良种补贴政策以来,我国良种补贴作物品种的范围已推广到了水稻、小麦、玉米、棉花及油菜等主要优质粮食作物品种,且对水稻、小麦、玉米、棉花采取全覆盖处理,补贴区域主要包括河北、内蒙古等全国13个粮食主产区。粮食直补的补贴范围也在逐步扩大,从2004年的10 160.6万公顷,增加到2017年的11 222万公顷;补贴的金额也从2004年的116亿元,快速增长到2014年的151亿元。我国农资综合补贴金额已由2006年120亿元上升到了2014年的1 071亿元。水稻、小麦、玉米等粮食作物是农资综合补贴的目标农作物,补贴的重点在粮食主产区。

在2006年建立农业补贴体系后,补贴的规模和范围逐渐扩大,农业补贴开始由"流通暗补"向"生产明补"转变。在以四项补贴为主的中国农业补贴体系以外,还有其他补贴,包括产粮大县补贴,山西、江苏开展的秸秆还田作业补贴,陕西省的玉米地膜补贴等。从2005年起,中央财政对产粮大县予以奖励,奖励资金投入由50亿元,增至2019年的448亿元。

2016年《关于全面推开农业"三项补贴"改革工作的通知》将种粮直补、良种补贴、农资综合补贴三项补贴合一为农业支持保护补贴,政策目标调整为耕地地力保护和促进粮食适度规模经营。具体而言,一方面,将原来农作物良种补贴、种粮农民直接补贴以及80%的农资综合补贴资金用于支持耕地地力保护,补贴对象原则上为拥有耕地承包权的种地农民,基本上保持了农业补贴政策的稳定性(柯炳生,2018);另一方面,将原来农资综合补贴资金的20%,加上种粮大户补贴试点资金和三项补贴增量资金,统筹用于支持粮食适度规模经营,重点向种粮大户、家庭农场、农民合作社、农业社会化服务组织等新型经营主体倾斜,即"谁多种粮食,就优先支持谁"。

2014年至2016年我国对粮食(大豆、小麦、玉米、稻谷等)价格支持机制进行了一系列改革:如2014年中央率先对棉花和大豆收储价格机制改革试点,2016年将大豆调整为"市场化收购"加"补贴"的机制。2016年在东北实施玉米生产者补贴,开启了粮食品种的价补分离,同时玉米取消了实施8年的临时收储政策,调整为"市场化收购"加"补贴"的新机制。针对口粮品种,2016年国家首次下调稻谷最低收购价,这是实施稻谷最低收购价14年来首次下调。随着市场化程度的推进及粮食供求结构的变化,2017年《国家发展改革委关于全面深化价格机制改革的意见》正式发布,要继续完善稻谷和小麦最低收购价政策。

(二)退耕还林

中国的粮食产量迅速增加,一方面是因为粮食生产的技术进步,良种等的研发;另一方面,是因为化肥、农药的使用,这样就导致了耕地地力的下降,同时,也造成了一系列的生态问题,包括灾害频发、水土流失、土地沙化、肥力下降、环境污染等。对此,政府曾采取多项措施积极应对,包括建立自然保护区,实施环京津风沙源治理,以及推行退耕还林工程等。与其他区域性生态保护措施相比,退耕还林工程直接影响到各地区的粮食生产中耕地的规模,进而影响到粮食的播种面积,对粮食生产产生直接的影响。

1998年长江、松花江以及嫩江流域发生特大洪灾,政府意识到水土流失的危害,进而提出"封山植树,退耕还林"的灾后重建指导原则。1999年退耕还林工程率先在四川、甘肃、陕西三省试点,并于2000年将试点范围扩大,包括云南、四川、重庆、贵州、湖北、甘肃、青海、陕西、宁夏、内蒙古、山西、河南和新疆,共计174个县(王庶和岳希明,2017)。2002年正式实施范围包括北京、天津、山西、河北、内蒙古、辽宁、黑龙江、安徽、江西、河南、湖北、湖南、广西、海南、重庆、四川、吉林、贵州、云南、西藏、陕西、甘肃、新疆、青海、宁夏和新疆生产建设兵团，共 1 897 个县。截至 2013 年，累计退耕还林面积为 4.47 亿亩。①

(三)粮食安全省长责任制

20 世纪 90 年代初期，尤其是 1992 年后，随着工业化的迅速推进，很多地方都出现了忽视农业、忽视粮食的倾向(郭玮和王来武，1998)。东南沿海地区粮食生产大幅度下滑，导致供需失衡，引起全国性的粮食短缺和粮价暴涨。在这种情况下，1994 年出台的《国务院关于深化粮食购销体制改革的通知》明确规定，"实行省、自治区、直辖市政府负责制，负责本地粮食总量平衡，稳定粮田面积、稳定粮食产量、稳定粮食库存，灵活运用地方粮食储备进行调节，保证粮食供应和粮价稳定"(叶兴庆，1996)。1995 年的政府工作报告再次强调要坚持"米袋子"省长负责制，明确指出"负责'米袋子'就是负责本省的粮食供应，这就要求保证种植面积，提高单产，增加储备，调剂供求，稳定价格"。1998 年出台的《关于进一步深化粮食流通体制改革的决定》，补充了粮食安全省长负责制具体在调整种植结构、消化粮食财务挂账、完善粮食流通设施、购销关系协调等方面的责任。2004 年进一步补充了省长负责制在提高粮食生产能力方面的责任。

伴随着当前粮食市场出现的新形势、新问题，粮食调控也面临着新转型，国务院法制办 2012 年公布的《粮食法(征求意见稿)》规定：粮食安全实行国家宏观调控下的省级政府行政首长负责制。2015 年国务院出台《关于建立健全粮食安全省长责任制的若干意见》，再次强调了省一级政府责任。同年制定粮食安全省长责任制考核办法，明确考核要求。并且在 2021 年的中央一号文件提出，加快农业农村现代化，提升粮食和重要农产品供给保障能力，实行粮食安全党政同责，深入实施重要农产品保障战略，完善粮食安全省长责任制和"菜篮子"市长负责制。

---

① 资料来源：国家林业局退耕还林办公室，2014：《切实实施好退耕还林这一德政工程生态工程民生工程———深入学习贯彻习近平总书记关于生态文明建设的重大战略思想》，中国林业网(国家林业局官方网站)。

二、粮食市场完善

新中国成立之初,粮食生产条件落后,生产力水平也较低。1949 年播种面积约 1.10 亿公顷,产量仅 1.13 亿吨,人均占有量也只有 209 千克。中央政府在土改基础上,开展农田水利基础设施建设,实行自由购销的流通政策,市场经营主体由个体私营和国营粮商构成,并于 1950 年成立了中国粮食公司和粮食管理总局,自上而下的国营系统和管理组织体系就此形成(矫健,2012)。1953 年颁布《关于实行粮食的计划收购和计划供应的命令》,在粮食流通领域开始采取"统购统销"政策。1962 年该项政策有所放松,国家允许放开农村集贸市场,农民余粮议购议销;由于 1972 年全国粮食减产,集贸市场又被批判直至取消,"统购统销"政策直至 1985 年初全部结束。这一阶段粮食增长相对缓慢,播种面积基本徘徊在 1.2 亿公顷水平。

1978 年后改革开放,农村实行家庭联产承包责任制以及粮食收购价格的增加极大地提高了农民种粮积极性。总产量由 1978 年 3.05 亿吨增加到 1997 年 4.94 亿吨,中国成为世界上最大粮食生产国,人均粮食产量 401.7 千克。并开始逐步取消"统购统销"政策,逐步按市场化规律办事;市场调控政策密集出台,粮食生产调控体系雏形初步形成。提高统购价格,实行购销双轨制,即计划"一轨"(定购价)、市场"一轨"(议购价)。1982 年成立新商业部,统筹管理全国粮食流通,1998 年国务院发布《关于进一步深化粮食流通体制改革的决定》提出实行"政企分开、中央与地方分开、储备与经营分开、国有企业新老财务挂账分开、完善粮食价格机制"的"四分开,一完善"管理原则,以及 1999 年提出的"三项政策,一项改革"要求为标志,实现了由粮食价格直接定价向间接调控的转变。

2004 年出台《关于进一步深化粮食流通体制改革的决定》等相关配套文件及《粮食流通管理条例》,标志着粮食收购市场和收购价格全面放开。取消农业税、全面放开粮食购销市场以及最低收购价政策措施的出台,中国粮食生产实现了由农业支持工业向"工业反哺农业"、国家支持由流通领域向生产和收入领域、政府干预为主向市场化为中心的根本转变。

为了防止谷贱伤农、保护农民种粮积极性,国家于2004年出台了水稻、小麦最低保护价制度,并分别在2005年和2006年对水稻和小麦实行最低收购价。2008年受国际金融危机的影响,国际市场粮食价格大幅下降,中国玉米、大豆等粮食作物价格下行压力增加。在此背景下,国家在2008年启动大豆、玉米、棉花、油菜籽等作物的临时收储政策,其中,玉米临储政策所实施的区域为"东北三省一区"。2014年实施棉花和大豆目标价格改革,主要做法是取消临储政策,根据目标价格与实际价格之间的差异,对棉花和大豆进行生产者补贴。2015年国家下调玉米临储收购价格,2016年正式开启玉米收储制度改革。与棉花和大豆收储制度改革不同的是,玉米收储制度改革不是将原有的收储制度改为目标价格制度而是将其改为生产者补贴制度。

三、粮食流通体系建立

粮食流通是指粮食收获后经收购、集并、运输、储存、中转、配置直至消费全过程中的粮食实物的流动(顾莉丽,2012)。新中国成立以来,中国粮食流通体制大体经历了自由购销、统购统销、"双轨制"、保护价收购和市场购销几次大调整,目前已经初步建立了以市场购销为核心的粮食流通制度。目前中国粮食流通总体上呈"北粮南运"的分布。虽然中国流通体系较为完善,但在有效保障粮食安全的战略目标下,流通体系建设还存在改进的空间,基础设施建设还不够完善,运输环节中运力紧张,散粮运输工具与农业现代化设施等还存在较大差距。交通运输状况中,铁路、内河航道和公路的里程和货运量都有很大提高(表1.4),在2019年铁路、内河航道和公路的里程分别为139 926公里、127 298公里、5 012 496公里;货运量总计为4 713 624万吨,其中铁路货运量438 904万吨、公路货运量3 435 480万吨、水运货运量747 225万吨。

表 1.4　　　　　　　　　　交通运输基础现状

	铁路营业里程（公里）	内河航道里程（公里）	公路里程（公里）	货运量总计（万吨）	铁路货运量（万吨）	公路货运量（万吨）
1981	53 900	108 700	897 500			
1991	57 800	109 700	1 041 100			
2001	70 057	121 535	1 698 012	1 401 177	192 580	1 056 312
2011	93 250	124 612	4 106 387	3 696 961	393 263	2 820 100
2012	97 625	124 995	4 237 508	4 099 400	390 438	3 188 475
2013	103 145	125 853	4 356 218	4 098 900	396 697	3 076 648
2014	111 821	126 280	4 463 913	4 386 800	381 334	3 332 838
2015	120 970	127 001	4 577 296	4 175 886	335 801	3 150 019
2016	123 992	127 099	4 696 263	4 386 763	333 186	3 341 259
2017	126 970	127 019	4 773 469	4 804 850	368 865	3 686 858
2018	131 651	127 126	4 846 532	5 152 732	402 631	3 956 871
2019	139 926	127 298	5 012 496	4 713 624	438 904	3 435 480

资料来源：历年《中国统计年鉴》。

第四节　经济发展与农产品需求变化

中国经济快速增长，从 1981～2019 年数据来看，GDP 由 1981 年的 4 935.83 亿元增加到 2019 年的 990 865.11 亿元，增加了 200 余倍，实现了中国经济增长的奇迹，人均 GDP 也由 1981 年 496.62 元增加到 2019 年的 70 891.78 元，增长了近 141 倍。经济的增长主要在非农产业，尤其是第三产业，从 1981 年的 1 121.13 亿元，增加到 2019 年的 534 233.10 亿元，其次是第二产业，由 1981 年的 2 269.02 亿元，增加到 2019 年的 386 165.31 亿元，第一、二、三产业的结构由 0.31∶0.46∶0.23，转变为 0.07∶0.39∶0.54。

一、区域经济增长

根据本章第一节关于粮食生产区域的分类，各个区域的经济增长状况,无论是 GDP(图 1.18),还是人均 GDP(图 1.19),集中区的数值都较低,增幅也最小,形成产粮多的地区,经济也较弱的区域分布格局。从 GDP 的分布和增幅来看,转移区的国内生产总值最高,其次是调入区,集中区最低,其中转移区 GDP 增幅最大,其次是调入区 GDP 增长,集中区 GDP 增幅最小。转移区的 11 个省份 GDP 总量,从 1981 年 2 586.63 亿元增加到 2019 年 581 295.35 亿元,增加了 578 708.72 亿元,增长了 223.73 倍;调入区 15 个区域 GDP 总量,从 1981 年 1 374.61 亿元增加到 2019 年 270 112.55 亿元,增加了 268 737.94 亿元,增长了 195.50 倍;集中区 5 个地区的 GDP 总量,从 1981 年 837.65 亿元增加到 2019 年 133 925.21 亿元,增加了 133 087.56 亿元,增长了 158.88 倍。

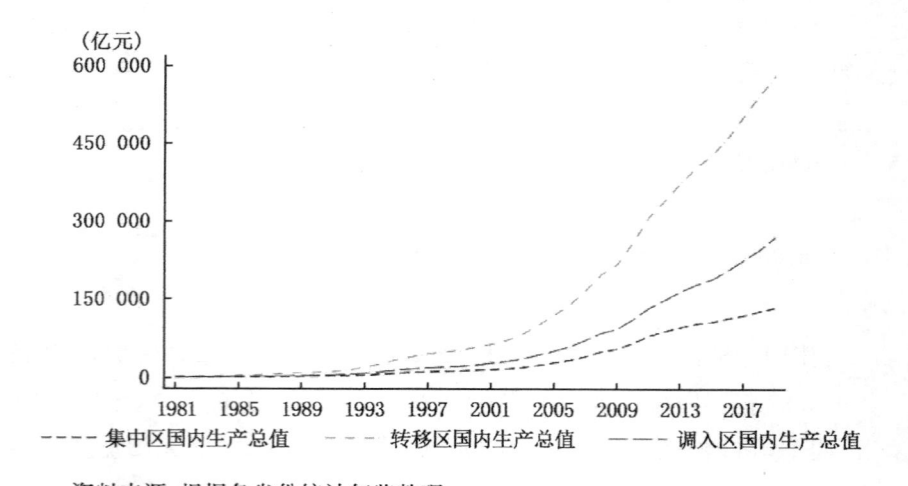

资料来源:根据各省份统计年鉴整理。

图 1.18　各区域 GDP 变化

从各个区域人均 GDP 来看(图 1.19),转移区的人均 GDP 最高,调入区其次,集中区的人均 GDP 最低,并且人均 GDP 增幅也是转移区最高,调入区其次,集中区最小。集中区的人均 GDP 由 1981 年的 459.66 元增加到 2019 年的 52 478.66 元,增加了 52 019 元。转移区由 1981 年的 482.66 元增加到 2019 年的 74 480.63 元,增加了 73 997.97 元。调入区由 1981 年的 706.15 元增加到 2019 年的 70 973.65 元,增加了 70 267.50 元。

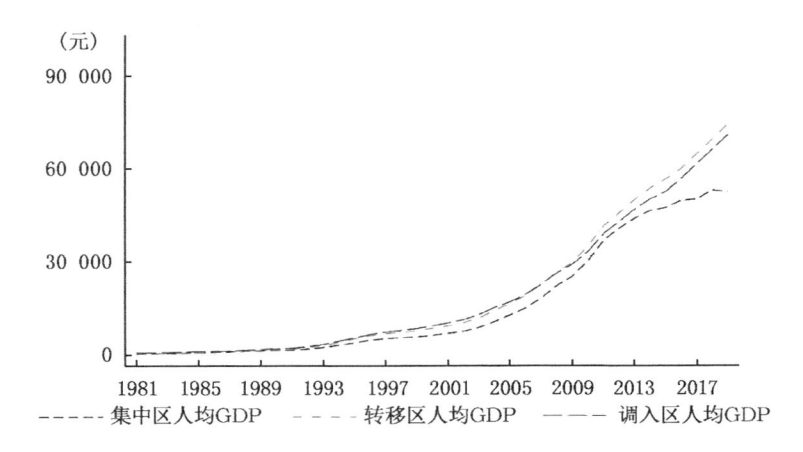

资料来源:根据各省份统计年鉴整理。

图 1.19　各区域人均 GDP 变化

二、农业经济发展

全国的第一产业增长相对于第二产业和第三产业的发展,都呈现出明显的增长趋缓的态势。分区域讨论农业经济发展状况发现,转移区的第一产业增加值高于集中区和调入区(图 1.20)。集中区的粮食生产规模较高,但并不能给集中带来较高的产值。具体而言,转移区第一产业增加值,从 1981 年 905.81 亿元增加到 2019 年 37 429.83 亿元,增加了 36 524.02 亿元,增长了近 40.32 倍;调入区第一产业增加值,从 1981 年 324.14 亿元增加到 2019 年 19 153.21 亿元,增加了 18 829.07 亿元,增长了 58.09 倍;集中区第一产业增加值,从 1981 年 313.69 亿元增加到 2019 年 13 884.06 亿元,增加了 13 570.37 亿元,增长了 43.26 倍。

分区域讨论地区农业经济发展(图 1.21),总体来看,在 2019 年时,集中区的第一产业占比较高,其次是调入区、最后是转移区,其第一产业占比分别为:10.37%、7.09%、6.44%。转移区的第一产业占比下降幅度较大,由 1981 年的 35.02% 下降到 2019 年的 6.44%,下降了 28.58 个百分点;其次是集中区,由 1981 年的 37.45% 下降到 2019 年的 10.37%,下

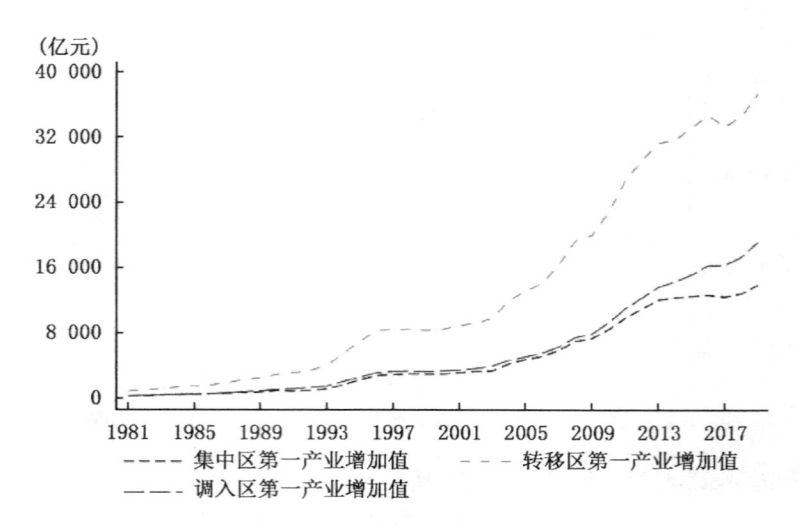

图 1.20　各区域第一产业增加值变化

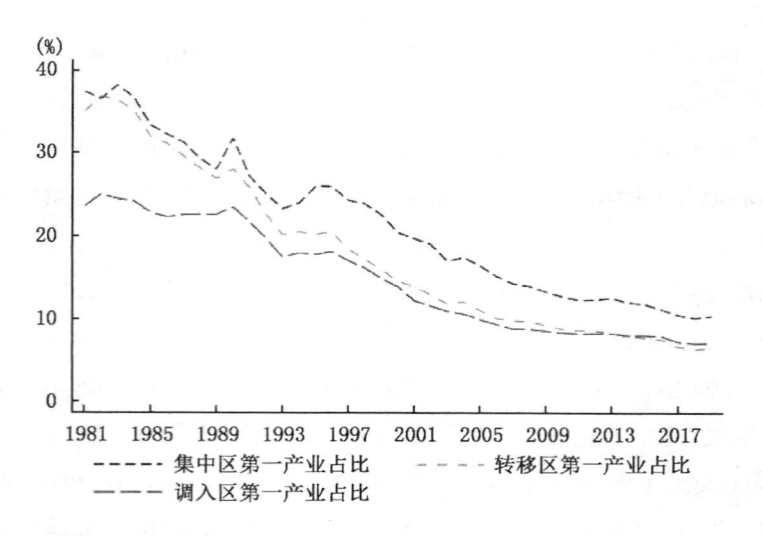

图 1.21　区域第一产业比例

降了 27.08 个百分点;调入区的下降幅度较小,由 1981 年的 23.58% 下降到 2019 年的 7.09%,下降了 16.49 个百分点。

三、产业结构调整

从产业结构来看,基本上呈现出第一产业占比下降,第二产业占比先下降后上升,其后又下降,第三产业占比直线上升的趋势,这符合经济发展的基本规律。

分区域讨论第二产业比例发现(图 1.22),集中区、转移区和调入区第二产业占比都经历了先下降,后上升,再下降的过程。转移区的第二产业占比变化,由 1981 年 45.34% 下降到 1991 年的 41.81%,其后又呈上升的趋势,在 2010 年增加到 51.69%,其后又逐渐下降,在 2019 年为 40.89%,第二产业占比总共下降了 4.45 个百分点。集中区与转移区的第二产业结构变化一致,由 1981 年的 44.08% 下降到 1990 年的 40.32%,其后又逐渐增加,在 2011 年增加到 54.82%,其后又逐渐下降到 2019 年的 39.96%,第二产业占比总共下降了 4.13 个百分点。调入区

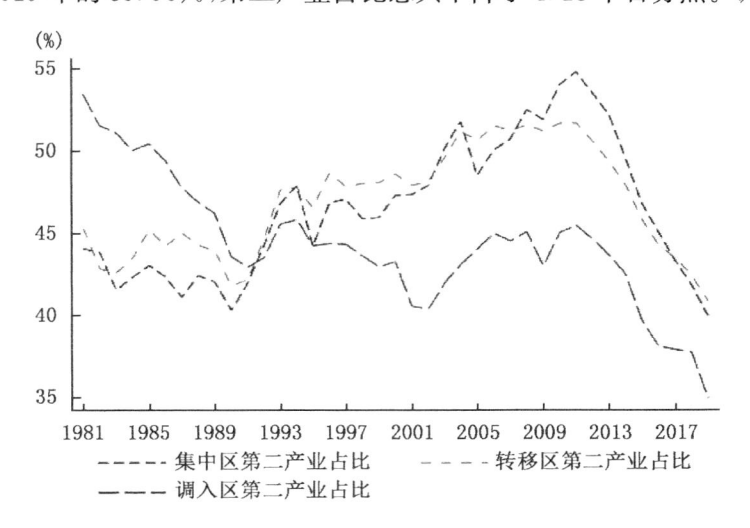

资料来源:根据各地区统计年鉴整理。

图 1.22 区域第二产业比例

的第二产业结构变化呈现出波动下降的趋势,由 1981 年的 53.48% 下降到 2019 年的 34.89%,下降了 18.59 个百分点。

分区域讨论第三产业比例来看(图 1.23),集中区、转移区和调入区的第三产业占比几乎呈现出直线上升的趋势,尤其是转移区和调入区的第三产业占比增长较快。并且在 1990 年以前,集中区的第三产业比例一直高于转移区的第三产业比例,在 1990 年之后,转移区的第三产业比例高于集中区,调入区的第三产业比例一直高于其他两个地区。调入区的比例增长较快,由 1981 年 22.94% 增加到 2019 年的 58.02%,增加了 35.08 个百分点;其次是转移区的第三产业增加,由 1981 年的 19.64% 增加到 2019 年的 52.67%,增加了 33.04 个百分点;集中区的第三产业增幅较小,由 1981 年的 18.47% 增加到 2019 年的 49.68%,增加了 31.21 个百分点。

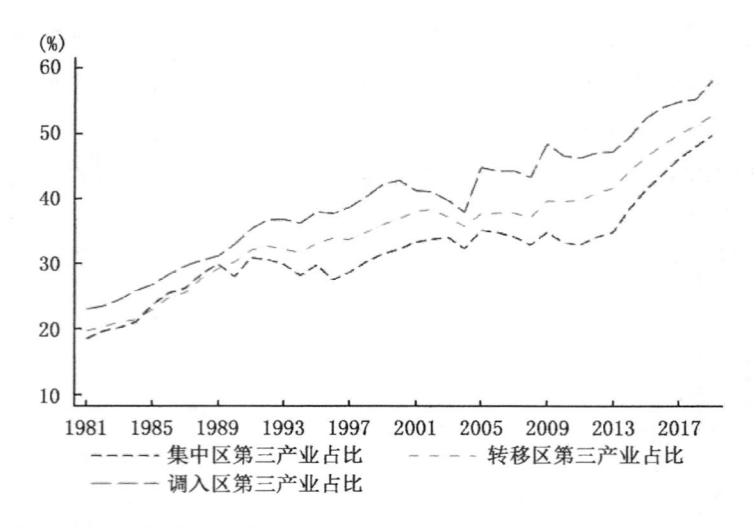

资料来源:根据各地区统计年鉴整理。

图 1.23　区域第三产业比例

四、粮食需求变化

中国粮食生产分布演变,除了区域自然禀赋条件、要素投入变化所造成的粮食生产变化,即从粮食供给端影响粮食的分布,事实上,粮食生产的分布也与粮食需求变化具有一定关系。随着经济的发展,收入水平的提高,人民不再仅仅追求温饱,开始由"吃得饱"向"吃得好"转变,居民的消费结构发生了很大改变,原粮消费呈一定幅度下降,饲料粮逐渐增加(图1.24)。其中,农村居民的人均粮食(原粮)消费从1981年256.1千克/人降低到2019年154.8千克/人,城镇居民的粮食消费从1981年

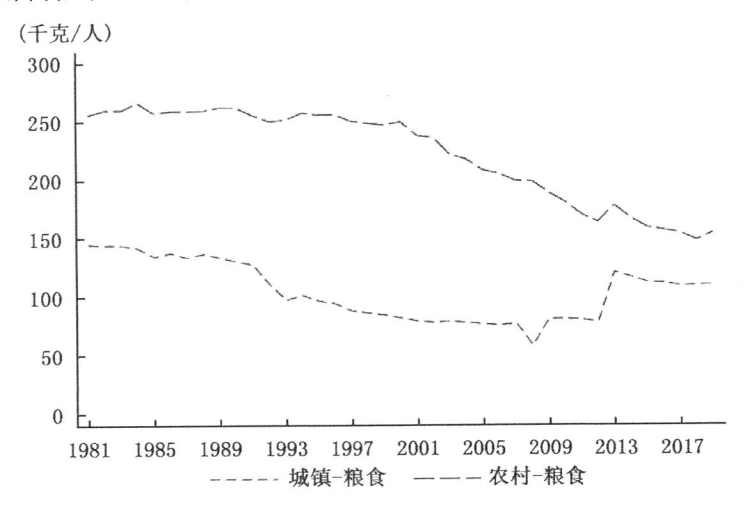

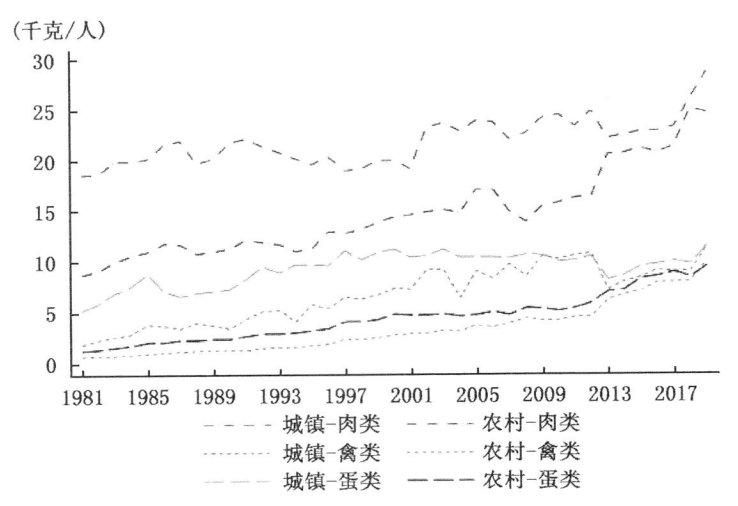

资料来源:根据各地区统计年鉴整理。

图 1.24 城镇和农村居民消费变化

145.4千克/人下降到2019年110.6千克/人。① 原粮的消费虽然减少，但肉类/禽类/蛋类消费迅速增加，也就是饲料用粮迅速增加。其中肉类，农村和城镇的消费由1981年的人均消费8.7千克、18.7千克增加到2019年的24.7千克、28.7千克。禽类消费，农村和城镇居民由1981年的人均消费0.7千克、1.9千克增加到2019年的10千克、11.4千克。蛋类消费，农村和城镇居民由1981年的人均消费1.3千克、5.2千克增加到2019年的9.5千克、11.5千克。

各地区粮食消费总量也发生很大改变，集中区消费总量呈下降趋势，转移区和调入区粮食消费总量增加。集中区的常住人口增幅不大（表1.5），个别年份常住人口还具有下降趋势，集中区基本上不是劳动力输入地。其中，河南、安徽还是劳动力流出大省，其常住人口增幅不大，粮食需求增幅较小，由于人口转出，粮食总需求甚至呈下降趋势，当集中区粮食生产规模扩大，产量迅速增加，就形成粮食供需剩余，成为粮食调出地区。

转移区的常住人口增幅较大（表1.6），尤其是广东、江苏、浙江等地区作为农村劳动力转入大省，常住人口大规模增加。其中，广东的常住人口增加了近一倍，造成粮食的需求量扩大，此时的粮食生产规模增幅较小时，江苏的粮食产量有少量增幅，广东、浙江的粮食产量不增反降，就使得粮食需要从其他地方调入，成为缺粮地区。

调入区常住人口变化如表1.7所示。一直以来，调入区都是粮食调入的主要地区。北京、天津、上海等地区也是中国经济发展的重要地区，其非农产业发展较快，农业生产的比较收益较低，粮食的供需缺口较大。福建省由于其地理位置及多山原因，不适合规模化种植，也一直属于缺粮省份。山西、广西、海南、贵州、云南、西藏、陕西、甘肃、青海、宁夏，由于地理位置原因，也一直属于缺粮区域，新疆虽然幅员辽阔，由于其气候条件，并不适合粮食作物的生长。

---

① 资料来源：2013年国家统计局将统计口径做了一些调整，2013年及之后年份的城乡居民消费粮油糖2. 城乡居民人均粮食消费量为原粮，但城镇居民1980~2012年人均粮食消费量为加工粮。

表 1.5　　集中区常住人口变化

	1981	1991	2001	2006	2011	2012	2013	2014	2015	2016	2017	2018	2019
内蒙古	—	2 183.9	2 381	2 415	2 482	2 490	2 498	2 505	2 511	2 520	2 529	2 534	2 540
吉林	—	2 509	2 691	2 723	2 749	2 750	2 751	2 752	2 753	2 733	2 717	2 704	2 691
黑龙江	—	3 575	3 811	3 823	3 834	3 834	3 835	3 833	3 812	3 799	3 789	3 773	3 751
安徽	—	5 737	6 128	6 110	5 968	5 988	6 030	6 083	6 144	6 196	6 255	6 324	6 366
河南	—	8 763	9 555	9 392	9 388	9 406	9 413	9 436	9 480	9 532	9 559.13	9 605	9 640

资料来源：根据各省份统计年鉴整理。

表 1.6　　转移区常住人口变化

	1981	1991	2001	2006	2011	2012	2013	2014	2015	2016	2017	2018	2019
河北	—	6 220	6 699	6 898	7 241	7 288	7 333	7 384	7 425	7 470	7 520	7 556	7 592
辽宁	—	3 990	4 194	4 271	4 383	4 389	4 390	4 391	4 382	4 378	4 369	4 359	4 352
江苏	—	6 844	7 359	7 656	7 899	7 920	7 939	7 960	7 976	7 999	8 029	8 051	8 070
浙江	—	4 270	4 729	5 072	5 463	5 477	5 498	5 508	5 539	5 590	5 657	5 737	5 850
江西	—	3 865	4 186	4 339	4 488	4 504	4 522	4 542	4 566	4 592	4 622	4 648	4 666
山东	—	8 570	9 041	9 309	9 637	9 685	9 733	9 789	9 847	9 947	10 006	10 047	10 070
湖北	—	5 512	5 658	5 693	5 758	5 779	5 799	5 816	5 852	5 885	5 902	5 917	5 927
湖南	—	—	—	6 342	6 596	6 639	6 691	6 737	6 783	6 822	6 860	6 899	6 918
广东	5 327	6 527	8 733	9 442	10 505	10 594	10 644	10 724	10 849	10 999	11 169	11 346	11 521
重庆	—	—	2 829	2 808	2 919	2 945	2 970	2 991	3 017	3 048	3 075	3 102	3 124
四川	—	8 143	8 169	8 050	8 076	8 107	8 140	8 204	8 262	8 302	8 341	8 375

资料来源：根据各省份统计年鉴整理。

表 1.7　调入区常住人口变化

	1981	1991	2001	2006	2011	2012	2013	2014	2015	2016	2017	2018	2019
北京	—	1 094	1 385	1 601	2 019	2 069	2 115	2 152	2 171	2 173	2 171	2 154	2 154
天津	—	909	1 004	1 075	1 355	1 413	1 472	1 517	1 547	1 562	1 557	1 560	1 562
山西	—	2 942	3 272	3 375	3 593	3 611	3 630	3 648	3 664	3 682	3 702	3 718	3 729
上海	1 168	1 350	1 668	1 964	2 347	2 380	2 415	2 426	2 415	2 420	2 418	2 424	2 428
福建	—	3 079	3 445	3 585	3 720	3 748	3 774	3 806	3 839	3 874	3 911	3 941	3 973
广西	—	—	4 788	4 719	4 645	4 682	4 719	4 754	4 796	4 838	4 885	4 926	4 960
海南	—	674	796	836	877	887	895	903	911	917	926	934	945
贵州	—	3 315	3 799	3 690	3 469	3 484	3 502	3 508	3 530	3 555	3 580	3 600	3 623
云南	—	3 782	4 287	4 483	4 631	4 659	4 687	4 714	4 742	4 771	4 801	4 830	4 858
西藏	—	225	264	285	303	308	312	318	324	331	337	344	351
陕西	—	3 363	3 653	3 699	3 743	3 753	3 764	3 775	3 793	3 813	3 835	3 864	3 876
甘肃	1 940	2 285	2 523	2 547	2 564	2 578	2 582	2 591	2 600	2 610	2 626	2 637	2 647
青海	—	454	523	548	568	573	578	583	588	593	598	603	608
宁夏	383	474	563	604	639	647	654	662	668	675	682	688	695
新疆	—	1 555	1 876	2 050	2 209	2 233	2 264	2 298	2 360	2 398	2 445	2 487	2 523

资料来源：根据各省份统计年鉴整理。

本章小结

一、从1981～2019年的全国粮食生产来看,中国粮食产量、播种面积、人均粮食产量呈现出波动式上升的趋势,并在近几年增长趋缓。分区域讨论粮食生产状况可知,粮食的增量主要在集中区,并且集中区粮食生产呈持续扩大的趋势,转移区和调入区的粮食增幅较小,甚至呈下降的趋势。粮食种植结构具有去粮化的特征,尤其是在转移区和调入区的粮食去粮化特征较为明显,集中区粮食生产呈趋粮化态势。

二、产粮大省、经济弱省趋势加深。集中区的粮食生产规模较大,地区经济发展较为缓慢,GDP和人均GDP都相对较小。并且随着经济的发展,粮食安全又有新的要求,人民的食物消费习惯从"吃得饱"向"吃得好"转变,人们的直接用粮减少,间接用粮增加。各个地区关于粮食的需求量也发生较大变化,粮食生产集中区常住人口增幅不大,转移区和调入区由于其地方经济快速发展,吸引大量农村劳动力转入或者外出劳动力回流,常住人口增幅较大,粮食需求也大幅度增加,本地区粮食生产规模较小,甚至呈收缩趋势,进而需要粮食调入。

三、粮食生产与地区自然禀赋条件有关,尤其是耕地禀赋、可机械化程度等皆影响粮食生产分布,另外粮食市场的完善、惠农政策和流通体系的建立都为粮食生产分布变迁提供了有利条件。

第二章 农村劳动禀赋变化与农业生产条件改善

结构矛盾是伴随着经济转型发展而普遍存在的经济现象,其在不同的历史时期,表现出不同的发展特点。在具体分析当前中国种植结构矛盾的成因以及劳动禀赋变化对种植结构调整的影响之前,有必要了解中国农业生产条件与种植结构发展的历史、现状与趋势。中国粮食生产取得了举世瞩目的成就,尤其是农村家庭联产承包责任制实施以来,粮食总产量连攀高峰,粮食生产不仅表现为规模的增加,而且各区域粮食生产也呈现出不同特征。一些地区一直以来是中国主要商品粮基地,随着经济社会的发展逐步演变为缺粮地区,需要其他地区调入粮食来平衡粮食的供需缺口;而一些原来生产条件较差的地区却成为新的商品粮生产基地,生产大量余粮可供调出。粮食生产分布的变化与区域的禀赋条件、经济发展程度、政策目标导向等关系密切。

第一节 农村劳动力转移与农业劳动投入变动

农村劳动力转移一般是指劳动力从传统的农业生产中转出,包括跨部门、区域的转移。就农村劳动力转移理论研究来看,以刘易斯为代表的二元经济理论认为,在农村劳动力无限供给的前提下,传统农业部门劳动的生产率要远低于非农产业的劳动生产率,使得农村劳动力向城市转移。托达罗模型考虑到失业的情况,认为农村劳动力转移是由城市的就业机会与城乡实际收入的比较差异决定,一般而言,只要有保障的农村工资水平低于城市的预期工资水平,农村剩余劳动力就会在城市尚存在失业的情况下继续向城市流动。工资水平的差异程度决定了农村劳动力向城市流动的数量。新中国成立初期,优先发展重工业的总体目标和计划经济需要,国家对农村劳动力流动进行了一定的限制。随着农村家庭联产承包责任制的实施,农村经济发展,农业生产中劳动力富余情况开始显现。在经济发展早期,工业化改革尚未全面铺开,城市吸纳农村劳动力转移能力有限,国家提出发展乡镇企业以就近解决农村劳动力就业问题(郑旭媛,2015),此时的农村劳动力转移呈现出"离土不离乡"的特点。而随着改革的推进,尤其是东部沿海地区经济的发展,农村劳动力转移呈现出"离土又离乡"的趋势。并且由于农村劳动力跨省、跨区的限制逐渐放松,农村居民迁入城市的标准降低,劳动力合理流动被允许。中国农村劳动力转移规模在1984~1988年的迅速扩大,非农劳动力由4 283万人增加到8 611万人,乡村劳动力非农就业比例从11.9%增加到21.5%。2019年农村转移劳动力数量达到2.9亿。

一、农村劳动力转移

中国在计划经济时期积累了丰裕的劳动力资源,并在家庭联产承包责任制确立的环境下逐步释放,从而农村劳动力能够按照生产率从低到高的顺序,在产业和地区间进行配置,推动中国工业化和城市化进程。改革开放以前,劳动力流动受到各方面限制。1953年,政务院发布《劝止农民盲目流入城市的指示》,限制农村劳动力转移。而后又相继发布10个条例,进一步严格限制农村劳动力流动。1958年的《户籍登记条例》更是以立法形式明确提出"农民从农村迁往城市无论以何种原因,均须持证进城"。

1978年改革开放政策的实施,关于农村劳动力流动的限制得到一定松动。1984年中共中央发布《关于农村工作的通知》开始允许农民在自筹资金、自带口粮的条件下进入城镇务工经商,破除了农村劳动力流动的政策限制(王跃梅,2011)。农村劳动力以规模越来越大的趋势转移到非农部门和城镇就业,1989 年农村外出劳动力达到 5 000 万人。针对这样的"民工潮",1989 年国务院发出《关于严格控制民工盲目外出的紧急通知》,实行限制人口自由迁移的政策,迁移人口只有有限的就业机会。1992 年在邓小平南方谈话后,东部沿海地区的投资规模逐渐增加,而对劳动力的需求也逐步扩大,"民工潮"现象再次出现。1993 年以来,在全国开始实施以就业证卡管理为中心的农村劳动力跨地区流动的就业制度。1992~1994 年间,农村转移劳动力数量由 0.98 亿上升为 1.6 亿。

随着市场化改革的深入,国家完全放开了对农村转移劳动力流动的限制。国务院于 2000 年和 2001 年发布《关于促进小城镇健康发展的若干意见》和《关于推进小城镇户籍管理制度改革的意见》,取消了对于农村劳动力转移的不合理限制。2002 年农村外出务工劳动力达到 9 700 万人,占农村劳动力总数的 16.98%。2005 年农村外出劳动力达到 1.26 亿人,2006 年,统筹城乡就业、建立城乡一体化的劳动力市场,被列为"十一五"规划纲要的一项重要任务。据第二次农业普查数据,2006 年农村常住户中在本普查区内居住一年以上外出从业劳动力为 413.42 万人,其中农业户籍外出劳动力 390.18 万人,非农业户籍外出劳动力 22.48 万人。2010 年以后,省内流动农村转移劳动力逐年增加,跨省流动农村转移劳动力逐年减少,农村劳动力回流趋势逐渐显现。2015 年,户均有 0.75 个劳动力外出就业。

随着工业用工需求的不断上升,农民工工资水平日益上涨,其月工资水平由改革初期的 100 元左右上涨到 2016 年的 3 275 元(现价),增长了近 32 倍(表 2.1)。在工资水平上涨的诱导下,数以亿计的农村劳动力涌入城市工业部门。1978~2016 年,中国农村劳动力非农就业总量由 2 182.2 万人上升到 27 539.2 万人[①],平均每年增加约 673 万人。截止到 2016 年底,农村劳动力非农化率达到 51.5%,农村劳动力非农就业水平

[①] 2016 年农民工监测报告显示农民工数量为 2.82 亿人。

显著提升。分阶段来看,1978~1982 年,由于城市经济体制改革尚未开始,政府严格管控农村劳动力的城乡流动,这一时期农村劳动力转移基本处于试探、停滞的状态。1983~1988 年,随着乡镇企业发展以及人口流动政策松动①,农村劳动力城乡转移的热情高涨,到 1988 年,农村劳动力非农就业总量达到 8 611 万人,人口流动速度较上一时期明显提升。1988 年下半年,由于经济增长过热,中国出现了严重的通货膨胀问题,为了治理整顿经济环境,在"三年治理整顿"时期②,国家重新限制农村劳动力的城乡流动,因此在 1989~1991 年,农村劳动力的非农就业水平较上一时期有所下降。1992~1997 年,随着市场经济体制的逐步确立,乡镇企业重又获得快速发展的机遇,城市工业生产力也得到一定程度的解放和提升,对农村剩余劳动力的吸纳能力不断增强。这一时期,农村劳动力流动呈加速增长趋势,非农就业率年均上涨 5.99%。然而,1998 年,中国出现了较为严重的通货紧缩,就业压力增加,农村劳动力转移步伐再次放缓,1998~1999 两年时间,农村劳动力非农就业总量较上一时期仅增加 111.34 万人。进入 21 世纪,随着城市工业部门的加快发展,城乡收入差距进一步拉大,农村劳动力转移再次迎来高潮,2000~2004 年五年间,农村劳动力非农就业数量年均增加超过 1 000 万人,相当于一座特大型城市的人口规模。从 2005 年开始,中国沿海地区不同城市相继出现"用工荒"现象,农民工工资加速上涨,这意味着农村剩余劳动力供给潜力开始下降,中国经济进入了"刘易斯拐点"模式(蔡昉,2007)。2005~2016 年的十二年间,农村劳动力非农就业率年均上涨 1.87%,较上一时期明显回落,2010 年之后则进一步下降为 0.54%。

---

① 1983 年 1 月中央指出在农村允许资金、技术、劳动力一定程度的流动和多种方式的结合。1984 年农村劳动者被允许迁往城市寻找工作或经营小企业。

② 1988 年 9 月,党的十三届三中全会批准通过了中央工作会议作出的《治理经济环境、整顿经济秩序、全面深化改革的决定》,把改革和建设的重点放到治理经济环境、整顿经济秩序上来,强调压缩社会总需求、抑制较高的通货膨胀率以及治理混乱的经济环境。1989 年 11 月,十三届五中全会进一步作出《关于进一步治理整顿和深化改革的决定》,决定用三年或者更长一点的时间,基本完成治理整顿任务,以克服当前的经济困难,实现国民经济持续、稳定、协调发展。

表 2.1　　　中国农村劳动力非农就业变动(1978～2016 年)　单位:元、万人、%

分类	农民工名义工资	乡村劳动力	农业劳动力	非农就业量	非农就业率
1978	—	30 637.8	28 455.6	2 182.2	7.1
1982	92.5	33 866.5	31 152.7	2 713.8	8.0
1983	75.0	34 689.8	31 645.1	3 044.7	8.8
1988	221.8	40 066.7	31 455.7	8 611.0	21.5
1989	182.9	40 938.8	32 440.5	8 498.3	20.8
1990	190.0	42 009.5	33 336.4	8 673.1	20.6
1991	252.8	43 092.5	34 186.3	8 906.2	20.7
1992	341.2	43 801.6	34 037.0	9 764.6	22.3
1995	422.0	45 041.8	32 334.5	12 707.3	28.2
1997	390.0	46 234.3	32 677.9	13 556.4	29.3
1998	509.1	46 432.3	32 626.4	13 805.9	29.7
1999	488.9	46 896.5	32 911.8	13 984.7	29.8
2000	517.8	47 962.1	32 797.5	15 164.6	31.6
2004	878.0	49 695.3	30 596.0	19 099.3	38.4
2005	988.8	50 387.2	29 975.5	20 411.8	40.5
2010	1 690.0	53 244.6	27 661.7	25 582.9	48.0
2011	2 049.0	53 439.3	27 310.2	26 129.1	48.9
2012	2 290.0	53 703.6	27 075.2	26 628.4	49.6
2013	2 609.0	53 837.8	26 851.1	26 986.7	50.1
2014	2 864.0	53 714.4	26 571.4	27 142.9	50.5
2015	3 072.0	53 603.9	26 259.5	27 344.4	51.0
2016	3 275.0	53 442.5	25 903.3	27 539.2	51.5

资料来源:农民工工资来源于《中国农民工工资走势:1979～2010》(卢锋,2012)、《农民工监测调查报告》;劳动力数据根据《改革开放三十年农业统计资料汇编》《中国农村统计年鉴》整理。

注:①乡村劳动力为乡村从业人员数,农业劳动力为农林渔牧从业人员数;②非农就业量＝乡村从业人员－农林牧渔从业人员;③非农就业率＝非农就业量/乡村从业人员。

与其他经济指标相比,1978～2016年,中国农作物播种面积由1.5亿公顷上升到1.67亿公顷,粮食总产量由3.05亿吨上升到6.16亿吨,农作物播种面积不因劳动力转移而下降,粮食产量在此期间实现了"翻一番"的成就,这意味着农村劳动力转移总体有序。考虑到中国农业生产长期积累形成的劳动投入过密化,早期的人口流动并不构成农业生产的约束条件。相反,农村劳动力转移对于释放农村剩余劳动力,缓解人多地少的耕地矛盾具有积极意义。不过,伴随着经济发展对人口红利的加速消耗,劳动供给潜力不断下降,有利的人口因素对农业生产的补充和调节作用逐渐式微。

地区层面来看,中国不同地区农村劳动力非农就业的趋势变化与全国大致相同,但不同地区农村劳动力转移规模和速度存在一定差异。如表2.2所示,东部地区农村劳动力非农就业规模最大,中部地区次之,西部地区最小。截止到2016年,东部地区农村劳动力非农就业总量为11 711.8万人,非农就业比例达到61.0%;中部地区非农就业总量为8 583.4万人,非农就业比例为48.5%;西部地区非农就业总量为7 244.1万人,非农就业比例为43.8%。从时间变化上来看,2000年之前,东部地区农村劳动力非农就业总量占全国的比重总体呈不断上升趋势,2000年开始止升为降;中部地区农村劳动力非农就业总量占全国的比重在2011年之前总体呈不断上升趋势,2011年之后开始下降;西部地区则一直保持上升的趋势,农村劳动力的主要输出地逐渐由东部地区转移至中西部地区。总体而言,东部地区农村劳动力转移最充分,非农化程度最高,这同时也意味着东部地区农业劳动供给下降最快,劳动禀赋约束最强。

表 2.2　　　　　　中国不同地区农村劳动力非农就业变动　　　单位:万人、%

分类	非农就业总量 东部	中部	西部	非农就业率 东部	中部	西部
1978	1 081.3	613.5	467.4	9.0	6.3	5.3
1980	1 082.5	582.0	349.0	8.8	5.8	3.6
1985	3 814.8	1 767.2	1 129.8	26.8	15.0	10.1
1990	4 814.8	2 312.2	1 555.4	31.0	17.1	12.0
1995	6 348.4	3 706.0	2 678.3	38.8	25.3	19.0
2000	6 949.6	4 544.5	3 692.8	40.9	28.0	25.0
2005	9 231.7	6 172.9	5 058.2	51.3	36.5	32.5
2010	11 054.9	8 213.9	6 305.4	57.9	46.0	38.7
2011	11 293.5	8 417.4	6 418.2	58.7	47.0	39.4
2012	11 418.0	8 512.4	6 698.0	59.2	47.4	40.7
2013	11 591.2	8 517.5	6 878.0	59.7	47.5	41.8
2014	11 654.3	8 489.4	6 999.2	60.2	47.5	42.5
2015	11 629.4	8 584.9	7 130.1	60.4	48.2	43.1
2016	11 711.8	8 583.4	7 244.1	61.0	48.5	43.8

资料来源:根据《改革开放三十年农业统计资料汇编》、《中国农村统计年鉴》、各省统计年鉴整理。

表 2.3 给出了中国不同省份农村劳动力非农就业率的地区分布状况。比较来看,农村劳动力非农化程度较高的省份大多集中在经济相对发达地区,2016 年,农村劳动力非农化程度最高的五个省份分别是北京、浙江、江苏、上海、天津,其非农化率均超过 65%,紧随其后的湖北、重庆、广东、福建的非农化率也接近或超过 60%;非农化程度较低的省份大多集中在经济相对欠发达地区,2016 年,农村劳动力非农化程度最低的五个省份分别是新疆、湖南、内蒙古、海南、云南,其非农化率均低于 30%。从时间变化上来看,湖北、浙江、四川、贵州、青海五省的非农化水平提升速度最快,不过上述五省非农化水平快速提升的逻辑有所不同。浙江非农化水平的快速提升主要源于城市工业部门的快速发展,产生了大量的用工需求,从而诱使农村劳动力不断向城市工业部门转移;湖北、四川、贵州等省非农化水平的提升主要是受农业人口较多、人均资源禀赋相对稀

缺的影响,由于农业比较收益低下,推动农村劳动力不断转移寻求新的就业机会;青海非农化水平的快速提升,更多是由于人口相对较少、农业人口转移压力低导致的。此外,也需要指出的是,上海的非农化率在近年来表现出一定的下降趋势,这主要是由于上海地区农业从业人员增加导致的。随着城市地区蔬菜、瓜果等农产品市场容量的提升,一个新兴的流动群体"农民农"开始出现①,其流动规模不断壮大,对当地农业劳动供给起到一定补充作用。

表 2.3　　　　　　　非农化程度高中低地区分布

	1995 年	2016 年
高	上海(71.5)、北京(59.9)、天津(58.6)、广东(46.7)、浙江(45.4)、江苏(44.4)、河北(33.3)、山西(33.3)、福建(32.4)、辽宁(31.5)	北京(87.5)、浙江(79.4)、江苏(71.6)、上海(71.2)、天津(65.3)、湖北(62.3)、重庆(61.6)、广东(61.3)、福建(58.7)
中	山东(29.9)、江西(28.5)、湖北(26.6)、河南(25.6)、安徽(25.5)	河北(55.5)、安徽(55.4)、山东(52.7)、四川(55.2)、江西(50.4)、贵州(46.5)、河南(45.3)、辽宁(44.6)
低	甘肃(23.8)、湖南(23.3)、四川(22.0)、陕西(20.8)、广西(20.5)、海南(18.9)、黑龙江(17.7)、宁夏(15.5)、吉林(14.9)、内蒙古(14.7)、贵州(14.2)、青海(13.7)、云南(11.1)、新疆(9.3)、西藏(5.9)	广西(43.7)、山西(42.9)、青海(42.5)、甘肃(41.7)、宁夏(40.7)、陕西(36.8)、黑龙江(34.3)、吉林(32.1)、西藏(31.4)、云南(29.4)、海南(26.0)、内蒙古(24.1)、湖南(23.3)、新疆(18.4)

资料来源:根据《中国农村统计年鉴》《改革开放三十年农业统计资料汇编》整理。

注:①非农化程度划分以地区非农化率与全国的比值为依据,比值大于 1.1 为非农化程度较高的地区,比值处在 0.9~1.1 之间为非农化中间地区,比值小于 0.9 为非农化较低的地区;②表中所列省份按比例从大到小进行排序;③上海地区非农化率表现出一定下降趋势,这可能和统计口径变化有关。

从总量而言,2008~2019 年,中国农村转移劳动力规模持续增加,2019 年农村转移劳动力总量达到 2.9 亿人,除去 2009 年本地农村转移

---

① "农民农"概念最初由曹锦清提出,"农民农"是相对于"农民工"而言的,指离开家乡进入城市区域从事农业活动的农民。

劳动力①相较于上年减少0.7%之外,其他历年外出农村转移劳动力与本地农村转移劳动力数量均呈现出增长态势。从增速而言,2010年农村转移劳动力总量增速达到峰值5.4%,此后逐步回落。本地农村转移劳动力和外出农村转移劳动力的增长率也逐步降低,但是2011年之后,本地农村转移劳动力的增速超过外出农村转移劳动力,本地农村转移劳动力在农村转移劳动力中的占比也相应提高,从2008年的46.7%增加到2019年的56.9%(表2.4),就近就业的农村转移劳动力比例提高,回流趋势越来越明显。农村转移劳动力就近就业比例增加的原因是多方面的,农村转移劳动力平均年龄增加、现行社会管理制度下跨区域永久迁移难以实现、本地非农就业机会增加、农村转移劳动力回流创业方兴未艾均起到了一定推动作用。此外,农村转移劳动力考虑到子女教育、社会融合、收入增长持续性等问题,也会选择就近非农工作。

表2.4　　　　跨省流动和省内流动农村转移劳动力规模　　　　单位:%

项目	2008年	2009年	2010年	2011年	2012年	2013年
跨省流动	53.3	51.2	50.3	47.1	46.8	46.6
省内流动	46.7	48.8	49.7	52.9	53.2	53.4
项目	2014年	2015年	2016年	2017年	2018年	2019年
跨省流动	46.8	45.9	45.3	44.7	44	43.1
省内流动	53.2	54.1	54.7	55.3	56	56.9

资料来源:根据2008～2019年全国农民工监测调查报告整理。

从不同区域的农村转移劳动力流动特征来看,东部地区为主要输入地,中部地区次之,西部地区最次,这与中国不同地区的经济发展水平密切相关。2016年之前分区域统计并没有细分东北地区,在此分类标准下,东部地区外出农村转移劳动力以省内流动为主,中西部地区外出农村转移劳动力以跨省流动为主,2008年至2015年之间这种趋势一直没有

---

① 国家统计局《2009年农村转移劳动力监测调查报告》,本地农村转移劳动力是指调查年份在本乡镇从事非农就业六个月以上的农村转移劳动力,外出农村转移劳动力是指在本乡镇之外从事非农就业六个月以上的农村转移劳动力。

发生根本性变化,但是农村转移劳动力的跨省流动倾向逐步降低,2008年中西部地区外出农村转移劳动力的跨省流动比率为71%和63%,2015年这一比率分别降到61.1%和53.5%。2016年更换分类标准之后,中部的吉林和黑龙江以及东部的辽宁划为东北地区其余不变,在此分类标准下,2016年和2017年东北地区和东部地区外出农村转移劳动力中以省内流动为主,中部和西部地区以跨省流动为主,2018年西部地区外出农村转移劳动力中省外流动比率降至49.6%,省内流动成为其主要流动形式,四个地区中只剩中部地区的省外流动比率超过50%,外出务工人员的省内流动趋势被进一步强化,农村转移劳动力跨省流动日渐式微。

2008~2019年间,东部地区输入的农村转移劳动力由71%下降为54%,年均降速为1.4%(表2.5)。中部和西部地区输入的农村转移劳动力规模均呈上升趋势,年均增速分别为0.7%和0.5%。同时,跨省流动和省内流动的农村转移劳动力规模也发生了变化。

表2.5　　　　　各地区输入的农村转移劳动力规模　　　　　单位:%

项目	2008年	2009年	2010年	2011年	2012年	2013年
东部	71	62.5	66.9	65.4	64.7	60.1
中部	13.2	18.8	16.9	17.6	17.9	21.1
西部	15.8	18.1	15.9	16.7	17.1	18.4
项目	2014年	2015年	2016年	2017年	2018年	2019年
东部	59.9	59.4	56.7	55.8	54.8	54
中部	21.1	21.5	20.4	20.6	21	21.4
西部	18.7	18.8	19.5	20.1	20.8	21.2

资料来源:根据2008~2019年全国农民工监测调查报告整理,其中,东北地区输入的农村转移劳动力个别年份缺失,因此未报告。

农村转移劳动力在不同产业的分布情况,在一定程度上反映了整个社会经济的劳动力需求结构,是分析农村转移劳动力就业行为的重要参考。农村转移劳动力的主要就业行业集中于制造业、建筑业和服务业,服务业又包括交通运输、批发零售和住宿餐饮、其他服务业等,在这几个行业就业的农村转移劳动力之和占比历年均超过80%。制造业是农村转移劳动力的最主要就业行业,此行业就业的农村转移劳动力一度超过三分之一;但是在2008年之后,此行业就业占比一直存在下降趋势;2019年制造业中农村转移劳动力从业比例为27.4%,尽管有所下降,但仍是当前农村转移劳动力从业比例最大的行业。这主要是因为国内劳动力成本高企,制造业尤其是劳动密集型制造业增长乏力,劳动力需求下降所致。建筑业劳动需求与城镇化进程和国家基建投资直接相关,建筑业农村转移劳动力占比先增后降,从2008年不足15%一路跃升至2014年的最高值22.3%,之后又逐步回落降至2019年的18.7%。将建筑业和制造业就业占比求和得到第二产业农村转移劳动力就业比率,这一比率也存在先升后降的趋势,2008年这一比率超过50%,但是2019年这一比率已经下降至48.6%。与第二产业相反,第三产业农村转移劳动力就业水平稳中有升,从2008年的33.1%上升到2019年的51%。除居民服务业和其他服务业就业占比有所下降之外,其余几个服务行业就业均有不同程度的提升,尤其是批发零售业就业占比一路从9%上升至12%。总体而言,农村转移劳动力的就业结构呈现出第二产业就业占比不断下降和第三产业就业占比逐步提升的态势,这一由产业结构调整带动的就业结构调整还有可能进一步深化。

2008~2019年间农村转移劳动力中高中及以上学历占比呈上升趋势(表2.6)。其中,外出农村转移劳动力中高中及以上学历占比增速明显高于本地农村转移劳动力。2011年外出农村转移劳动力中高中及以上学历较本地农村转移劳动力高5个百分点,2019年外出农村转移劳动力中高中及以上学历为32.1%,本地农村转移劳动力为24.4%,二者相差7.7%,外出农村转移劳动力的人力资本水平明显高于本地农村转移劳动力。

表2.6　　　　　农村转移劳动力高中及以上学历分布　　　　单位:%

项目	2008年	2009年	2010年	2011年	2012年	2013年
外出农村转移劳动力	21.6	23.5	25.2	25.5	26.5	24.4
本地农村转移劳动力	—	—	—	20.5	20.7	21.1

续表

项目	2014年	2015年	2016年	2017年	2018年	2019年
外出农村转移劳动力	26	27.9	29.1	30.8	31.1	32.1
本地农村转移劳动力	21.4	22.6	23.9	24.2	24.9	24.4

资料来源:根据2008~2019年全国农民工监测调查报告整理。由于2018年和2019年外出农村转移劳动力中高中学历占比数据缺失,假定2018年和2019年外出农村转移劳动力中高中学历占比与2017年相同,为17.3%,进而得到外出农村转移劳动力中高中及以上学历占比。

人力资本水平也是农村转移劳动力就业选择和流动方式的重要影响因素,就近十年情况而言,外出农村转移劳动力的人力资本水平出现了很大变化。2010年小学及以下文化程度的农村转移劳动力占13.6%,2019年这一比例上上升为16.3%,2009年初中文化程度的农村转移劳动力占比61.2%高于2018年56%,在初中以下的受教育层次,农村转移劳动力群体的人力资本水平出现一定倒退。与此相反,2019年高中文化程度以上的农村转移劳动力占比为27.7%高于2010年的25.2%,2019年农村转移劳动力中大专以上学历占比11.1%甚至高于2010年的中专以上学历农村转移劳动力占比。

此外,农村转移劳动力的老龄化趋势越来越明显(表2.7),16岁至20岁农村转移劳动力在农村转移劳动力中占比从2008年的10.7%一路下滑到2019年的2%,21岁至30岁农村转移劳动力占比则从35.3%下滑至23.1%,50岁以上农村转移劳动力占比由2008年的11.4%上升到2019年的24.6%。农村转移劳动力年龄结构存在向老龄化转变的趋势,但是整体上仍以中青年为主。由于中青年男性是当前外出务工转移农村劳动力的主体,所以留守农村从事农业生产的只能是妇女、儿童以及老人,这个群体也被形象地称为"386199"部队。相关数据显示,农业劳动力中45岁以上者占比由1990年的22.70%,上升到2010年的47.10%,而根据2016年对山东省、河南省两个产粮县的调查,"70后不愿种地、80后不会种地、90后不提种地"成为普遍存在于当地农业生产当中的现象（赵永平等，2016），劳动力转移造成的"弱者种地"问题已经对中国农业劳动投入造成了严重冲击。

表 2.7　　　　　　　　农村转移劳动力年龄分布　　　　　　单位：%

	16～20 岁	21～30 岁	31～40 岁	41～50 岁	>50 岁
2008 年	10.7	35.3	24	18.6	11.4
2009 年	8.5	35.8	23.6	19.9	12.2
2010 年	6.5	35.9	23.5	21.2	12.9
2011 年	6.3	32.7	22.7	24.0	14.3
2012 年	4.9	31.9	22.5	25.6	15.1
2013 年	4.7	30.8	22.9	26.4	15.2
2014 年	3.5	30.2	22.8	26.4	17.1
2015 年	3.7	29.2	22.3	26.9	17.9
2016 年	3.3	28.6	22.0	27.0	19.1
2017 年	2.6	27.3	22.5	26.3	21.3
2018 年	2.4	25.2	24.5	25.4	22.0
2019 年	2.0	23.1	25.5	24.8	24.6

资料来源：根据 2008～2019 年全国农民工监测调查报告整理。

二、农村劳动力数量变化

农业劳动投入数量变化主要受两方面因素影响，一个是人口净增长对农业劳动供给的补充，另一个是劳动力城乡转移对农业劳动力的消耗。受这两方面因素的综合影响，中国农业劳动投入水平总体呈先升后降的发展趋势，并在 1991 年达到峰值，为 34 186.3 万人，此后人口流动对农业劳动力的消耗占据主导地位，截止到 2016 年，中国农业劳动力投入下降为 25 903.3 万人，但相较于 1978 年，中国农业劳动投入下降幅度并不明显（见图 2.1）。

需要指出的是，改革开放初期，中国农业发展的主要目标是为了解决

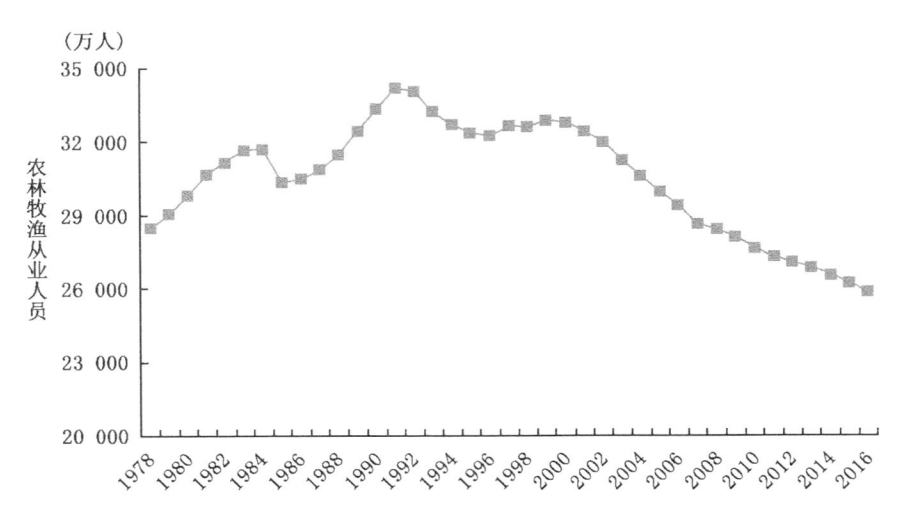

资料来源：历年《中国农村统计年鉴》。

图 2.1　中国农林牧渔从业人员(1978~2016 年)

"吃不饱"的问题，而当前中国农业发展的主要目标是实现"吃得好"的问题。随着人们生活水平提升以及消费结构转变，农产品多元化需求迅速增长，非粮食消费金额占比由 1978 年的 43.32% 上升到 2016 年的 91.51%，①在土地规模没有发生大的变动的情况下，自然会对劳动、资本等要素投入提出更高要求。而且经过近 40 年发展，中国农业产业结构发生了很大变化，农林牧渔业产值结构由 1978 年的 80.1∶3.4∶14.9∶1.6 调整为 2016 年的 55.3∶4.3∶29.6∶10.9，②农产品的数量和品种结构发生了很大变化，相对于种植业生产而言，牧业、渔业等行业需要消耗更多的农业劳动力，不可避免会加大劳动禀赋稀缺变化对种植业生产的影响。

关于劳动禀赋变化对农业生产的约束作用，我们可以借助农村剩余劳动力指标加以说明。在中国城市化进程中，农村地区构成了剩余劳动

---

① 数据来源于《中国住户调查年鉴》。
② 数据来源于《中国农村统计年鉴》。

力的"蓄水池",随着工业部门的加快发展,这一"蓄水池"日趋枯竭。以往研究关于农村剩余劳动力的判断,其估算结果的时效性有所欠缺,存在进一步澄清的空间,本研究采用标准结构法估算中国及各地区1978年以来农村剩余劳动力存量状况。

标准结构法由钱纳里和赛尔昆(1988)提出,其最初的目的是为了分析不同国家(地区)在不同国民收入阶段中第一产业产值和就业比重的变动关系,后经完善逐渐运用到剩余劳动力的测算上。将表2.8中第一产业就业比重视作国际标准就业比重,那么农业剩余劳动力比例,就是第一产业就业比重超过国际标准比重的部分与产值比重超过国际标准比重部分之差,具体计算公式为:

$$R = (L_农/L)_实 - (L_农/L)_标 + (I_农/I)_标 - (I_农/I)_实 \quad (2.1)$$

公式(2.1)中,R 为农村剩余劳动力占劳动力总数的比重,L、I 分别为劳动力数量和GDP;$L_农$、$I_农$ 分别为农业劳动力数量和农业GDP。则农村剩余劳动力数量表示为:$L_s = \sum_i R_i L_{i农}$。

表2.8　　　　　　　　　　国际标准结构中农业部门的比重

		\<100	100	200	300	400	500	800	1 000	\>1 000
第一产业所占份额	产值	0.552	0.452	0.327	0.266	0.228	0.202	0.156	0.138	0.127
	就业	0.712	0.658	0.557	0.489	0.438	0.395	0.305	0.252	0.159

人均GNP(以1964年美元计价)

资料来源:钱纳里和赛尔昆《发展的型式:1950~1970》,经济科学出版社1988年版。

表2.9给出了中国及不同地区农村剩余劳动力比率的估算结果。全国层面来看,1990~2016年,中国农村剩余劳动力比例不断下降,其占比由20.71%下降到9.47%,考虑到这一时期农业劳动力由3.33亿人下降到2.59亿人,因此农村剩余劳动力的实际下降水平更明显。这意味着农村劳动力的"蓄水池"逐渐干涸,农业部门提供非农后备军的潜力越来越弱,劳动力供给水平逐步由无限供给向有限供给转变。作为一般性增长条件,农村剩余劳动力的不断下降有可能构成农业生产的约束条件。从

地区层面来看,中国不同地区农村剩余劳动力比率均呈下降趋势。[1] 1990~2016年,东部地区农村剩余劳动力比例由17.48%下降到4.01%,中部地区由20.62%下降到8.91%,西部地区则由24.01%下降到17.73%。[2] 东部地区农村剩余劳动比率下降最快,中部地区次之,西部地区农村剩余劳动力比率呈缓慢下降甚至小幅上升趋势。东部地区剩余劳动力比例的快速下降和东部地区率先发展有关,加之迁移距离、城市融入等方面的优势,使得东部地区农村剩余劳动力的转移更为充分。相比东部地区,西部地区工业发展相对滞后,对农村剩余劳动力的吸纳能力有限,与此同时,较高的迁移成本也降低了当地农村劳动力向东部转移的预期。容易判断,东部地区农村剩余劳动力所剩无几,而西部地区农村剩余劳动力依然处在一个较高水平。这意味着东部地区农业劳动力供给约束不断增强,而西部地区农业劳动力资源相对丰裕,具备发展劳动密集型作物的潜在优势。

总体而言,农村剩余劳动力的估算结果印证了中国农业劳动力供给正不断朝着稀缺的方向发展,但劳动力供给的短缺变化并非全局性的,短缺点的到来由东部地区渐次向中、西部地区蔓延。农村剩余劳动力这一变化特点,表明了劳动禀赋地区差异的现实,从而要求农业产业结构与技术选择也要做出相应调整。

---

[1] 需要说明的是,"标准结构法"在估算过程中,假定劳动力是同质的,事实上,农村剩余劳动力并非具有同等劳动能力。"标准结构法"显示2016年东部地区农村剩余劳动力比例为4.01%,而这期间的农村剩余劳动力结构与1990年同等比例的农村剩余劳动力结构存在很大差异,2016年的农村剩余劳动力当中的老年、女性人口比例更高,这意味着农村剩余劳动力的实际水平要低于这一数字。

[2] 估算过程中发现,某些年份的农村剩余劳动力比例上升,本书认为这可能和劳动节约型技术采用有关,而且近年来越演越烈的农民工回流趋势,对欠发达地区的就业市场也存在一定的竞争和挤出效应,从而延缓了当地农村劳动力进城的速度。

表 2.9　　　　　　　　中国各地区剩余劳动力估算结果　　　　　单位:美元,%

分类		人均GDP	实际就业	实际产值	标准产值	标准就业	剩余劳动力
全国合计	1990	69.21	66.36	30.69	52.63	67.60	20.71
	1995	147.92	60.22	23.19	44.88	61.77	20.14
	2000	223.02	54.35	18.04	36.35	56.29	16.38
	2005	372.99	46.18	13.84	27.35	47.92	11.62
	2010	764.72	36.70	11.47	17.44	31.89	11.06
	2015	1 152.52	29.30	10.20	14.10	23.60	9.66
	2016	1 262.80	27.70	9.88	13.36	22.04	9.47
东部地区	1990	107.68	59.01	22.52	44.9	63.91	17.48
	1995	283.97	50.53	15.18	29.71	53.12	16.35
	2000	438.34	42.55	11.51	22.33	42.14	11.25
	2005	713.44	30.09	7.85	16.41	32.12	6.09
	2010	1 241.58	22.49	6.80	13.51	18.59	5.03
	2015	1 674.85	18.34	5.98	12.82	14.29	4.25
	2016	1 755.12	17.79	5.86	11.93	13.69	4.01
中部地区	1990	50.52	68.21	34.76	56.3	69.13	20.62
	1995	81.68	61.81	28.31	53.12	67.34	19.28
	2000	122.37	56.6	20.34	42.14	63.13	15.27
	2005	210.77	51.8	16.58	32.12	55.14	12.2
	2010	556.84	44.19	13.47	18.59	37.47	11.84
	2015	929.23	34.13	11.64	14.29	27.54	9.23
	2016	1 123.34	31.16	11.09	13.69	24.85	8.91
西部地区	1990	49.42	71.85	34.79	56.7	69.75	24.01
	1995	78.11	68.31	29.07	53.31	67.85	24.71
	2000	108.36	63.9	22.26	44.57	63.61	22.61
	2005	194.75	56.65	17.08	33.51	56.51	16.56
	2010	495.75	49.84	14.15	20.23	39.61	16.32
	2015	853.47	44.91	12.97	15.18	28.97	18.15
	2016	909.94	43.52	12.68	14.47	27.59	17.73

资料来源:劳动力数量、GDP、人均GDP数据来源于各省统计年鉴(历年);汇率来源于中国人民银行官网;美元购买力变动资料来源于 https://www.dollartimes.com/calculators/inflation.htm。

注:①计算时,将各省份的人均GDP按照现行汇率折算成美元,再对1964～2016年期间美元购买力变动情况进行测算,并将各省份的人均GDP最终折算成1964年的美元水平,从而可以进行标准结构比较;②东中西部的划分沿用"七五计划"所公布的分类办法,并将重庆划分到西部地区。

Lewis(1954)、Ranis和Fei(1961)的研究表明,"刘易斯拐点"的到来

预示国家将经历以劳动力由过剩到短缺、劳动力价格不断上涨、城乡收入差距不断缩小、由农业大国向工业国转变的转型过程。农村剩余劳动力究竟是怎样的,学界并未达成共识。而且中国现有的就业统计并不能充分反映农村转移劳动力现实,容易陷入"数字的暴政"(蔡昉,2010)。概念界定、理论方法和统计口径上的差异,使得学者对中国剩余劳动力数量的计算存在较大争议(表2.10)。概括起来,学界所采用的农村剩余劳动力匡算方法主要有:总量分解法(王诚,1996)、有效工时法(谢培秀,2004;马晓河和马建蕾,2007;蔡昉和王美艳,2007;张兴华,2013)、生产函数法(刘建进,1997;王红玲,1998)和标准结构法(王检贵和丁守海,2005;杨继军和马野青,2011)、直接观察法(蔡昉,2007)等,其估算结果在0.45亿~2.5亿之间。尽管农村剩余多少劳动力的问题,归根结底是一个经验问题而非理论问题(蔡昉,2007),但由于估算方法的不同,估算结果相去甚远,估算结果的时效性有所欠缺,存在进一步澄清的必要。

另外,现有研究少有涉及农村剩余劳动力的区域变化。相对于中西部地区落后、吸纳非农就业的能力较弱的发展现状,东部地区经济发展水平更高,就业机会更充分(马继迁,2017),且东部地区乡镇企业较早的发展,对吸纳农村转移劳动力做出了更大的贡献(蔡昉,2007)。并且,各个区域农村剩余劳动力情况,可以用来判断未来农村劳动力可转移规模,以及农村劳动力转移对于农业生产的冲击(表2.11)。

表 2.10　　　　　　　　对中国农村剩余劳动力的估算

估算用数据年份	估算结果	数据来源
20 世纪 80 年代	1.0 亿~1.5 亿人	Taylor(1993)等
20 世纪 90 年代	1.5 亿~2.0 亿人	农业部课题组(1999)、王红玲(1998)等
2000 年数据	1.7 亿人	刘建进(2002)
2003 年数据	0.46 亿人	王检贵和丁守海(2005)
2003 年数据	0.77 亿人	章铮(2005)
2004 年数据	1.21 亿人	李瑞芬等(2006)
2005 年数据	1.07 亿人	蔡昉(2007)

续表

估算用数据年份	估算结果	数据来源
2005年数据	>1.5亿人	杜鹰(2005)
2005年(预测)	1.8亿人	农业部课题组(2000)
2006年数据	1.1亿人	马晓河等(2007)
2008年数据	0.44亿人	杨继军和范从来(2012)
2009年数据	0.47亿人	杨继军和范从来(2012)
2010年数据	>2亿人	周天勇(2010)
2005年数据	1.51亿人	约翰·奈特等(2011)
2010年(预测)	1.19亿人	约翰·奈特等(2011)
2015年(预测)	0.93亿人	约翰·奈特等(2011)

注：①此表中不同来源估算的剩余劳动力口径并不一致；②部分研究估算了当年剩余劳动力比例，按照这一比例，与当年农业劳动力数量相乘得出当年剩余劳动力数量；③奈特等关于农村剩余劳动力的估算，农村转移劳动力数量这一指标存在被低估的可能，按照2010年和2015年《农民工监测调查报告》数据，对估算结果进行了调整。李实等的估计要大于这一结果。

表2.11　　　　　　　就业分布与农村转移劳动力规模

	就业人员	第一产业从业	第二产业从业	第三产业从业	农村转移劳动力总量	外出农村转移劳动力	本地农村转移劳动力
2009	75 828	28 890	21 080	25 857	22 978	14 533	8 445
2010	76 105	27 931	21 842	26 332	24 223	15 335	8 888
2011	76 420	26 594	22 544	27 282	25 278	15 863	9 415
2012	76 704	25 773	23 241	27 690	26 261	16 336	9 925
2013	76 977	24 171	23 170	29 636	26 894	16 610	10 284
2014	77 253	22 790	23 099	31 364	27 395	16 821	10 574
2015	77 451	21 919	22 693	32 839	27 747	16 884	10 863
2016	77 603	21 496	22 350	33 757	28 171	16 934	11 237
2017	77 640	20 944	21 824	34 872	28 652	17 185	11 467
2018	77 586	20 258	21 390	35 938	28 836	17 266	11 570
2019	77 471	19 445	21 305	36 721	29 077	17 425	11 652

资料来源：根据《中国统计年鉴》与2009~2018年《农民工监测调查报告》整理。

三、农村劳动力结构变化

从劳动力的年龄结构来看,65 岁以上农村人口占比由 1985 年的 5.10% 上升到 2016 年的 12.53%,并且从 2000 年开始,65 岁以上人口占比超过 7%,2007 年之后则呈现加速上升趋势(见表 2.12)。根据人口老龄化的划分标准①,可以判断中国农村地区已经进入老龄化社会阶段,而且老龄化程度有进一步加深的趋势,老龄人口占比的发展变化不可避免会加深农业劳动投入的老龄化水平,从而对农业生产产生一定影响。

表 2.12　　　　中国农业劳动力投入变动(1978~2016 年)　　　　单位:%、年

分类	老龄化占比	女性化占比	平均受教育年限
1978	—	—	4.05
1985	5.10	—	4.53
1990	5.57	48.63	5.50
1995	6.14	50.12	5.92
2000	7.35	50.04	6.28
2005	9.55	50.16	6.78
2006	9.53	49.97	7.03
2007	9.62	49.78	7.18
2008	9.79	49.80	7.28
2009	9.80	49.47	7.38
2010	10.06	49.52	7.58
2011	10.36	49.12	7.59
2012	10.60	49.18	7.63
2013	10.97	49.23	7.71
2014	11.36	49.07	7.69

---

① 根据联合国《人口老龄化及其社会经济后果》的划分标准,当一个国家或地区 65 岁及以上老年人口数量占总人口比例超过 7% 时,则意味着这个国家或地区进入老龄化。

续表

分类	老龄化占比	女性化占比	平均受教育年限
2015	12.03	49.50	7.71
2016	12.53	49.48	7.70

资料来源：①老龄化人口占比指 65 岁以上农村人口占比；②相关指标主要根据《中国人口和就业统计年鉴》、人口普查资料(1982 年、1990 年、2000 年)、人口抽样调查资料(1995 年)整理。

从劳动力的性别结构来看，中国农村人口的女性占比总体呈水平变化，2016 年农业劳动力投入的女性占比相较 1990 年有所提升，但提升幅度不大(见表 2.12)。结合前面分析，当前中国农村人口的老龄化水平不断加深，随着老龄化水平的提升，女性化水平有可能随之上涨，从而导致农业劳动投入的女性化程度加深。表 2.13 给出了 2016 年不同年龄阶段的女性人口占比状况，其中，16 岁以上人口的女性占比为 49.48%，而 65 岁以上人口的女性占比为 51.99%，能够看出，随着年龄阶段的上升，女性占比有所提升，但提升的幅度并不大，据此可以判断农业劳动投入的女性化趋势并不显著。

表 2.13　　　　　　　　不同年龄段女性化人口比例　　　　　　　单位：%

分类	≥16 岁	≥45 岁	≥50 岁	≥55 岁	≥60 岁	≥65 岁
2016	49.48	50.35	50.52	50.73	51.12	51.99

资料来源：根据《中国人口和就业统计年鉴》整理。

此外，从农村劳动力的受教育水平来看，1978 年，农村人口的平均受教育年限为 4.05 年，2016 年上升为 7.70 年，农村劳动力的人力资本水平显著提高(见表 2.12)。劳动力素质的提高有助于生产潜力的开发，这对于改造传统农业，引进现代生产要素起到一定推动作用。与此同时，素质水平的提升也有助于加快农村劳动力的城乡流动，从而降低农业生产的劳动力投入数量。

四、农业劳动力投入机会成本变化

(一)工资变化

农村劳动力转移,对粮食生产的影响不仅仅是农村劳动力的转出,造成农业生产中劳动力投入的减少,而非农就业的高收入,致使从事农业生产的劳动力投入机会成本上涨。依据农民工监测报告的数据可知,2008~2019年农村转移劳动力工资逐年上升(表2.14),从月工资1 340元上涨到3 962元,并且东部地区的工资普遍高于中西部地区的工资,西部地区的工资最低,2019年东中西工资分别为4 222元、3 794元、3 723元,东部地区的增速较快,年均增速为17%,中部和西部地区年均增速为16%左右,东部地区用工成本高于中西部地区。

表2.14　　　　各地区农村转移劳动力收入分布　　　　单位:元

项目	2008年	2009年	2010年	2011年	2012年	2013年
全国	1 340	1 417	1 690	2 049	2 290	2 609
东部	1 352	1 422	1 696	2 053	2 286	2 693
中部	1 275	1 350	1 632	2 006	2 257	2 534
西部	1 273	1 378	1 643	1 990	2 226	2 551
项目	2014年	2015年	2016年	2017年	2018年	2019年
全国	2 864	3 072	3 275	3 485	3 721	3 962
东部	2 966	3 213	3 454	3 677	3 955	4 222
中部	2 761	2 918	3 132	3 331	3 568	3 794
西部	2 797	2 964	3 117	3 350	3 522	3 723

资料来源:根据2008~2019年全国农民工监测调查报告整理。由于全国农村转移劳动力监测调查报告数据中仅将地区划分为东部、中部和西部,因此,东北地区数据缺失,未进行汇报。

通过对农村转移劳动力就业行业分布的分析可知,农村转移劳动力主要集中在建筑业和制造业,为讨论1981年以来农村转移劳动力的就业收入或者是农业生产劳动投入机会成本情况,根据城镇建筑业和制造业的平均工资变化来看,两个行业的平均工资一直呈现出明显上升的趋势

(图2.2),尤其是2000年以来,建筑业和制造业的平均工资增长趋势愈加明显,这也反映了粮食生产等农业生产劳动投入的机会成本逐渐增加。

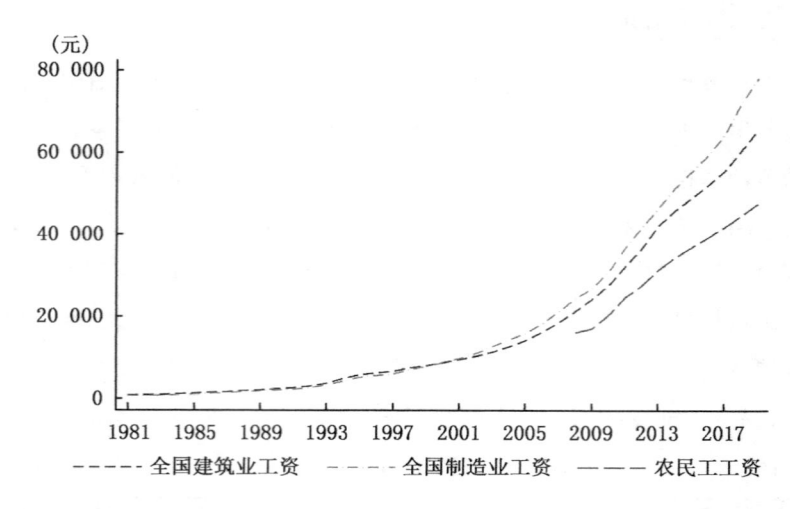

资料来源:根据《中国统计年鉴》和2008～2019年全国农民工监测调查报告整理。

图2.2 粮食种植劳动投入机会成本

我们假定农村转移劳动力的工资收入等于就业地的建筑业和制造业平均工资,根据第一章关于粮食生产区域的划分,讨论集中区、转移区和调入区的转移农村劳动力的工资收入情况(亦可以看作是这三个地区粮食生产劳动投入的机会成本)(图2.3、图2.4)。图中显示,调入区的建筑业和制造业平均工资都高于集中区、转移区的平均工资。根据建筑业的平均工资数据,调入区的工资收入最高,其次是转移区的平均工资,集中区的平均工资最低,转移区和调入区的平均工资与集中区的平均工资差距具有逐渐被拉大的趋势。根据制造业的平均工资数据,调入区工资收入最高,其次是转移区的平均工资,集中区的平均工资最低。调入区的平均工资上涨速度相对较快,转移区和调入区的平均工资差距有逐渐增加,又逐渐收窄,其后又拉大,在近10年工资差距逐渐减小。

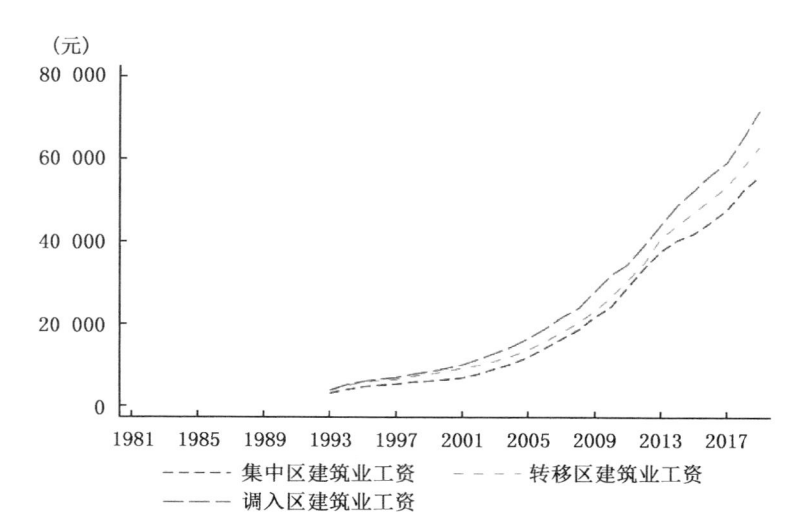

资料来源:根据各地区统计年鉴和2008～2019年全国农民工监测调查报告整理。

图 2.3　建筑业工资

资料来源:根据各地区统计年鉴和2008～2019年全国农民工监测调查报告整理。

图 2.4　制造业工资

第二节　物质资本投入的变化与特征

前述分析显示,中国农业劳动供给潜力不断下降,劳动力供给的短缺变化将引起农业生产要素的重新配置。那么,中国农业的要素禀赋结构如何,不同地区间存在哪些差异？这是本节重点考察的内容。

一、农业生产物质资本投入变化分析

(一)资本存量测算

关于资本存量核算,已有研究较为一致地采用永续盘存法(PIM)(Goldsmith,1951)进行估算。其估算方程为:

$$K_t = K_{t-1}(1-\delta) + I_t/P_t \tag{2.2}$$

公式(2.2)关于资本存量的核算主要涉及四个方面:(1)当期投资 I_t;(2)投资品价格指数 P_t;(3)折旧率 δ;(4)基期资本存量。已有研究对这四个方面做了大量讨论,但在细节处理上依然存在分歧。

当期投资流量的选择,主要有四个方向,即积累数据、全社会固定资产投资、新增固定资产、固定资本形成总额等四组流量选择。从生产的角度来讲,流量数据应当是当年投入、使用并具备生产能力的全部资本投入。因此,积累数据和新增固定资产在定义上符合当期资本要素投入的内涵,但随着国民经济核算体系由 MPS 体系向 SNA 体系转轨,通过累加积累数据得到资本存量的方法不再可行,而新增固定资产因存在价格指数核算困难的缺陷也被多数研究放弃(单豪杰,2008)。作为替代,也有研究采用全社会固定资产投资额或者固定资本形成总额作为当年投资流量指标。不过,Holz(2006)指出,当年投资额不一定会在当年形成生产能力,以此为依据进行估算,有可能高估当年资本存量,不符合总量生产函数当年资本要素投入的内涵,因此亦可以排除。相对而言,固定资本形成总额因其时间序列长,核算内容和进入总量生产函数中的资本投入较为一致,获得更多采用。本研究选择固定资本形成总额作为当年投资流量

指标,不过2004年之后,官方没有公布各省份产业的固定资本形成总额数据,但公布了各省份的固定资本形成总额以及各省份产业的全社会固定资产投资状况,柏培文和许捷(2018)认为各产业固定资本形成总额所占比重与固定资产投资在各产业的比例分配并无很大区别,沿着这一思路,我们按照固定资产投资在第一产业的比例分布情况得到各省份2004年以来第一产业固定资本形成总额数据。①

关于价格指数,有研究分别通过固定资产价格指数、生产资料出厂价格指数、零售物价指数以及固定资本形成总额指数等进行拟合构造(吴方卫,1999;黄勇峰等,2002;张军等,2004)。王金田等(2007)认为在统计资料严重缺失的背景下,采用农业生产资料价格指数进行替代比较合适,我们沿用这一做法。

基期资本存量的设定相对简单一些,通常采用的办法是用基期固定资本形成总额比上经济折旧率与平均投资增长率之和(Hall 和 Jones,1999;单豪杰,2008)。考虑到数据的可用性,更多研究选用固定资本形成总额比上经济折旧率与平均产出增长率之和来确定基期资本存量(王小鲁和樊纲,2000;徐现祥等,2007;李谷成,2015),这一估算的理论假定是稳态条件下,产出与投资的增长率相等。遵循这一假定,采用公式(2.3)估算基期资本量,具体公式如下:

$$K_{1978} = I_{1978}/(\delta + g) \quad (2.3)$$

公式(2.3)式中,g 为1978~1988年农业总产值平均增长率,δ 为折旧率。

折旧率的确定是一个较为棘手的问题,资本存量核算对此也极为敏感,已有研究关于经济折旧率的设定从3%~12%不等(宗振利和廖直东,2014)。一方面,有研究认为,在其他指标确定的前提下,经济折旧率

---

① 另一种处理办法是,根据《中国固定资产投资统计年鉴》提供的全社会农林牧渔固定资产投资数据进行拟合。我们用1990~2004年的第一产业固定资本形成总额数据对同一时间段的农林牧渔固定资产投资数据做过原点的OLS回归,发现二者的拟合度为93.82%。因此,2005年之后的流量数据采用0.938×全社会农林牧渔固定资产投资额进行替代,采用这一替代也能够得到与实际情况较为接近的资本存量序列。

设定相差1%,资本存量估算结果在25年后会出现约10%左右的差距(李宾,2011)。另一方面,也有研究意识到,当前较多采用的10%折旧率设定存在高估嫌疑。Kamps(2004)等对发达国家的估计结果显示,经济折旧率大约在4.3%~8.5%之间,考虑到发达国家资本存量的新技术含量要高于发展中国家,发展中国家的经济折旧率应当低于这一数值(方文全,2012)。由于折旧率设定具有许多主观随机因素,为避免主观因素干扰,也有研究选用折旧额估算资本存量,从而回避折旧率设定问题(徐现祥等,2007;李谷成,2015)。具体计算公式为:

$$K_t = K_{t-1} + I_t/P_t - D_t \quad (2.4)$$

式(2.4)中,$D_t = \delta K_{t-1}$表示当期折旧额,而折旧额可以直接从地区收入法GDP核算资料中获取①。应当指出,通过官方公布的折旧额数据估算资本存量可以回避主观随机因素对估算结果的干扰,但这一方法也存在一定不足,原因是通过这种办法确定资本存量会出现部分省份在某些年份资本存量为负值的情况②,如何解读这些数据让人困惑。考虑到官方公布的折旧额数据是当前最能真实反映物质资本折旧情况的统计指标,本研究首先据此估算农业经济总体的折旧率,具体的做法是根据公式(2.4)计算全国农业资本存量,通过比较各省份折旧额之和与全国农业资本存量之间的关系得到折旧率(见公式(2.5))。

$$\delta = \sum \text{实际折旧额}/\text{全国农业资本存量} \quad (2.5)$$

通过公式(2.5)估算全国农业资本存量时,为避免折旧率设定问题,关于基期资本存量的设定沿用张军等(2004)的做法,采用固定资本形成

---

① GDP=劳动者报酬+固定资产折旧+生产税净额+营业盈余。

② 徐现祥等(2007)通过核对《中国国内生产总值核算历史资料》指出,由于部分省份在某些年份物质资本积累小于折旧,即当年净投资为负数,从而导致当年资本核算出现负数的情况。这一解释是让人困惑的,如果投资额小于折旧额,会导致资本存量负增长,但并不会导致资本存量降为负值。我们知道,资本品均有一定的服役年限,一种极端的假设是 t 之前投入的资本品均已实现退役(尽管 t 之前投入的资本品同时退役并不现实),但 t 年投入的资本品依然具备生产能力,并在此后役龄年限内服役。我们认为,采用这一办法进行估算是合适的,造成估算结果为负的原因,可能和个别年份折旧额统计的有效性有关。应当承认,《中国国内生产总值核算历史资料》是当前最能真实反映折旧额数量水平及走势的统计资料。

总额除以10%作为初始资本存量。这一设定可能会对全国农业资本存量估算产生一些影响,但随着投资序列的延长,基准年份的资本品在后续年份不断退役,加之后续投资品的不断增加,后续年份的资本存量取值将逐渐摆脱基期资本存量设定的影响。

通过公式(2.4)和(2.5)核算,确定农业折旧率为4.27%。接下来,可以根据公式(2.2)估算各省份农业资本存量。

(二)农业资本存量变化

通过以上核算方法,我们计算了1978年以来中国各省份农业资本存量,图2.5给出了中国及不同地区农业资本存量的时间走势。全国层面来看,中国农业资本存量基本呈递增趋势,但不同时期农业资本积累的速度不同(根据资本存量时间走势和拐点变化,将数据序列分成1978～1992年、1993～2007年、2008～2016年三个时间段)。具体而言,1978～1992年,农业资本平均每年增加4.54%,这一时期资本要素相对稀缺,为了鼓励轻纺工业和基础工业发展,更多资产涌入工业部门,导致农业资本积累较为缓慢。1993～2007年,农业资本积累速度有了一定提升,平均每年增加7.21%。2008～2016年,农业资本积累速度进一步提升,平均每年增加9.28%,而且2008年表现出一定的拐点特征,此后农业资本呈加速增长的趋势,与农村劳动力流动、农村劳动力非农化速度等指标相比,农业资本积累的速度明显更快。

地区层面来看,1996年之前,东、中、西部等不同地区农业资本积累数量及速度基本相当,地区间不存在明显差异。1996年之后,东部地区农业资本率先发力,呈加速增加趋势,逐步拉大与中西部地区之间的差距。一直以来,中西部地区农业资本积累均表现出趋同发展的态势,但从2010年开始,这种同步发展的趋势出现分歧,中部地区农业资本积累开始提速,与西部地区资本积累的差异开始显现,并有进一步扩大的趋势。总体而言,中国农业资本存量不断增加,不同地区分别在不同时期提速增长,地区间差异显现,并逐步扩大。

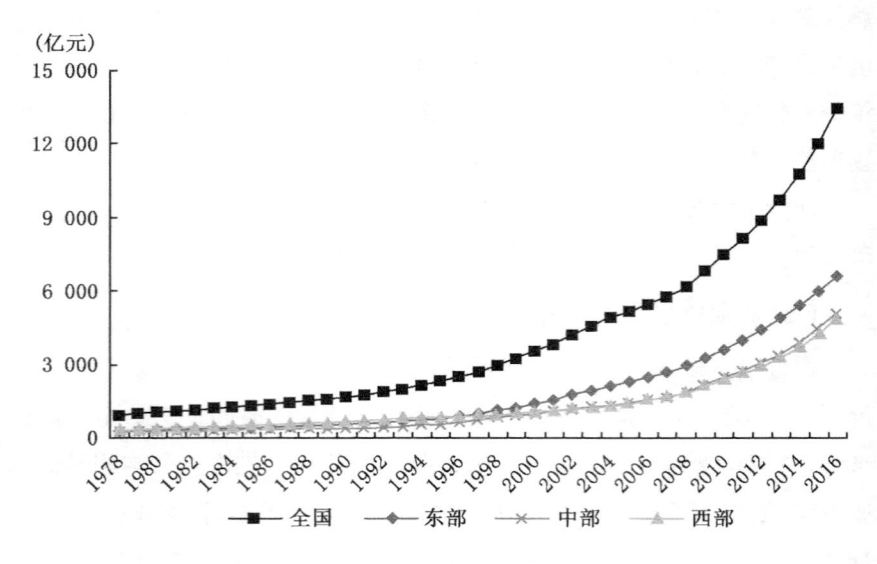

图 2.5　中国和分地区农业资本存量变化(1978～2016 年)

(三)资本劳动比变化

图 2.6 给出了中国及不同地区农业资本劳动比的变动状况。全国层面来看,1978～2016 年,中国农业资本劳动比由 335.40 元/人上升到 6 243.71 元/人,增加了 18.62 倍。在 1996 年之前,农业资本劳动比缓慢增长,1996 年之后,农业资本劳动比进入到一个快速上升的通道。地区层面来看,1978～2016 年,东部地区农业资本劳动比由 280.0 元/人上升到 8 573.39 元/人,增加了 30.62 倍;中部地区农业资本劳动比由 285.05 元/人上升到 5 338.77 元/人,增加了 18.73 倍;西部地区农业资本劳动比由 372.88 元/人上升到 5 076.91 元/人,增加了 13.62 倍。分阶段来看,1996 年之前,不同地区农业资本劳动比不存在明显差别,其发展走势基本趋同,呈水平变化。1996 年之后开始出现分化,东部地区率先提速增长,其资本劳动比水平远高于中西部地区,与中西部地区之间的差距表现出持续扩大的趋势。从图 2.6 还可以发现,2010 年之后,中部地区资本劳动比上升速度相对西部更快,两地间的资本劳动比水平开始分化。

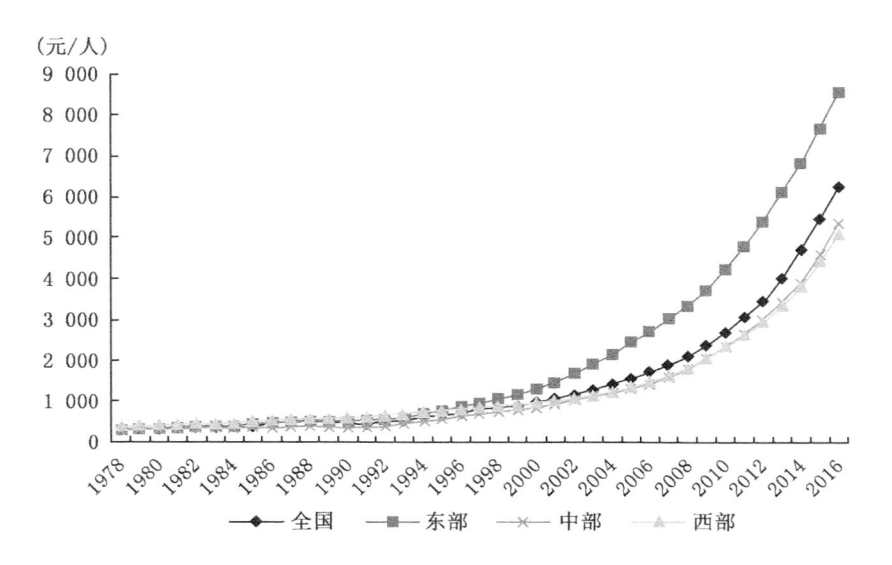

图 2.6　中国和分地区人均农业资本存量变化(1978～2016 年)

省级层面来看(表 2.15)，改革开放初期，由于物质资本投入水平低下，各省份资本劳动比不存在本质差异。随着经济增长过程中对资本积累进程的加快，农业资本的使用频率开始增加，但不同省份资本和劳动的投入比存在差异，这种差异伴随着经济转型发展而日益加深。1978～2016 年，农业资本劳动比增长最快的十个省份是内蒙古(120.41)[①]、江苏(101.16)、北京(66.27)、福建(63.47)、天津(63.21)、辽宁(61.22)、吉林(55.36)、浙江(35.11)、湖北(31.74)、山东(29.37)，其中，东部省份 7 个，中部省份 2 个，西部省份 1 个；农业资本劳动比增长最慢的十个省份是贵州(2.84)、云南(5.49)、山西(6.25)、青海(8.91)、黑龙江(9.12)、甘肃(11.57)、四川(12.73)、广西(12.81)、湖南(16.71)、河北(17.74)，其中东部省份 1 个，中部省份 3 个，西部省份 6 个。除少数省份外，东部省份资本劳动比增速普遍高于中西部省份。截止到 2016 年，天津、北京、上海、内蒙古、青海、浙江、江苏等省份资本劳动比均已超过万元，而西部省份除

---

① 括号内数字表示 2016 年农业资本劳动比与 1978 年农业资本劳动比的比值。

内蒙古、青海、新疆外,多数省份资本劳动比处在一个相对低的水平,东部省份资本劳动比显著高于中西部省份,其中资本劳动比最高的省份(天津)与资本劳动比最低的省份(贵州)相差14.36倍。资本劳动比的空间分布反映了省份间要素禀赋丰缺性的差异状况,即东部地区农业资本更丰裕,西部地区劳动力资源更丰裕,以资本劳动比衡量的要素禀赋结构将进一步影响农业的技术选择和技术发展方向。

表2.15　　　　代表性年份中国各省份农业资本劳动比　　　单位:元/人

省份	1978	1985	1992	1996	2000	2004	2008	2012	2016
北京	438.0	1 154.7	2 351.1	2 748.7	2 782.2	3 552.6	5 408.1	12 737.6	29 030.4
天津	573.1	2 011.7	2 337.1	2 543.3	2 586.8	3 318.7	5 146.6	17 065.0	36 226.2
河北	463.7	576.9	499.2	870.9	1 395.7	2 276.8	3 624.2	5 350.6	8 224.9
山西	985.4	1 159.8	1 207.6	1 173.6	1 135.9	1 340.6	1 863.5	3 792.3	6 157.7
内蒙古	118.7	201.1	406.4	537.2	1 032.1	1 980.0	3 940.9	8 059.6	14 293.8
辽宁	112.8	207.7	435.9	681.9	1 046.5	1 806.1	3 352.1	5 288.5	6 904.2
吉林	105.9	122.9	129.9	265.0	346.6	643.5	1 811.8	3 077.3	5 861.0
黑龙江	855.8	1 284.6	1 668.5	2 067.1	1 846.3	2 219.3	3 054.6	4 779.6	7 805.5
上海	1 079.8	2 682.5	4 779.5	4 164.1	4 759.2	6 159.4	8 719.0	14 476.7	24 527.7
江苏	101.7	197.6	267.1	477.5	683.4	1 355.0	2 773.1	5 908.9	10 288.7
浙江	298.1	358.4	382.6	996.5	1 869.6	3 049.5	4 296.8	6 874.2	10 467.8
安徽	158.2	200.3	433.0	883.4	1 181.0	1 433.1	1 818.9	2 315.9	3 815.8
福建	142.5	280.5	483.5	884.8	1 737.5	3 530.1	4 368.5	5 418.0	9 042.0
江西	245.3	342.6	440.8	708.8	1 085.8	1 343.7	1 826.1	2 906.0	4 258.2
山东	315.5	528.6	681.5	906.2	1 439.7	2 482.2	3 821.6	5 875.4	9 265.8
河南	236.0	249.2	204.3	374.6	711.7	1 272.4	2 091.9	3 879.4	6 322.0
湖北	138.0	197.5	204.4	408.6	780.6	1 125.0	1 462.3	2 345.1	4 379.1
湖南	217.3	207.4	183.4	418.5	480.4	762.8	1 130.5	2 030.6	3 629.6
广东	241.1	470.1	720.3	847.5	871.4	1 232.7	1 711.7	3 366.3	5 818.1
广西	321.6	294.0	259.5	324.6	452.8	637.3	1 035.8	2 204.4	4 118.4
海南	—	—	515.8	985.3	1 322.5	1 791.9	2 037.5	2 118.7	2 312.5
重庆	—	—	—	—	338.8	751.3	1 434.2	3 341.5	5 950.4

续表

省份	1978	1985	1992	1996	2000	2004	2008	2012	2016
四川	258.2	349.9	474.5	706.4	808.4	930.0	1 396.5	2 162.3	3 287.0
贵州	887.8	902.8	760.3	848.7	850.0	843.0	1 110.2	1 510.3	2 522.8
云南	723.3	1 074.9	1 580.8	1 425.6	1 247.4	1 281.8	1 524.0	2 072.9	3 972.5
西藏	—	—	—	1 006.1	1 178.8	1 523.2	2 789.9	4 743.5	8 630.0
陕西	357.7	638.1	799.4	949.9	1 240.2	1 680.7	2 126.3	3 981.2	7 417.3
甘肃	281.7	353.1	501.2	543.7	714.8	882.6	1 260.2	1 743.0	3 260.5
青海	1 240.4	1 555.8	1 594.3	1 769.5	1 739.0	2 530.8	3 646.7	7 201.2	11 053.1
宁夏	270.8	393.6	644.6	693.0	910.5	1 438.1	2 462.9	2 827.5	5 440.9
新疆	395.3	755.1	1 330.3	2 547.6	4 041.0	5 726.5	7 537.9	7 785.2	9 473.1
全国	335.4	433.4	491.4	730.1	990.7	1 415.4	2 078.2	3 451.3	6 243.7

资料来源：根据《中国统计年鉴》历年数据计算。

二、农业机械化发展历程

资本（capital）（或资本品）是一种生产出来的生产要素，一种本身就是经济产出的耐用投入品。农业资本，可以从两个不同的层面上理解。从广义上看，包括货币资本、物质资本和人力资本；而狭义上的农业资本，则只包含货币资本和物质资本。当前，农户是中国农业生产的主体，也是农业投入的主体。农户农业投资包括固定资产投资和流动资金投资两大类。其中，农户农业固定资产投资包括生产性房屋及建筑物、役畜及畜产品、大中型铁木农具、农牧渔业机械、农田水利基本建设等（夏胜，2018），流动资金投资为化肥、农药，本节关于资本投入定义为机械投入，包括自己购买的机械和购买的机械服务。1981~2019年农业资本投入变化如表2.16所示。

农业机械作为重要的物质资本投入，自改革开放以来，在政策扶持以及农户自主选择下，获得了较快发展，农业机械总动力和农用拖拉机数量不断提升（见表2.16和图2.7）。数据显示，1978~2016年，中国农用拖拉机拥有数量从229.4万台增加到2 317.1万台，增长9.4倍。农业机械

表 2.16　　　　　　　　　　　　农业资本投入变化

	农用机械总动力（亿瓦）	大中型拖拉机（台）	小型拖拉机（万台）	大中型拖拉机配套农具（万部）	联合收割机（台）	农用排灌柴油机数（万台）	全国农村农户固定资产投资（亿元）
1981 年	1 568.0	792 032	203.7	139.0	31 268	285.50	166.30
1985 年	2 091.3	852 357	382.4	112.8	34 573	286.50	478.40
1995 年	3 611.8	671 846	864.6	99.1	75 351	491.21	2 007.90
2005 年	6 839.8	1 395 981	1 526.9	226.2	480 378	809.91	3 940.81
2010 年	9 278.0	3 921 723	1 785.8	612.9	992 062	946.25	7 886.00
2011 年	9 773.5	4 406 471	1 811.3	699.00	1 113 708	968.39	9 089.07
2012 年	10 255.9	4 852 400	1 797.2	763.5	1 278 821	982.31	9 840.59
2013 年	10 390.7	5 270 200	1 752.3	826.6	1 421 000	934.70	10 546.66
2014 年	10 805.7	5 679 500	1 729.8	889.6	1 584 600	936.13	10 755.78
2015 年	11 172.8	6 072 900	1 703.0	962.0	1 739 000	939.93	10 409.79
2016 年	9 724.6	6 453 546	1 671.6	1 028.1	1 902 008	940.77	9 964.91
2017 年	9 878.3	6 700 800	1 634.2	1 070.0	1 985 400	930.15	9 554.42
2018 年	10 037.2	4 219 893	1 818.3	422.6	2 059 200	—	—
2019 年	10 275.8	4 438 619	1 780.4	436.5	2 128 399	—	—

资料来源：根据历年《中国统计年鉴》整理。

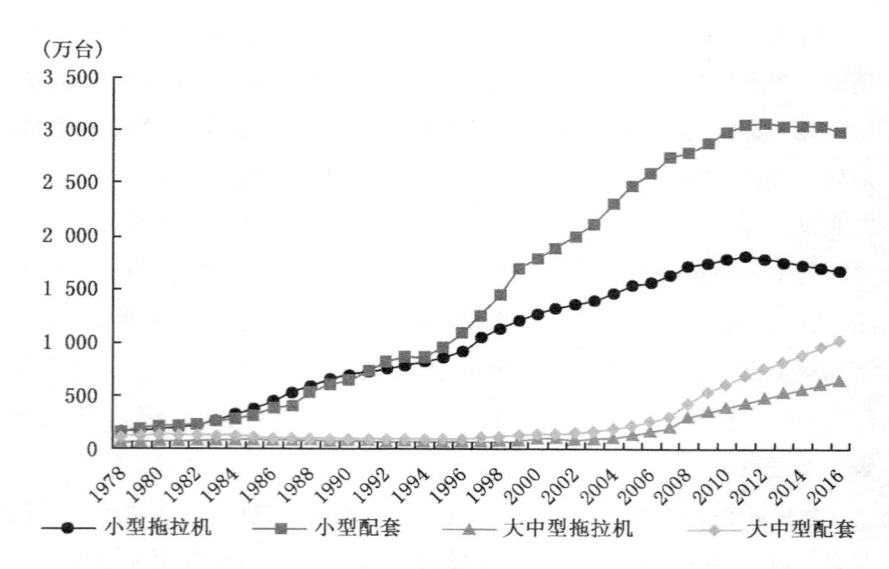

资料来源：《改革开放三十年农业统计资料汇编》《中国农村统计年鉴》。

图 2.7　拖拉机及配套农机具增长变动(1978～2016 年)

化水平的提升,对于提升农业综合生产能力,促进农业现代化进程具有重要意义。作为农业现代化进程中的重要组成部分,农业机械化需要适应国民经济发展和农业经济运行的内在规律和要求。因此,中国农业机械化进程在不同的历史时期,表现出不同的发展特点。

改革初期,随着家庭联产承包责任制的确立,农地分田到户,农民获得更多的自主经营权,农业生产积极性显著提高,为满足小规模土地的耕作需求,这一时期农民自主购置农业机械的需求有所提升(胡凌啸,2017)。但受制于计划经济思维的惯性,农户自主购置经营农业机械并没有获得较快发展,役畜取代机械成为当时耕作的首选。1978 年到 1982 年的这段时期,农业机械化进程缓慢,农用拖拉机数量年均增长 5.4%。

1983 年中央一号文件指出:"允许农户自主购买小型农用加工机具、拖拉机、机动船","原则上也不禁止大型拖拉机购置活动",但应根据当前农业生产条件,"着重发展小型、多用、优质、价廉的农业机械"。政策调整赋予了农民自主购置、经营和使用农用机械的权利,农户自主选择在推动农业机械化发展中发挥着越来越重要的作用。加之农机需求的不断提升,中国农业机械化水平进入一个快速上涨的通道。1983~1995 年,农用拖拉机数量年均增加 47.8 万台,小型拖拉机年均增长 49.1 万台,小型拖拉机配套农具年均增加 57.9 万台,小型拖拉机及其配套农机具年均增速均超过 10%。这一时期,农业机械呈小型化发展趋势。

随着农村劳动力城乡转移不断加快,农村劳动力季节性短缺趋势愈发明显,对农机具的需求进一步提升,小型拖拉机及其配套农机具进入一个快速上涨的发展空间。1996~2004 年,小型拖拉机年均增加 68.6 万台,小型拖拉机配套农具年均增加 153.3 万台。这一时期,机耕、机播、机收为一体的机械化作业逐步形成,农机服务的社会化、市场化不断发展,小麦联合收割机跨区作业成为典型。1978~2004 年,中国农业机械化进程中农机装备总体呈现小型化特点,同一时期的大中型机械发展明显滞后。2004 年底,政府颁布实施的《农业机械化促进法》,强调通过财政支持、税收优惠以及金融扶持等措施,鼓励农业机械化发展,引导农民选择先进适用的农业机械。政策推动显著促进了中国农业机械化进程,更为重要的,随着农村劳动力城乡流动不断加快,中国经济在2004年前后迎来了"刘易斯拐点",农业劳动供给的稀缺变化使得对农机的需求快速提升,中国农业机械化进程进入另一个发展轨道。2005～2011年,大中型拖拉机开始快速增长,年均增加50.2万台;小型拖拉机增速有所放缓,但依然维持年均增加45.9万台的速度。

从2012年开始,小型拖拉机及配套农机具不断减少,而大中型拖拉机及其配套农机具持续增加,农业机械化趋向大型化发展。2012～2016年,大中型拖拉机年均增加40.1万台,大中型配套农具年均增加65.7万台。随着农用拖拉机及配套农机具的不断增加,中国农业机械化率不断提升,截止到2016年,种植业综合机械化率达到61.28%,其中机耕、机播、机收环节的机械化率分别为72.49%、52.66%、54.94%。农业机械化水平显著提高,但依然存在较大的发展空间,中国农业机械化发展已从初级阶段跨越到中级阶段(农业部农业机械化管理司,2008)。从不同粮食作物来看,一般情况下小麦的机械化率相对较高,其次是玉米,水稻的机械化水平相对较低。根据张宗毅等(2014)的研究表明小麦耕地和播种环节的机械化水平均超过80%,收获环节的机械化水平超过90%;水稻收获环节的机械化水平超过70%;玉米播种环节的机械化水平超过80%。

农业机械总动力呈现出直线上升的趋势(图2.8),农用机械总动力从1981年的1 568亿瓦一直增加,在2015年达到最高值为11 172.81亿瓦,在2016年农业机械总动力有下降的趋势,其后又逐渐增加,在2019年达到10 275.8亿瓦。农户固定资产投资也呈现出逐渐增加的趋势(图2.9),并在2014年达到最高值10 755.78亿元,在其后的几年呈现下降的趋势。

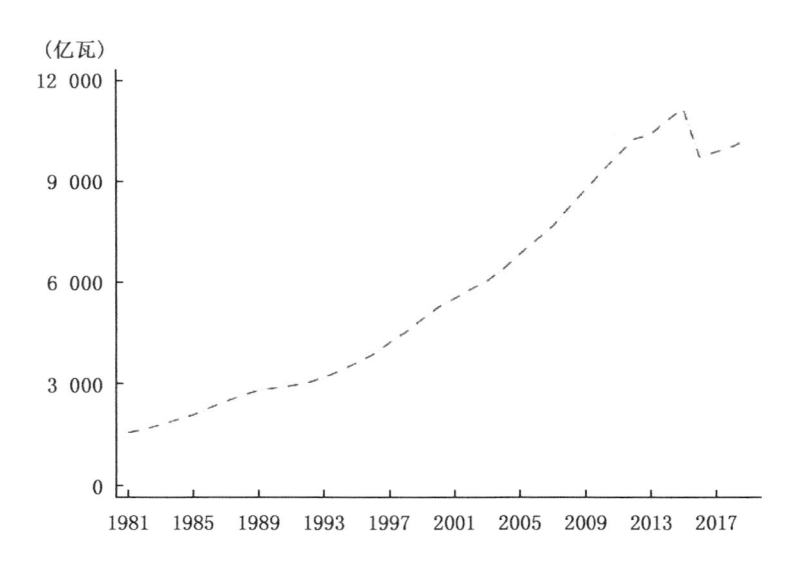

资料来源：根据历年《中国统计年鉴》整理。

图 2.8　全国农业机械总动力

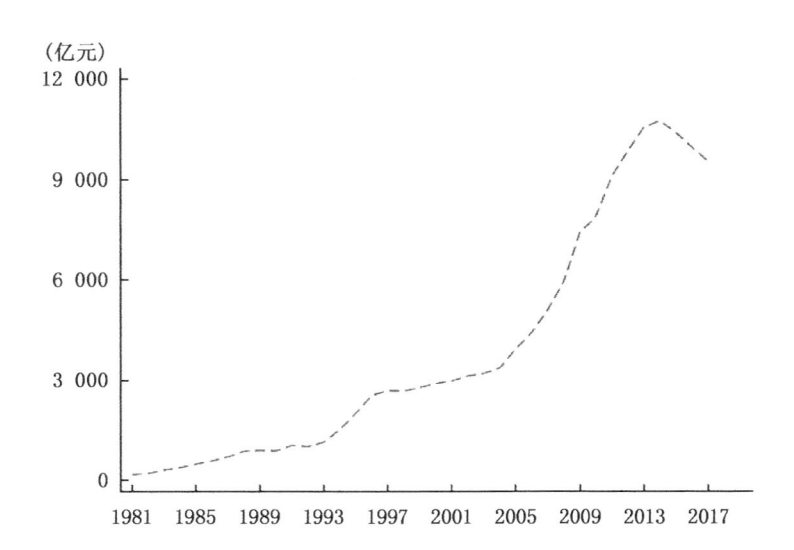

资料来源：根据历年《中国统计年鉴》整理。

图 2.9　全国农村农户固定资产投资

根据第一章关于粮食生产区域的划分,分集中区、转移区、调入区讨论各区域机械化的趋势(图2.10)。集中区和转移区的农业机械总动力相对较高,在2003年集中区的农业机械总动力高于转移区的农业机械总动力之后,一直高于转移区的农业机械总动力,成为机械总动力最高的区域。集中区的区域禀赋是适合资本对劳动的替代,即替代容易程度较高,相对而言,转移区的替代性相对较低,而调入区的农业机械总动力一直较低,其原因可能不仅与区域的自然禀赋不适合资本对劳动的替代,还有一部分原因是因为调入区的农业生产不仅在第一产业发展,还实现与第三产业的融合,例如观光农业、都市农业等。

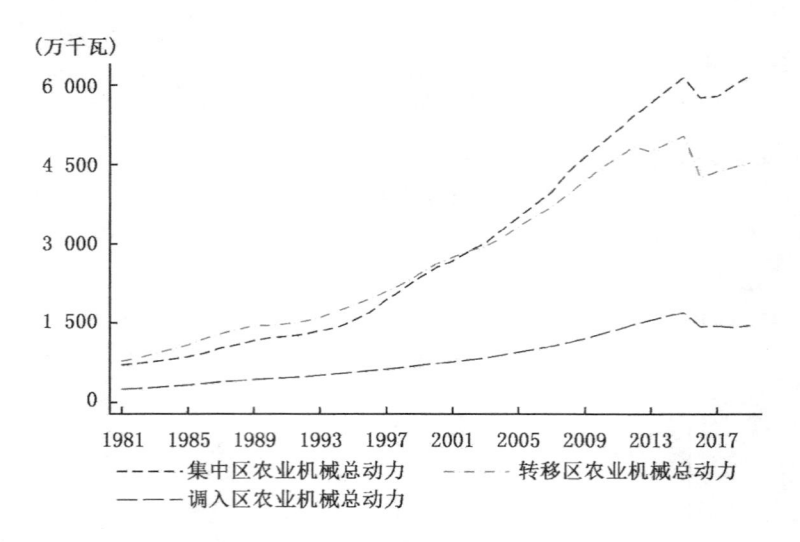

资料来源:根据各地区统计年鉴整理。

图 2.10　区域机械化水平

区域机械发展水平也存在较大差异。1978年,上海、北京、天津、新疆、黑龙江五地由于其经济发展和自然禀赋优势,综合机械化率高于30%,大多数北方地区也在20%以上,南方的浙江、广东、江苏等沿海发达地区农机化水平相对较高,但总体来看,农业机械化水平较低。2016年,全国综合机械化率已经达到65.2%,其中,东北三省均超过80%,粮食生产全过程机械化也基本实现。与此同时,其他地区农业机械化水平实现了大幅度提升,尤其是南方地区,只有云南、贵州和福建三地的综合机械化水平较低,低于30%,并且大部分北方地区已经超过了60%。

四、农业技术服务市场的发展

中国农业生产中资本投入增加,不仅是农业机械投入扩大,农业技术服务也得到一定发展,并且由农民自发兴起的农机跨区服务也在一定程度上缓解了耕地细碎化对农业资本投入的制约。研究表明,非农就业的小农户和兼业的农户,购买农机服务的倾向更高,而并非直接投资农机。因此,在城镇化快速发展的同时,大中型农机的跨区服务也得到较大的增长(方师乐等,2018),以江苏沛县为代表的农机跨区服务产业集群成为中国农机化发展的一大亮点(Zhang等,2017)。

新中国成立初期,小型拖拉机数量极少,大中型拖拉机数量也只有117台,联合收割机只有13台。国营农场关于大型化农业机械的使用,除了满足农场本身的生产外,还为周边某些小农户代耕代种,这也成为农机跨区服务的雏形。

1995年以后,中国农机跨区服务开始萌芽,由小麦的机收服务扩展至水稻等其他作物,并且作物跨区服务范围也逐步加深,包括机耕、机播等,参与跨区服务的主要是大中型农机具。2004年,《中华人民共和国农机化促进法》的颁布实施标志着中国农机化的发展步入法制化进程。2006年,农业部制定了《全国农机社会化服务"十一五"规划纲要》,指出要以市场化、法制化为导向,发展多种形式的农机服务组织。2007年,《农民专业合作社法》赋予专业合作社独立的法人地位和自由经营权。自此之后,各地区的农机合作社也逐渐得到发展。除2011年外,2004~2019年间有15年的"中央一号"文件持续关注农机化发展,农机补贴政策也开始向大型农机和农机社会化服务方面倾斜。例如2007年的"中央一号"文件首次提出"鼓励农业生产经营者共同使用、合作经营农业机械,积极培育和发展农机大户和农机专业服务组织,促进农机服务市场化、产业化"。2008年,提出"农机跨区服务免税、免费",2009～2015年一直强调"重点支持大中型农机补贴和农机社会化服务",2016～2019年强调促进高端农机装备的研发制造水平提高。2019年中央一号文件也指出"加快培育各类社会化服务组织"。目前,全国有37万多个提供农业生产托管服务的组织,农业生产性服务业市场规模已超过2 000亿元。

中国农业生产主要为小农生产模式,家庭联产承包责任制以后,小型拖拉机数量一直较中大型拖拉机数量多,但是小型拖拉机和大中型之间的差距呈现出先扩大后缩小的趋势(图2.11),联合收割机也呈现逐渐增加的趋势,由1981年的31 268台,增加到2019年的2 128 399台(图2.12)。

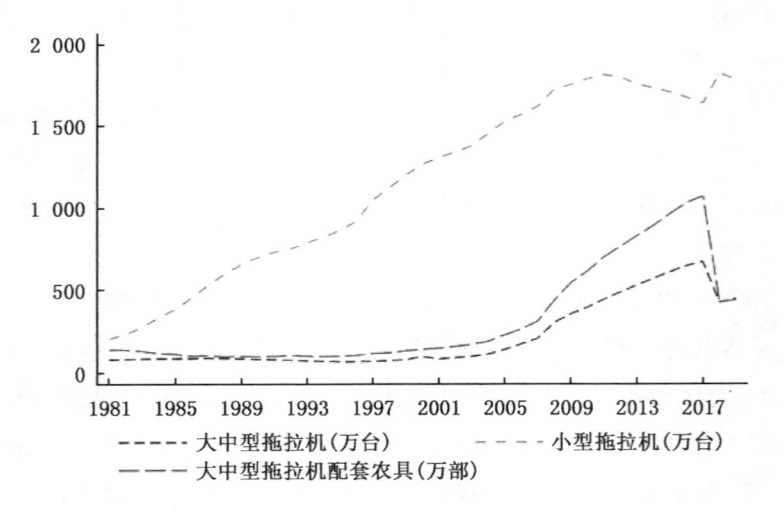

资料来源:根据《中国统计年鉴》整理。

图 2.11 中小型机械发展

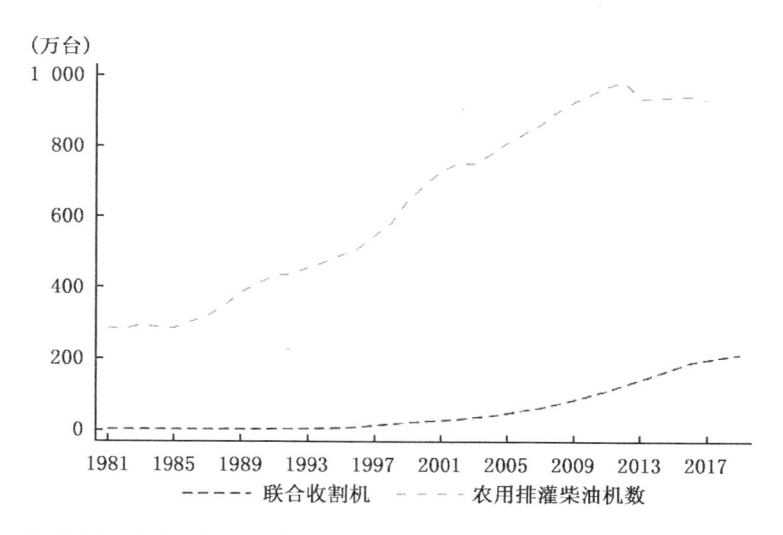

资料来源:根据《中国统计年鉴》整理。

图 2.12 大型机械化发展

五、化肥、农药、良种等要素投入变化

根据本研究的需要,将化肥、农药、良种等认定为成本投入物,在中国农业生产中,化肥、农药、良种等投入物具有较大幅度增加。据 FAO 数据库统计,中国是当前化肥用量最多的国家(Wu 等,2018)。整体上看,全国化肥使用量呈现出先升后降的发展趋势(图 2.13),从 1981 年 1 335 万吨,上升到 2015 年 6 023 万吨,在其后几年化肥投入量有少量减少趋势,在 2019 年投入量为 5 404 万吨。分区域讨论其化肥平均使用量(按省份数平均)发现(图 2.14),集中区和转移区的化肥使用量明显高于调入区,并且与调入区的使用量差距有逐渐扩大的趋势。集中区的化肥使用量 1981~2000 年一直低于转移区的使用量,2001 年之后,集中区农用化肥使用量高于转移区的使用量,其差距逐渐扩大,并一直处于中国化肥使用量最高的区域。

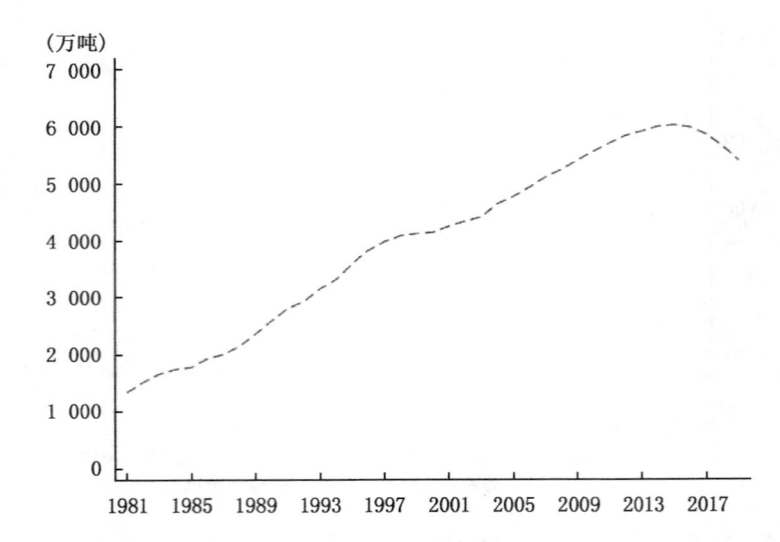

资料来源：根据各地区统计年鉴整理。

图 2.13　全国农用化肥使用量

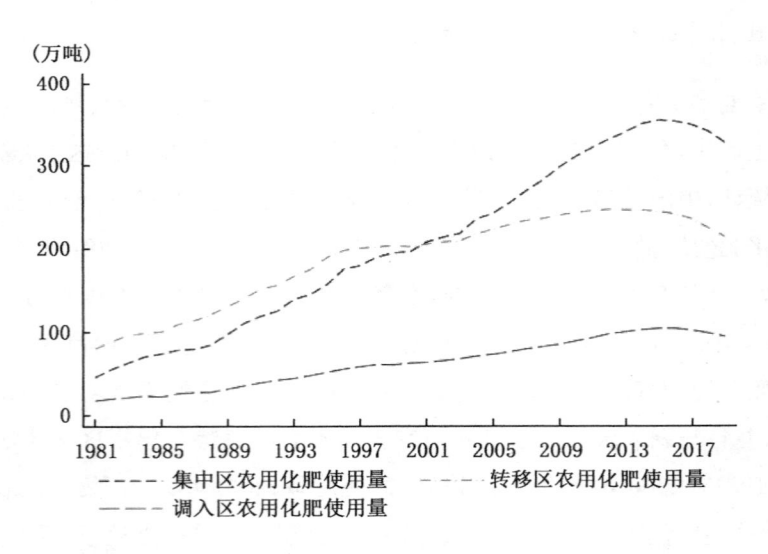

资料来源：根据各地区统计年鉴整理。

图 2.14　区域化肥使用量

全国的农药使用量也呈现出先升后降的趋势(图 2.15),从 1990 年的 73.3 万吨,增加到 2014 年的 180.7 万吨,其后农药使用量又逐渐下降,在 2019 年农药使用量为 139.17 万吨。分区域讨论农药平均使用量(图 2.16),转移区的农药使用量一直高于集中区的农药使用量,调入区农药使用量最低。集中区的农药使用量增幅较大,其与转移区的农药使用量差距逐渐缩小,与调入区的农药使用量差距逐渐拉大。

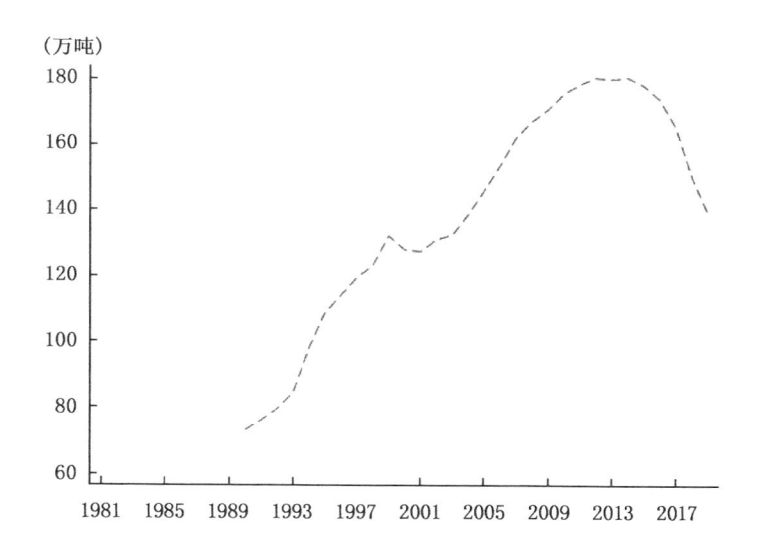

资料来源:根据各地区统计年鉴整理。

图 2.15 全国农药使用量

每亩地的种子费用也在逐渐增加(图 2.17),尤其是小麦的每亩地的种子费用显著高于玉米和水稻的种子费用,水稻、小麦和玉米的每亩地种子费用在 2018 年分别为 63.4 元、70.72 元、55.72 元。

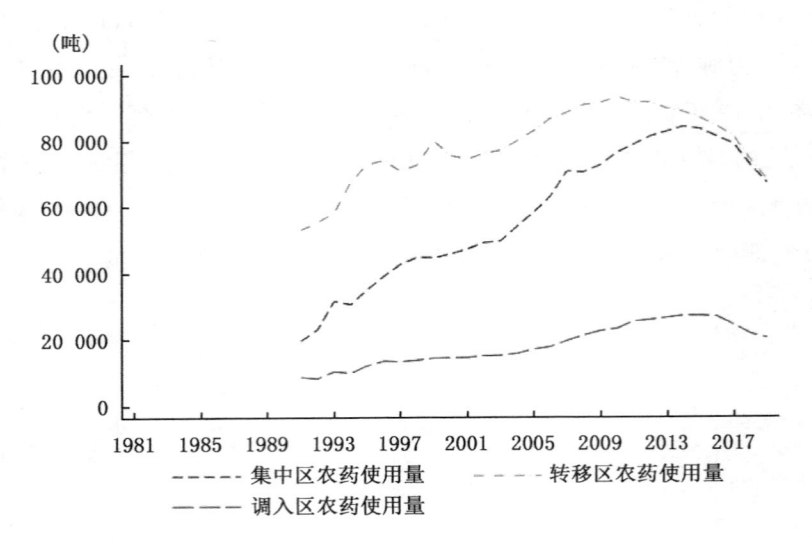

资料来源：根据各地区统计年鉴整理。

图 2.16　区域农药使用量

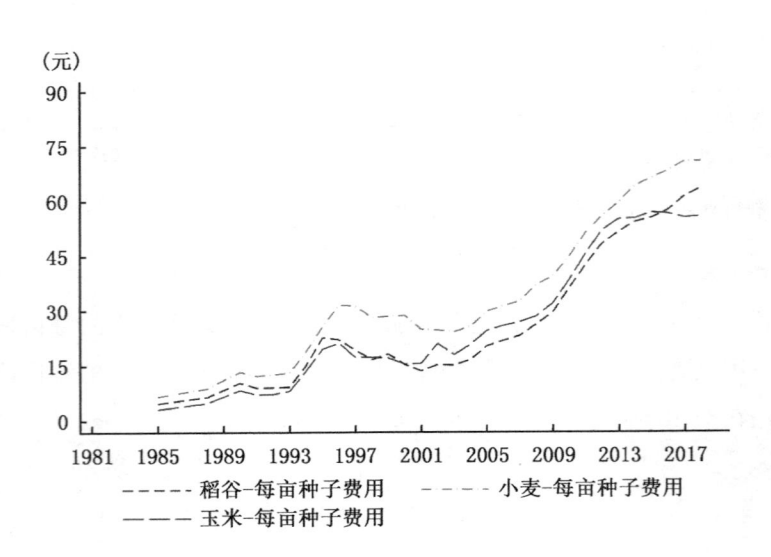

资料来源：根据《全国农产品成本汇编》整理。

图 2.17　种子使用情况

第三节 农村劳动力转移背景下土地利用变化

20世纪80年代初,农村开始施行联产承包责任制改革,土地承包到户,农民自主经营。90年代以后,随着工业化、城镇化的推进,农村土地经营权流转开始萌芽。其后,国家鼓励土地规模经营,发展多种形式的适度规模经营,培育新型农业生产经营主体。尤其在近些年,农户参与土地流转的积极性逐渐提高,土地流转总体呈规范化、有序化和平稳化的发展态势。同时,农业生产经营的相对较低收益也导致了某些地区撂荒的盛行。

一、耕地规模

耕地作为农业生产的基本保障,其增减变化对于农业生产具有重要影响。图 2.18 给出了改革开放以来中国耕地资源的变动状况,从国家统计局公布的数据来看,中国耕地面积分别在 1996 年和 2009 年出现两次大的"跳跃",统计数据存在的"跳跃"问题曾受到广泛质疑,普遍认为1996 年之前的数据存在严重低估(李谷成,2015;郑旭媛,2015)。查阅相关资料发现,中国国土资源部自 1984 年开始实施第一次土地利用状况调查,一直持续到 1996 年完成数据汇总工作。随后,国家统计局在 2007 年开展了第二次土地利用状况调查,并于 2009 年完成数据汇总工作。借助土地详查数据,国家统计局分别对 1996 年和 2009 年两个调查年份数据进行了调整,非调查年份数据依然维持当时核算的口径。通过土地调查数据,可以认为非调查年份的数据存在漏核问题。

考虑到统计数据存在的问题,我们借助遥感数据来说明耕地面积的增减变化情况。如图 2.18 所示,1990~2015 年,中国耕地面积增减变化的总体特征表现为总量平衡、略有下降。2000 年以前,中国耕地面积不断增加,其由 1990 年的 19.72 亿亩增加到 2000 年的 20.17 亿亩,10 年间耕地面积增加了 0.45 亿亩,增量主要源于土地开垦(刘纪远等,2003)。2000 年以后中国耕地面积不断下降,并以年均 0.036 亿亩的速度递减,截止到 2015 年,中国耕地面积存量为 19.63 亿亩。能够看出,随着工业化和城市化进程加快推进,城市建设用地对耕地的消耗速度已经超过新增耕地上升的速度。总体而言,中国耕地总体保持平衡,但随着城市工业部门发展,耕地资源正朝着稀缺的方向发展,人地矛盾不断加深。

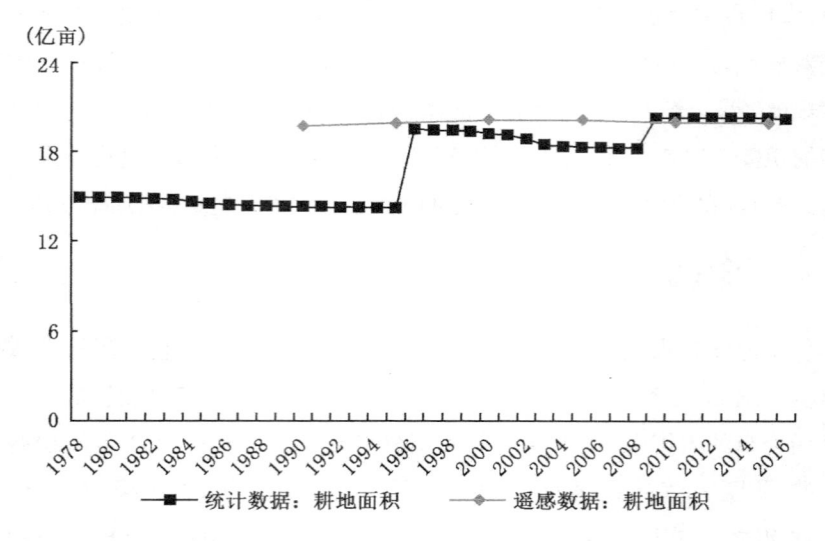

资料来源:1995 年(含)之前耕地面积数据来自国家统计局年报,1996 年(含)之后耕地面积数据来自国土资源公报;遥感数据根据赵晓丽等(2014)、许丽丽等(2015)、刘纪远等(2018)整理。

图 2.18　中国耕地面积变化(1978~2016 年)

图 2.19 显示出中国耕地资源总量大体保持平衡,不过发达地区和欠发达地区耕地面积增减变化存在明显差异,本书通过耕地复种指数(耕地面积=农作物播种面积/复种指数)调整农作物播种面积来说明这一问题。首先,根据全国农作物播种面积与耕地面积(遥感数据)的比值确定 1990、1995、2000、2005、2010、2015 六个年份的复种指数;①②接下来用各地农作物播种面积除以复种指数得到各地耕地面积,据此得到的土地投

---

① 非调查年份通过插值法补齐。
② 为方便讨论,这里假设全国各地耕地复种指数不存在明显差异。

入可以衡量耕地资源的增减变化。图 2.19 显示了中国不同地区耕地面积的变动状况,可以看出,东部地区耕地面积总体不断下降,2015 年耕地面积仅为 1990 年的 81.23%;与东部地区相反,西部地区耕地面积总体不断增加,2015 年耕地面积为 1990 年的 114.38%;中部地区则以 2005 年为界,2005 年之前耕地面积总体不断增加,2005 年之后耕地面积总体不断减少,耕地在不同时期的增减变化使得中部地区在保持耕地总量基本平衡的基础上,略有增加。从变化速度上看,2005 年以后,东部地区耕地面积下降最快,中部地区慢于东部地区,但有加速下降的趋势,西部地区耕地面积增速相对平稳。

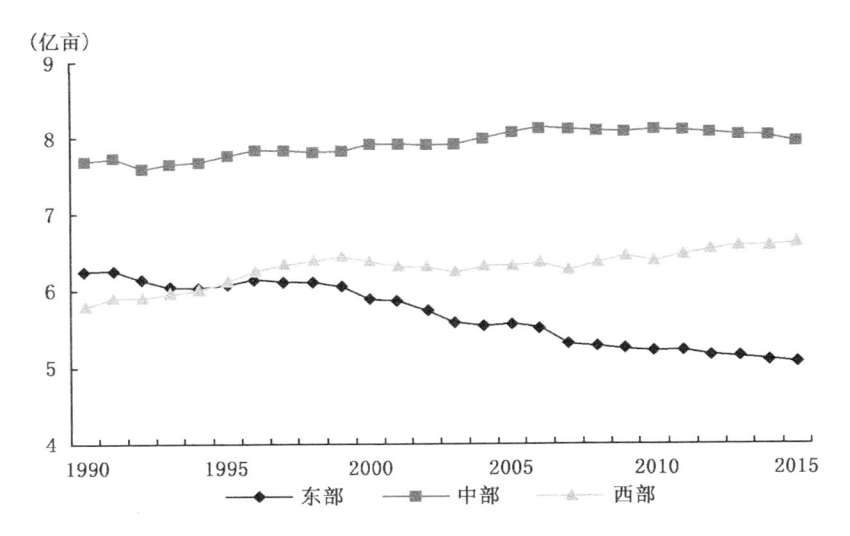

资料来源:根据《中国统计年鉴》整理。

图 2.19　中国各地区耕地面积变化(1990～2015 年)

省级层面来看,耕地的增加和减少在不同省份间也表现出较明显的差异。除新疆、内蒙古、黑龙江、吉林、云南、贵州等北方和西南地区少数省份耕地面积表现出增加趋势之外,东南沿海以及内陆多数省份耕地面积均在不断下降,其中北京、上海、浙江、天津、福建耕地面积下降速度最快,江苏、广东、浙江、福建、陕西耕地面积减少最多。根据已有研究测算,中国新增耕地的宜耕指数普遍偏低(许丽丽等,2015),其物质投入水平、自然条件要低于东南沿海地区。应当说,虽然通过不同地区耕地面积的增减变化维持了中国耕地资源总量平衡,但耕地质量总体在不断下降,对农业生产构成一定冲击。

此外,从农村居民家庭人均耕地面积变动情况来看,中国人均农地经营规模总体不断增加(见图2.20)。

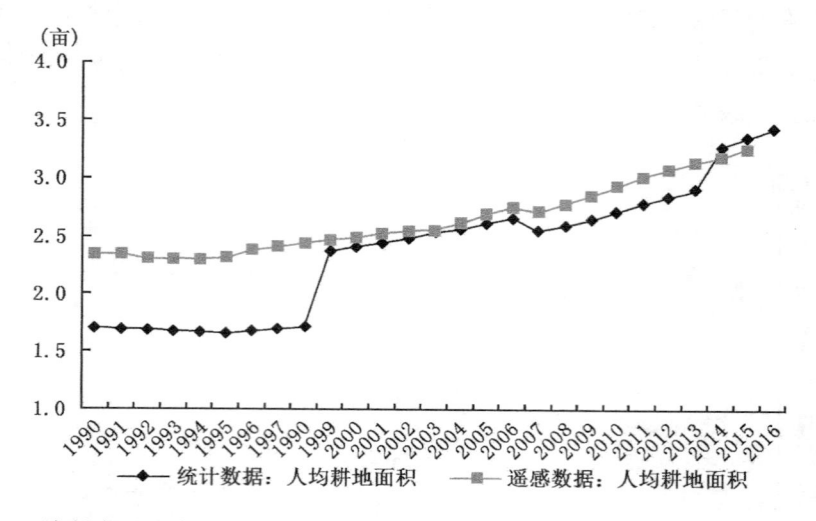

资料来源:根据《中国统计年鉴》整理。

图2.20 农村居民家庭人均耕地面积变动(1990~2016年)

统计数据显示,人均农地经营规模由1990年的1.7亩/人上升到2016年的3.4亩/人;遥感数据显示,人均农地经营规模由1990年的2.3亩/人上升到2015年的3.3亩/人。随着大量农村劳动力转移,可以判断农地经营规模将获得进一步提升。不过,对于农业机械化生产而言,由于机械的不可分性,其最大化利用水平应当带来成本的节约,因此,当把耕地面积和农业机械化联系在一起时,中国当前的农地经营规模依然偏小。另一组显示中国人地资源禀赋的统计资料是农业普查资料,数据显示,1996年和2006中国户均耕地面积大体维持在0.67公顷上下(蔡昉,2018)。根据世界银行划定的标准,这一土地经营规模相当于"小土地经营"标准(2公顷)的1/3。较小的土地经营规模意味着中国农业生产方式没有发生实质性变化,这和农业现代化发展的要求不相符合。按照当前的土地经营规模,持续增加物质资本投入,会抑制资本报酬的提升。因此,鼓励农业适度规模经营,依然是农业现代化发展的重要内容。

根据各地区耕地利用状况(表2.17),转移区耕地面积占农用地的比例最高达到30.45%,区域内耕地占比存在较大的差异,比如江苏的耕地占比达到70.68%,四川的耕地面积占比达到15.96%。集中区的耕地规模其次,占整个农用耕地面积平均为28.24%,其中,内蒙古的耕地面积较少,主要为牧草地和林地,耕地面积占比只有11.19%,河南的耕地面积较高,达到农用地面积的64.1%。调入区的耕地面积占农用地面积最低,只有12.26%,其中,西藏只有0.51%。建设用地相对农用地的比例中,转移区较高,集中区次之,调入区最低,建设用地面积是农用地的12.06%、5.56%、3.39%。集中区的内蒙古、黑龙江、吉林都较低分别为2.02%、4.10%、6.67%。转移区的建设用地面积相较于集中区的占比相对较高,江苏和山东分别达到35.72%、25.11%。

表 2.17　　　　　　　　　　各地区土地状况

		农用地			建设用地面积（亩）	建设用地面积/农用地面积
		小计（亩）	其中耕地面积（亩）	耕地面积/农用地面积		
内蒙古	集中区	124 320.96	13 906.17	11.19%	2 510.06	2.02%
吉林	集中区	24 888.91	10 480.11	42.11%	1 658.86	6.67%
黑龙江	集中区	59 869.03	23 768.54	39.70%	2 455.35	4.10%
安徽	集中区	16 682.88	8 800.15	52.75%	3 022.38	18.12%
河南	集中区	18 983.49	12 168.42	64.10%	3 966.38	20.89%
河北	转移区	19 596.57	9 778.31	49.90%	3 362.47	17.16%
辽宁	转移区	17 299.69	7 457.38	43.11%	2 466.28	14.26%
江苏	转移区	9 705.61	6 860.01	70.68%	3 466.46	35.72%
浙江	转移区	12 883.39	2 965.56	23.02%	1 977.35	15.35%
江西	转移区	21 617.24	4 628.99	21.41%	1 959.26	9.06%
山东	转移区	17 229.09	11 384.68	66.08%	4 325.62	25.11%

续表

		农用地 小计（亩）	其中耕地面积（亩）	耕地面积/农用地面积	建设用地面积（亩）	建设用地面积/农用地面积
湖北	转移区	23 594.40	7 853.86	33.29%	2 605.85	11.04%
湖南	转移区	27 249.91	6 226.53	22.85%	2 479.92	9.10%
广东	转移区	22 374.72	3 899.48	17.43%	3 108.52	13.89%
重庆	转移区	10 585.27	3 554.77	33.58%	1 026.84	9.70%
四川	转移区	63 199.75	10 087.75	15.96%	2 805.04	4.44%
北京	调入区	1 720.08	320.60	18.64%	540.31	31.41%
天津	调入区	1 038.21	655.13	63.10%	626.01	60.30%
山西	调入区	15 039.37	6 084.48	40.46%	1 560.06	10.37%
上海	调入区	470.12	287.40	61.13%	463.24	98.54%
福建	调入区	16 293.55	2 005.36	12.31%	1 266.28	7.77%
广西	调入区	29 290.16	6 581.18	22.47%	1 879.16	6.42%
海南	调入区	4 451.04	1 083.60	24.34%	522.42	11.74%
贵州	调入区	22 088.82	6 778.15	30.69%	1 092.29	4.94%
云南	调入区	49 391.79	9 319.97	18.87%	1 657.77	3.36%
西藏	调入区	130 845.35	665.94	0.51%	235.78	0.18%
陕西	调入区	27 843.97	5 974.33	21.46%	1 452.02	5.21%
甘肃	调入区	27 821.84	8 065.43	28.99%	1 383.45	4.97%
青海	调入区	67 631.95	885.21	1.31%	538.48	0.80%
宁夏	调入区	5 710.30	1 934.92	33.88%	485.55	8.50%
新疆	调入区	77 578.00	7 859.43	10.13%	2 461.65	3.17%
	集中区	244 745.27	69 123.39	28.24%	13 613.03	5.56%
	转移区	245 335.64	74 697.32	30.45%	29 583.61	12.06%
	调入区	477 214.55	58 501.13	12.26%	16 164.47	3.39%
	总计	967 295.45	202 321.83	20.92%	59 361.11	6.14%

耕地资源是粮食生产主要要素投入的一部分，也是粮食供给最根本的约束条件，其变化必将影响到粮食生产的波动。根据农业农村部发布的《2019年全国耕地质量等级情况公报》显示，全国耕地的平均等级在4.76左右（港澳台地区未参与评价），并且有31.24%评价为一至三等，

46.81%评价为四至六等,21.95%评价为七至十等(表2.18)。平均等级较好的为东北地区,其次是黄淮海区,其后依次是长江中下游区、西南区、甘新区、华南区、内蒙古及长城沿线区、黄土高原区、青藏区。

表 2.18　　耕地质量分布

耕地质量等级	面积（亿亩）	比例（%）	主要分布区域
一等地	1.38	6.82	东北区、长江中下游区、西南区、黄淮海区
二等地	2.01	9.94	东北区、黄淮海区、长江中下游区、西南区
三等地	2.93	14.48	东北区、黄淮海区、长江中下游区、西南区
四等地	3.5	17.3	东北区、黄淮海区、长江中下游区、西南区
五等地	3.41	16.86	长江中下游区、东北区、西南区、黄淮海区
六等地	2.56	12.65	长江中下游区、西南区、东北区、黄淮海区、内蒙古及长城沿线区
七等地	1.82	9	西南区、长江中下游区、黄土高原区、内蒙古及长城沿线区、华南区、甘新区
八等地	1.31	6.48	黄土高原区、长江中下游区、内蒙古及长城沿线区、西南区、华南区
九等地	0.7	3.46	黄土高原区、内蒙古及长城沿线区、长江中下游区、西南区、华南区
十等地	0.61	3.01	黄土高原区、黄淮海区、内蒙古及长城沿线区、华南区、西南区

资料来源:《2019年全国耕地质量等级情况公报》。

具体而言,东北区,包括辽宁、黑龙江、吉林全部和内蒙古东北部,总耕地面积4.49亿亩,平均等级为3.59等;内蒙古及长城沿线区,包括内蒙古、山西、河北大部分区域,总耕地面积为1.33亿亩,平均等级为6.28等;黄淮海区,包括北京、山东、天津全部,河北东部、安徽北部、河南东部,总耕地面积3.21亿亩,平均等级为4.2等;黄土高原区,包括陕西中、北部,青海东部,甘肃中、东部,宁夏中、南部,山西中、南部,河北西部太行山区和河南西部地区,总耕地面积1.70亿亩,平均等级为6.47等;长江中下游区,包括河南南部及安徽、湖北、湖南大部,上海、浙江、江苏、江西全部,福建、广西、广东北部,总耕地面积3.81亿亩,平均等级为4.72等;西南区,包括重庆与贵州全部、甘肃东南部、陕西南部、湖北与湖南西部、云南和四川大部以及广西北部,总耕地面积 3.14 亿亩,平均等级为 4.98 等;华南区,包括海南全部、广东与福建中南部、广西与云南中南部,总耕地面积 1.23 亿亩,平均等级为 5.36 等;甘新区,包括新疆全境、甘肃河西走廊、宁夏中北部及内蒙古西部,总耕地面积 1.16 亿亩,平均等级为 5.02 等;青藏区,包括西藏全部、青海大部、甘肃甘南及天祝地区、四川西部、云南西北部,总耕地面积 0.16 亿亩,平均等级为 7.35 等。

二、种植区域差异

粮食生产是自然再生产和经济再生产的统一,对自然的依赖极强,各地区存在的差异,也会对粮食生产产生不同的影响。主要表现在各个区域的气候条件、降雨量、日照、积温等,进而形成粮食种植的区域竞争优势。降雨量充沛的地区,粮食生产可以是两熟甚至三熟,产量也较高,有的地区只适合一熟制,产量也较低。因而,形成各个地区的粮食的熟制、单产不同(表 2.19)。

表 2.19　　　　　　　　　　区域禀赋与粮食生产　　　　　　　　　单位:千克/亩

区域与熟制		高产田下限	低产田上限
黄土高原区	黄土高原东部易旱喜温一熟区	556	374
青藏区	海北甘南高原喜凉作物一熟轮歇区	584	655
黄土高原区	后山坝上晋北高原山地半干旱喜凉作物一熟区	585	596
青藏区	藏东南川西谷地喜凉作物一熟区	587	605
黄土高原区	陇中青东宁中南黄土丘陵半干旱喜凉作物一熟区	608	840
黄土高原区	晋东半湿润易旱一熟填闲区	653	650
东北区	松嫩平原喜温作物一熟区	682	705
东北区	辽河平原丘陵温暖作物一熟填闲区	687	550
东北区	辽吉西蒙东南冀北半干旱喜温一熟区	703	469
东北区	大小兴安岭山麓岗地凉温作物一熟区	708	610
西南区	贵州高原水田旱地二熟一熟区	715	418
黄土高原区	汾渭谷地水浇地二熟旱地一熟二熟区	725	578
黄淮海区	黑龙港缺水低平原水浇二熟旱地一熟区	726	720

续表

区域与熟制		高产田下限	低产田上限
西南区	盆西平原水田麦稻两熟填闲区	726	461
东北区	三江平原长白山地温凉作物一熟区	728	506
黄土高原区	渭北陇东半湿润易旱冬麦一熟填闲区	738	720
黄淮海区	山东丘陵水浇地二熟旱坡地花生棉花一熟区	743	556
黄淮海区	豫西丘陵山地旱坡地一熟水浇地二熟区	745	415
甘新区	河套、河西灌溉一熟填闲区	755	676
黄淮海区	燕山太行山山前平原水浇地套复二熟旱地一熟区	768	610
西南区	川鄂湘黔低高原山地水田旱地二熟兼一熟区	778	720
长江中下游区	沿江平原丘陵水田早三熟二熟区	790	678
西南区	盆东丘陵低山水田旱地两熟三熟区	804	631
长江中下游区	江淮平原麦稻两熟兼旱三熟区	808	785
黄淮海区	鲁西北豫北低平原水浇地粮二熟棉一熟区	823	584
西南区	滇黔边境高原山地河谷旱地一熟二熟水田二熟区	825	576
长江中下游区	鄂豫皖丘陵平原水田旱地两熟兼早三熟区	828	586
甘新区	南疆、东疆绿洲二熟一熟区	855	640
黄淮海区	黄淮平原南阳盆地旱地水浇地两熟区	860	740
长江中下游区	两湖平原丘陵水田中三熟二熟区	860	592
长江中下游区	南岭丘陵山地水田旱地三熟二熟区	860	510
甘新区	北疆灌溉一熟填闲区	938	725
华南区	华南低平原晚三熟区	938	580
西南区	秦巴山区旱地二熟一熟兼水田二熟区	943	615
长江中下游区	浙闽丘陵山地水田旱地三熟二熟区	988	585
西南区	云南高原水田旱地二熟一熟区	1 020	675
华南区	滇南山地旱地水田二熟兼三熟区	1 120	675

资料来源：根据中国农业熟制区划37个农业区，2016年作物产量绘制。

不同地区的粮食单产，在一定程度上可以衡量粮食生产的区域生产优势，包括生产潜力和生产限制，利用低产田上限和高产田下限，讨论各个地区的粮食种植区域差异。其中，黄土高原东部易旱喜温一熟区的高产田下限为556千克，低产田上限只有374千克。而像河套、河西灌溉一熟填闲区高产田下限可以达到755千克,低产田上限为676千克。北疆灌溉一熟填闲区高产田下限可以达到938千克,低产田上限为725千克。一熟区中,松嫩平原、辽河平原、辽吉西蒙东南冀北、大小兴安岭山麓岗等地区粮食产量也较高,高产田下限达到682~708千克,低产田上限也较高,为469~705千克。二熟和一熟地区的耕地产量也存在很大差异,贵州高原水田旱地二熟一熟区,高产田下限为715千克,低产田上限为418千克。而云南高原水田旱地二熟一熟区,高产田下限为1 020千克,低产田上限为675千克。三熟二熟区中滇南山地旱地水田二熟兼三熟区产量较高,高产田下限为1 120千克,低产田上限为675千克。

三、土地流转

在第一章我们已经述及我国粮食播种面积偶有波动,但是基本维持在1.1亿公顷左右。1986~1990年之间播种面积有所增加,这是因为政府在此期间提升了农业补贴水平。相反,1980~1985年出现下降是因为家庭联产承包责任制的推广,1991~1995年出现下降的原因则是受制于农业劳动力转移。不同时期的历史背景和农业政策对粮食播种规模乃至农村土地要素市场产生了深远影响(Tong等,2003)。农业劳动力转移往往意味着,农业经营主体对农业关注程度的下降,以及非农收入的上升(钱龙和洪名勇,2016)。如果假定农户是以收入最大化为目标的经济行为主体,在劳动力转移之后,他们就会根据自身农业经营与非农就业的比较收益安排要素投入结构并做出农地流转决策。但是,根据中国农村的实际情况,农地流转绝不仅仅是一种经济考量,它还受到人情关系、风俗习惯、道德伦理等因素的影响,具有经济和社会双重属性(钟涨宝和汪萍,2003)。相关研究显示,当前我国劳均土地面积远未达到适度规模经营水平,农地流转和劳动力转移还有很大潜力有待发掘(陈中伟和陈浩,2013)。

我国农村土地所有权属于集体,农民并不具备土地所有权,因而不能进行土地买卖,以租赁形式出现的农地流转是农村土地要素再配置的重要手段(姚洋,1999)。农民是否参与农地流转受到多方面因素的影响,从整体来看,完善农地流转市场的主要动力可能并不在于农业部门,相反,非农劳动力市场发展可以有效促进农户参与农地流转、提升农业经营效率(Yao,2000;仇童伟和罗必良,2018)。农地流转决策本质上是一种家庭联合决策行为,家庭内部男性和女性劳动力分别从事非农工作对农地流转产生差异化影响,只有家庭中的男性、女性劳动力同时转移才能够有效发挥劳动力转移对于农地流转的促进作用(黄枫和孙世龙,2015)。进一步从农地流入、流出决策来看,研究结论莫衷一是,一般情况下,积极参与非农就业的农户具有更高的农地租出倾向和较低的农地租入倾向(Deininger 和 Jin,2005;张曙光,2010;杜鑫,2013;Kung,2002),国家需要尽快培养新型经营主体,发展适度规模经营,消化劳动力转移释放的大量农业土地资源(Ji 等,2012)。也有研究认为,劳动力转移与农地转出并非一定呈现出线性关系,劳动力转移对农地转出呈现出先增后降低的"倒U"形影响,具体拐点出现在非农劳动投入占家庭总劳动投入55%左右。进一步考虑中国自身特点,农户通过家庭内部性别分工来实现兼业经营,这种形式往往可以兼顾农业与非农生产,因而劳动力转移并不一定导致农户进行农地流转(钱忠好,2008)。此外,还有研究分析了农地流转对于劳动力转移的影响,研究发现,虽然农地流转并不存在直接影响劳动力转移的可能性,但是,农地流转可以通过影响农村工业化促进劳动力转移进程(游和远和吴次芳,2010)。

在劳动力转移和人口自然老龄化进程的双重冲击下,中国农村地区面临严重的人口老龄化问题,而中国农业也面临"后继无人"的尴尬局面。也有文献比较了人口老龄化和劳动力价格上升对农地流转的影响,劳动力价格上升不仅推动了农地转入也促进了农地转出,对农地流转产生了全方位推动。劳动转移、农业劳动力价格提升、人口老龄化、农地流转之间的关系有待进一步讨论。个人成长经历以及个人、家庭特征也是农地流转的一个重要影响因素。

外生制度、政策直接贯穿于劳动力转移和农地流转进程。交通基础设施建设可以有效推进农业劳动力转移,而劳动力转移又对农地流转有显著影响,Wu等(2018)使用安徽省数据证实了这一观点,分析了农村交通基础设施建设对农业劳动力资源和土地资源的再配置作用。农地调整是一种基于平均主义原则设计的农村土地资源配置制度,这种行为显著地降低了地权稳定性,对劳动力转移起到了严重阻碍作用。Yang等(2013)从理论层面探讨了农地调整对劳动力转移的影响,理论推演的结果表明,农地调整造成了劳动力资源的错配,降低了工农业资源配置效率。农地调整一般将农地按照质量平均分给村集体中的每一个成员,这就造成明显的土地细碎化问题,农户的承包土地数量往往多于一块,质量参差不齐。

劳动力转移除了会引起农地流转之外,还会导致部分地区农地撂荒。Zhang等(2017)对比了丘陵和平原地区劳动力转移对农地流转的影响。研究发现,劳动力转移会增加平原地区的农地流转概率,并提高这类地区的农业生产效率。但是对于丘陵地区,劳动力转移会增加农地撂荒的可能性,这也为丘陵地区的生态恢复提供了一个重要契机。环境恶化、土地缺乏是影响劳动力转移的重要因素。一项对厄瓜多尔的研究将农业劳动力转移按目的地分成三类,即本地转移、外地转移和跨境转移。

完善的农地流转市场可以促进农业生产效率的提高,而在农地市场不完善且农业比较经营收益很低的前提下,劳动力外出很有可能使得农地流向低效生产者,降低总体农业生产效率(贺振华,2006)。钱龙和洪名勇(2016)探讨了劳动力转移通过影响农地流转进而影响农业生产效率的可能性,转入农地可以提高农户的土地产出率,但是并不影响其劳动生产率,转出土地对农户的劳动生产率和土地产出率均无显著影响。对于水稻而言,随着种植者的非农工作机会增加,其生产效率会出现显著提高,而且就发生土地流转的农户来看,其集体承包地块和转入地块的技术效率没有显著差异(黄祖辉等,2014)。且农地流转显著提高了各类物质生产要素尤其是化肥的采用率。与农地流转相同,土地调整也是一种配置农地资源的方式。土地调整本质上是一行政手段,虽然在一定程度上可以实现土地资源优化配置,但是相较于农地流转,农地调整缺乏灵活性,因此,农地流转对农户农业生产效率促进更为明显(Deininger 和 Jin,2005)。农地流转还会显著影响种植结构变化,一项针对甘肃省农户的研究发现转入农地的农户平均经营规模增加,出于收入最大化考虑,转入农地的农户更倾向于种植玉米。

农地流转必然导致平均农地经营规模发生变化,农地经营规模对农业生产率的影响也一直备受关注。一般认为,农户农地经营规模与农地单位面积产出存在反向关系,即经营土地规模越大的农户,其单位土地产量越低。Deininger 等(2015)使用印度 1982～2008 年的数据研究发现,这种负向关系一直存在,但是这种负向影响存在明显缩减趋势。究其原因,农业劳动力转移之后,大量资本投入弥补了劳动力投入不足。也有研究显示,农地经营规模与农地单位面积产出的反向关系并非普遍适用。在对农户经营规模进行分类的基础上,Zhang(2017)发现,农户经营规模在 40～60 亩之间时,其亩均产出最高,低于此规模或者高于此规模的农户农业亩产均会出现不同程度的降低。

自 20 世纪 80 年代开始,我国开始就农村土地流转立法,承认其合法地位。1986 年的《民法通则》,1988 年的《宪法》,使得农地流转更加合法化。2002 年,《农村土地承包法》的颁布使得农地流转更加规范。2007 年的《物权法》也进一步促使土地流转逐渐规范化。当前,中国土地流转主体不断丰富,流转形式也逐渐多元化。例如,广西百色市右江区希望小镇,成立土地流转信用合作社,将分散的土地,通过入股、租赁、互换、代耕代种,及反租倒包等多种形式集中;横县朝南村的新时代蔬菜专业合作社,让农民成为股东。再如广东省,将土地价值占有权与实物占有权分开,农民凭借经营权折价入股,并按股份分红。同时,"反租倒包"也是重要流转形式,村委会通过"反租"农民土地,将土地连片开发,"倒包"给经济组织或经济大户,在 2018 年土地流转规模达到 38%。

四、耕地撂荒

耕地撂荒现象,在 20 世纪 80 年代中后期就开始显现,家庭联产承包责任制实施之后,农产品包括粮食接连丰收,呈现出农产品相对过剩,并且农村农业劳动力大规模转移,部分地区,如安徽省江淮之间的合肥、六安、巢湖等地,出现了少量的土地撂荒现象。但由于在家务农的劳动力规模依然较大,撂荒的耕地很快被代耕,撂荒现象并不明显。

1992 年,中国农产品再次呈现相对过剩,与此同时,农村劳动力转移规模也进一步扩大,农业生产劳动力进一步减少。在此背景下,土地撂荒现象在浙江省、福建省、江苏省、上海市、广东省、辽宁省、山东省、安徽省、湖南省、湖北省、山西省、四川省等多个地区出现。1997 年,农产品呈现出普遍供大于求,粮食价格下跌,农村出现了"农民增产不增收"的现象,大规模农业劳动力从农业部门转移到非农部门,再次出现土地撂荒现象。2003 年,对农村地区实行"减负"政策,农业税取消,以及后来农业补贴的规模和范围加大,一定程度上缓解了土地撂荒现象。而关于土地撂荒的具体数据,官方并没有公布,尤其是关于各个地区农地撂荒情况,根据 2013 年和 2018 年上海财经大学千村调查数据,我们通过分析 12 046 户的调查数据,推断全国各个地区的撂荒情况。

根据千村调查的数据(表 2.20),土地撂荒较高,如果只按照家庭所有耕地被撂荒的撂荒率达到 5.5%,加入部分撂荒,土地撂荒率达到 12.24%,并且耕地撂荒呈现逐年增加的趋势,2018 年的耕地撂荒比率相较于 2013 年呈增加的趋势。按不包含部分撂荒计算,2013 年撂荒率为 3.57%,2018 年撂荒率为 7.10%;按包含部分撂荒耕地计算,2013 年撂荒率为 8%,2018 年的数据达到 15%。分区域讨论各地撂荒情况可知,集中区的撂荒率相对较低,转移区的撂荒率其次,调入区的撂荒率最高,撂荒率分别达到 8.97%、11.46%、18.81%。集中区的撂荒率普遍较低,尤其是吉林的撂荒率只有 4.09%,也有撂荒率较高的河南的撂荒率达到 12.66%,转移区的撂荒率相对较高,重庆和湖南的撂荒率分别为

24.78%、17.88%，调入区的撂荒率最高，尤其是青海、海南、北京等地区的撂荒率都较高，分别达到47.38%、37.5%、28.57%。

表2.20 地区撂荒率（推断）

		包含部分撂荒			不包含部分撂荒		
		撂荒率	撂荒率 2013	撂荒率 2018	撂荒率	撂荒率 2013	撂荒率 2018
内蒙古	集中区	7.26%	0.00%	7.26%	4.03%	0.00%	4.03%
吉林	集中区	4.09%	2.05%	6.80%	1.75%	0.51%	3.40%
安徽	集中区	9.13%	7.89%	10.30%	4.24%	4.21%	4.27%
河南	集中区	12.66%	9.52%	15.41%	7.48%	3.70%	10.79%
黑龙江	集中区	11.71%	0.00%	11.71%	9.91%	0.00%	9.91%
四川	转移区	13.84%	9.37%	17.06%	3.11%	0.83%	4.76%
山东	转移区	7.69%	2.98%	11.17%	5.27%	0.99%	8.42%
广东	转移区	13.42%	11.11%	20.72%	8.01%	8.55%	6.31%
江苏	转移区	7.31%	0.51%	11.69%	3.75%	0.00%	6.17%
江西	转移区	9.23%	7.51%	10.72%	6.48%	5.36%	7.46%
河北	转移区	6.83%	2.41%	11.54%	4.04%	1.20%	7.05%
浙江	转移区	8.99%	5.26%	11.59%	5.40%	3.51%	6.71%
湖北	转移区	13.39%	0.00%	21.55%	6.24%	0.50%	11.21%
湖南	转移区	17.88%	17.97%	17.77%	8.06%	9.62%	6.30%
辽宁	转移区	2.66%	1.48%	4.44%	1.48%	0.49%	2.96%
重庆	转移区	24.78%	18.69%	29.39%	3.04%	0.51%	4.96%
上海	调入区	11.31%	0.00%	16.96%	8.33%	0.00%	12.50%
云南	调入区	24.06%	32.81%	16.81%	9.43%	13.54%	6.03%
北京	调入区	28.57%	0.00%	28.57%	0.00%	0.00%	0.00%
天津	调入区	0.00%	0.00%	0.00%	0.00%	0.00%	0.00%
宁夏	调入区	13.70%	0.00%	13.70%	4.11%	0.00%	4.11%
山西	调入区	8.41%	10.64%	6.88%	3.66%	1.60%	5.07%
广西	调入区	9.29%	4.08%	14.08%	4.16%	0.51%	7.51%
新疆	调入区	20.16%	0.00%	20.16%	3.23%	0.00%	3.23%
海南	调入区	37.50%	3.98%	37.50%	9.38%	0.00%	9.38%
甘肃	调入区	21.36%	14.53%	26.55%	5.03%	3.49%	6.19%

续表

		包含部分撂荒			不包含部分撂荒		
		撂荒率	撂荒率 2013	撂荒率 2018	撂荒率	撂荒率 2013	撂荒率 2018
福建	调入区	12.28%	0.00%	12.28%	1.75%	0.00%	1.75%
西藏	调入区	20.00%	0.00%	20.00%	20.00%	0.00%	20.00%
贵州	调入区	15.65%	7.65%	22.12%	5.13%	2.73%	7.08%
陕西	调入区	12.53%	8.33%	16.11%	9.97%	5.00%	14.22%
青海	调入区	47.37%	0.00%	47.37%	15.79%	0.00%	15.79%
集中区平均撂荒率		8.97%	3.89%	10.30%	5.48%	1.68%	6.48%
转移区平均撂荒率		11.46%	7.03%	15.24%	4.99%	2.87%	6.57%
调入区平均撂荒率		18.81%	5.47%	19.94%	6.66%	1.79%	7.52%
总计		12.24%	8.82%	15.05%	5.50%	3.57%	7.10%

资料来源：根据2013年和2018年上海财经大学千村调查数据整理。为更清晰地考察农村土地撂荒状况，分包含部分撂荒和不包含部分撂荒分别统计耕地撂荒状况，包含部分撂荒是指，家庭只要有耕地撂荒，即表示为家庭有撂荒耕地，不包含部分撂荒是指家庭全部承包耕地都撂荒。各地区数值为根据调查的推断值。

第四节 农村劳动力转移、要素投入变化与农业生产过程调整

农户是中国农业生产主要的经营主体，也是农业生产的最基本决策单元，各区域农业生产变化，也是区域内农户生产决策的集合。改革开放之后，工业经济的快速增长，非农部门较多的就业机会，吸引农村家庭劳动力开始跨部门转移，在农业和非农部门进行配置，农村家庭资本要素也可在农业部门和非农部门配置。同时，在20世纪80年代，土地市场开始发育，农村家庭承包经营的耕地，可以租出或者租入，形成家庭要素的不同配置方式。农户在家庭和要素约束的条件下，根据家庭效益最大化的原则，进行要素投入选择、生产规模调整、种植结构决策。

假定一个典型的农户生产函数为 $f(M_{ai}, L_{ai}, K_{ai}) = A_i M_{ai}^{\alpha} L_{ai}^{\beta} K_{ai}^{\gamma}$，$\alpha + \beta + \gamma = 1$，其中 A_i 为农业生产技术效率，M_{ai}、K_{ai}、L_{ai} 为家庭的土地、劳动、资本要素投入，i 表示单个个体。生产函数满足稻田条件：$f'(0) =$

∞，$f'(\infty)=0$；同时，$f'(x_i)>0$，$f''(x_i)<0$。农业生产函数可以表示为关于土地、劳动和资本的函数，即：

$$f(M_{ai}, L_{ai}, K_{ai}) = \frac{f_1 M_{ai}}{\alpha} = \frac{f_2 L_{ai}}{\beta} = \frac{f_3 K_{ai}}{\gamma} \tag{2.6}$$

即资本、劳动、土地作为农业生产中的要素投入，要素投入规模越大，农业生产规模越大。

一、农村劳动力转移与要素投入变化

根据典型农户的生产函数形式，设定为农作物的生产函数。对此生产函数两边同时除以土地要素，得到农户亩均产出表达式：

$$\frac{Y_i}{M_{ai}} = \frac{f(M_{ai}, L_{ai}, K_{ai})}{M_{ai}} = A_i \left(\frac{K_{ai}}{M_{ai}}\right)^\gamma \left(\frac{L_{ai}}{M_{ai}}\right)^\beta \tag{2.7}$$

设 $Y_{iM} = \frac{Y_i}{M_{ai}}$，$L_{aiM} = \frac{L_{ai}}{M_{ai}}$，$K_{aiM} = \frac{K_{ai}}{M_{ai}}$，因而式(2.7)也可以记为：

$$Y_{iM} = A_i (K_{aiM})^\gamma (L_{aiM})^\beta \tag{2.8}$$

对式(2.8)进行恒等变形可以得出：

$$Y_{iM} = A_i \left(\frac{K_{aiM}}{L_{aiM}}\right)^\gamma (L_{aiM})^{\beta+\gamma} \tag{2.9}$$

对式(2.9)两边取对数：

$$\ln Y_{iM} = \ln A_i + \gamma \ln \frac{K_{aiM}}{L_{aiM}} + (\beta+\gamma) \ln L_{aiM} \tag{2.10}$$

式(2.10)表明，在假定的生产函数下，农户关于资本对劳动的替代，对亩均产出的影响为资本要素的产出弹性(资本要素价值在产出中所占的比重)，根据本文的基本假设这是一个正值，也就是说资本对劳动的替代对其亩均产出存在正向影响。而劳均土地投入则表征了劳动转移背景下农村人地比例下降趋势，根据式(2.10)的结果，这一变量对亩均产出的影响为资本产出弹性与劳动产出弹性之和。将式(2.10)两边对时间求导，

$$\frac{\dot{Y}_{iM}}{Y_{iM}} = \frac{\dot{A}_i}{A_i} + \gamma(\frac{\dot{K}_{ai}}{K_{ai}} + \frac{\dot{L}_{ai}}{L_{ai}}) + (\beta+\gamma)\frac{\dot{L}_{ai}}{L_{ai}} \qquad (2.11)$$

假设产出增长率 $\frac{\dot{Y}_{iM}}{Y_{iM}} = g_Y, g_Y > 0$,技术进步率 $\frac{\dot{A}_i}{A_i} = g_A, g_A > 0$,资本增长率为 $\frac{\dot{K}_{ai}}{K_{ai}} = g_K, g_K > 0$,在既定的农村劳动力转移背景下,农业劳动在减少,即:劳动力增长率为 $\frac{\dot{L}_{ai}}{L_{ai}} = -g_L, g_L > 0$,将增长率代入上式中有:

$$g_Y = g_A + \gamma g_K - \beta g_L \qquad (2.12)$$

从式(2.12)中的增长分析来看,在农业劳动投入大幅度减少的背景下,技术进步和资本投入增加有效地弥补了劳动投入减少对农业产出的负面影响,是农业产出增加的主要动力。

对于理性的农户来说,其目标为家庭收益最大化,在现有的农业体制下,家庭承包经营耕地规模有限,形成农业生产的土地约束,农户的家计模型为:

$$\max_{K,L,M} \pi_i = pf(M_{ai}, L_{ai}, K_{ai}) - rK_{ai} + wL_{ni} \pm uM_{ri};$$

$$\text{s.t.} \quad \begin{aligned} & L_{ai} + L_{ni} \leqslant \overline{L} \\ & M_{ai} + M_{ri} \leqslant \overline{M} (\text{或}: M_{ai} \leqslant \overline{M} + M_{ri}) \\ & L_{ai}, L_{ni}, M_{ai}, M_r \geqslant 0 \end{aligned} \qquad (2.13)$$

其中,L_{ai} 为家庭投入农业生产中的劳动力,L_{ni} 为家庭投入非农生产中的劳动力,农户家庭总劳动禀赋为 $\overline{L}$,劳动约束条件为:$L_{ai} + L_{ni} \leqslant \overline{L}$。农业生产中,$M_{ri}$ 为家庭租出耕地,M_{ai} 为家庭经营耕地,$\overline{M}$ 为家庭承包耕地,其耕地约束为:$M_{ai} + M_{ri} \leqslant \overline{M}$,对于有耕地租入的农户来说,其土地约束条件为:$M_{ai} \leqslant \overline{M} + M_{ri}$。$K_{ai}$ 为农业生产中的资本投入。在农业生产劳动投入和非农生产中进行分配,从事非农业生产的收入为外生决定的工资 w,农业资本的价格外生决定为 r,土地的价格外生决定于租金 u,同时各个外生变量满足非负假定。在农户效益最大化时,必然是家庭要素都得到有效配置，约束条件为等号，将约束条件代入目标函数得到简化的模型如下：

$$\max_{K,L,M} \pi_i = p f(M_{ai}, L_{ai}, K_{ai}) - r K_{ai} + w_i(\overline{L} - L_{ai}) + u(\overline{M} - M_{ai}) \tag{2.14}$$

$$\max_{K,L,M} \pi_i = p f(M_{ai}, L_{ai}, K_{ai}) - r K_{ai} + w_i(\overline{L} - L_{ai}) - u(M_{ai} - \overline{M}) \tag{2.15}$$

$$\text{s.t.} \ L_{ai}, L_{ni}, M_{ai}, M_r \geq 0$$

式(2.14)、(2.15)中，农户的收入被分成两个部分，一部分是农业净收入：$p f(M_{ai}, L_{ai}, K_{ai}) - r K_{ai} - u(M_{ai} - \overline{M})$，也就是农业产出减去农业资本投入和土地投入；而另一部分是农户的非农收入，这一部分为农户在非农行业中的劳动投入乘以工资，即：$w_i(\overline{L} - L_{ai})$，这也表明，非农工资是农户进行农业劳动投入的机会成本。

通过求解式(2.14)、(2.15)取得最大值时的一阶条件，得到如下等式(2.16)、(2.17)、(2.18)：

$$p\beta A_i M_{ai}^{\alpha} L_{ai}^{\beta-1} K_{ai}^{\gamma} = w \tag{2.16}$$

$$p\gamma A_i M_{ai}^{\alpha} L_{ai}^{\beta} K_{ai}^{\gamma-1} = r \tag{2.17}$$

$$p\alpha A_i M_{ai}^{\alpha-1} K_{ai}^{\beta} L_{ai}^{\gamma} = u \tag{2.18}$$

设 $M_{ai}^*, K_{ai}^*, L_{ai}^*$ 为既定约束条件下，农业生产经营的最优要素投入量，分别代入等式(2.16)、(2.17)、(2.18)中可得一组新的一阶条件：

$$p\alpha A_i M_{ai}^{*\alpha-1} K_{ai}^{*\beta} L_{ai}^{*\gamma} = u \tag{2.19}$$

$$p\beta A_i M_{ai}^{*\alpha} K_{ai}^{*\beta-1} L_{ai}^{*\gamma} = r \tag{2.20}$$

$$p\gamma A_i M_{ai}^{*\alpha} K_{ai}^{*\beta} L_{ai}^{*\gamma-1} = w \tag{2.21}$$

联立式(2.20)、(2.21)，用 $\frac{(2.20)}{(2.21)}$ 可以得到局部均衡时的农户使用的资本要素与劳动要素之比：

$$ALK^* = \frac{K^*}{L_{ia}^*} = \frac{w\beta}{r\gamma} \tag{2.22}$$

在此基础之上计算农户资本劳动比，式(2.22)对于外生工资的偏导数有：

$$\frac{\partial ALK^*}{\partial w}=\frac{\beta}{r\gamma}>0 \qquad (2.23)$$

以上关系式表明：首先，农户均衡时的资本劳动比随着外生非农工资的增加而增加，即：$\frac{\partial ALK^*}{\partial w}>0$，非农收入增加会引起资本要素对劳动力要素的替代。

等式(2.19)、(2.20)、(2.21)两边对 w 求导，可得：

$$f_{11}\frac{\partial M_{ai}^*}{\partial w}+f_{12}\frac{\partial K_{ai}^*}{\partial w}+f_{13}\frac{\partial L_{ai}^*}{\partial w}=0 \qquad (2.24)$$

$$f_{21}\frac{\partial M_{ai}^*}{\partial w}+f_{22}\frac{\partial K_{ai}^*}{\partial w}+f_{23}\frac{\partial L_{ai}^*}{\partial w}=0 \qquad (2.25)$$

$$f_{31}\frac{\partial M_{ai}^*}{\partial w}+f_{32}\frac{\partial K_{ai}^*}{\partial w}+f_{33}\frac{\partial L_{ai}^*}{\partial w}=\frac{1}{p\gamma} \qquad (2.26)$$

由于 M_{ai}^*、K_{ai}^*、L_{ai}^* 满足最优化条件，则：

$$\boldsymbol{A}=\begin{vmatrix} f_{11} & f_{12} & f_{13} \\ f_{21} & f_{22} & f_{23} \\ f_{31} & f_{32} & f_{33} \end{vmatrix},\; \boldsymbol{X}=\begin{vmatrix} \frac{\partial M_{ai}^*}{\partial w} \\ \frac{\partial K_{ai}^*}{\partial w} \\ \frac{\partial L_{ai}^*}{\partial w} \end{vmatrix},\; \boldsymbol{B}=\begin{vmatrix} 0 \\ 0 \\ \frac{1}{P\gamma} \end{vmatrix} \qquad (2.27)$$

$$\boldsymbol{AX}=\boldsymbol{B} \qquad (2.28)$$

根据无约束目标函数取得最优值的二阶条件：$f_{12}=f_{21}$，$f_{13}=f_{31}$，$f_{32}=f_{23}$ 并结合式(2.28)，得到：$\frac{\partial M_{ai}^*}{\partial W}<0$，$\frac{\partial K_{ai}^*}{\partial W}>0$，$\frac{\partial L_{ai}^*}{\partial W}<0$。同理，可以得到 M、K、L 关于 r、u 的关系。$\frac{\partial M_{ai}^*}{\partial r}<0$，$\frac{\partial K_{ai}^*}{\partial r}<0$，$\frac{\partial L_{ai}^*}{\partial r}>0$；$\frac{\partial M_{ai}^*}{\partial u}<0$，$\frac{\partial K_{ai}^*}{\partial u}>0$，$\frac{\partial L_{ai}^*}{\partial u}<0$。根据以上推导，可以提出以下研究假说：

假说一：在局部均衡时，非农收入的变化将导致农业劳动投入的反向变化和农业资本投入的同向变化,农业生产趋于资本投入增加,即：$\frac{\partial ALK_*}{\partial w}>0$。随着非农工资(收入)的增加,农户会使用资本要素对劳动力要素进行替代,技术进步和资本投入增加有效地弥补了劳动投入对农业产出的负面影响,成为农业产出增加的主要动力。

上述假说的经济含义在于：由于非农收入是农户从事农业生产的机会成本,当非农收入上升时,农户从事农业生产的机会成本上升,其自然会减少家庭的农业劳动时间、增加资本投入,资本对劳动存在替代效应。

二、农村劳动力转移与农业生产规模调整

农村劳动力转移,对农业生产最直接的影响是农业劳动投入的减少,同时,农业劳动的减少,尤其是农业生产积极性的降低,反映在农业生产上,是农业生产规模的缩减。为更好地讨论农村劳动力转移对农业生产规模的影响,假定农户家庭的劳动、土地、资本要素禀赋为$\overline{A}$,要素禀赋也为劳动、资本、土地的禀赋约束,同时假定我们讨论的农户皆为理性的农户,在既定的农业要素投入下,将选择最优的配置方式,实现农业生产最优,以$\varphi(A)$表示要素投入方式,其含义为在既定的要素A投入方式下,局部收益最大的配置方式,也即：A确定时,要素的最优配置。农业生产函数为$f[\varphi(A)]$。如果家庭要素(劳动、资本、土地)不投入家庭农业生产,其投入非农就业市场、农用资本租出或者投资、租出土地等,下文中要素的非农市场皆指非家庭农业生产,家庭要素投入非农市场时,要素之间相互独立,因而可以建立家庭要素的收益函数为$\varphi[(w,r,u)|\varphi(\overline{A})]$,即家庭农业经营收益为$F[\varphi(A)]$,要素的非农收益为$\varphi[(w,r,u)|\varphi(\overline{A})](\overline{A}-A)$,家庭收益则转变为：

$$\pi=F[\varphi(A)]+\varphi[(w,r,u)|\varphi(\overline{A})](\overline{A}-A) \qquad (2.29)$$

要素投入非农市场时,要素之间相互独立,要素的非农收益函数分解为在既定要素约束下的要素收益(劳动收益、资本收益、土地收益),或者是工资性收益(劳动收益)和财产性收益(资本土地收益)。

$$\varphi[(w,r,u)|\varphi(\overline{A})](\overline{A}-A)=\varphi[(w)|\varphi(\overline{A}-A)]+\varphi[(r)|\varphi(\overline{A}-A)] \\ +\varphi[(u)|\varphi(\overline{A}-A)] \quad (2.30)$$

家庭总收益为：

$$\varphi[(w,r,u)|\varphi(\overline{A})](\overline{A}-A)=\varphi[(w)|\varphi(\overline{A}-A)]+\varphi[(r,u)|\varphi(\overline{A}-A)] \quad (2.31)$$

在现有的农业技术条件下，不考虑资本、劳动、土地投入为 0 的农业生产方式，即：$F(0)=0$。那么，农户的家庭要素总收益表示为：

$$\pi = \int_0^A f[\varphi(A)]dA + \int_A^{\overline{A}} \varphi[(w,r,u)|\varphi(\overline{A})]dA \quad (2.32)$$

求农户家庭收益关于要素投入的边际效应为：

$$\frac{\partial \pi}{\partial A}=f[\varphi(A)]\varphi'(A)-\varphi[(w,r,u)|\varphi(\overline{A})] \quad (2.33)$$

并假定 C 点为家庭收益关于要素投入的边际效应为 0 的点。即 $f[\varphi(C)]\varphi'(C)=\varphi[(w,r,u)|\varphi(\overline{C})]$。在 C 的左边，关于农业生产要素投入边际收益高于非农生产要素投入收益，即：

$$f[\varphi(C)]\varphi'(C)=\varphi[(w,r,u)|\varphi(\overline{C})] \quad (2.34)$$

由式(2.31)、(2.34)可知：

$$\max\{\varphi[(w)|\varphi(\overline{A})],\varphi[(r)|\varphi(\overline{A})],\varphi[(u)|\varphi(\overline{A})]\}<\varphi[(w,r,u)|\varphi(\overline{A})] \quad (2.35)$$

农户将家庭要素投入农业生产时，其从农业生产中所得到的边际收益将大于要素投入农业生产的收益，即：

$$\varphi[(w,r,u)|\varphi(\overline{A})]<f[\varphi(A)]\varphi'(A) \quad (2.36)$$

根据相应的不等式定理可知：

$$\max\{\varphi[(w)|\varphi(\overline{A})],\varphi[(r)|\varphi(\overline{A})],\varphi[(u)|\varphi(\overline{A})]\}<f[\varphi(A)]\varphi'(A) \quad (2.37)$$

即农户家庭进行农业生产，至少要大于资本、劳动、土地投入农业生产的边际收益。

$$\max\int_0^A\{\varphi[(w)|\varphi(\overline{A})],\varphi[(r)|\varphi(\overline{A})],\varphi[(u)|\varphi(\overline{A})]\}\mathrm{d}A<\int_0^A f[\varphi(A)]\mathrm{d}A \quad(2.38)$$

$$\max\{wA,rA,uA\}<F[\varphi(A)] \quad(2.39)$$

$$\max\{\varphi[(w)|\varphi(\overline{A})],\varphi[(r)|\varphi(\overline{A})],\varphi[(u)|\varphi(\overline{A})]\}A<F[\varphi(A)]$$
$$\varphi[(w)|\varphi(\overline{A}-A)]<\varphi[(w)|\varphi(\overline{A})]<F[\varphi(A)] \quad(2.40)$$

农户选择将家庭要素资源投入非农市场,进行非农就业、资本投资、租出土地。因而只要农业生产中,要素(资本、劳动、土地)在非农市场上的收益大于在农业生产经营中所获得的收益,农户就不愿意从事农业生产,即:$\min\{wA,rA,uA\}>F[\varphi(A)]$,这样就形成了退出农业生产的情况,即当非农就业收入高于农业生产净收益时,农户将退出农业生产,即使农业生产可能带来较高的资本收益或者土地收益,并且如果没有土地的承租人时,其将被撂荒,并且此时,资本与劳动之间的关系为:劳动投入减少,资本投入也减少,土地投入也减少。同理,对于资本和土地收益高于农业生产经营净收益时,农户也会退出农业生产或者缩小农业生产规模。

而对于农业生产中,农业生产经营收益高于家庭要素在非农市场上带来的最大值时,农户会扩大农业生产规模,$\max\{wA,rA,uA\}<F[\varphi(A)]$,农户倾向于租入耕地,降低资本投入的分摊成本。根据以上推导结果,可以提出以下研究假说:

假说二:在非农就业的较高收入,或者是资本收益、农地租金较高,农户会倾向于不从事农业生产,促进土地租出和耕地撂荒,同时,农业劳动力减少,资本投入也减少,形成资本的投入效应。

三、农村劳动力转移与种植决策

农户的种植决策,尤其在农村劳动力转移的背景下,关于粮食和非粮作物的决策,与作物的生产方式、收益有关。一般来说,粮食作物与非粮作物在三方面具有明显差别:一是技术进步水平存在差异。粮食生产易于机械化作业,粮食作物作为大宗农产品,其农业生产技术的研发投入相对较多,造成资本投入水平存在较大差异。目前,我国农业机械化发展不平衡、不充分问题依然突出,在一些农业领域(特别是经济作物)还存在"无机可用""无好机用"的问题。[①] 截止到2017年,水稻、小麦、玉米、大豆的综合机械化率均已突破80%,其中,小麦的综合机械化率达到95%,基本实现了全程机械化,而其他非粮食作物的综合机械化率仅为40.02%。[②] 二是产品边际收益不同。粮食属于土地密集型产品,投入低,经济效益也低;而蔬菜、水果等高附加值非粮作物属劳动密集型产品,投入高,经济效益也高。三是劳动投入方式不同。粮食生产中劳动投入少,存在明显的季节性;而多数非粮作物生产的劳动投入多,全年需要劳动力,年内不同时间需求也比较均匀。为讨论方便,将种植业分为粮食生产(y_1)和非粮生产(y_2),根据本章前面的讨论,M_a^*、K_a^*、L_a^*为既定约束条件下,农业生产经营的最优要素投入量;$\varphi(A)$为最优配置方式,$f[\varphi(A)]$为农业生产函数,家庭农业经营收益为$F[\varphi(A)]$。在粮食作物和非粮作物中要素投入方式为:

$$K_1 + K_2 = K_a^* \qquad (2.41)$$

$$L_1 + L_2 = L_a^* \qquad (2.42)$$

$$M_1 + M_2 = M_a^* \qquad (2.43)$$

粮食生产(y_1)和非粮生产(y_2)构成家庭农业经营收益,即:

$$F[\varphi(A)] = p_1 y_1 + p_2 y_2 \qquad (2.44)$$

将农户粮食作物和非粮作物的收益条件作为作物的约束,代入要素投入方程。可得最优方程:

$$\varphi(A) = \varphi_1(K_1, L_1, M_1 | y_1, y_2) + \varphi_2(K_2, L_2, M_2 | y_1, y_2) \quad (2.45)$$

事实上,粮食生产和非粮生产的生产方式不同,在农户做关于作物种植决策时,两种作物生产的局部最优,即两种作物的要素投入实现其最优

[①] 参见《三个短板制约我国农业机械化发展》,http://www.caamm.org.cn/hygz/1501.htm。

[②] 根据《中国农业机械工业年鉴》计算整理。

化,即其要素投入方式分别为 $\varphi_1(A_1)$ 和 $\varphi_2(A_2)$,那么,农业生产演变为:

$$\varphi(A)=\varphi_1(A_1|y_1,y_2)+\varphi_2(A_2|y_1,y_2) \quad (2.46)$$

农户的种植结构与粮食作物和非粮作物的生产边际收益有关,如果粮食作物的边际收益较高,农户倾向于种植粮食,如果非粮作物的边际收益较高,农户倾向于种植非粮作物。根据以上推导结果,可以提出以下研究假说:

假说三:种植结构与两种作物的边际收益有关,在既定的农业生产方式下,非粮作物对劳动的需求相对较大,在农业劳动力相对短缺的情况下,将引致农户的家庭种植结构向偏向种植粮食方向调整。

四、农村劳动力转移与区域粮食生产

区域内农户关于农业生产的决策,包括资本投入变化、生产规模调整、种植决策等的集合就形成了区域粮食生产变化,进而形成区域粮食生产转移和区域粮食生产集中的现象。结合区域自然禀赋优势,关于区域生产变化,对于区域耕地而言,一方面,耕地所具有的禀赋条件(m_a)相对固定,例如其面临的气候条件、耕地的坡度、耕地的分块等,这些都构成了农业生产机械化的难易程度重要影响因素,或者是种植业生产中,劳动和资本投入的重要决定因素。另一方面,耕地规模(M_b)是种植业生产规模大小的决定条件,因而:

$$M=m(m_a,M_b) \quad (2.47)$$

为讨论粮食生产的区域变化,将区域资源禀赋与耕地规模分离讨论,那么,区域内农业生产方式为:

$$Y=F(K,L,M)=F(f(m_aK,L),M_b) \quad (2.48)$$

其中,f 表示农业生产中,资本对劳动替代的容易程度,$f(m_aK,L)$ 为特定的区域禀赋条件下的资本和劳动配置方式,农户家庭农业生产的成本为:

$$py=wl+rk+um \quad (2.49)$$

区域的农业生产机会成本,为个体的集合:

$$\int_0^i py_i \mathrm{d}i = \int_0^i wl_i \mathrm{d}i + \int_0^i rk_i \mathrm{d}i + \int_0^i um_i \mathrm{d}i \quad (2.50)$$

$$pY = wL + rK + uM \quad (2.51)$$

$$pF(f(m_a K, L), M_b) = wL + rK + uM \quad (2.52)$$

联立方程,最优要素投入方式为农业生产时关于要素的边际收益等于其机会成本(土地收益为租金,劳动收益为工资收入,资本收益为投资收益)。要素在农业生产时为联合生产,即在现有的技术水平下,区域范围内的农业生产,并不能完全减少资本、土地、劳动中某项要素的投入。并且,根据前文关于非农市场的假定,投入非农就业市场、农用资本租出或者投资、租出土地等,要素之间相互独立。求式(2.52)关于要素价格的偏导,根据恒等式定理可知:

$$\frac{\partial pF(f(m_a K, L), M_b)}{\partial w} = L \quad (2.53)$$

$$\frac{\partial pF(f(m_a K, L), M_b)}{\partial r} = K \quad (2.54)$$

$$\frac{\partial pF(f(m_a K, L), M_b)}{\partial u} = M \quad (2.55)$$

进一步调整为:

$$p \frac{\partial F_f(f(m_a K, L), M_b)}{\partial w} \left(\frac{\partial f_{m_a K}(m_a K, L)}{\partial w} + \frac{\partial f_L(m_a K, L)}{\partial w} \right) = L \quad (2.56)$$

$$p \frac{\partial F_f(f(m_a K, L), M_b)}{\partial r} \left(\frac{ma \partial f_K(m_a K, L)}{\partial r} + \frac{\partial f_L(m_a K, L)}{\partial r} \right) = K \quad (2.57)$$

$$p \frac{\partial F_f(f(m_a K, L), M_b)}{\partial u} \left(\frac{\partial f_{m_a K}(m_a K, L)}{\partial u} + \frac{\partial f_L(m_a K, L)}{\partial u} \right) = M \quad (2.58)$$

根据式(2.56)可知,L 表示区域农业生产中劳动投入,在现有的农业生产技术条件下,劳动投入大于0,因而,$L>0$。根据等式规则,等式的左边也大于 0。

结合前面等式,工资收入作为劳动力从事农业生产的机会成本,工资收入越高,从事农业生产的倾向越低。因而,$\dfrac{\partial F_f(f(m_aK,L),M_b)}{\partial w}<0$。而资本的替代效应,在耕地禀赋条件约束下,工资收入增加,劳动的机会成本增加,理性的生产者会寻求更廉价的要素对劳动进行替代,因而 $\dfrac{\partial f_{m_aK}(m_aK,L)}{\partial w}>0$。根据不等式的原则可知:

当 $\dfrac{\partial f_{m_aK}(m_aK,L)}{\partial w}+\dfrac{\partial f_L(m_aK,L)}{\partial w}<0$ 时,$\dfrac{\partial F_f(f(m_aK,L),M_b)}{\partial w}<0$,资本对农业生产的促进作用小于劳动力减少带来的负效应,$\left|\dfrac{\partial f_{m_aK}(m_aK,L)}{\partial w}\right|<\left|\dfrac{\partial f_L(m_aK,L)}{\partial w}\right|$,$\left|\dfrac{\partial f_{m_aK}(m_aK,L)}{\partial f_L(m_aK,L)}\right|<1$,即可能存在状况是,劳动投入的减少对农业生产的影响大于资本投入的增加的影响,进而使得农业生产规模下降,促进区域粮食生产转移。

当 $\dfrac{\partial f_{m_aK}(m_aK,L)}{\partial w}+\dfrac{\partial f_L(m_aK,L)}{\partial w}>0$ 时,$\dfrac{\partial F_f(f(m_aK,L),M_b)}{\partial w}>0$,资本对农业生产的促进作用大于劳动力减少带来的负效应,$\left|\dfrac{\partial f_{m_aK}(m_aK,L)}{\partial w}\right|>\left|\dfrac{\partial f_L(m_aK,L)}{\partial w}\right|$,$\left|\dfrac{\partial f_{m_aK}(m_aK,L)}{\partial f_L(m_aK,L)}\right|>1$,即可能存在状况是,劳动投入的减少对农业生产的影响小于资本投入增加的影响,进而促进农业生产规模扩大,促进粮食生产集中。

同理可知:$\left|\dfrac{m_a\partial f_K(m_aK,L)}{\partial r}\right|>\left|\dfrac{\partial f_L(m_aK,L)}{\partial r}\right|$,那么,$|m_a|>\left|\dfrac{\partial f_L(m_aK,L)}{\partial f_K(m_aK,L)}\right|$,农业生产中,劳动和资本的替代与区域的资源禀赋有关,尤其是耕地的可机械化程度。

假说四:资本对劳动的替代难易程度与区域资源禀赋有关。

随着农业剩余劳动力的转出,经济体来到刘易斯拐点,逐步深入的劳动力转移进程必然会降低农户的农业投入能力和意愿。因此，劳动力转移会对农户农业生产规模造成负面影响，促进农地转出，抑制农地转入。其次，劳动力转移导致农户增加资本投入，利用资本替代劳动，大量节约劳动的资本投入逐步被推广，例如，机械、化肥、良种等。这就意味着经营单位土地面积所需要的必要劳动力投入逐步下降。因此，资本投入增加，农户使用更少的劳动力维持甚至是扩大农地经营规模。由此可见，劳动力转移促进资本投入增加，而资本投入增加对于农户的农地经营规模产生促进作用。劳动力转移直接促进土地的转出，抑制转入，而资本投入增加则完全相反，劳动力转移又直接引起资本投入的增加。综合三种关系，劳动力转移和资本投入增加皆推动了农村土地市场发育，资本投入增加又是劳动力转移影响农业生产规模的重要机制。劳动力转移增加了市场上的土地供给，而资本投入增加则通过提升农户农业经营能力强化了农地需求，二者共同促进了农村土地要素市场的繁荣。

假说五：对于集中区，区域的农业生产自然禀赋条件较好，使得农业生产在这些地区具有生产的自然比较优势，资本对劳动的替代也更容易，同时，相对于其他地区较低的要素价格，形成了农业生产的经济比较优势。加之，粮食作物相对于其他作物，资本替代作用更明显，促进这些地区粮食生产规模扩大。

假说六：对于转移区，区域农业生产自然禀赋条件相对较差，农业生产的自然比较优势相对较低，这些地区由于地方经济发展较快，农业经营比较收益较低，要素价格相对较高，农业生产经济比较优势也较低，引起转移区粮食生产规模的缩小。

第五节　农村劳动力转移、要素投入与粮食生产决策调整

一、农村劳动力转移与要素投入变化

中国农业机械的发展，尤其是大中型农业机械的发展，相关技术的提

升,促进了农业生产中农机服务业的发展,尤其是跨区服务作业等,使得农户在农业生产经营过程中,资本投入的增加,不仅仅局限于购买机械,而且可以通过购买农机服务来实现,进而保持或扩大农业生产规模。根据2015和2017年的调查数据可知(表2.21),家庭购买服务的比例较高达到40.17%,其次是购买机械,比例达到35.72%,雇用劳动的比例只有8.69%。

购买机械的比例中,集中区最高,其次是调入区,转移区最低。其中,集中区购买机械的比例达到43.33%,尤其是黑龙江和吉林购买机械的比例分别达到50.47%、52.64%;调入区购买机械的比例低于集中区,但是高于转移区,达到37.47%,尤其是贵州、云南购买机械的比例较高,分别为52.66%、45.40%;转移区购买机械的比例相对较低,只有32.8%,其中湖北和江西购买机械的比例较高,分别为37.99%、39.45%。

雇用劳动的比例中,集中区最高,其次是调入区,转移区最低。其中,集中区雇用劳动的比例达到10.38%,尤其是黑龙江和吉林雇用劳动的比例分别达到12.72%、12.39%;调入区雇用劳动的比例低于集中区,但是高于转移区,为8.98%,尤其是宁夏、云南雇用劳动的比例较高,分别为10.99%、14.24%;转移区雇用劳动的比例相对较低,只有8.01%,其中,湖北和江西雇用劳动的比例较高,分别为10.39%、10.77%。

购买服务的比例中,集中区最高,其次是调入区,转移区最低。其中,集中区购买服务的比例达到50.25%,尤其是河南和安徽购买服务的比例分别达到61.24%、54.02%;调入区购买服务的比例低于集中区,但是高于转移区,达到39.02%,宁夏、山西购买服务的比例较高,分别为48.92%、51.27%;转移区购买服务的比例相对较低,只有37.93%,其中河北和山东购买服务的比例较高,分别为54.15%、47.78%。

表 2.21　　　　　　农村劳动力转移、要素投入与粮食种植决策

		农业生产投入			种粮决策		生产规模调整		
		购买机械	雇用劳动	购买服务	种植结构	产量结构	租出	租入	撂荒
安徽	集中区	38.62%	10.57%	54.02%	55.65%	90.28%	21.85%	15.35%	6.20%
河南	集中区	31.47%	6.65%	61.24%	61.79%	91.27%	17.95%	9.29%	4.96%
黑龙江	集中区	50.47%	12.72%	45.20%	64.08%	92.85%	22.74%	18.21%	4.30%
吉林	集中区	52.64%	12.39%	44.99%	62.55%	94.17%	22.84%	18.11%	3.83%
内蒙古	集中区	43.46%	9.58%	45.79%	61.30%	91.01%	22.97%	14.84%	4.67%
广东	转移区	25.34%	7.60%	27.37%	38.60%	92.61%	19.83%	9.54%	4.49%
河北	转移区	27.53%	6.33%	54.15%	57.03%	93.69%	18.57%	8.65%	3.35%
湖北	转移区	37.99%	10.39%	39.73%	57.92%	89.97%	22.43%	13.36%	6.48%
湖南	转移区	34.31%	6.68%	34.49%	51.42%	91.32%	22.98%	12.06%	6.10%
江苏	转移区	28.13%	7.27%	42.89%	54.04%	91.30%	26.35%	10.17%	8.40%
江西	转移区	39.45%	10.77%	45.56%	59.38%	90.87%	28.13%	11.35%	5.32%
辽宁	转移区	35.13%	9.85%	39.80%	64.23%	93.15%	19.47%	9.87%	5.33%
山东	转移区	36.44%	8.54%	47.78%	52.77%	89.80%	19.79%	13.91%	4.24%
四川	转移区	37.37%	6.65%	27.63%	49.05%	88.73%	19.10%	14.46%	4.08%
浙江	转移区	22.49%	6.75%	27.59%	39.44%	88.61%	30.67%	9.09%	5.38%
重庆	转移区	36.67%	7.25%	30.29%	50.15%	93.28%	18.59%	16.04%	3.35%
北京	调入区	31.63%	8.71%	42.99%	59.87%	88.65%	23.08%	11.86%	6.89%
福建	调入区	29.82%	8.52%	28.22%	43.51%	90.07%	19.03%	10.12%	6.00%
甘肃	调入区	42.46%	9.13%	39.28%	62.26%	95.23%	17.72%	11.41%	4.25%
广西	调入区	37.65%	6.94%	32.87%	55.16%	92.86%	21.88%	13.13%	6.63%
贵州	调入区	45.40%	10.92%	25.14%	55.64%	92.68%	19.33%	19.33%	5.38%
海南	调入区	34.32%	8.05%	33.47%	42.68%	93.66%	15.90%	9.58%	5.17%
宁夏	调入区	44.18%	10.99%	48.92%	54.59%	91.86%	26.59%	14.21%	7.10%
青海	调入区	42.70%	6.52%	47.42%	56.30%	87.67%	21.15%	8.27%	6.73%
山西	调入区	27.52%	7.62%	51.27%	59.18%	94.54%	16.76%	12.95%	4.92%
陕西	调入区	27.51%	7.84%	38.17%	52.06%	93.07%	16.67%	8.05%	5.22%
上海	调入区	37.85%	8.10%	41.09%	64.70%	85.70%	27.56%	9.74%	9.57%
天津	调入区	33.42%	9.21%	45.79%	63.87%	92.42%	27.33%	7.84%	6.57%
云南	调入区	52.66%	14.24%	32.64%	56.79%	93.10%	18.85%	15.37%	5.12%
集中区平均		43.33%	10.38%	50.25%	61.07%	91.91%	21.67%	15.16%	4.79%
转移区平均		32.80%	8.01%	37.93%	52.18%	91.21%	22.35%	11.68%	5.14%
调入区平均		37.47%	8.98%	39.02%	55.89%	91.50%	20.91%	11.68%	6.12%
总计		35.72%	8.69%	40.17%	54.49%	91.57%	21.39%	12.30%	5.31%

注：作者根据浙江大学家庭微观调查数据整理。

二、农村劳动力转移与种粮决策调整

不同作物，其农业生产方式不同，对要素投入的要求也不一致，因而，在劳动投入减少，家庭的禀赋结构发生变化的情境中，必然会引起农户关于种植决策的调整。从粮食种植结构数据来看，种植结构中，集中区粮食播种比例较高，达到 61.07%，其次是调入区，为 55.89%；转移区的粮食播种比例较小，仅有 52.18%。其中，集中区粮食种植结构较高的为黑龙江和吉林，其种植粮食的比例分别达到 64.08%、62.55%。调入区种植比例较高的为上海和天津，比例分别为 64.07%、63.87%。转移区的粮食播种比例较高的地区为江西和辽宁，种植比例分别为 59.38%、64.23%。

三、农村劳动力转移与生产规模变化

农村劳动力转移也会影响家庭生产规模，当农村劳动力转移规模扩大，留在农业生产经营的劳动力不能支撑家庭农业生产经营劳动力需求时，农户会倾向于缩小农业经营规模，即转出土地或者撂荒。而农村劳动力转移时，家庭农业生产劳动力投入减少，农户通过相机决策，增加资本投入，而增加的资本投入，尤其是农业生产经营用机械，具有较强的专用性，农户只有扩大农业生产规模才能摊薄单位成本，获得规模效应，因而促进农业生产规模扩张，即租入土地。家庭农业生产经营规模扩大，主要是通过租入耕地实现，现有的农村农地租入比例较低，只有 12.3%，家庭农业生产经营规模的缩小包括租出耕地和撂荒耕地，分别达到 21.39%、5.31%。

集中区的租入耕地比例较高，达到 15.16%，调入区和转移区租入耕地的比例一致，为 11.68%。其中，集中区的黑龙江和吉林租入农地的比例较高，达到 18.21%、18.11%，转移区的四川和重庆较高，分别为 14.46%、16.04%，调入区的贵州和云南较高，分别为 19.33%、15.37%。

租出耕地的比例为转移区的比例最高，达到 22.35%，其次为集中区

21.67%，再其次为调入区 20.91%。集中区的吉林和内蒙古的租出比例为 22.84%、22.97%，转移区的浙江和江西租出耕地比例较高，达到 30.67%、28.13%。调入区的上海和天津租出耕地比例较高，分别达到 27.56%、27.33%。撂荒耕地的比例中调入区最高，高达 6.12%，其次为转移区，撂荒比例达到 5.14%，集中区的撂荒比例相对较低，为 4.79%。调入区中，上海和宁夏的撂荒比例较高，达到 9.57%、7.10%。转移区撂荒较高的为江苏和湖北，其撂荒比例达到 8.4%、6.48%，而集中区撂荒比例相对较高的为安徽和河南，分别为 6.2%、4.96%。

本章小结

一、中国农业劳动投入自 20 世纪 90 年代以来大幅下降，农村剩余劳动力大幅减少，农业劳动投入的老龄化特征明显，并且从 2007 年开始，老龄化水平呈加速上升的趋势。中国农业劳动供给总体不断朝着短缺的方向发展，但农业劳动力供给的短缺变化并非全局性的，短缺点的到来呈现由东部地区渐次向中、西部地区蔓延的趋势。

二、中国农业种植结构调整历程大体经历了以下几个阶段：打破单一的粮食种植格局（1978～1984 年）、适应性调整（1985～1997 年）、由政策引导向市场需求引导过渡（1998～2003 年）、向现代农业生产方式转型（2004 年至今）等四个阶段。在前三个阶段，市场机制在引导种植结构调整方面存在明显缺位，"保增产"导向的政策在种植结构调整进程中占据主导地位，结构频繁变动且带有明显的"政策型波动"特征，把结构调整比作揉面，这一时期的结构变动表现出明显的"水多了加面，面多了加水"的变动特征，属于事后、短期的适应性调整行为；在第四个阶段，种植结构调整受政策因素的影响逐渐减小，受需求和资源约束的程度逐步加深，特别是随着劳动力的相对稀缺变化，农业生产中使用了越来越多的现代生产要素，资本替代劳动的进程不断加快。但在农业生产方式不断向现代生产方式转型的过程中，也暴露出诸多日益严重的结构性矛盾问题。

三、自 20 世纪 90 年代以来,粮食生产重心不断北移,并有向主产区集中的趋势,经济作物生产重心不断向西部和西南地区转移。在粮食生产重心转移过程中,主要以稳定原有生产区位并逐步向外扩散的转移模式为主;经济作物中,除蔬菜、茶园、瓜果表现出上述转移特征外,其他农作物生产区位在转移过程中,主要以集中模式为主,同时伴有一定的收缩趋势。短时间内,作物生产区位的快速调整以及作物生产重心转移方向和转移模式的差别,除了受资源环境这一内力的影响外,更多还要从经济、政策层面寻找原因。

第三章 价格变化、要素替代与农业生产技术变迁

第一节 农业生产要素价格变动及其特征

对农业生产条件的历史考察可以发现,农业劳动供给的潜力不断下降,资本深化的程度不断加深,这说明中国农业要素禀赋结构正逐步从劳动力丰裕向资本丰裕转变,要素禀赋结构开始逆转。禀赋变化往往以价格为信号反映,并通过价格作用于生产,为了深入揭示禀赋结构变动状况,首先必须对要素价格进行定量估算,并借此分析农业生产的技术进步方向以及技术选择模式问题。

一、要素相对价格的估算方法

(一)估算思路

要素相对价格是反映资源禀赋稀缺性的显示性指标,遵循要素相对价格体系选择合适的技术和产业结构对于经济发展发挥着至关重要的作用。在众多经济问题研究中,该指标也是一个非常有用的变量,如分析资源配置效率、技术进步方向以及替代弹性大小等方面都具有明显的优势。过去 40 年,中国农业要素相对价格水平和走势如何?具备哪些时间和空间规律?地区间要素相对价格是否朝着均衡的方向发展?回答这些问题,对理解农业经济结构转变的内在机理,探索农业经济潜在的演进空

间,都具有一定认识借鉴意义。

学界对要素相对价格的分析价值存在共识,但准确衡量要素相对价格的文献资料尚不多见,这必然会影响对相关问题的判断。为深入了解禀赋优势的变动情况及其对农业生产的影响,有必要对农业要素相对价格进行一个专门的讨论,给出可信的估算结果,对中国农业要素相对价格水平及走势做出基本判断。

要素相对价格估算涉及资本价格和劳动力价格两个方面。早期研究对资本价格的考察较少,近年来,随着对"中国投资高增长背后的增长机制是否合理"这一问题的激烈讨论,衡量资本价格的文献资料逐渐丰富起来。根据已有研究,资本价格的估算方法大致可以分为三种:第一种方法是用贷款利率来计算,假设在完全竞争市场条件下,利率等于资本的边际报酬,不过当资本市场受到管制或金融市场存在扭曲时,这一等价关系往往难以成立,通过这种方法估算资本价格也需要处理好各组差别利率之间的关系(如民间借贷与银行借贷、短期借贷与中长期借贷等)。第二种方法是通过生产函数来估算,这种方法估算资本价格往往需要先验设定生产函数的形式和参数,而参数估计的微小变化可能会引起估算结果的较大变动。由于中国要素市场化改革直到 20 世纪 90 年代初才开始起步,在改革的早期阶段,要素投入结构往往偏离了边际利润和边际成本的均衡,要素价格对要素生产率的反应不敏感(李稻葵等,2009),使得按边际产出取得相应报酬的对应关系难以成立(Bentolila 等,2003)。第三种是借助国民收入账户统计资料来计算。该方法通过总资本回报与资本存量的比值来计算资本价格(即资本边际报酬),可以回避市场不完全性对估算结果有效性产生的影响。由于国民收入账户统计指标覆盖经济总体,该种方法度量的资本价格更接近宏观经济分析意义上的资本价格内涵,得到较多使用(Bai 等,2006;Caselli 和 Feryer,2007;郭熙保和罗知,2010;柏培文和许捷,2018)。

此外,关于农业劳动力价格可以在雇工工价和农民工工资(或者工资性收入)两个指标上得到反映,前者反映的是市场化条件下的农业劳动力工资水平,后者反映的是劳动力从事农业生产的机会成本,不过关于这二者的统计均存在不同程度的缺失,这为实证分析带来了很大不便。综上,本书借鉴和发展评估要素使用效率的方法,尝试在一个统一的分析框架下估算要素价格,进而要素相对价格。假设生产函数的形式为 C-D 函数:

$$Y=AL^{\alpha}K^{\beta} \qquad (3.1)$$

公式(3.1)中 α、β 分别表示劳动和资本份额,令要素价格等于要素边际报酬[①],劳动和资本的边际报酬由下面一阶条件给出:

$$w=\frac{\partial Y}{\partial L}=A\alpha L^{\alpha-1}K^{\beta}=\frac{\alpha Y}{L} \qquad (3.2)$$

$$r=\frac{\partial Y}{\partial K}=A\beta L^{\alpha}K^{\beta-1}=\frac{\beta Y}{K} \qquad (3.3)$$

在公式(3.2)和(3.3)两式中,αY 和 βY 分别代表劳动总收益和资本总收益,要素相对价格进一步表示为:

$$\frac{w}{r}=\frac{\alpha Y}{L}\bigg/\frac{\beta Y}{K} \qquad (3.4)$$

在中国国民经济核算体系中,地区收入法 GDP 核算数据提供了全国各省份 1978 年以来农业部门的要素收入分配状况,将农业增加值划分为劳动者报酬、生产税净额、固定资产折旧和营业盈余四部分,较为详细地记录了收入分配的过程。根据各指标的内涵,劳动者报酬属于劳动收益,固定资产折旧和营业盈余属于资本收益。关于生产税净额,有研究把政府部门视为独立的经济组织,把间接税作为资本收益来处理(蒋为和黄玖立,2014);或者将生产税净额按一定比例分摊给劳动和资本(戴天仕和徐现祥,2010);更多研究则认为生产税净额不属于要素分配的内容,是劳动和资本之外的"楔子",在劳资分配问题研究中应当予以剔除(Gomme 和

[①] 避免引起歧义,本书所指要素价格是指一单位要素投入所获得的收益,本书不加区分地使用了要素边际回报率和要素价格概念,本书理解的要素边际回报率和要素价格具有相同的内涵。此外,由于劳动力的人力资本差异会带来不同的工资水平,为了有效衡量农业生产要素的相对价格变化,本书所指的劳动力投入单位为一个标准劳动力。

Rupert,2004;白重恩和钱震杰,2009;罗长远和张军,2009)。我们认为,生产税净额是为平衡支出和收入账户差异而设置的一个统计指标,目的是使支出法 GDP 和收入法 GDP 相一致,不构成要素所有者收入。明确要素收益之后,只要获得要素投入数据,便可以根据公式(3.4)计算要素相对价格。

需要指出的是,国民经济核算体系在 2004 年进行了较大调整,由于个体经营者(自雇者,农户属于自雇者范畴)所获得的劳动报酬和经营利润不易区分,这两部分统一作为劳动者报酬处理,记作混合收入。想要得到与以往年份一致可比的要素收入数据,需要对 2005~2016 年的历史资料进行调整。如何将混合收入合理拆分给资本和劳动,国际上经常采用的有约翰逊经验比重法(Johnson,1954)和戈林修正法(Gollin,2002)。经验比重法借鉴雇员部门混合收入的分配比例,直接将混合收入的 2/3 划归劳动,1/3 划归资本处理;同样的,戈林建议按照要素份额处理混合收入,在自雇经济部门要素份额比例未知的情况下,可以使用与雇员经济相同的要素分配比例拆分。白重恩和钱震杰(2009)则通过要素产出弹性的比例关系进行处理。考虑到中国农业生产经营方式和发达国家存在较大差异,直接采用约翰逊或戈林方法有可能会高估资本的产出贡献,通过估算产出弹性处理混合收入也可能带来额外偏差。研究通过 2004 年之前的 5 张投入产出表所提供的第一产业收入法 GDP 构成项目计算要素收入份额,该组数据对于确定中国要素收入份额具有较高的可信度。由表 3.1 可以看出,1992~2002 年第一产业劳动和资本份额总体维持在 0.88∶0.12 这一比例上下。考虑到 21 世纪以来农业生产中资本替代劳动的进程不断加快,机械技术的大量采用无疑会挤占劳动者报酬,将 2005~2016 年的劳动、资本收入的拆分比例设定为 0.8∶0.2。各省份农业混合收入要素分配比例不再另行设置,沿用这一比例进行调整。

表 3.1　　　　　　　　　第一产业混合收入拆分比例

	1992	1995	1997	2000	2002	平均
劳动份额	0.88	0.86	0.91	0.90	0.83	0.88
资本份额	0.12	0.14	0.09	0.10	0.17	0.12

资料来源:根据《投入产出表》(国家统计局,历年)计算整理。

(二)数据来源

数据主要来源于官方统计:《中国统计年鉴》、《中国农村统计年鉴》、《中国人口和就业统计年鉴》、*China's National Income*:1952~1995、《中国国内生产总值核算历史资料》(包括 1952~1995 年版、1996~2002 年版、1952~2004 年版)、《中国固定资产投资统计年鉴》以及各省份历年统计年鉴。

二、劳动力价格变动分析

图 3.1 给出了中国农业劳动力价格的估算结果,扣除物价因素后,劳动力价格总体呈不断增长趋势。1978~2016 年,劳动力价格由 0.03 万元上升到 0.24 万元,年均增长 5.59%,低于中国经济增长速度(9.51%),这意味着中国农业劳动生产率依然偏低,存在较大上升空间。根据劳动力价格走势的拐点变化,将样本区间划分为 1978~1990 年、1991~2003 年、2004~2016 年三个时间段。分阶段来看,1978~1990 年,劳动力价格增长极为缓慢,年均增长仅为 3.25%。原因是这一时期中国经济处在由计划经济体制向市场经济体制转轨过渡阶段,经济发展相对滞后,吸纳农村剩余劳动力的能力有限,使得农业劳动投入冗余、内卷化问题严重,导致劳动生产率低下。1991~2003 年,随着市场化改革推进,劳动力价格增速相较上一时期有所提升,年均增长为 5.39%。这一时期劳动要素配置逐渐摆脱行政计划安排,要素配置效率不断提升,这一时期乡镇企业的加快发展一定程度缓解了农业劳动投入冗余问题。从 2004 年开始,随着中国沿海地区相继爆发多轮、大规模的民工荒事件,劳

动力的供求关系发生根本变化,劳动力价格进入快速上涨的发展空间,2004~2016年,劳动力价格年均增速达8.01%。此外,结合表3.1,能够发现,中国农业劳动力价格与农民工工资变动趋势大体一致。剔除物价因素之后,2000~2016年,中国农业劳动力价格增加了3.5倍,略低于农民工工资的4.2倍,增长速度之间的差异主要源于部门生产率之间的差别。因此,可以认为估算结果是合理的。

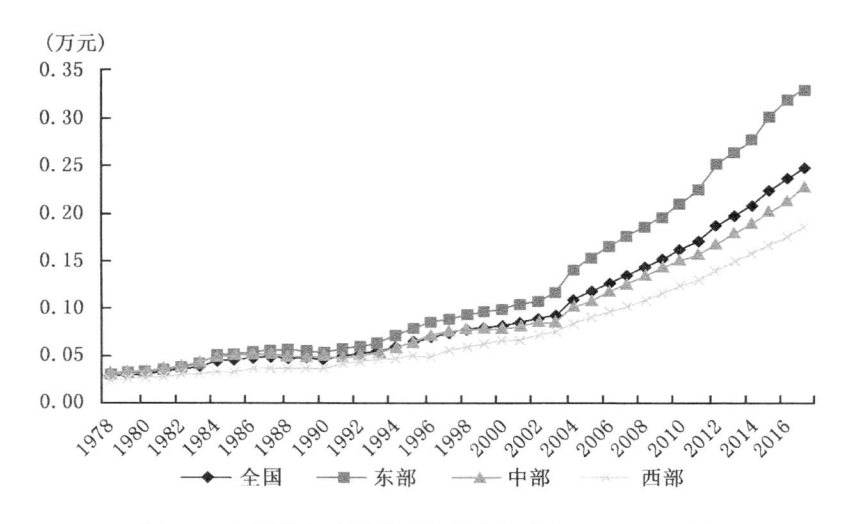

图3.1 中国及各地区劳动力价格变动(1978~2016年)

总体而言,劳动力价格变动的三个阶段符合拉尼斯和费景汉的结构转换预期,即价格上涨经历了劳动力无限供给阶段、有限供给阶段、供给短缺阶段。在第三阶段,农业劳动生产率快速提升,农民和工人的工资水平由劳动边际产出决定,市场力量成为决定工资水平的主要因素。随着劳动力价格的不断上涨,保持工业和农业平衡发展的局面,要求结合资源禀赋丰缺性特点,加大对农业部门的投资,引进适宜性技术,改善农业生产条件,提升农业生产效率水平。

地区层面,不同地区劳动力价格时间走势与全国总体基本一致,1978~1990年,地区间劳动力价格较为接近,而1991~2003年,地区间劳动力价格及其增速表现出一定分歧。这一时期,东部地区劳动力价格率先上涨,跃升并稳居全国第一,中部以及西部地区劳动力价格上涨相对滞后,其增速低于东部地区。2004年至今,劳动力价格的地区差异持续扩大,这一时期东部地区劳动力价格最高,增长最快,中部地区次之,西部地区最低,地区间劳动力价格差异有进一步扩大的趋势。劳动力价格的地区差异显示出了东部地区劳动供给相对稀缺,而西部地区劳动供给相对丰裕的特点。

值得一提的是,《全国农产品成本收益资料汇编》给出了部分农作物雇工工资的统计数据。如表3.2所示,2000~2016年,粮食、油料、棉花、烤烟、糖料、苹果、蚕桑等作物生产雇工工资分别由18.70元/天、17.70元/天、19.40元/天、16.50元/天、16.90元/天、15.70元/天和16.90元/天上升到114.31元/天、88.21元/天、104.31元/天、87.70元/天、103.07元/天、106.65元/天和90.00元/天。由于粮食、棉花、糖料、苹果的劳动投入较为集中,劳动强度也大,上述作物生产的单日雇工工资普遍高于其他农作物品种。结合农村居民家庭工资性收入来看,农业劳动力外出打工工资与农村内部的劳动力雇工工资存在一定差异,这一差异的成因同样和劳动投入强度有关,由于外出打工时间周期长,工资相对稳定,而农业劳动力雇工常常发生在农忙季节,其工资水平随季节变化表现出一定的波动,呈现时间短,劳动密集的特点(杨进等,2016)。因此,农业劳动雇工的单日工资水平往往高于外出打工单日工资水平,但因外出打工时间周期长,农忙季节雇工周期短,外出打工的工资收入总额要高于农村内部雇工收入。

表3.2　　　　　　　不同农作物雇工工资水平　　　　　　单位:元/天,%

	粮食	油料	棉花	烤烟	糖料	苹果	蚕桑
2000	18.70	17.70	19.40	16.50	16.90	15.70	16.90
2001	18.10	18.30	18.20	16.60	16.85	16.50	18.00
2002	18.10	17.50	17.50	16.50	16.80	17.80	17.60
2003	18.80	18.60	18.50	17.20	19.05	18.40	17.30
2004	22.51	18.17	27.15	18.52	21.13	17.74	16.55

续表

	粮食	油料	棉花	烤烟	糖料	苹果	蚕桑
2005	25.84	22.11	29.18	21.98	23.68	14.65	19.27
2006	30.26	26.29	30.30	24.88	30.49	23.57	27.56
2007	35.59	31.33	34.85	31.31	35.29	30.76	30.97
2008	46.36	38.73	39.31	40.48	40.29	40.08	34.88
2009	53.69	45.78	43.71	43.63	44.73	51.06	40.89
2010	60.67	47.79	56.96	48.94	55.20	52.18	45.22
2011	78.58	59.04	72.92	59.17	74.90	66.51	53.72
2012	92.57	66.49	74.68	68.87	85.82	74.27	69.04
2013	99.05	78.58	94.21	73.28	98.56	82.04	77.02
2014	107.49	94.59	99.95	78.73	102.08	91.17	84.84
2015	112.39	89.39	108.35	84.59	103.07	104.95	95.45
2016	114.31	88.21	104.30	87.70	103.07	106.65	90.00
年增长率	11.98	10.55	11.09	11.01	11.97	12.72	11.02

资料来源:《全国农产品成本收益资料汇编》(历年)。

注:糖料雇工工资为甘蔗、甜菜雇工工资依据播种面积份额计算的平均值。

三、资本价格变动分析

图 3.2 给出了中国农业资本价格的估算结果,总体而言,资本价格表现出"先扬后抑"的发展特点,并在 1993 年达到历史最高点。资本价格的峰值变化和市场经济发展不无关系,1992 年进行的市场经济体制改革,极大鼓舞了民营经济发展的士气,资本活力空前高涨,促进资本配置效率的提升。民营企业的蓬勃发展加快了农村劳动力城乡转移的步伐,农业资本的边际产出能力快速提升。

分阶段来看,1978~1992 年,资本价格波动较为频繁,呈"锯齿状"的变动特点。这和现实经济是相符的,1984 年国家开始大力推进价格改革,并逐步放开实物商品价格,但要素市场的价格改革相对滞后,到 1992 年,部分生产资料价格依然实行双轨制定价。由于双轨价差较大,人们热衷于倒买倒卖,造成市场秩序混乱(张卓元,2018)。1993~2006 年,随着

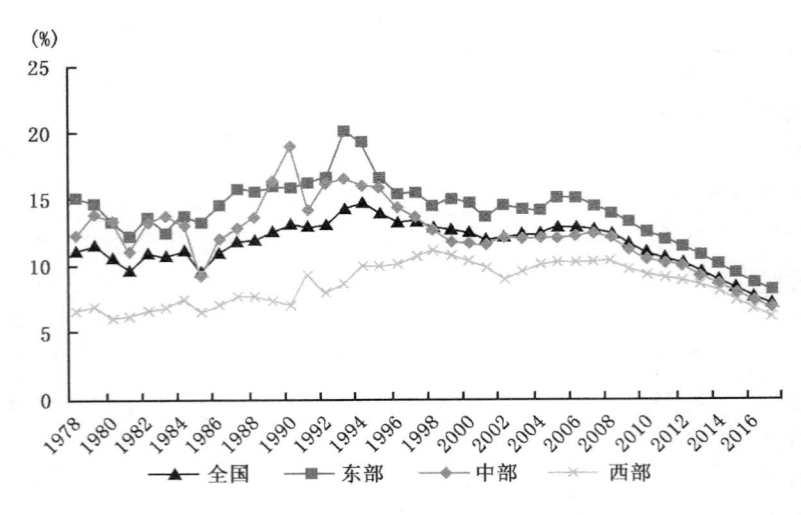

图 3.2　中国及各地区资本价格变动(1978~2016 年)

实物商品价格改革向要素市场价格改革过渡,这一时期资本价格变化相对平稳。此外,在 2005 年前后,资本价格表现出一定的上升趋势,原因是 2004~2006 年中国不同省份相继取消农业税,直接提高了农业营业盈余,进而促进资本边际报酬的提高。2007~2016 年,随着经济发展对人口红利的加速消耗,中国经济迎来了"刘易斯拐点"(蔡昉,2008),劳动供求关系急剧变化,农业生产资本替代劳动的进程不断加快,资本投入大幅增加,导致资本边际产出能力呈递减趋势,资本价格持续下降。另一方面,资本价格的持续下降,也意味着中国农业生产的要素禀赋结构发生逆转,逐渐从劳动供给丰裕的状态转向资本供给丰裕的状态。

分地区来看,不同地区资本价格时间走势与全国大体一致,上述关于资本价格阶段变化的解释同样适用于不同地区,这里不再赘述。在价格水平上,东部地区资本价格最高,中部地区次之,西部地区最低。现实中,东部地区经济更发达,农业基础设施相对更完善,有利于资本效率的发挥,而且东部地区农业劳动人口流动更充分,在促进劳动生产率提升的同时,也有利于资本产出效率的提升。此外,相对西部地区,东部和中部地区在农业生产上具有一定的资源禀赋优势,如光照、降水、气温等条件(柏培文和许捷,2018)。不能忽略的是,2007年之后,虽然不同地区的资本价格均表现出一定的下降趋势,但东部地区下降更快,西部地区相对平缓,地区间农业资本价格表现出收敛的特征,这对于促进不同地区农业经济均衡发展具有一定积极作用。

四、要素相对价格变动分析

图3.3给出了中国农业劳动资本相对价格的变动情况,可以看出,农业劳动和资本相对价格总体呈上升趋势,相对价格水平由1978年的0.23上升到2016年的3.42。分阶段来看,1978～1992年,中国要素相对价格基本处于水平变化,年均增速1.75%。1993～2006年,要素相对价格有所加速,年均增速7.18%。2007年表现出一定的拐点特征,之后到2016年要素相对价格呈快速上升趋势,2007～2016年这一时期要素相对价格年均增速达12.64%,说明劳动力资源相对丰裕的优势正在加速消失,资本丰裕程度开始不断增加,要素禀赋结构发生转变。此外,相比前两个发展阶段,中国要素相对价格取值从2007年开始大于1,意味着生产要素获取边际报酬的能力关系发生了转变,劳动要素获取边际报酬的能力开始增强,资本要素获取边际报酬的能力开始下降。

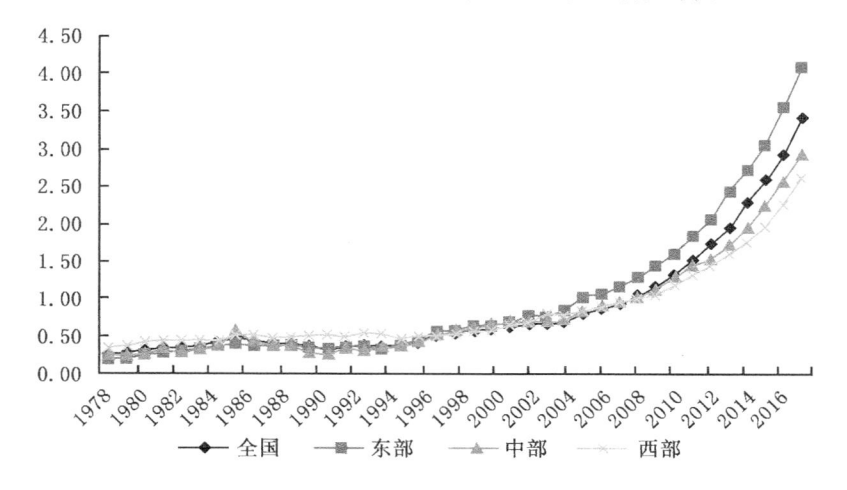

图3.3 中国及各地区劳动与资本相对价格变动(1978～2016年)

分地区来看,中国不同地区要素相对价格走势与全国基本保持一致,但区域间要素相对价格水平存在一定差异。1978～1992年,要素相对价格从高到低依次为西部地区、中部地区和东部地区。其间1986～1990年,东部和中部地区要素相对价格指数略有下降,这和东部和中部地区资本价格上升有关。从1993年开始,东部地区要素相对价格开始发力,先后超越中部和西部地区,于1996年跃升至全国第一,此后中部和西部地区要素相对价格大小关系交替变化。2004～2016年,要素相对价格从高到低变为东部地区、中部地区和西部地区。截止到2016年,东、中、西部地区要素相对价格分别上升为4.10、2.93、2.62。要素相对价格的地区差异反映了地区间要素禀赋丰缺性的相对差异,即东部地区劳动力相对资本供给最为稀缺,中部地区次之,西部地区劳动力相对资本供给较为丰裕。此外,从发展走势来看,地区间要素相对价格差异存在进一步扩大的趋势,这和要素相对价格均等化指向不相符合,意味中国要素相对价格存在多锥形均衡。如果地区间要素相对价格存在多锥形均衡关系,不同地区将采用不同的要素投入组合生产同一产品。区分和认识不同地区要素相对价格水平和走势变化,对于理解地区资源禀赋丰缺性,优化要素配置结构具有一定的指导意义,同时也为实证研究提供了极大便利。

第二节 农业技术进步与技术选择模式

一、农业技术进步方向

伴随着经济发展对农村剩余劳动力的加速消耗,农业生产要素禀赋结构快速变化,劳动资本相对价格已经进入一个快速上涨的发展空间。根据替代弹性理论,当要素比例增速变动超过要素比价增速变动时,投入要素表现为替代关系,结合前面关于要素禀赋结构以及要素相对价格的测算,这里可以根据要素投入比与要素比价的增长率变化,大致判断中国要素间替代关系的发展变化。如图3.4所示,1980～2000年,劳动资本相对价格年均增长速度在多数年份超过资本劳动比的增长速度,这一时期劳动资本相对价格年均增长率为5.93%,资本劳动比年均增长率为4.95%,这说明资本与劳动表现出互补关系。2001~2016年,劳动资本相对价格以及资本劳动比均呈加速增长趋势,但资本劳动比年均增长速度在多数年份超过劳动资本相对价格的增长速度,这一时期资本劳动比年均增长13.27%,显著超过劳动资本相对价格10.10%的增长速度。这意味着资本与劳动之间的关系逐渐由互补转向替代,替代程度不断加深,并且在2000年之后呈持续加速发展趋势,农业技术进步正在发生深刻变化。

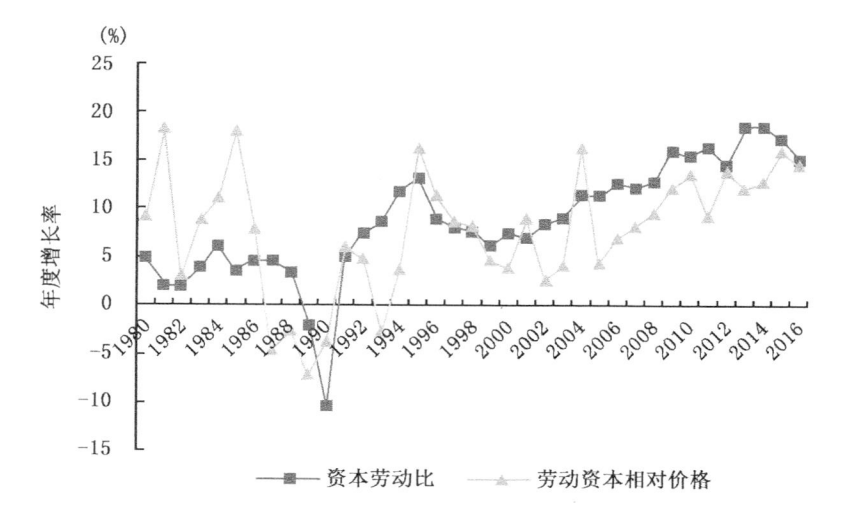

图3.4 要素投入比与要素价格比增长率变动(1978~2016年)

根据诱致性技术变迁理论,农业技术进步的发展变化,主要是对要素相对稀缺性变化的客观反映,或者说,技术进步总是朝着节约相对稀缺要素、使用相对丰裕要素的方向发展(Hayami和Ruttan,1980)。蔡昉和王美艳(2016)曾通过小型拖拉机和大中型拖拉机的发展速度,考察禀赋结构变化与农业技术变迁之间的互动关系。沿用他们的分类办法,我们将小型拖拉机看作劳动使用型技术,将大中型拖拉机看作劳动节约型技术,来识别农业技术进步方向。由图3.5能够看出小型拖拉机和大中型拖拉机在不同历史时期表现出不同的增长特点,大致以 2000 年为界将农业机械化进程划分为 1980～2000 年、2001～2016 年两个时间段。1980～2000 年,小型拖拉机总量年均增长率为 10.5%,大中型拖拉机总量年均增长率为 1.4%,并且在 1989～1998 年表现出持续负增长。这一时期,小型拖拉机增速明显超过大中型拖拉机,按照前面的分类,可以认为这一时期的农业技术进步总体表现为劳动使用型的特点。进入 21 世纪,随着城市工业部门对农村劳动力的加速消耗,农业劳动供给潜力不断下降,在不同地区出现了短缺现象,农业技术进步方向发生了变化。2001～2016 年,小型拖拉机总量年均增长率为 2.8%,而大中型拖拉机总量年均增长率为 14.1%,大中型拖拉机增速明显超过小型拖拉机,据此可以判断中国农业技术进步方向逐渐由劳动使用型转向劳动节约型。此外,从 2012 年开始,小型拖拉机总量表现出持续的负增长,这很可能反映了这样一种现实,即现代农艺措施逐渐挤出和替代传统农艺措施。

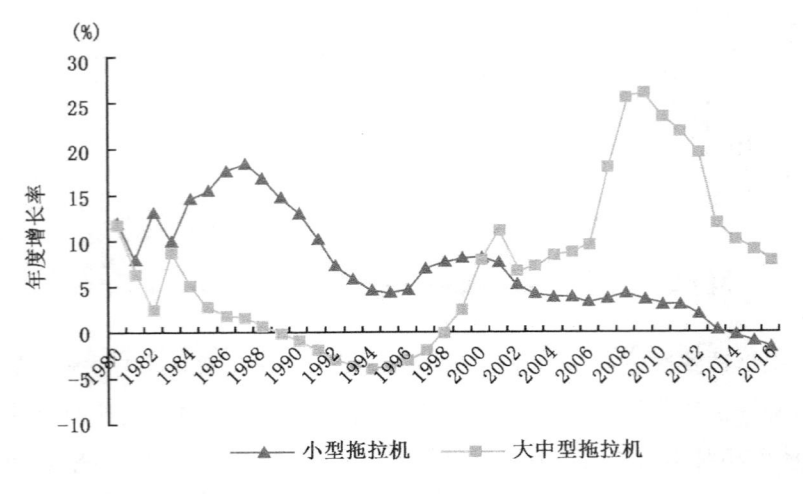

图 3.5 农业机械作为技术变迁的方向变化(1980～2016 年)

二、技术选择模式

过去 40 年,中国农业生产基本遵循诱致性技术变迁理论刻画的技术进步路径,不断转变生产方式,向节约劳动力的技术方向发展。但技术进步的发展并非一帆风顺,不同作物品种之间存在明显差异,明确这种差异变化对于理解中国种植结构调整逻辑具有重要意义。接下来借助要素投入结构调整来说明作物生产的技术选择和技术结构问题。①

(一)粮食作物技术选择模式

表3.3给出了改革开放以来粮食作物要素投入结构变化状况。能够看出,改革初期中国粮食生产每亩劳动投入处在一个较高的水平,一定程度反映了当时农业生产存在较为严重的"内卷化"问题。随着改革推进和经济加速发展,粮食作物每亩劳动投入不断减少,1978~2016年,粮食作物平均每亩劳动投入由33.3工日减少到5.0工日,减少了28.3个工日。其中,水稻每亩劳动投入由38.1工日减少到5.3工日,减少了32.8个工日;小麦每亩劳动投入由30.7工日减少到4.4工日,减少了26.3个工日;玉米每亩劳动投入由31.1工日减少到5.3工日,减少了25.8个工日。2016年水稻、小麦、玉米劳动投入分别为1978年的13.9%、14.3%、17.1%,劳动投入表现出明显的下降。

表3.3　　　　　　　粮食作物投入结构变化　　　　单位:工日/亩,元/亩

分类		1978	1985	1990	1995	2000	2005	2010	2015	2016
三种粮食	人工	33.3	17.6	17.3	15.9	11.7	9.2	6.6	5.3	5.0
	生物品	10.9	17.8	19.8	34.0	32.7	34.1	37.9	43.2	44.2
	机械品	4.8	7.7	10.1	13.8	20.5	25.3	39.3	54.6	55.4
稻谷	人工	38.1	21.9	20.6	19.0	14.0	10.6	7.2	5.7	5.3
	生物品	13.4	21.5	23.1	39.8	33.8	37.0	40.6	44.7	46.2
	机械品	5.2	9.7	12.9	16.6	23.3	30.8	48.6	66.2	67.4
小麦	人工	30.7	14.5	14.0	12.7	7.4	7.8	5.5	4.5	4.4
	生物品	10.2	18.0	19.5	30.5	38.6	34.3	38.6	44.8	46.4
	机械品	4.4	7.2	9.8	14.3	31.9	28.8	42.0	52.6	54.3

---

① 由于农作物品种种类繁多,对每一种作物展开具体分析既不现实,现有统计资料也难以提供有效支撑。参考以往研究关于农产品的分类办法,本研究将农作物品种划分为粮食作物、纤维作物、油料作物、糖料作物、嗜好作物、园艺作物以及其他小品种农作物,结合资料的可得性以及作物生产的共性特征,这里选择水稻、小麦、玉米三种主要粮食作物,以及棉花、油料、糖料、烤烟、苹果、蚕桑等经济作物为例,分析不同作物品种要素投入结构变动及农业技术选择模式问题。

续表

分类		1978	1985	1990	1995	2000	2005	2010	2015	2016
玉米	人工	31.1	16.3	17.3	16.0	12.0	9.1	7.0	5.7	5.3
	生物品	9.1	13.9	16.7	31.6	30.0	30.9	34.5	40.0	40.1
	机械品	4.8	6.1	7.5	10.7	14.8	16.4	27.5	45.0	44.5

资料来源:根据《全国农产品成本收益资料汇编》整理。

注:①生物品投入由种子费、化肥费及农药费三部分组成;②机械品投入由亩均机械作业费、排灌费、蓄力费、燃料动力费及固定资产折旧费五部分组成。

随着劳动投入的不断减少,物质资本投入水平不断增加。就机械品投入而言,1978～2016年,水稻每亩机械品投入由5.2元增加到67.4元;小麦每亩机械品投入由4.4元增加到54.3元;玉米每亩机械品投入由4.8元增加到44.5元。2016年水稻、小麦、玉米的机械品投入分别是1978年的12.9倍、12.3倍、9.3倍。近年来,粮食作物的机械投入增速有所放缓,主要原因在于中国当前的农地经营规模依然表现为狭小和细碎的特点,在当前的土地经营规模上持续追加物质资本投入,会抑制资本产出效率的提升。

此外,粮食作物的生物品投入同样呈现出较快的增加趋势。1978～2016年,稻谷每亩生物品由13.4元增加到46.2元;小麦每亩生物品投入由10.2元增加到46.4元;玉米每亩生物品投入由9.1元增加到40.1元。2016年水稻、小麦、玉米的生物品投入分别是1978年的3.4倍、4.5倍、4.4倍。能够看出,生物品投入的增长速度要落后于机械品投入的增长速度。

总体而言,粮食生产劳动投入大幅减少,机械品投入大幅增加,机械对劳动的替代程度不断加深。虽然粮食生产生物品投入也获得了较大增长,但无论是增速还是增量上,均落后于机械品投入,粮食生产的技术选择总体偏向于机械技术。

(二)经济作物技术选择模式

表3.4给出了改革开放以来油料、棉花、烤烟、糖料、蚕桑、苹果六种经济作物的要素投入结构变动状况。和粮食生产类似,六种经济作物每

亩劳动投入同样表现出不断下降的趋势。具体而言,油料每亩劳动投入由1978年的33.1工日减少到2016年的7.7工日;棉花每亩劳动投入由1978年的60.5工日减少到2016年的14.3工日;烤烟每亩劳动投入由1978年的83.9工日减少到2016年的23.7工日;糖料每亩劳动投入由1978年的38.4工日减少到2016年的7.5工日;蚕桑每亩劳动投入由1990年的105.3工日减少到2016年的42.1工日;苹果每亩劳动投入由1990年的65.9工日减少到2016年的25.2工日。截止到2016年,油料、棉花、烤烟、糖料、蚕桑、苹果的每亩劳动投入分别是粮食(三种粮食平均)的1.5倍、2.8倍、4.7倍、1.5倍、8.4倍、5.1倍,烤烟、蚕桑、苹果是典型的劳动密集型作物,而油料、棉花、糖料虽然和粮食同属土地密集型作物,但三种经济作物的地劳配比也明显高于粮食。

表 3.4　　　　　　　　　经济作物投入结构变化　　　　　单位:工日/亩,元/亩

分类		1978	1985	1990	1995	2000	2005	2010	2015	2016
油料	人工	33.1	21.1	21.2	18.6	13.9	10.63	9.03	7.94	7.68
	生物品	9.0	18.3	18.9	43.0	31.2	31.7	37.6	43.5	45.8
	机械品	2.6	4.6	6.2	8.1	9.2	10.1	16.0	24.3	25.2
棉花	人工	60.5	42.9	44.3	41.7	28.2	23.6	20.1	15.2	14.3
	生物品	16.0	24.4	28.6	56.5	52.5	49.8	55.4	64.3	63.5
	机械品	5.0	6.0	6.9	12.8	14.5	19.8	30.3	50.3	48.0
烤烟	人工	83.9	54.9	54.4	46.8	38.6	39.1	30.5	24.1	23.7
	生物品	7.2	12.7	18.2	34.9	48.2	57.1	69.5	78.9	81.3
	机械品	4.3	5.6	6.7	10.8	12.2	14.9	26.5	34.4	35.1
糖料	人工	38.4	33.5	32.1	27.8	19.7	11.5	8.1	7.7	7.5
	生物品	14.6	46.5	46.1	69.6	69.9	54.0	69.3	85.4	91.3
	机械品	4.6	8.8	11.4	17.6	20.0	19.5	30.7	40.2	42.8
蚕桑	人工	—	—	105.3	86.0	58.7	52.4	45.9	44.5	42.1
	生物品	—	—	67.8	95.4	82.8	83.4	80.6	94.7	96.1
	机械品	—	—	1.6	2.6	4.4	5.8	5.7	7.2	7.4
苹果	人工	—	—	65.9	65.2	42.6	32.8	27.4	24.9	25.2
	生物品	—	—	76.7	95.5	99.9	94.7	150.1	147.7	137.7
	机械品	—	—	10.6	13.8	30.8	18.9	56.9	41.5	42.0

资料来源:根据《全国农产品成本收益资料汇编》整理。

注:①生物品投入由种子费、化肥费及农药费三部分组成;②机械品投入由亩均机械作业费、排灌费、蓄力费、燃料动力费及固定资产折旧费五部分组成。

在两类物质资本投入当中,经济作物的生物品投入增长相对较快。[①]这当中,烤烟每亩生物品投入增速最快,其由 1978 年的 7.2 元增加到 2016 年的 81.3 元,增加 10.3 倍;糖料每亩生物品投入增幅最大,其由 1978 年的 14.6 元增加到 2016 年的 91.3 元,增加 76.7 元。截止到 2016 年,棉花、烤烟、糖料、蚕桑、苹果的每亩生物品投入分别是粮食的 1.4 倍、1.8 倍、2.1 倍、2.2 倍、3.3 倍,油料作物每亩生物品投入与三种粮食大体相当。

此外,经济作物的机械品投入也获得了一定增长,但相比粮食,经济作物的机械品投入水平要低得多。截止到 2016 年,油料、棉花、烤烟、糖料、蚕桑、苹果的每亩机械品投入分别是粮食的 45.5%、86.6%、63.4%、77.2%、11.5%、75.8%。由于经济作物每亩劳动投入高于粮食,而机械品投入低于粮食,这意味着经济作物生产过程中机械对劳动的替代能力低于粮食。

总体而言,经济作物的生物品投入远高于机械品投入,特别是烤烟、蚕桑、苹果等高附加值的劳动密集型作物,经济作物生产的技术选择总体偏向于生物技术。对于经济作物生产而言,提高农产品品质,加强品种的研究将是未来重要的技术进步方向,但劳动力成本提高带来生产成本的上涨也应引起重视。

三、要素产出弹性

前面分析显示,粮食生产地劳配比明显下降,资本深化程度显著提高,而经济作物生产地劳配比依然维持在一个相对高的水平,资本深化程度也明显低于粮食,体现了粮食生产的要素结构调整能力强于经济作物。要素投入结构变动会作用于生产函数,接下来引入产出弹性,来说明作物产出对要素投入变动的反应。产出弹性是指在其他投入要素保持不变时,一种投入要素的百分比变动所引起产量的百分比变动。它反映了产

---

① 在所有生物品投入当中,化肥占比最高,其增幅也最大。

出变动对要素投入变化的敏感程度,可以用来评价生产要素投入的转化效果。

表3.5给出了不同作物要素产出弹性的估算结果。总体而言,不同作物生产要素产出弹性之和均小于1,说明产出增加的幅度小于要素投入增长的幅度,显示了规模报酬递减的事实。就粮食作物而言,机械品产出弹性最大,劳动力产出弹性最小,说明粮食生产对机械品投入变化反应更敏感。从产出对要素投入的反应来看,机械品投入每增加1%,产出增加0.417%,劳动力投入每降低1%,产出下降0.183%,这说明机械品投入可以实现对劳动力的有效替代。经济作物中,油料的机械品产出弹性相对较高,但其机械品产出弹性依然低于劳动力产出弹性,其他经济作物表现更为明显,特别是三种高附加值的劳动密集型作物(蚕桑、烤烟、苹果)尤为突出。以蚕桑为例,蚕桑的劳动力产出弹性为0.421,远远高于0.032的机械品产出弹性,当劳动力投入每增加1%时,蚕桑产出增加0.421%,机械品投入每增加1%,蚕桑产出增加0.032%,劳动力投入对产出增长的促进作用更明显,密集使用劳动要素依然是蚕桑生产的关键。与生物品的产出弹性相比,经济作物的机械品产出弹性也明显偏低(油料除外),生物品对产出增长的促进作用相比机械品更大。总体而言,粮食作物机械品产出弹性远远高于经济作物,而粮食劳动力产出弹性以及生物品产出弹性普遍低于经济作物,当一种要素的产出弹性明显更高,作物生产自然会依赖并追加对这一要素的密集使用程度,这就解释了不同作物生产要素投入结构调整方向存在差异的原因。

表3.5　　　　　　　作物生产的要素产出弹性估算结果

分类	要素产出弹性		
	劳动力	机械品	生物品
粮食	0.183***(5.69)	0.417***(7.27)	0.191***(3.81)
油料	0.247***(4.20)	0.154***(6.33)	0.052(1.11)
棉花	0.206***(3.43)	0.095***(4.34)	0.209***(4.24)
烤烟	0.291*(2.16)	0.049*(2.27)	0.231***(6.65)

续表

分类	要素产出弹性		
	劳动力	机械品	生物品
糖料	0.132* (2.48)	0.087** (2.73)	0.179** (2.80)
蚕桑	0.421*** (10.28)	0.032* (2.23)	0.312*** (5.74)
苹果	0.325*** (4.31)	0.053* (2.06)	0.241*** (4.01)

资料来源:《全国农产品成本收益资料汇编》(历年)。

注:①要素产出弹性采用柯布－道格拉斯(Cobb-Douglas)函数模型估算,具体估计方法为固定效应方法;②机械品投入由亩均机械作业费、排灌费、畜力费、燃料动力费及固定资产折旧费五部分组成,生物品投入由种子费、化肥费及农药费三部分组成;③***、**、*分别表示1%、5%、10%的显著水平,括号内数字为t统计量。

接下来,以粮食和蚕桑为例来观察要素产出弹性的时间变化问题。表3.6给出了粮食和蚕桑在不同历史时期要素产出弹性的估算结果,能够看出,两类作物品种的劳动力产出弹性均在不断下降,而机械品、生物品产出弹性均在不断增加,这说明劳动力投入对产出增长的促进作用在下降,物质资本投入对产出增长的促进作用在提升,换句话说,作物生产对劳动投入的依赖程度不断降低,而对物质资本投入的依赖程度不断增强。尽管如此,两类作物品种产出弹性变化幅度存在明显差异,粮食劳动力产出弹性下降幅度以及机械品产出弹性提升幅度均明显超过蚕桑。蚕桑产出增加更加依赖于生物品投入增长,而生物品投入往往以提升土地生产率、提高产品质量为主,从而以要素结构调整为特征的技术选择很可能偏离了替代劳动力的方向。

表 3.6　　　　　　　　　　产出弹性的时间变化

分类	粮食要素产出弹性			蚕桑要素产出弹性		
	劳动力	机械品	生物品	劳动力	机械品	生物品
1990~2005年	0.424***	0.341***	0.190***	0.504***	0.033*	0.338***
2005~2016年	0.127***	0.428***	0.254***	0.405***	0.091*	0.394***

资料来源:《全国农产品成本收益资料汇编》(历年)。

注:要素产出弹性采用Cobb-Douglas函数模型估算,具体估计方法为固定效应方法。

四、要素替代弹性

希克斯最早提出了替代弹性的概念,替代弹性定义为要素比率百分比变化与要素边际替代率百分比变化之间的比值,它反映了要素相对价格变化对要素投入结构调整的引致作用。如果替代弹性大于1,则意味着两种生产要素为替代关系,要素比例的增速变化将超过要素比价的增速变化;如果替代弹性小于1,则意味着两种生产要素为互补关系,要素比例的增速变化小于要素比价的增速变化,或者说两要素之间较难实现替代;如果替代弹性等于1,则意味要素比价变化会引致要素投入比的同比例变化。

前面一系列分析表明,农业生产要素禀赋结构及其相对价格不断变化,农业生产决策者根据要素价格变化不断调整要素投入结构,促使机械替代劳动的进程不断加快。替代弹性在机械替代劳动的过程中发挥着重要作用,替代弹性一方面决定了机械对劳动的替代程度,另一方面对产出增长也具有重要意义,替代弹性越大,产出增长受益越多,具有较高替代弹性的行业将获得更高的增长率水平(De La Grandville,1989)。替代弹性作为生产函数的重要参数,一般情况下很难直接观测得到,需要通过适用的生产函数进行估算。

常见的生产函数包括C—D生产函数、CES生产函数以及超越对数生产函数,由于C—D生产函数假定技术进步中性变化,替代弹性为1,采用C—D函数估算替代弹性不再合适。超越对数函数因其易估计、包容性强,在大量实证研究中得到采用,不过由于超越对数函数在结构上属于平方反映面模型,实际估算过程中会存在自由度偏低和严重的共线问题。方便起见,我们采用CES函数估算替代弹性,CES函数能够有效测度观察期内替代弹性的平均值,以判断要素间是存在替代还是互补关系。

CES函数的一般形式为:

$$Y = \gamma [\delta K^{-\rho} + (1-\delta) L^{-\rho}]^{-\frac{u}{\rho}} \quad (3.5)$$

公式(3.5)中，Y代表产出。K、L分别表示资本和劳动；替代弹性表示为$\sigma=1/(1+\rho)$；u为规模因子，若u为1，表示规模报酬不变，u大于1，表示规模报酬递增，u小于1，表示规模报酬递减。对式(3.5)两边取对数，可得：

$$\ln Y = \ln \gamma - \frac{u}{\rho}\ln[\delta K^{-\rho}+(1-\delta)L^{-\rho}] \tag{3.6}$$

令$f(\rho)=\delta K^{-\rho}+(1-\delta)L^{-\rho}$，并利用泰勒级数将其在$\rho=0$处展开，进而可以得到CES函数的线性化模型：

$$\ln Y = \beta_0+\beta_1\ln K+\beta_2\ln L+\beta_3\left(\ln\frac{K}{L}\right)^2+\varepsilon \tag{3.7}$$

其中，$\beta_0=\ln\gamma,\beta_1=u\delta,\beta_2=u(1-\delta),\beta_3=-\frac{u\rho}{2}\delta(1-\delta)$。

通过公式(3.7)可以得到β_0、β_1、β_2和β_3的估计值，进而可以计算γ、δ、u和ρ的参数值。

表3.7给出了3种粮食作物替代弹性的估算结果，能够看出，水稻、小麦、玉米三种粮食作物的替代弹性均显著大于1，这说明三种粮食作物生产过程中机械品投入和劳动力投入存在明显替代关系，粮食作物是易于实现机械替代的作物品种。考虑到劳动资本价格比的快速上涨趋势(见图3.3)，替代弹性大于1暗示着机械劳动投入比的增长速度要超过劳动资本价格比的增长速度，粮食生产过程中机械对劳动力的替代不断加深，有效降低了劳动力的投入水平。

三种粮食比较来看，小麦替代弹性最大，水稻次之，玉米最小，这和农业发展现实是相吻合的，截止到2016年，小麦、水稻、玉米全程机械化率分别为91.21%、78.99%、73.22%。由于小麦机械化发展相对较早，是最早实现联合收割机跨区作业的粮食品种，现已基本实现了全程机械化，而水稻在机播环节、玉米在机收环节还存在较大的提升空间。应当把握要素替代弹性大于1这一技术特点，通过机械投入加快实现对劳动力的全程替代。

表 3.7　　　　　　　　粮食作物要素替代弹性估算结果

	水稻	小麦	玉米
资本	0.192***(11.76)	0.196***(11.97)	0.474***(11.56)
劳动	−0.102***(−5.15)	−0.056**(−2.95)	−0.345***(−7.52)
资本劳动比平方	−0.011(−1.34)	−0.013***(−3.65)	−0.063***(−4.27)
常数项	5.808***(62.48)	5.179***(68.25)	5.142***(30.06)
R^2	0.51	0.46	0.47
F 统计量	142.44***	200.2***	127.95***
样本量	512	704	704
替代弹性	1.123	1.497	1.109

资料来源:《全国农产品成本收益资料汇编》(历年)。

表 3.8 给出了 6 种经济作物替代弹性的估算结果,结果显示,不同作物品种要素替代弹性存在一定差异,但总体上不同作物品种替代弹性均小于 1,这一方面说明上述作物品种生产过程中机械品投入与劳动力投入存在互补关系,机械对劳动力替代能力较弱;另一方面说明上述作物品种机械化进程依然存在较大的发展潜力,特别是在劳动力成本不断上涨的背景下。

比较来看,油料替代弹性要高于棉花、烤烟、蚕桑、糖料、苹果。油料作物生产过程中,机耕环节的机械化率已经处在一个较高水平,不过在机播和机收环节的机械化水平依然较低,机械化率分别为 32.21%、34.41%。棉花生产存在类似的问题,棉花机耕和机播环节机械化率均在 80%以上,但机收环节机械化水平严重落后,机械化率不足 25%。糖料作物生产机收环节的机械化率更是不足 10%。机播和机收环节机械化水平低下,已经成为制约上述作物品种全程机械化发展的短板。而烤烟、蚕桑和苹果是高度劳动密集型的作物品种,其生产规模化和标准化程度更低,更难以实现机械对劳动力的替代。结合前面分析,加强上述作物品种的研发,提升农产品质量是未来主要的技术进步方向,但如果忽略机械技术进步，不可避免会面临劳动力成本上涨的冲击，从而压缩收益空间，难以有效提升作物生产的经济效益。因此，实现良种良法配套、农机农艺融合，促进作物生产品质以及标准化、机械化水平的不断提升，是提升产能的主要途径。

表 3.8　　　　　　　　经济作物要素替代弹性估算结果

	油料	棉花	烤烟	糖料	蚕桑	苹果
资本	0.419***	0.273***	0.180***	0.212***	0.361***	0.100*
	(6.67)	(6.37)	(7.28)	(5.54)	(3.62)	(2.59)
劳动	−0.241**	−0.118**	−0.083***	−0.087***	−0.102	−0.097**
	(−2.66)	(−2.96)	(−4.44)	(−14.48)	(−0.99)	(−2.70)
资本劳动比平方	0.037**	0.041***	0.036***	0.064***	0.039***	−0.026**
	(2.98)	(5.25)	(7.17)	(9.89)	(3.50)	(−3.09)
常数项	5.825***	5.150***	4.731***	8.276***	5.619***	7.492***
	(18.29)	(30.82)	(44.29)	(54.93)	(19.37)	(38.02)
R^2	0.47	0.24	0.30	0.75	0.17	0.25
F 统计量	130.96***	16.65***	41.8***	112.12***	16.72***	35.70***
样本量	667	464	580	377	493	290
替代弹性	0.883	0.719	0.681	0.538	0.645	0.485

资料来源：《全国农产品成本收益资料汇编》(历年)。

注：我们也分别估算了油料作物中花生和油菜籽以及糖料作物中甘蔗和甜菜的替代弹性，其替代弹性取值分别为 0.649、1.005、0.366、0.862。

上述分析与现实情况相符，劳动供给稀缺性变化诱使农户调整要素投入结构，寻求更能替代劳动的技术类型。但中国农业技术供给并非是均衡发展的，受长期粮食增产导向型政策的影响，中国农业技术供给特别是机械技术供给往往偏向于粮食，而其他作物品种技术供给往往处在一个较低的水平。加之经济作物生产标准化程度偏低等因素的影响，可供经济作物选择的机械技术有限，从而机械对劳动力的替代效应较弱。继续维持生产，需要支付更高的劳动成本。

第三节 农业技术供给及存在问题

一、农业技术供给模式

一般来讲,技术进步方向往往根据资源禀赋的稀缺性变化或要素相对价格的变化来调整,而调整技术方向的需求能否顺利实现,前提是要有与资源稀缺性变化方向相一致的技术供给,这需要技术研发部门的支持。改革之前,中国农业技术创新长期处于计划驱动模式(陈会英和周衍平,2002),国家采取大包大揽的方式,统一投资和经营农业科技创新活动,通过行政计划促进科技创新活动,如配合集体制的大中型机械的发展,这一时期的技术进步路径不符合当时中国农业经济发展的规律,导致农业生产效率低下。

改革之后,农业技术创新活动依然表现出明显的政府驱动特征,研发资源在部门间分配失衡,导致不同行业技术进步水平存在一定行业差异。随着市场经济的发展,技术创新活动逐渐由计划驱动转向政府和市场双向驱动的模式。由于农业科技的公共品属性,使得政府驱动模式依然是中国农业技术创新的重要模式。由于粮食生产的国家战略地位,研发资源更多地分配到粮食部门(陈鸣,2017),研发资源在部门间分配不均衡的问题,很容易导致技术进步在行业间的差异。虽然在市场需求引导下,一些商品性较强的农业创新项目获得了发展,但市场驱动科技创新的目的在于获取经济利益,私人部门的研发投资具有一定的选择性(胡瑞法等,2009),对于一些市场容量较小的作物品种,明显存在研发投入不足从而技术进步缓慢的问题。仅就机械技术而言,粮食生产的技术创新率最高,棉花和油料技术创新也获得相应发展,而粮棉油是保障国计民生的基础性行业,国家的研发支出更多向这些部门倾斜。对于一些高度劳动密集型的作物品种以及小、特农作物品种,其技术创新滞后得多,除了受农产品市场容量、作物自身农艺特征(如规模化、标准化程度低等)影响之外,研发资金投入不足占据着重要位置。

此外,技术引进在推动中国农业技术进步方面也发挥着积极作用。从技术引进的轨迹来看,改革开放初期的技术引进主要集中在农业生产资料方面(如机械装备、化肥、农药等),特别是对于一些大型机械装备,如拖拉机、播种机、收割机,而这些技术装备更多适用于标准化程度较高的农作物品种。随着经济结构转型,农业发展与农业技术进步之间的矛盾日益凸显,对技术创新和技术引进提出了更高的要求,但技术创新活动依然维持了早期"重硬轻软"的技术引进思路(魏锴等,2013)。由于直接将技术从东道国引进国内,缺少共同合作研究的做法,在垄断市场下,无法获得竞争技术的主导权,制约着技术进步的发展速度和效率,技术靠引进,也需要保持有序的研发队伍。也需要指出的是,通过技术引进也可能造成技术供给的非均衡问题,由于发达国家资本丰裕,劳动力短缺,在劳动密集型的农业产业上并不比中国有比较优势,因此发达国家关于这一类产业的技术研发动力就不足,要实现这一类农业产业的技术进步,只有靠自己开发。

二、存在的主要问题

技术创新在平衡农业发展与农业技术需求之间的矛盾上发挥着重要的作用,但中国的农业技术创新活动面临着诸多制约因素,这些因素的存在一定程度降低了技术创新的效率和技术进步发展进程。

第一,农业科研经费投入不足。数据显示,2004～2015年,农业科技研发投入从70.9亿元增加到272.1亿元(现价),增加2.8倍,农业科研投入总体呈不断上升趋势。不过,在剔除物价因素上涨影响之后,农业科研投入年均增长率仅有2.2%,增长较为缓慢,低于同期农业总产值6.3%的上涨速度。与全国科研投入比较来看,2015年全国科研投入14 169.9亿元,较上年增加1 154.3亿元,增长8.9%。这当中,农业科研投入占全国科研投入的比重仅为1.9%,同样低于农业总产值占全国总产值8.9%的比重。国际比较来看,2015年中国农业科研投入强度(农业科研投入占农业总产值比)0.5%左右,低于多数发达国家的农业科研投入强度4%的平均值,甚至也低于30个最低收入国家在20世纪80年代科研投入强度0.65%的平均值(马发展,2003)。能够看出,中国农业科研投入处在一个相对低的水平,与发达国家存在显著差距。

第二,农业科研体系改革滞后,科研单位关系相对混乱,分工不明确,存在重叠现象。目前,中国农业科研体系由国家、省(区、市)、地(市)三级科研单位组成,部属和省级以上科研单位存在机构重叠问题,而地市科研单位力量薄弱、资源储备明显不足。受短期利益驱使,多数科研单位往往选择把大量的人、财、物从基础性研究转向应用型研究项目或试验发展研究项目上,造成与地市级研究内容的重复,导致有限的研发资源因重复研究而浪费。数据显示,2014年,中国农业应用型研究投资和试验发展研究投资占比在90%以上,基础性研究投资占比不到10%(《中国科技统计年鉴2015》)。这一方面反映了当前急功近利的科研现状;另一方面也降低了研发资源的利用效率,一些突破性的高新技术储备不足。

第三,农业科技推广体系严重缺失。人是科学技术活的"载体",优秀技术人才储备对农业科技的传播具有决定性作用。一项新的技术广泛应用到农业生产当中,面临良种和良法、农机和农艺的融合问题,众多分散的农户多数情况下不具备使用新技术的知识,如果缺少新技术有效的传播途径,将不可避免延缓技术进步的进程。长期以来,中国农业科技研发存在"重硬轻软"的问题,忽略经验、技艺、管理技能方面的研究,导致科技转化效率低下,成为技术进步当中明显的短板。有研究指出,中国农业科技研发成果平均转化率为20%,平均推广率不足40%(陈会英和周衍平,2002),大量的科技成果因无法及时推广而搁置,造成研发资源的浪费。

第四,产权界定不清与产权激励不足并存。由于农业科技的公共品属性,市场机制在引导农业科技创新活动方面需要给予适当的保护和激励。一方面,当前中国农业技术产权界定模糊,严重制约着产权交易的顺利实现,弱化了产权的收益功能;另一方面,当前中国农业科技创新活动过于重视政府奖励,同样也弱化了产权激励机制的发挥。

第四节　农产品价格变动与比较收益分析

前述分析主要集中在要素市场的发展变化对农业生产的影响,无法忽略的是,产品市场的发展变化也会对农业生产产生影响。历经40多年的发展,中国农产品价格逐步放开,市场信号能够直接作用于农民。观察和分析农产品价格变动规律,有助于我们理解产品价格变动在农业种植结构调整中所发挥的作用。

一、农产品价格变动

(一)农产品价格变动趋势和特点

图3.6给出了中国农产品价格的变动状况,总体而言,农产品价格呈波动上升、价格波动周期不断缩短的特点。分阶段来看,1978～1988年农产品价格不断提升,年均上涨7.75%,农产品价格的不断上涨和政策目标以及政策调整密切相关。为了鼓励粮食生产,从1984年开始,国家大幅度提高农产品收购价格。[①]同时为了理顺农产品价格关系,党和政府通过分品种渐进推开的方式,逐步推进农产品市场化改革。对需求弹性较大的农产品(蔬菜、瓜果、禽肉等),价格放开由市场决定;对需求弹性小的农产品(粮棉等),实行国家定购和市场调节相结合的双轨制方式运行。[②] 随着产能的不断提升,粮棉供给相对过剩,为了缓解财政压力,政府逐渐压低粮棉收购价格,1989～1992年,农产品价格表现出一定的下降趋势。1993～1996年,农产品价格快速上涨,年均上涨高达20.42%。一方面,国民经济的超高速发展,为农业发展提供了巨大的市场空间。另一方面,中国经济在这一时期遇到了自改革开放以来最严重的通货膨胀问题,导致农产品价格快速上涨。为了缓解通货膨胀危机,农产品供给数

[①] 1984年,党的十二届三中全会通过《中共中央关于经济体制改革的决定》。
[②] 其中,粮食价格实行双轨制,即国家收购粮食部分由政府定价,国家收购以外的粮食价格随行就市;棉花仍是由国家统一定价,统一经营,不放开市场(李成贵,1999)。

量大幅增加,受此影响,从 1997 年开始,农产品价格上涨趋势放缓,并在随后几年快速下降。

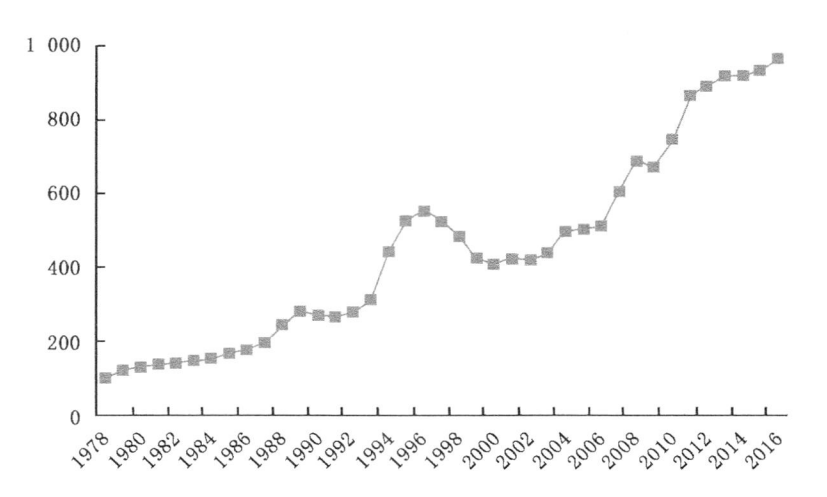

数据来源:《中国农产品价格调查年鉴》(历年)。
注:数据采用农产品生产价格定基指数(1978 年= 100)。
图 3.6 中国农产品价格变动(1978~2016 年)

进入 21 世纪,农产品价格变动受政策影响越来越小,受需求和资源影响的程度越来越深。从 2003 年开始,除 2009 年和 2014 年表现出小幅下降趋势外,农产品价格均保持上涨趋势。这一时期,中国经济快速发展,居民收入水平显著提升,农产品消费结构不断升级,对农产品的需求不断增加,拉动农产品价格持续上涨(程国强等,2008)。此外,2000 年以来,农产品价格上涨约 1.4 倍,而劳动力价格上涨了 3 倍之多。根据成本推动理论,生产要素价格上涨,会带来农产品价格的上涨。能够判断,劳动力成本快速提升对农产品价格上涨也起到一定的推动作用。此外,禽畜疫病、自然灾害等突发事件也在不同程度推动农产品价格上涨,如 2006 年下半年爆发的猪蓝耳病,2008 年 1 月中国南方地区爆发的特大低温雨雪灾害等。

总体而言,1978 年以来中国农产品价格经历了多轮价格波动(程国强等,2008;王孝松和谢申祥,2012;肖皓等,2014)。相较于1989~1999年农产品生产价格大幅上涨、大幅下降的剧烈波动形势,2000年以来,农产品生产价格总体呈现大幅上涨、小幅下降的特点,同时价格波动周期表现出缩短的特点。

(二)粮食价格变动趋势和特点

表3.9给出了三种粮食作物单位产品价格的变动情况,在扣除物价因素后,粮食平均价格由1990年的12.9元/50千克上升到2016年26.4元/50千克,增长1.04倍。其中,水稻价格由1990年的14.0元/50千克上升到2016年31.0元/50千克,增长1.21倍;小麦价格由1990年的14.7元/50千克上升到2016年25.8元/50千克,增长0.76倍;玉米价格由1990年的10.6元/50千克上升到2016年22.0元/50千克,增长1.09倍。能够看出,水稻价格增速最快,玉米次之,小麦价格增速最慢,造成这一差异的原因可能和政策保护有关,对于不同粮食作物,水稻和玉米受到了不同程度的保护,而小麦基本处于负保护状态(徐志刚等,2000)。从价格走势来看,三种粮食价格在1995年前后均表现出较大的上涨趋势,直至1998年粮食价格开始持续回落,此后从2004年开始重又进入一个稳步上升的发展空间,这和前面提到的粮食政策调整、人口流动以及通货膨胀密切相关。从2014年开始,粮食价格表现出一定下降趋势,这主要是由于粮食供给相对过剩导致的。此外,从价格波动幅度来看,水稻价格波动幅度最大,玉米次之,小麦最小,三者之间不存在明显的差异,总体呈小幅震荡上升。

表3.9   1990~2016年中国粮食价格变动   单位:元/50千克

	粮食平均	稻谷	小麦	玉米
1990	12.93	14.03	14.65	10.55
1995	16.73	18.72	17.11	14.24
1998	18.51	20.17	19.75	15.78
2000	15.55	16.65	17.01	13.35

续表

	粮食平均	稻谷	小麦	玉米
2002	14.31	15.10	15.35	12.78
2004	16.25	17.45	16.72	14.60
2005	17.27	19.04	17.79	15.02
2006	18.68	20.89	19.03	16.11
2007	19.84	22.21	19.97	17.26
2008	20.11	22.57	19.94	17.73
2009	21.22	23.46	21.00	19.07
2010	22.65	25.16	22.16	20.47
2011	24.18	27.40	23.24	21.73
2012	25.84	29.38	24.28	23.58
2013	26.92	30.84	25.10	24.54
2014	27.52	31.47	25.78	25.07
2015	27.27	31.32	26.21	24.13
2016	26.42	31.00	25.78	22.03
标准差	5.13	6.51	4.33	4.70

资料来源：根据《全国农产品成本收益资料汇编》整理。

注：①由于后文苹果、蚕桑的价格统计从1990年开始，为便于比较分析，汇报起始年份统一设定为1990年；②采用农产品销售价格指数将农产品价格折算到1978年不变价；③存在部分年份价格波动异常，这里用五年滑动平均进行处理，以观察价格变动的中长期趋势。

接下来，我们将三种粮食价格确定为1，分别计算水稻、小麦和玉米的相对价格指数，指数大于1表示具有生产比较优势，指数小于1具有生产比较劣势。计算结果如图3.7所示，比较来看，水稻相对价格指数取值始终大于1；小麦相对价格指数在2006年之前取值大于1，2006年之后取值小于1；玉米相对价格指数则始终小于1。这意味着在三种粮食作物中，水稻生产具有比较优势，玉米生产具有比较劣势，而小麦生产正逐渐由具有比较优势向比较劣势转变。从价格指数走势来看，1990～2000年，水稻相对价格指数呈倒"V"形变化，小麦相对价格指数呈"V"形变化，玉米相对价格指数呈水平波动变化。2001~2013年,水稻相对价格指数总体不断上升,小麦相对价格指数总体不断下降,玉米相对价格指数则以2003年为拐点,2003年之前不断上升,2003年之后在经历短暂的下降之后重新回到一个不断上升的发展空间。这说明水稻的比较优势不断提升,小麦相对水稻的比较劣势逐渐扩大,虽然玉米具有一定比较劣势,但其与其他粮食作物的比较劣势差距不断缩小。换句话来说,玉米正逐渐获取粮食生产中的比较优势。作为对农产品价格相对变动的反映,理性农户会积极调整粮食种植结构,用水稻和玉米替代小麦作物生产。2014~2016年,小麦相对价格指数下降的势头得以扭转,表现出恢复性上升的特点;而玉米的表现恰好相反,呈不断下降趋势。

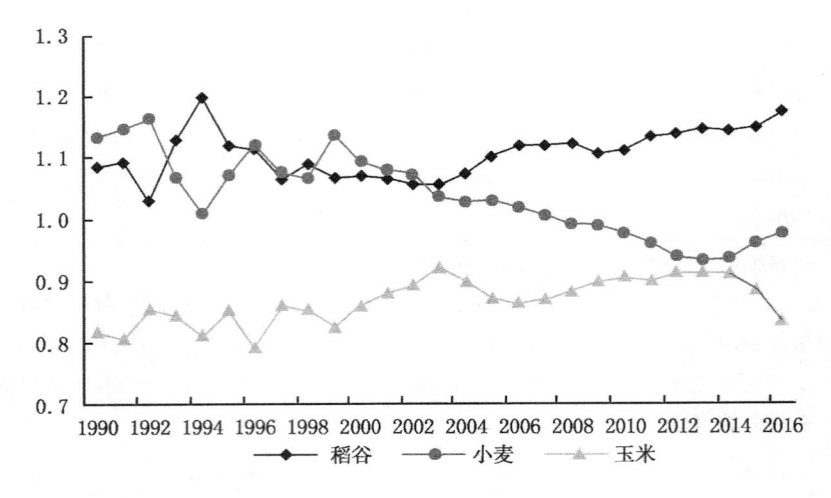

资料来源:根据《全国农产品成本收益资料汇编》整理。

图 3.7 三种粮食比价变动(1990~2016年)

(三)经济作物价格变动趋势和特点

表3.10给出了六种经济作物单位产品价格的变动情况,在扣除物价因素后,不同经济作物单位产品价格呈现出不同的变化特点。从价格水平来看,1990~2016年,油料平均价格由38.64元/50千克上升到64.13元/50千克,增长0.66倍;烤烟价格由79.88元/50千克上升到287.72

元/50千克,增长2.6倍;糖料平均价格由3.6元/50千克上升到5.33元/50千克,增长0.48倍;蚕桑价格由233.20元/50千克上升到407.08元/50千克,增长0.74倍;苹果价格由23.36元/50千克上升到43.89元/50千克,增长0.88倍;棉花表现较为特殊,其价格水平总体呈现出"W"形变动趋势,表现为"下降、上升、再下降"的循环波动特点。能够看出,烤烟、苹果和蚕桑这三类相对高附加值的作物品种,其价格上涨幅度较大,这体现了消费结构变化对农产品价格上涨的诱导作用。从价格波动幅度来看,蚕桑、烤烟波动幅度最大,棉花次之,油料和苹果相当,糖料波动幅度最小。蚕桑和棉花价格不仅波动较为剧烈,其波动也相对频繁。

表3.10　　　　　1990～2016年经济作物产品价格变动　　　单位:元/50千克

	油料	棉花	烤烟	糖料	蚕桑	苹果
1990	38.64	164.55	79.88	3.60	233.20	23.36
1995	41.29	169.11	78.41	3.99	210.54	24.27
1998	40.27	185.51	101.82	3.22	179.46	17.98
2000	36.27	149.25	91.16	2.84	198.78	13.01
2005	40.15	172.05	128.05	3.66	206.84	16.65
2006	43.34	179.37	133.33	3.64	251.04	18.92
2007	48.84	168.99	140.83	3.61	264.62	24.47
2008	51.81	163.49	150.21	3.69	262.40	27.07
2009	56.52	160.18	159.74	3.95	261.24	32.15
2010	61.16	194.59	170.33	5.04	268.77	41.06
2011	63.27	204.05	185.50	5.69	308.18	44.86
2012	68.37	223.75	205.23	5.60	355.12	50.41
2013	69.27	234.54	227.93	5.38	398.76	51.76
2014	69.70	195.77	254.21	5.11	407.28	50.45
2015	67.27	176.22	277.45	5.24	402.41	47.47
2016	64.13	164.89	287.72	5.33	407.08	43.89
标准差	13.88	39.91	77.19	1.01	97.86	14.11

资料来源:根据《全国农产品成本收益资料汇编》整理。

与粮食作物比较来看,烤烟单位产品价格上涨速度明显超过粮食,苹果和蚕桑单位产品价格上涨速度略低于粮食,油料、棉花和糖料单位产品价格上涨速度则明显低于粮食。这说明油料、棉花和糖料作物本身不具有明显的比较价格优势,其价格水平相对于其他作物品种而言还在不断下降。此外,和劳动力价格上涨比较来看,不同作物单位产品价格上涨幅度均低于劳动力价格上涨幅度,如果作物生产继续维持过往的要素投入组合方式,不降低作物生产的地劳配比,那么,劳动力价格上涨将不可避免地挤占作物生产的收益空间。

二、农产品比较收益

(一)亩均净收益比较分析

表 3.11 给出了作物生产的亩均净收益变动情况,在扣除物价因素后,不同作物生产的亩均净收益总体均呈上升趋势,粮食作物亩均净收益普遍低于经济作物。以 2016 年为例,粮食亩均净收益为 185.36 元/亩,而油料、棉花、烤烟、糖料、蚕桑、苹果亩均净收益分别为 194.37 元/亩、221.00 元/亩、643.92 元/亩、353.82 元/亩、743.52 元/亩、1 466.35 元/亩,上述经济作物的收益水平分别是粮食的 1.05 倍、1.19 倍、3.47 倍、1.96 倍、4.01 倍、7.91 倍。能够看出,粮食作物与烤烟、蚕桑和苹果之间的绝对收益差距依然明显。不过,从时间变化上来看,1990~2016 年,粮食净收益年均增长 6.01%,油料、棉花、烤烟、糖料、蚕桑、苹果亩均净收益年均增长分别为 4.79%、3.21%、5.39%、3.68%、3.71%、4.20%,粮食作物与经济作物之间的净收益差距有加速缩小的趋势。

表 3.11　　　　　1990~2016 年作物生产亩均净收益变动　　　　单位:元/亩

	粮食	油料	棉花	烤烟	糖料	蚕桑	苹果
1990	38.27	54.88	94.24	155.68	133.33	563.33	698.12
1995	68.04	67.37	126.49	125.52	132.98	277.86	482.26
2000	56.05	62.19	127.69	153.22	113.78	255.01	272.13

续表

	粮食	油料	棉花	烤烟	糖料	蚕桑	苹果
2005	79.19	86.54	181.52	219.17	129.84	336.63	426.88
2006	94.32	101.16	196.67	233.82	158.93	444.63	545.18
2007	109.47	127.15	196.11	253.45	189.12	482.20	711.78
2008	114.91	138.64	193.22	287.37	209.41	472.83	808.89
2009	125.95	157.96	195.56	322.45	218.69	472.38	972.42
2010	139.08	171.53	242.43	353.57	248.04	479.42	1 254.91
2011	154.51	180.89	257.65	399.77	286.40	562.84	1 444.99
2012	168.81	199.72	296.64	457.70	325.15	668.69	1 661.25
2013	178.98	206.02	315.99	512.43	354.87	756.34	1 729.00
2014	188.85	211.29	267.70	570.92	354.13	770.10	1 695.71
2015	188.38	203.21	238.33	636.05	351.61	750.44	1 611.60
2016	185.36	194.37	221.00	643.92	353.82	743.52	1 466.35

资料来源：根据《全国农产品成本收益资料汇编》整理。

注：①亩均净收益＝亩均产值－亩均生产成本，假设劳动力和土地是农户的自有生产要素，计算过程中将土地成本和人工成本从生产成本中剔除，这样计算得到的净收益包括经营利润，也包括支付给劳动者的报酬，接近混合收益的概念；②表中所列数据均已折算到1978年不变价。

（二）劳均净收益比较分析

表3.12给出了农作物单位面积劳均净收益的计算结果。可以看出，不同作物品种的单位面积劳均净收入总体均呈上升趋势，并且2004年拐点特征明显，此后不同作物单位面积劳均收入均呈加速增长趋势。2005～2016年，粮食作物单位面积人均收入年均增长15.46%，超过同期的油料（10.63%）、棉花（6.74%）、烤烟（13.78%）、糖料（12.50%）、蚕桑（9.20%），与苹果（15.43%）大体相当。截止到2016年，粮食作物单位面积劳均净收入显著高于油料、棉花、烤烟和蚕桑。总体而言，粮食生产的比较优势不断增加，棉花、油料等作物生产的比较优势在不断下降，粮食

作物与经济作物的绝对收益差距不断缩小。

表 3.12　　　　　1990～2016 年作物生产劳均净收益变动　　　　单位:元/天

	粮食	油料	棉花	烤烟	糖料	蚕桑	苹果
1990	2.21	2.35	2.13	2.86	4.15	6.26	10.74
1995	4.28	3.62	3.03	2.68	4.78	3.23	7.40
2000	4.79	4.47	4.53	3.97	5.79	4.34	6.39
2004	7.20	6.81	6.62	5.08	8.47	5.63	9.02
2005	8.66	8.14	7.68	5.61	11.34	6.43	13.02
2006	11.38	9.86	8.34	6.45	14.84	8.56	15.86
2007	14.05	12.96	8.44	7.29	20.26	10.06	28.70
2008	15.68	14.47	8.99	8.59	23.32	10.20	25.86
2009	18.25	17.47	9.61	9.90	25.02	10.64	38.04
2010	21.11	19.00	12.09	11.60	30.64	10.46	45.78
2011	23.81	20.42	13.66	13.61	35.93	11.83	51.96
2012	27.63	23.39	15.65	16.22	42.17	14.15	63.50
2013	30.65	24.10	17.56	19.09	48.88	16.50	67.09
2014	33.90	26.08	16.55	22.75	48.48	16.93	60.65
2015	35.34	25.59	15.72	26.44	45.93	16.88	64.80
2016	35.93	25.31	15.45	27.21	45.01	17.67	58.23

资料来源:根据《全国农产品成本收益资料汇编》整理。

注:①劳均净收益＝亩均净收益/每亩用工天数;②表中所列数据均已折算到 1978 年不变价。

第五节　劳动禀赋变化、要素替代与粮食作物生产变迁

随着城市工业部门用工需求的不断上升,劳动力价格不断上涨,数以亿计的农村劳动力转移至城市工业部门从事非农生产活动。在此背景下,劳动禀赋稀缺变化是否会对粮食生产产生不利影响引起了学界的广

泛关注。

有研究指出大量劳动力外出务工会降低农业劳动投入,对粮食生产构成不利影响,甚至造成农业生产的"非粮化"倾向(李旻和赵连阁,2009a;刘乃全和刘学华,2009)。也有研究指出,劳动力下降对农业生产的不利影响可以通过增加机械投入来缓解(郑旭媛和徐志刚,2016),由于粮食作物生产标准化程度高,大范围机械作业变得可行,反而一定程度促进了粮食生产,促成农业生产的"倾粮化"特征(郑黎义,2010;仇童伟和罗必良,2018)。

从官方公布的统计数据来看,农村劳动力加速流动背景下,农业种植结构并未出现"非粮化"特征,而且从 2004 年开始,粮食作物的播种面积不断攀升,种植业生产表现出一定的"倾粮化"趋势。从技术层面来讲,劳动供给的稀缺性变化,使得继续以往行之有效的生产方式来维持粮食生产不再可行,粮食生产方式面临迫切的转型需求。通过机械替代劳动、增加易于机械替代的粮食作物生产规模,或将成为农业种植结构调整的主要方向(钟甫宁等,2016)。

已有研究为我们的分析提供了较好的研究基础,但依然存在拓展的空间。一方面,现有研究往往将粮食生产作为一个整体展开,对于不同粮食作物而言,水稻、玉米、小麦等粮食作物存在很大区域差异,面临的生产实际约束不尽相同,粮食平均尺度的研究,容易掩盖作物品种异质性,不利于总结不同粮食作物生产变迁的规律以及不同粮食作物响应禀赋变化冲击的逻辑;另一方面,面对禀赋变化冲击,粮食生产能够做出相应调整,那么粮食生产的结构调整能力如何,存在哪些亟待改善的空间,这也是我们关注的重点,同时更具现实意义。

本节将要揭示的是:劳动禀赋变化冲击下,粮食生产的响应逻辑是什么?劳动禀赋变化对不同粮食作物生产的影响存在哪些差异,这些差异的形成和哪些因素有关?不同粮食作物生产的结构调整能力如何?回答这些问题,有助于我们进一步认识和把握粮食生产变动的未来方向。

一、禀赋变化、要素替代与种植结构调整的机理

(一)禀赋变化与要素投入结构调整

首先,假定经济系统中的代表性农户生产同质农产品 y;产品市场是完全竞争的,产品价格为 p;农户所拥有的劳动力禀赋为 L,农业生产投入的生产要素分别为 l、k,$l \leqslant L$;代表性农户的农业产出表示为:$y = f(l,k)$,满足严格凹性。借鉴 Deininger 和 Jin(2005)的农户决策分析思路,认为农户可以在农业生产和非农就业之间自由配置劳动力资源,从而农户收益由农业生产收益和非农就业收益两部分组成。具体表示为:

$$\max V(p,l,l',k,w_u) = pf(l,k) + w_u l' \\ \text{s.t.} \ l + l' = L \tag{3.8}$$

公式(3.8)中 w_u 为非农就业工资,l' 为投入非农生产的劳动数量。将充分就业条件代入目标函数,并对 l 求一阶偏导,可以得到农户劳动力禀赋在农业部门和非农部门最优配置条件:

$$pf_l(l,k) = w_u \tag{3.9}$$

当 $pf_l(l,k) \geqslant w_u$ 时,理性农户会将自有劳动全部投入农业生产中,以实现利润最大化目标;而随着非农部门工资报酬 w_u 的上涨,一旦出现 $pf_l(l,k) < w_u$,表明获利空间转移到非农部门,理性农户倾向于将自有劳动投入非农生产。也就是说,农户基于利润最大化目标考量,当存在潜在的获利空间时,将调整现有劳动配置结构,从而在调整后的生产结构中获取更大利润。

随着农业劳动力资源更多配置到非农部门,农业生产的劳动供给约束不断增强,替代劳动力的潜在需求会诱使农业生产的要素投入结构调整。此时,农业生产的利润函数表示为:

$$\pi = py + wl - rk = pf(l,k) - wl - rk \tag{3.10}$$

公式(3.10)中 w 为农业劳动力价格,r 为资本利率,由利润最大化条件可得:

$$\begin{cases} pf_l = w \\ pf_k = r \end{cases} \quad (3.11)$$

整理可得：

$$\frac{w}{f_l} = \frac{r}{f_k} = p \quad (3.12)$$

公式(3.12)表明,利润最大化状态下,两种要素投入的边际产出成本相等。随着农业劳动力价格 w 快速上涨,在当前生产函数关系下,劳动要素的边际产出成本快速上升,即有 $w/f_l > r/f_k$,原有均衡关系被破坏。接下来,借助 l、k 关于 w 的导函数,来说明劳动力价格上涨对劳动和资本要素投入的影响,公式(3.11)分别关于 l、k、w、r、p 求全微分,并令 $dr=0, dp=0$,整理可得：

$$\frac{dl}{dw} = \frac{f_{kk}}{p(f_{ll}f_{kk} - f_{kl}f_{lk})} \quad (3.12)$$

$$\frac{dk}{dw} = \frac{-f_{kl}}{p(f_{kk}f_{ll} - f_{kl}f_{lk})} \quad (3.13)$$

由利润最大化二阶条件黑塞矩阵负定及对称性,有 $f_{kk}f_{ll} - f_{kl}f_{lk} > 0$,$f_{kk} < 0$,从而有 $\frac{dl}{dw} < 0$,表明劳动力价格上涨导致的单位产出成本上升促使农户减少劳动要素投入。在公式(3.12)中,如果两种投入要素 l、k 存在替代关系,则 $f_{kl} < 0$,$\frac{dl}{dk} > 0$,表明农户为了维持产出水平不变,采用增加资本投入的策略来替代劳动要素；如果两种投入要素 l、k 不满足可替代的假设,会有 $f_{kl} > 0$,$\frac{dk}{dw} < 0$,劳动力价格上涨所引起的劳动要素投入减少会抑制资本投入增加。可以看出,在上述函数关系下,农户追求利润最大化的行为规律转化为农户对要素价格的反映和对要素投入结构的调整。要素投入结构的变化反映了技术选择方向,根据速水佑次郎和拉坦所建立的诱导发展模式,在资源禀赋约束下,如果不能选择一条可以有效消除资源条件制约的发展途径,就会抑制该行业发展。

(二)禀赋变化、要素替代与种植结构调整

为了进一步观察禀赋变化对农业产出及其结构的影响,放松农产品同质的假定,假设农户生产两种存在替代弹性差异的作物品种,产品价格固定不变。同时,引入与生产函数 $f_i(l_k,k_i)$ 对偶的单位成本函数,$i=1$、2,$i=1$ 代表作物品种1,其替代弹性小于1,为弱替代;$i=2$ 代表作物品种2,其替代弹性大于1,为强替代。使用成本函数的好处是无须假定规模报酬的具体形式,成本最小化问题总存在均衡解,从而能够借以刻画农户的生产决策行为。另外,受替代弹性影响,不同作物生产可能服从不同的函数形式,使用成本函数也可以避免生产函数设定合理性问题对研究结论的影响。单位成本函数具体的形式可以表示为:

$$\min c_i(w,r) = wl_i + rk_i \\ \text{s.t.} \quad f_i(l_i,k_i) = y_i \tag{3.14}$$

其中,$c_i(w,r)$ 表示生产一单位产品所需的最小成本,成本函数分别关于 w、r 求一阶偏导数,可以得到第 i 种作物生产的最优要素投入组合 (l_i^*,k_i^*)。均衡状态下,所有生产要素均投入农业生产,并得到充分利用,有充分就业条件:

$$l_1 y_1 + l_2 y_2 = l \\ k_1 y_1 + k_2 y_2 = k \tag{3.15}$$

对充分就业条件进行全微分,得到:

$$l_1 dy_1 + l_2 dy_2 = dl \\ k_1 dy_1 + k_2 dy_2 = dk \tag{3.16}$$

将公式(3.16)变换处理为:

$$\frac{l_1 y_1}{l}\frac{dy_1}{y_1} + \frac{l_2 y_2}{l}\frac{dy_2}{y_2} = \frac{dl}{l} \\ \frac{k_1 y_1}{k}\frac{dy_1}{y_1} + \frac{k_2 y_2}{k}\frac{dy_2}{y_2} = \frac{dk}{k} \tag{3.17}$$

公式(3.17)中,$\frac{l_i y_i}{l}$、$\frac{k_i y_i}{k}$ 分别表示第 i 种作物生产所使用的劳动、资

本份额,令 $\lambda_{il} = \dfrac{l_i y_i}{l}$、$\lambda_{ik} = \dfrac{k_i y_i}{k}$,从而有 $\lambda_{1l} + \lambda_{2l} = 1$,$\lambda_{1k} + \lambda_{2k} = 1$ 成立。进一步的,可以将式(3.17)化简为:

$$\lambda_{1l}\frac{\mathrm{d}y_1}{y_1} + \lambda_{2l}\frac{\mathrm{d}y_2}{y_2} = \frac{\mathrm{d}l}{l}$$
$$\lambda_{1k}\frac{\mathrm{d}y_1}{y_1} + \lambda_{2k}\frac{\mathrm{d}y_2}{y_2} = \frac{\mathrm{d}k}{k} \tag{3.18}$$

为方便求解,将方程组改写成矩阵的形式,可以得到:

$$\begin{bmatrix} \lambda_{1l} & \lambda_{2l} \\ \lambda_{1k} & \lambda_{2k} \end{bmatrix} \begin{bmatrix} \mathrm{d}y_1/y_1 \\ \mathrm{d}y_2/y_2 \end{bmatrix} = \begin{bmatrix} \mathrm{d}l/l \\ \mathrm{d}k/k \end{bmatrix} \Rightarrow \begin{bmatrix} \mathrm{d}y_1/y_1 \\ \mathrm{d}y_2/y_2 \end{bmatrix} = \frac{1}{|\lambda|} \begin{bmatrix} \lambda_{2k} & -\lambda_{2l} \\ -\lambda_{1k} & \lambda_{1l} \end{bmatrix} \begin{bmatrix} \mathrm{d}l/l \\ \mathrm{d}k/k \end{bmatrix} \tag{3.19}$$

公式(3.19)中,$|\lambda| = \lambda_{1l} - \lambda_{1k} = \lambda_{2k} - \lambda_{2l}$。结合前面假定,两种作物生产存在替代弹性差异,从而作物生产的要素密集度不同,相对而言,作物 1 倾向密集使用劳动要素,作物 2 倾向密集使用资本要素,即有:$\dfrac{l_1}{k_1} > \dfrac{l_2}{k_2}$ 和 $\dfrac{\lambda_{1l}}{\lambda_{1k}} > \dfrac{\lambda_{2l}}{\lambda_{2k}}$ 成立,又由于 $\lambda_{1l} + \lambda_{2l} = 1$,$\lambda_{1k} + \lambda_{2k} = 1$,通过反证法容易得到 $\lambda_{1l} > \lambda_{1k}$,$\lambda_{2k} > \lambda_{2l}$,进而得到 $|\lambda| > 0$。

另外,随着农村劳动力城乡流动不断加剧,农业生产劳动供给不断减少,通过汇款等渠道带来的资本供给不断增加,那么有 $\dfrac{\mathrm{d}l}{l} < 0$ 和 $\dfrac{\mathrm{d}k}{k} > 0$ 成立。因此,可以得到不同作物品种的产出变化为:

$$\frac{\mathrm{d}y_1}{y_1} = \frac{1}{|\lambda|} \left(\lambda_{2k}\frac{\mathrm{d}l}{l} - \lambda_{2l}\frac{\mathrm{d}k}{k} \right) < 0$$
$$\frac{\mathrm{d}y_2}{y_2} = \frac{1}{|\lambda|} \left(-\lambda_{1k}\frac{\mathrm{d}l}{l} + \lambda_{1l}\frac{\mathrm{d}k}{k} \right) > 0 \tag{3.20}$$

公式(3.20)表明,难以实现要素替代的作物品种 1 的产出水平下降,而较容易实现要素替代的作物品种 2 的产出水平增加。由此得到禀赋结构变化、要素替代能力与种植结构调整之间的内在联系。

为了清晰地观察劳动禀赋变化对产出结构变化的动态影响,可以借助图 3.8 对此做进一步说明。随着劳动力供给约束不断增强以及农业生产性资金不断增加,要素供给状态逐渐由 (l,k) 变为 (l',k'),此时,要素禀赋结构的变化以相对价格的变化为市场反应,并诱使农户多用资本、少用劳动,以此来缓解短缺要素对农业生产的负面影响。但受替代弹性影响,要素调整的难度及其实现程度在不同作物生产中表现出不同的特点。当替代弹性 $\sigma \gg 1$ 时,作物生产能够较容易按照禀赋及其价格结构的变化,调整要素投入结构,缓解成本曲线上升对农业生产的冲击,在这种状态下,农业产出逐渐由 $f_2(l_2,k_2)$ 增加到 $f_2'(l_2',k_2')$;而当替代弹性 $\sigma \ll 1$ 时,作物生产难以有效实现要素替代,不可避免会受到成本上涨的冲击,农业产出逐渐由 $f_1(l_1,k_1)$ 下降到 $f_1'(l_1',k_1')$。结果就是,农产品供给状态逐渐由 (f_1,f_2) 调整为 (f_1',f_2'),作物 2 的产出比重不断增加,作物 1 的产出比重不断下降,种植结构逐渐偏向于易于替代的作物品种。可以判断,随着农村劳动力的持续流动,农业生产的要素禀赋结构状态将不断向左上方移动,易于替代的作物品种 2 将吸收更多的资本要素以促进产出增加,同时在技术水平没有得到进一步提升的状态下,也将吸收更多的劳动要素以维持劳动/资本比率不变。需要特别说明的是,在当前的技术条件下,如果要素禀赋结构落入 kOf_2' 所围成的区域时(如点 (l'',k'')),作

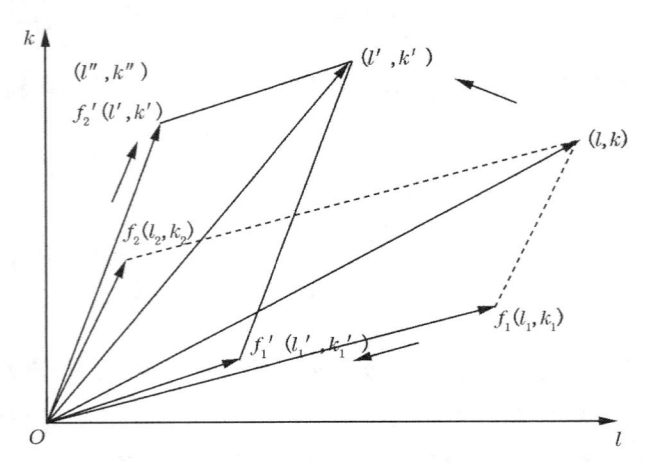

图 3.8 禀赋变化、要素投入结构调整与农业产出结构变动

物 1 将退出农业生产领域,专业化生产作物 2。

二、禀赋变化、要素替代与种植结构调整的实证分析

(一)模型设定

为了检验劳动禀赋变化对粮食生产的影响,构建如下计量回归模型:

$$Y_{it}=\alpha+\beta wage_{it}+\theta X_{it}+\varepsilon_{it} \qquad (3.21)$$

模型(3.21)中,变量下标 i 代表省份,t 代表时间。Y_{it} 指某种粮食作物的播种面积比例,粮食作物主要包括水稻、小麦、玉米以及三种粮食总体,为被解释变量。$wage_{it}$ 指劳动力价格,反映劳动禀赋变动状况,为关键解释变量,用两个指标来衡量:一是农业劳动者价格,反映农业生产的实际劳动成本;二是农村居民人均工资性收入,反映农户从事农业生产的机会成本。X_{it} 为一系列控制变量。ε_{it} 为随机误差项;α、β、θ 为待估参数。

控制变量设定为四组,第一组控制变量为常规投入要素,包括农业劳动力、农业机械总动力、耕地面积。第二组控制变量为农户资源禀赋,包括人口老龄化程度和平均受教育年限。日趋严重的人口老龄化不直接减少农业劳动力数量,但由于劳动力数量和劳动量并不等同,它很可能带来实际劳动投入量的减少(钟甫宁等,2016),从而增强农业劳动力供给约束。受教育水平的提高一方面有利于提升农业生产的效率,增加劳动力的实际供给水平;另一方面,具有较高人力资本水平的劳动力往往会选择非农就业,这会降低农业劳动力投入水平,因此,受教育水平在相反的两个方向上影响农业劳动力的实际供给水平。第三组控制变量为农产品市场变动状况,包括粮食市场容量以及粮食与经济作物价格比。市场容量提升会诱导种植结构朝着具有更大市场规模的农产品方向调整;价格提升会诱使农业种植结构朝着具有更大获利空间的方向发展。第四组控制变量为政策变量,包括财政支农支出、农业税、抗灾能力。财政支农支出主要用于支援农业生产或与农业生产联系较为紧密的生产活动,其主要

内容包括政策性补贴支出。① 政策性补贴有利于增加农民收入,同时也有利于激发种粮户的生产积极性。我们使用各省份农业财政支出占总财政支出的比率表示农业支出强度。2004年以来,中央政府加大了对粮食主产区减免农业税的力度,2005年进一步扩大农业税免征范围,并于2006年全面取消农业税。为了衡量农业税政策变动对粮食生产的影响,我们引入农业税政策变量指标。胡瑞法和冷燕(2006)研究指出,自然灾害一定程度制约着粮食生产,提升抗灾能力,有助于稳定粮食生产,引入抗灾能力变量反映农业生产抵御自然灾害的能力。

另外,根据前文讨论,机械替代能力是农户在劳动资源短缺状态下调整种植决策的主要依据,为了检验劳动力成本上升对机械技术的诱致作用,对模型(3.21)作简单调整,调整后的模型如下:

$$Y_{it}=\alpha+\beta reprice_{it}+\theta X_{it}+\varepsilon_{it} \quad (3.22)$$

Y_{it}指不同粮食作物的亩均机械劳动投入比,为被解释变量,其中机械投入由亩均机械作业费、排灌费、蓄力费、燃料动力费及固定资产折旧费五部分组成。$reprice$指劳动资本相对价格,反映要素禀赋变动状况,为关键解释变量。

对模型(3.21)和模型(3.22)的参数估计,常用的办法有固定效应估计和随机效应估计两种。使用哪一种估计方法,主要取决于不可观测的随机扰动项与解释变量之间的关系。如果不可观测的随机变量与模型中解释变量不相关,那么固定效应估计量和随机效应估计量均是一致的,且随机效应估计更有效。如果不可观测的随机变量与模型中解释变量不满足不相关的假定,那么随机效应估计是有偏的,而固定效应估计是一致的。也就是说,使用固定效应模型均能得到一致估计。相对于随机效应,固定效应的假设更加符合经济现实,同时有利于缓解因遗漏变量偏误导致的内生性问题。谨慎对待,研究首先通过豪斯曼(Hausman)检验识别

---

① 2004年之前,政策补贴主要以间接补贴为主,具体是对从事农用生产资料生产的企业进行减税,通过对企业减税实现对农民的间接补贴;2004年之后,政策补贴转向直接补贴,直接补贴包括粮食直补、粮种补贴、农机补贴和生产资料增支补贴等(陈飞等,2010)。

两种估计策略的有效性,最终确定固定效应估计方法。

(二)数据来源及处理

由于不同粮食作物生产表现出很大的区域异质性,存在一省份一种粮食作物生产规模很大而另一种粮食作物生产规模很小或不生产的情形。因此,对不同粮食作物选择不同区域样本进行研究。为保证研究样本丰富,同时克服一些地区份额较小对回归结果产生的影响,首先对1990~2016年各省份作物播种面积进行累加,然后用地区累计值占全国比重从高到低排序,从中选择相应的样本省份进入研究。粮食作物样本选取情况如表3.13所示。

表 3.13　　　　　　　　　粮食作物的样本选择情况

	样本选择
水稻	湖南、江西、广东、广西、江苏、安徽、湖北、四川、黑龙江、浙江、福建、云南、重庆、贵州、吉林、辽宁、河南、上海、陕西、山东、河北,共22个省份(99.1%)。
小麦	河南、山东、河北、安徽、江苏、四川、陕西、甘肃、湖北、新疆、山西、内蒙古、黑龙江、云南、贵州、重庆、宁夏、青海、浙江、湖南,共20个省份(98.1%)。
玉米	黑龙江、山东、吉林、河北、河南、内蒙古、辽宁、四川、云南、陕西、山西、贵州、安徽、广西、甘肃、新疆、重庆、湖北、江苏、湖南、宁夏,共21个省份(97.8%)。

注:①样本选择过程中同时兼顾一些重要的粮食生产省份,如山东、河北水稻播种面积以及湖南小麦播种面积占比均偏低,考虑到山东、河北和湖南均是粮食生产大省,故将这三个省份纳入研究范围;②重庆1997年成立直辖市,1990~1997年数据缺失,按照1998年重庆和四川播种面积比例关系对1990~1997年四川播种面积进行拆分得到相应数据;③表中所列省份按粮食播种面积比例从大到小进行排序;④括号内数字为样本省份播种面积累加值占全国比重。

本章分析所用数据为1990~2016年各省份相关指标构成的面板数据,数据主要来源于官方统计:《中国统计年鉴》《中国人口和就业统计年鉴》《中国住户调查年鉴》《中国农村统计年鉴》《全国农产品成本收益资料汇编》等。由于农产品成本收益核算体系经过三次调整,相比较前两次调整,2004年新指标体系更加直观、全面、贴近现实,为保证数据可比性,按照新指标体系进行调整。

根据研究需要,相关变量的处理主要包括以下几方面:(1)劳动者价格使用本章第一节的估算数据;(2)人口老龄化指农村地区65岁及以上人口占比;(3)平均受教育年限＝文盲人口比例×0＋小学人口比例×6＋初中人口比例×9＋高中人口比例×12＋中专人口比例×14＋大学人口比例×16;(4)市场容量用居民粮食消费支出占食品消费支出比例来衡量,《中国住户调查年鉴》没有直接给出居民粮食消费变动状况,我们分别计算城乡居民粮食消费支出占食品消费支出比例,以城乡人口比例作为权重,计算得到各省份粮食消费占比;(5)粮食作物与经济作物价格比指粮食作物与三种高附加值经济作物的平均价格之比,三种高附加值经济作物为烤烟、蚕桑和苹果,[①]由于农产品价格波动频繁,为避免非典型年份影响,采用五年移动平均剔除短期偶然因素的影响,以凸显市场价格变动的长期趋势;(6)由于粮食补贴政策主要根据当年粮食播种面积进行补贴,影响具有滞后性,为了有效观察政策支出的影响,使用该变量的滞后值;(7)由于农业税的准确数据不易获取,引入虚拟变量来表示农业税政策变动,当存在农业税时,农业税变量设定为1,当农业税大幅降低或取消时,农业税变量设定为0;[②](8)抗灾能力变量用农业受灾面积与成灾面积的差值比上受灾面积进行构造。

主要变量统计描述如表3.14所示。

[①] 一般而言,蔬菜、烤烟、蚕桑、水果和茶叶均是具有高附加值的经济作物,根据《全国农产品成本收益资料汇编》统计,茶叶价格统计从2001年开始,蔬菜价格统计从2010年开始。因此,结合统计资料的可得性,在计算价格比时,选择烤烟、蚕桑、苹果进入计算。

[②] 由于各省份农业税减免和取消进度不一,农业税变量设置存在一定差异,具体而言:2004年开始取值为0的省份有北京、吉林、黑龙江、上海;2005年开始取值为0的省份有安徽、福建、甘肃、广东、广西、贵州、海南、河南、湖北、湖南、江苏、江西、浙江、辽宁、内蒙古、宁夏、青海、陕西、山西、重庆、四川、天津、新疆、云南;2006年开始取值为0的省份有河北、山东(陈飞等,2010)。

表 3.14　　　　　　　　　　主要变量描述性统计

变量	均值	标准差	最小值	最大值
粮食播种面积比例	51.04	11.46	28.71	82.83
水稻播种面积比例	27.68	15.85	0.96	61.11
小麦播种面积比例	19.34	11.26	0.21	49.45
玉米播种面积比例	20.42	13.76	1.55	66.90
劳动者报酬	0.13	0.08	0.02	0.42
工资性收入	0.06	0.07	0.00	0.54
劳动资本相对价格	1.24	1.04	0.08	6.31
农业劳动力	1 297.97	699.17	376.52	3 564.21
农业机械总动力	2 661.56	2 426.38	286.27	13 353.78
耕地面积	4 798.85	2 354.09	1 204.22	15 864.19
人口老龄化	8.49	2.84	1.31	20.61
受教育年限	6.77	0.90	4.09	8.65
粮食消费占比	23.71	10.86	6.28	60.49
替代作物收益比 a	0.14	0.04	0.07	0.40
替代作物收益比 b_1	0.59	0.11	0.30	1.41
替代作物收益比 b_2	0.51	0.08	0.22	1.33
替代作物收益比 b_3	0.43	0.07	0.25	0.65
农业税	0.54	0.50	0.00	1.00
财政支农支出	189.26	233.26	4.91	1 023.13
抗灾能力	49.11	12.23	10.03	80.21

注:替代作物收益比 a 指粮食作物与经济作物价格比;替代作物收益比 b_1 指水稻与小麦、玉米的价格比;替代作物收益比 b_2 指小麦与水稻、玉米的价格比;替代作物收益比 b_3 指玉米与水稻、小麦的价格比。

(三)实证模拟结果分析

1. 基本回归结果

选用豪斯曼检验以识别不同估计策略的有效性,在豪斯曼检验下,所选模型均在1%统计水平下显著,采用固定效应模型进行估计是适宜的。表3.15报告了对模型(3.21)的估计结果,结果显示,采用两种不同指标测度劳动力价格,得到的估计结果均在1%统计水平下显著,回归方程是显著的,适合用来分析。从结果来看,关键解释变量的参数估计显著为正,劳动力价格上涨对粮食生产具有显著正向影响,这说明大量劳动力外出务工并非不利于粮食生产,劳动供给短缺不构成粮食生产的约束条件,相反一定程度促进了粮食生产规模的扩大。

就控制变量而言,常规投入要素的增加有助于粮食生产比例的扩大,不过,耕地面积变化对粮食生产存在一定负面影响。城镇的加快发展,使得非农建设占用耕地持续增加,特别是在城市周边地区,大量优质耕地不断流失,新开垦补偿的耕地多为劣质地,其耕地质量与被占用耕地存在较大差异,从而导致耕地的综合生产能力不断下降。[①]

农户资源禀赋变量的参数回归结果基本符合预期,其中,人口老龄化对粮食作物播种面积比例变化存在一定负面影响,但并不显著。由于粮食生产的标准化程度高,易于实现机械替代,通过机械替代劳动可以有效缓解老年劳动力体能下降对粮食生产的不利影响(胡雪枝和钟甫宁,2012)。受教育水平对粮食作物播种面积比例存在显著的负向影响,受教育水平越高,越倾向于减少粮食作物播种面积。一方面,受教育水平的提升有助于现代农业生产技术和生产方式的采纳,这对粮食作物播种面积扩大存在一定促进作用;但另一方面,更高的受教育水平将诱使劳动力向具有更高生产率水平的行业流动,从而对粮食生产存在一定挤出效应。随着非农就业机会的不断增加,受教育水平提升对粮食生产的挤出效应往往会超过前者对粮食播种面积扩大的促进作用,从而总体表现出负向影响。

粮食消费占比变化对粮食播种面积比例存在显著的负向影响,随着

[①] 各种非农建设占用的耕地,大多是城郊的良田和菜地,熟化程度高、产出率高。而新开发的耕地在数量上可达到占补平衡,但其质量和产出率却往往相差几倍,一般3公顷新地才能抵得上1公顷熟地(余振国和胡小平,2003)。

消费水平不断提升,消费结构的发展变化,农副产品消费对口粮消费的替代不断加深。国家统计局数据显示,中国农村居民口粮(原粮)消费由改革初期的 260 公斤下降到 2016 年的 157 公斤,城市居民口粮消费也从改革初期的 145 公斤左右下降到 2016 年的 112 公斤。同一时期,肉禽蛋等副食的消费不断增加,到 2016 年,肉禽蛋等副食消费占食品消费支出的比重超过 80%。替代作物收益比对粮食作物播种面积比例存在显著的正向影响,这与范成方和史建民(2013)、钟甫宁等(2016)的研究结论类似。尽管粮食收益水平低于经济作物,但近年来,粮食比较收益提升较快,与其他作物比较收益的差距不断缩小,加之粮食生产易于实现机械替代,有利于缓解劳动力价格上涨冲击,压缩粮食生产成本,因此,理性农户会根据比较收益变化调节农业种植结构,扩大粮食作物生产比例。

政策变量的参数回归结果基本符合预期,但从显著性来看,政策实施效果并没有获得充分发挥。具体而言,农业税变量对粮食作物播种面积比例存在负向影响。在农业税制时期,农业税征收和土地耕种面积挂钩,增加一亩耕种面积所获得的收益,面临一定比例的农业税税额[1],农业税征收一定程度抑制了农户粮食生产的积极性;取消农业税,不仅有利于改善农民的收入结构,增加农户的经营性收入,同时有助于调动农户的生产积极性,根据地租理论,当种粮收益增加,农户就有动力扩大耕地规模或开垦荒地来增加总体收入。财政支农支出对粮食作物播种面积比例存在显著的正向影响,2004 年以来,中国农业补贴结构不断完善,对种粮农民的直接补贴,逐渐改变了粮食作物相对其他农作物的比较收益;对农机补贴,也降低了粮食生产的比较成本,因而补贴政策的实施有助于促进粮食生产规模的扩大。此外,抗灾能力的提升有助于粮食作物播种面积比例

---

[1] 农业税税额是国家对从事农业生产、有农业收入的单位和个人按一定税率征收的税。农业税条例对各省、自治区、直辖市的农业税平均税率分别规定为:北京 15%、上海 17%、河北 15%、山西 15%、内蒙古 16%、辽宁 18%、吉林 18.5%、黑龙江 19%、陕西 14%、甘肃 13.5%、宁夏 13.5%、青海 13.5%、新疆 13%、山东 15%、江苏 16%、安徽 15%、浙江 16%、福建 15%、河南 15%、湖北 16%、湖南 16%、江西 15.5%、广东 15.5%、广西 14%、四川 16%、贵州 14%、云南 14%。西藏地区征收办法自行规定。

的扩大,但并不显著。中国是一个自然灾害频发的国家,自然灾害(如旱灾、涝灾)对粮食生产构成了很大威胁,需要进一步加强农业基础设施建设,完善农业保险制度,提高农业防御自然灾害的能力。

表 3.15 劳动力价格上涨对粮食总体播种面积比例影响的模型估计结果

	粮食播种面积比例	
	模型 1	模型 2
劳动力价格	0.518***(5.02)	—
工资性收入	—	0.776***(7.31)
农业劳动力	0.265***(8.14)	0.317***(9.45)
机械总动力	0.035***(3.38)	0.035***(3.57)
耕地面积	−0.148***(−6.58)	−0.099***(−4.26)
人口老龄化	−0.003(−1.24)	−0.004(−1.38)
受教育年限	−0.126***(−12.48)	−0.139***(−13.60)
消费占比	−0.005***(−5.72)	−0.005***(−5.82)
替代作物收益比 a	0.400***(3.88)	0.477***(4.66)
农业税	−0.027*(−1.99)	−0.037**(2.78)
财政支农支出	0.130***(3.66)	0.137***(3.93)
抗灾能力	0.047(1.79)	0.048(1.84)
地区固定效应	控制	控制
R^2	0.31	0.33
F 统计量	14.84***	37.88***
样本数	837	837

注:***、**、* 分别表示 1%、5%、10% 的显著水平,括号内数字为 t 统计量,下同。

由第二章的分析可以知道,不同粮食作物的比较收益存在一定差异,这对粮食结构调整具有一定诱导作用,为此,在基础模型(3.22)的基础上,引入粮食作物替代收益比这一指标,同时剔除抗灾能力变量,来检验劳动力价格上涨对不同粮食作物播种面积变动的影响。表 3.16 报告了对三种主要粮食作物播种面积比例变动的估计结果。结果显示，劳动力价格上升对三种粮食作物播种面积比例均存在正向影响，表明劳动禀赋约束并不构成粮食生产的约束条件，进一步印证了大量劳动力外出务工并非不利于粮食生产的这一观点。

但劳动力价格上涨对三种粮食生产比例的影响存在明显差别，具体而言，水稻方程的劳动力成本系数为 0.868，玉米方程的劳动力成本系数为 1.886，且均在 1% 统计水平上显著，小麦方程的劳动力成本系数为正，但不显著。造成这一差异的原因可能和粮食作物内部的比较收益差异有关。结合粮食替代收益比 b_1、b_2、b_3 的回归结果，发现水稻和玉米方程中的替代收益比系数显著为正，而小麦方程中的粮食替代收益比回归系数显著为负。这意味着三种粮食作物之间存在相互替代关系，随着水稻和玉米相对小麦收益水平的提升，对小麦生产产生了一定替代效应。现实中，中国北方农牧地区，畜牧业的快速发展加大了对玉米等主要饲料粮的需求，带动玉米播种面积的增加，在耕地资源有限的情况下，农民不断压缩小麦播种面积份额。如内蒙古和黑龙江地区，玉米播种面积比例分别由 1990 年的 16.4% 和 25.3% 上升到 2016 年的 35.8% 和 35.2%，小麦播种面积比例分别由 1990 年的 24.4% 和 20.8% 下降到 2016 年的 6.6% 和 0.5%。此外，受耕作制度调整的影响，在中国南方一些二熟制地区，"水稻—小麦"双季轮作的生产模式也在发生变化，逐渐由双季轮作改为单季种植，在耕作制度改变的过程中，理性农户根据比较收益差异，倾向于减少小麦生产规模。

就控制变量而言，粮食消费占比对三种粮食作物面积比例均存在一定负向影响。与经济作物替代收益比的差异对水稻播种面积比例存在显著正向影响，对小麦和玉米播种面积比例存在正向影响，但不显著。这说明，三种主要粮食作物中，水稻生产最具比较优势。此外，常规投入要素以及农户资源禀赋变量的回归结果大都符合预期，这里不再赘述。

表 3.16　劳动力价格上涨对不同粮食播种面积比例影响的模型估计结果

	播种面积比例		
	水稻	小麦	玉米
劳动力价格	0.868***(4.57)	0.304(0.73)	1.886***(5.99)
农业劳动力	0.396***(7.39)	−0.413***(−4.43)	0.505***(8.55)
机械总动力	0.166***(4.47)	0.509***(6.22)	0.242***(11.29)
耕地面积	−0.144**(−2.71)	−0.257**(−3.09)	−0.090(−1.59)
人口老龄化	0.001(0.20)	−0.024**(−2.88)	0.006(1.04)
受教育年限	−0.183***(−5.34)	−0.102*(−2.17)	−0.002(−0.07)
消费占比	−0.001(−0.85)	−0.004(−1.36)	−0.007***(−4.32)
替代收益比 a	1.581***(4.46)	−0.561(−1.59)	−0.376(−1.60)
替代收益比 b	0.324**(2.70)	−0.801***(−3.32)	0.081*(2.44)
农业税	−0.022(−0.34)	0.040(0.38)	0.029(0.49)
财政支农支出	4.230***(4.67)	−2.752*(−1.99)	0.121*(2.32)
地区固定效应	控制	控制	控制
时间固定效应	控制	控制	控制
R^2	0.33	0.83	0.67
F 统计量	6.35***	62.07***	30.78***
样本数	594	540	567

2. 作用机制检验

以上分析表明,农业劳动力短缺变化并没有构成粮食生产的约束条件,相反一定程度促进了粮食生产规模的扩大,这当中的逻辑是什么？接下来对粮食生产方式转变做进一步分析。

表 3.17 报告了对模型(3.22)的回归结果,所选模型的 F 检验值皆在 1% 统计水平下显著,回归方程是显著的,适合用来分析。在四个回归方程中,要素相对价格的参数回归结果均在 1% 统计水平下显著为正,说明要素相对价格上涨显著促进了机械劳动比的提升。具体而言,粮食、水

稻、小麦、玉米回归方程中劳动资本相对价格对机械劳动比的诱导系数分别为0.239、0.324、0.133、0.219，意味着劳动资本相对价格每增加1%，则粮食、水稻、小麦、玉米的机械劳动比分别增加0.239%、0.324%、0.133%、0.219%。这当中，劳动资本相对价格上涨对小麦机械劳动比的诱致系数最小，这并不意味着小麦机械替代能力最低。原因是小麦是最早实现联合收割机跨区作业的粮食品种，机械化水平最高，相对水稻和玉米而言，进一步提升小麦机械化水平的空间较小，从而诱致系数相对偏低。

表3.17 劳动资本相对价格变化诱导粮食生产机械投入的模型估计结果

	机械劳动投入比			
	三种粮食	水稻	小麦	玉米
劳动资本相对价格	0.239***	0.324***	0.133***	0.219***
	(12.00)	(12.80)	(3.62)	(8.30)
农业劳动力	−0.166*	−0.488*	−0.459**	−0.452***
	(−2.49)	(−2.17)	(−2.60)	(−3.99)
机械总动力	0.142***	0.040	0.173**	0.302***
	(4.03)	(0.89)	(2.36)	(6.44)
人均耕地面积	0.228***	0.223***	0.438***	0.132
	(3.79)	(2.92)	(3.52)	(1.66)
人口老龄化	0.035***	0.046***	0.021*	0.033***
	(5.88)	(6.18)	(2.12)	(4.24)
受教育年限	0.335***	0.405***	0.390***	0.206***
	(13.87)	(13.21)	(7.82)	(6.42)
农业税	−0.081*	−0.062	−0.226***	−0.036
	(−2.48)	(−1.51)	(−3.38)	(−0.85)
财政支农支出	0.144**	0.345***	0.247	0.071
	(2.61)	(3.34)	(1.46)	(0.66)
城镇化	0.781***	0.273	0.494**	1.195***
	(5.27)	(1.45)	(3.21)	(6.08)
地区固定效应	控制	控制	控制	控制
时间固定效应	控制	控制	控制	控制
R^2	0.90	0.85	0.72	0.84
F统计量	285.23***	178.91***	66.09***	162.71***
样本数	702	432	594	594

总体而言,上述回归结果验证了诱致性技术变迁假说,即在劳动力资源相对紧缺的背景下,农户可以通过增加价格相对低的机械投入来缓解劳动力价格上涨冲击以及劳动供给不足的问题,这对粮食生产规模不断扩大具有较好的解释力。按照舒尔茨的观点,改造传统农业需要引入现代化的生产要素,而生产要素作为收入流的来源,具有一定的价格,当新生产要素相对传统生产要素价格更低的时候,获得收入流的代价就更低,从而农户就有了投资的动力,追加新的生产要素就构成了农业经济增长新的源泉和动力。因此,劳动力作为传统生产要素的价格不断上涨,以及机械技术的大范围采用,不断推动着粮食生产向现代生产方式转型。需要指出的是,面对劳动力价格上涨冲击,粮食生产具备成功使用机械技术的条件。一方面,粮食生产的国家战略地位使得粮食机械技术供给较为充分;另一方面,由于粮食生产环节较少,每一生产环节的标准化程度高,更有利于实现机械替代。

此外,其他控制变量回归结果基本符合预期。机械总动力的提升对机械劳动比有显著的正向影响,主要原因在于随着农机数量以及农机总动力的不断增加,农业机械的社会化、市场化服务水平不断提升,从而农户购买生产性服务的机会增加。由于机械与土地为互补的生产要素,人均耕地规模的扩大同样有利于机械技术的采用。人口老龄化对机械劳动比存在显著的正向影响,这和胡雪枝和钟甫宁(2012)的研究结论一致,即揭示了人口老龄化并不构成粮食生产约束条件的成因。受教育水平提升以及政策支持均有利于机械技术的采用。

三、结构调整能力分析

前述分析显示,劳动力外出务工、劳动力价格上涨一定程度促进了粮食生产规模的扩大,但不同粮食作物面对禀赋约束变化表现出一定差异,这种差异和作物生产的结构调整能力有关。认识和了解不同粮食作物的结构调整能力,对于进一步推进农业供给侧结构性改革具有一定政策涵义。

Nerlove(2001)在研究中国粮食播种面积调整问题时,假设当期最优播种面积与上期实际播种面积之差和相邻两期的实际播种面积之差正相关,二者相关关系可以表示为:

$$Y_{i,t}-Y_{i,t-1}=\gamma(Y_{i,t}^d-Y_{i,t-1})+\varepsilon_{i,t} \tag{3.23}$$

其中,$Y_{i,t}$ 为当期实际播种面积,$Y_{i,t-1}$ 为上期实际播种面积,$Y_{i,t}^d$ 为当期最优播种面积,反映的是供需结构平衡状态下的粮食播种面积;γ 为结构调整参数,反映粮食生产根据市场需求变化进行调整的能力,在(0,2)之间取值,取值越大,说明结构调整能力越强。$\varepsilon_{i,t}$ 为随机误差项。

由于粮食最优播种面积不易直接观察,Nerlove(1958)的适应性预期模型假设最优播种面积是粮食预期价格的函数,函数模型可以表示为如下形式:

$$Y_{i,t}^d=\alpha+\beta P_{i,t}^e+\theta X_{i,t}+\varepsilon_{i,t} \tag{3.24}$$

式中,$P_{i,t}^e$ 为粮食预期价格;$X_{i,t}$ 为相关控制变量。

将式(3.23)代入式(3.24),可以得到结构调整参数的估算模型:

$$Y_{i,t}=\alpha+\beta_1 Y_{i,t-1}+\beta_2 P_{i,t}^e+\theta X_{i,t}+\varepsilon_{i,t} \tag{3.25}$$

其中,结构调整参数表示为 $\gamma=1-\beta_1$。为了进一步估计粮食生产的结构调整参数,相关控制变量主要选择常规投入要素,即农业劳动力、农业机械总动力以及耕地面积,为避免共线性问题,将耕地面积调整为人均耕地面积。

通过对模型(3.25)的参数估计,计算得到粮食生产的结构调整参数。具体估计之前,有两方面的问题需要处理:第一,粮食预期价格 $P_{i,t}^e$ 难以直接观测,需要对此进行合理预测;第二,回归模型中包含了被解释变量的滞后项,会带来一定内生性问题,从而导致回归结果有偏、非一致性,需要选择合适的回归策略。价格预测方面,这里主要使用移动平均(MA)进行处理,并通过条件 MLE 估计。回归策略方面,由于解释变量包含了被解释变量的滞后项,为"动态面板数据",采用固定效应估计会造成"动态面板偏差",研究选择动态面板广义矩估计(GMM)进行回归拟合。具体估计方法主要使用差分 GMM 方法,其思想是通过对数据进行差分转换,将滞后项作工具变量处理,可以有效回避解释变量内生性问题。通过GMM估计,可以得到一致估计量。表 3.18 给出了对模型(3.25)的估计结果,从 Sargan 检验和 AR(2)检验的结果来看,使用 GMM 估计是有效、可靠的,适合用来分析。

表 3.18　　　　　　　粮食结构调整参数的模型估计结果

分类	粮食播种面积		
	1991～1999 年	2000～2009 年	2010～2016 年
粮食播种面积	0.754***(13.76)	0.679***(10.81)	0.549***(14.27)
粮食预期价格	0.105*(2.36)	0.235**(2.62)	0.128(1.84)
农业劳动力	0.226***(4.48)	0.093(0.68)	0.082(1.78)
机械总动力	0.120***(3.99)	0.112*(2.17)	0.079***(4.31)
人均耕地面积	0.114***(4.07)	0.036(0.75)	0.058*(2.16)
Sargan 检验	0.156	0.121	0.113
AR(2)	0.162	0.119	0.227
样本量	270	300	210

注:因存在滞后解释变量,数据起始年份调整为 1991 年。

根据结构调整参数的表达式 $\gamma=1-\beta_1$,以及表 3.18 中的参数回归结果,可以计算得到粮食作物在不同历史时期的结构调整参数(见表 3.19)。结果显示,在 1991～1999 年、2000～2009 年、2010～2016 年三个阶段,粮食结构调整参数分别为 0.246、0.321、0.451,参数取值不断增大,这意味着中国粮食生产结构调整能力不断提升。假设在 1991～1999 年将粮食生产规模调整到符合供需平衡状态下的最优生产规模需要 4 年[①],2000～2009 年则需要 3.12 年,2010～2016 年则减少为 2.22 年,将粮食生产调整到理想状态所需要的时间不断缩短。随着可获得投入要素的不断增加,以及相关政策的支持,粮食综合生产能力有了很大进步,加之市场化改革的不断推进,农民能够灵敏且迅速地对市场变化做出反应,推动粮食结构调整能力不断向前发展。

---

① 将这一时期结构调整期限设定为 4 年,主要依据是结构调整参数的倒数。

表 3.19　　　　　　　粮食结构调整参数的计算结果

	1991~1999 年	2000~2009 年	2010~2016 年
粮食调整能力系数	0.246	0.321	0.451

分品种来看,不同样本期内水稻、小麦、玉米的结构调整参数均在不断提升,其中玉米提升幅度最大,水稻次之,小麦最小(见表 3.20)。这和表 3.16 的回归结果相似,说明面对市场变化,玉米调整能力最强,小麦调整能力最弱,水稻居中。在 2010~2016 年,将生产规模调整到满足供需平衡状态下的最优生产规模,玉米需要 1.56 年,水稻需要 2.30 年,小麦则需要 2.79 年,小麦调整所需要的时间是水稻的 1.21 倍,玉米的 1.79 倍。作为主要的口粮作物,小麦调整能力偏低的特点有可能对粮食安全构成一定威胁。前面分析曾指出,20 世纪 90 年代以来,水稻价格增加了 1.21 倍,玉米价格增加了 1.09 倍,小麦价格仅增加了 0.79 倍,虽然玉米价格依然低于小麦价格,但二者的差距不断缩小,价格上涨对水稻和玉米的刺激作用明显强过小麦。而且对于玉米生产而言,饲料粮和工业用粮需求的上升,也在很大程度调动了农户玉米生产的积极性。除此之外,也有一些现实因素制约着粮食结构调整能力的提升。中国玉米生产从东北到西南均有广泛种植,水稻分布在秦岭—淮河以南的水田区,近期在东三省也获得了较快发展,而小麦主要分布在华北平原地区,近 70%的小麦生产集中在河南、山东、安徽、河北、江苏五省(陈飞等,2010)。由于小麦对光热资源等自然条件的严格要求,导致其结构调整空间相对局限,在结构调整过程中面临着一定的资源禀赋约束。

表 3.20　　　　　不同粮食作物结构调整参数的计算结果

分类	粮食调整能力系数		
	1991~1999 年	2000~2009 年	2010~2016 年
水稻	0.191(23.16)	0.293(20.44)	0.434(12.16)
小麦	0.221(21.99)	0.258(18.71)	0.359(6.86)
玉米	0.299(15.54)	0.447(8.44)	0.640(7.59)

注:括号内数字为结构调整参数估计量的 t 统计量。

总体而言，中国粮食生产的结构调整能力不断提升，对市场变动的反应愈发灵敏，这对于保障国家粮食安全具有积极意义。但也应当指出，人多地少的耕地矛盾依然是中国农业生产面临的主要挑战，通过播种面积增加来提升粮食产能无疑会挤占经济作物播种空间，从而加深农产品供给结构性矛盾。加快农业供给侧结构性改革，提升农产品供给质量和丰富度，需要提升粮食单产水平，通过单产水平提升来提升粮食综合生产能力，从而为农业结构调整创造更大空间。此外，虽然机械化是粮食生产的主要技术进步方向，但在实施"藏粮于地、藏粮于技"的粮食发展战略中，也应当注重粮食品种的研发，改善粮食品质。同时，根据粮食生产的生物学特性，研发适应不同环境生长的粮食品种同样重要。

本章小结

一、中国劳动资本相对价格不断上涨，2007年拐点特征明显，之后呈加速上升趋势。地区间，东部地区劳动资本相对价格最高，中部地区随后，西部地区最低。地区间要素相对价格差异存在进一步扩大的趋势，充分说明了要素禀赋优势的地区差别，即东部地区具有资本相对丰裕的优势，西部地区具有与劳动力相对丰裕的优势，中部地区处在二者之间。

二、在相对价格快速上涨的诱导下，中国农业技术进步逐渐由偏向使用劳动转向偏向使用资本，技术进步偏向使用资本的程度不断加深。不过，不同作物生产的技术选择模式存在显著差异，粮食作物的技术选择主要以提升劳动生产率为特征的节约劳动型技术，经济作物的技术选择主要以提升土地生产率为特征的节约土地型技术。近年来，粮食产出增加对劳动力的依赖大幅下降，经济作物产出增加对劳动力的依赖依然较强，粮食作物的要素替代弹性远超经济作物。

三、粮食作物亩均净收益低于经济作物，劳均净收益高于大多数经济作物，但无论是亩均净收益还是劳均净收益的增速水平均超过经济作物，粮食生产的比较优势不断提升；在粮食作物内部,水稻生产具有绝对优势,小麦具有相对比较优势,玉米具有相对比较劣势,但小麦正逐渐由相对比较优势向相对劣势转变,而玉米则逐渐由相对比较劣势向相对比较优势转变。

四、劳动力价格上涨显著促进了粮食生产比例的扩大,其中的逻辑在于劳动力价格上涨诱使粮食生产大量采用机械技术,通过机械替代劳动缓解劳动供给短缺冲击,加快粮食生产向现代生产方式转型。

五、面对劳动力价格上涨,水稻、小麦、玉米生产基本遵循这一逻辑,但受水稻和玉米价格相对小麦价格上涨的诱导,水稻和玉米生产存在对小麦的替代。从中可以得出这样的判断,要素市场的发展变化并不构成粮食生产的约束条件,但产品市场的发展变化会对粮食生产产生重要影响。稳定粮食生产,一方面,需要把握要素市场与产品市场的价格变动规律,理顺二者之间的关系；另一方面,也需要理顺粮食价格之间的关系,围绕粮食结构调整目标,完善农业补贴政策,提高粮食补贴政策的指向性、精准性和有效性。

六、此外,人口老龄化不构成粮食生产的约束条件,粮食相对经济作物比较优势的提升也有助于粮食生产比例的扩大,取消农业税同样有助于粮食生产比例的扩大,但提升抗灾能力方面的政策努力对稳定粮食生产的作用没有得到有效发挥,需要进一步加强农田水利基础设施建设,提升抵御自然风险的能力。

七、中国粮食生产结构调整能力总体不断提升,但依然存在较大发展空间,还需要进一步培育粮食结构调整能力,挖掘粮食生产潜力。受产品价格激励以及调整空间范围限制,小麦结构调整能力(0.359)明显弱于玉米(0.640)和水稻(0.434),其调整能力提升的速度也落后于玉米和水稻。补齐短板,加快小麦结构调整能力的提升,是促进粮食作物综合调整能力提升的重要环节。

总体而言,劳动供给短缺变化以及劳动力价格上涨不构成粮食生产的约束条件,这对于保障中国粮食安全具有积极意义。但在耕地资源有限的情况下，粮食播种面积不断扩大，无疑会挤占经济作物生产空间，加大粮食库存压力和财政负担，降低耕地资源的使用效率。应当充分把握粮食产能大幅提升的有利时机，总结粮食生产经验，选择具备改革条件的典型地区进行改革试点尝试，探索农业生产转方式、调结构的可能性。调减低效粮食播种面积，同时加快优质粮种的研发力度，提升单产水平，促进粮食综合生产能力提升由依赖播种面积扩大转向单产水平提升上来，从而释放更多结构调整空间。中国农业技术大体遵循诱致性变迁理论刻画的技术进步路径在发展演进，这有利于缓解稀缺要素对农业生产的约束，但中国的诱致性技术进步水平总体是缓慢的，并且存在明显的产品偏向，技术进步是非均衡和非充分的。由于技术进步有助于推动生产结构转型，技术进步方向在很大程度上决定了结构转型的方向，作物生产技术选择模式的差异，有可能构成结构矛盾的主要成因。

第四章　农村劳动禀赋变化与粮食生产区域转移

　　食为政首,农为邦本。粮食安全一直是一个关乎国计民生的重要议题。虽然中国粮食连年丰收,但粮食供需一直处于紧平衡状态。随着人口的增长、消费的升级,以及国际形势的不确定性、不稳定性加剧,粮食安全显得尤为重要。改革开放以来,大规模农村劳动力跨部门、区域转移也引起了社会各界的广泛关注。农村劳动力转移形成的农业生产劳动投入减少,以及投入劳动的偏老龄化、女性化、幼龄化的现象,也引发了关于粮食安全的担忧。然而,从近四十年的数据来看,农村劳动力转移规模越来越大,粮食生产的规模并没有因为农业劳动力转出而减少,粮食播种面积和产量都呈上升的态势,但粮食生产区域分布却发生了较大变化。那么,农村劳动力转移对粮食生产分布的影响机制是什么?农村劳动力转移是在非农收入迅速上涨的背景下,农民的理性决策,农业劳动力具有持续大规模转出的趋势;地方政府寻求经济的发展,希望跳出"产粮大省,经济弱省"的怪圈,这种情境下,粮食安全如何保障?

　　中国粮食生产区域转移与集中趋势凸显。中国粮食供给实现了从长期短缺到总量基本平衡、丰年有余的历史性转变,2020年粮食总量达1.34万亿斤,完成了自2004年以来的"十七连丰"。粮食生产分布的区域化和专业化趋势凸显,粮食生产逐渐走向集中。具体表现为,粮食生产区域分布逐渐集中,20世纪50年代各个地区的粮食流通较少,净调出省份达27个,而现有的粮食净调出地区仅剩黑龙江、吉林、内蒙古、河南、安徽 5 个省份。粮食生产逐渐北移，由"南粮北运"转变为"北粮南运"，以前有名的"鱼米之乡"，如浙江杭嘉湖地区已由粮食调出地转变为调入地，粮食产量减少并出现弃粮撂荒现象；东北地区粮食生产规模逐渐扩大，由"北大荒"演变为"北大仓"。粮食生产分布的演变，是区域内农户粮食生产决策的总体反映。农业劳动的减少，导致农户使用资本替代劳动力，大量节约劳动的技术、服务、农业资本逐步推广。资本投入的增加，尤其是农业机械规模的扩大，农业技术服务的发展，集中区相对于转移区和调入区具有更大的资本投入增幅。技术进步和资本投入的增加有效地弥补了劳动投入对农业生产的负面影响，是农业产出增加的主要动力。劳动力转出对农户的农地经营规模产生负面影响，抑制农地转入，促进农地转出；而劳动力转出对资本投入的促进作用，又对农地经营规模扩张产生正向影响。劳动力转移增加了市场上的土地供给，而资本投入增加则通过提升农民农业经营能力强化了农地需求，二者共同促进了农村土地市场的发育。

　　农村劳动力转移对粮食生产的影响，依赖于区域禀赋条件。农村劳动力转移对粮食生产区位转移具有重要影响，构成了粮食生产产业转移、集中的推拉力量，赋予区域粮食生产新的比较优势。在不同区域，农业生产投入决策和种粮决策存在明显差异，在购买机械、雇用劳动、购买服务、种粮比例等方面，集中区最高，其次是调入区，转移区最低。在农业生产规模调整方面，集中区的租入耕地比例较高，而转移区的撂荒现象更严重。粮食生产是自然再生产和经济再生产的结合，承担着巨大的自然风险和市场风险，其天然的弱质性决定了政府政策调整直接影响粮食生产，地方政府对于经济发展、粮食安全目标的一致和冲突与否也促进了粮食生产分布变化。

　　农村劳动力转移之所以能影响到区域粮食生产转移，不仅在于农村劳动力转移影响区域内粮食生产规模的缩小，而且影响粮食生产方式的改变，包括要素替代、要素投入方式等的改变，在区域禀赋的约束条件下，进而影响区域粮食生产分布演变（图 4.1）。

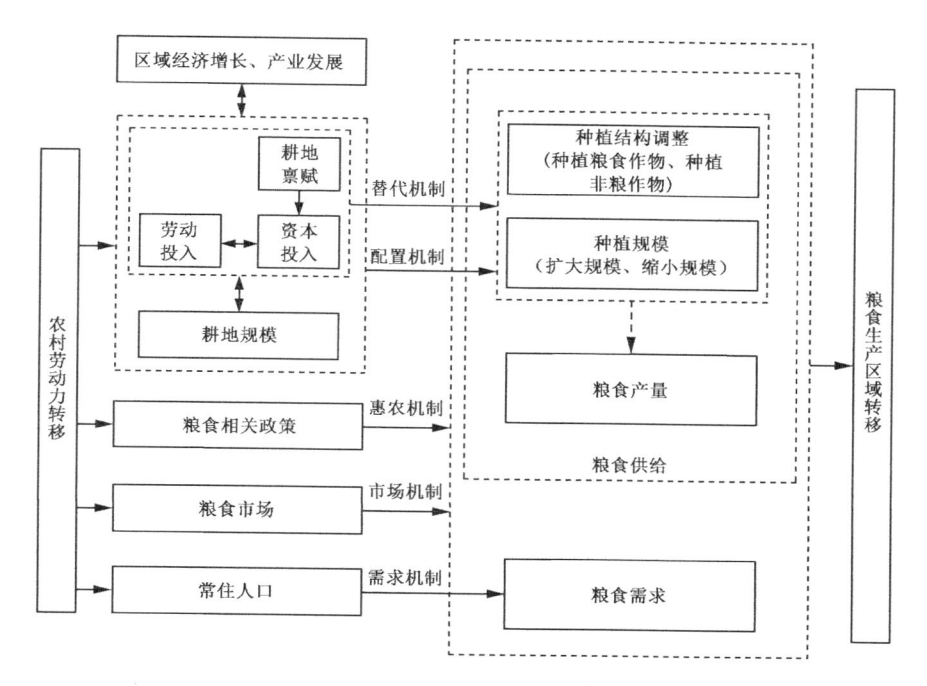

图 4.1　农村劳动力转移对粮食生产转移的作用机制

第一节　农村劳动禀赋变化与粮食生产区域转移过程

　　本章的目的在于揭示农村劳动力转移对粮食生产区位调整的影响。在充分了解农村劳动力转移特征和粮食生产分布演变的基础上，通过系统的理论和实证，分析农业劳动减少对粮食生产的作用机理，探讨农村劳动力转移对粮食生产分布的具体影响。通过讨论农户在农业劳动力减少的情景中，其农业生产决策，包括农业资本投入变化、种植结构调整、生产规模改变等，进而分析不同区域粮食生产情况变化，提炼出农村劳动力转移对区域粮食生产的异质性作用。总结农业资本对农业劳动替代，及其对农地经营规模的影响机制，并给出相关的经验证据。构建劳动力转移引起农业投入结构变化进而影响农业生产的理论框架，并设计实证模型检验相关结果。分别讨论转移区和集中区粮食生产变动的原因，及农村劳动力转移所形成的农业劳动减少在其中的作用，增强本章研究结果的稳健性，借此判断中国粮食生产分布的未来走势，探明区域化和专业化分工的潜在空间和路径选择，为推动农业生产的适度规模经营和有效保障粮食安全提供依据和参考。在厘清农村劳动力转移对粮食生产分布的影响机制基础上，探讨农业劳动减少形成的要素投入改变、种植结构调整及对粮食生产的冲击，由此归纳出粮食生产调整路径，以便于发挥各地区的比较优势，促进粮食生产的优化布局，保障粮食安全。研究价值可以体现在以下三个方面：

（1）有利于揭示农村劳动力转移对粮食生产的作用机理和关于粮食安全的新要求。通过分析地区粮食生产的演变规律，以及农业劳动力减少，农业资本增加所形成的要素对流，及其对农业生产退出和农业生产规模扩张的作用和对土地要素市场发育的影响，分析农村劳动力转移对粮食生产的"一致"抑或"冲突"的效应，判断粮食生产的未来趋势，进一步有效地保障粮食安全。

（2）完善要素市场化配置。厘清农村劳动力转移所导致的农业部门要素投入变化及其对粮食生产的冲击，对于完善要素市场化配置具有重要意义。农村劳动力转移既是农村劳动要素重新配置过程，也是区域分工和专业化演进的过程。2020年中共中央国务院《关于构建更加完善的要素市场化配置体制机制的意见》的出台，也预示着要素优化配置将更加重要，作为劳动要素市场化配置的关键部分，农村劳动力转移的区域、部门配置对要素市场化配置的完善具有决定性意义。

（3）有利于政府政策的优化。粮食是一种劳动密集型产品，具有生长周期长、自然资源禀赋依赖性强等特性，使得粮食生产一直属于弱势产业，其生产、销售、流通、储存等各个方面都需要政府的扶持和干预，并具有保障国家安全的公共服务性质。将粮食的研究纳入国民经济发展中，探讨与中国经济转型、城乡融合，对于优化政府支农惠农政策、缓解"三农问题"、实现粮食安全长效机制也具有一定的指导作用。

一、要素替代

对于农户家庭而言,劳动力外出导致了家庭农业生产经营劳动投入的减少,由于劳动投入的减少,为了维持现有的农业生产规模,必然会增加资本投入,形成资本对劳动的替代。而资本对劳动的替代容易程度,则与区域资源禀赋条件相关,主要与耕地禀赋有关,包括土地的坡度、土壤的质量等。一方面,区域经济增长和产业的发展,使得劳动和资本投入农业生产的机会成本增加,投入农业生产经营中的劳动和资本减少;另一方面,农业生产的低收益,使得资本在农业部门相对于在非农部门的收益也较低,这样就造成了农业生产中资本投入意愿并不高。根据浙江大学微观调查数据(表2.21),转移区购买机械、雇用劳动、购买服务相较于集中区和调入区都是最低的,分别为32.8%、8.01%、37.93%。从区域资本投入来看,在2003年转移区的农业机械总动力低于集中区之后,历年的农业机械总动力一直低于集中区,尤其是浙江省的农业机械总动力,增幅较小,21世纪以来呈现明显的降低趋势。

二、要素投入方式变化

区域经济增长、产业的发展,需要土地的投入,包括建设用地的扩张,产业园区、商用建筑物等,农村劳动力从农村转移到城镇,增加了城镇住房的需求,即扩大了土地的需求,这表现在转移区的建成区面积明显增加。这样就增加了农业生产中土地要素投入的机会成本,使得农业生产的耕地规模减小,进而形成区域内要素(劳动、资本、土地)投入方式变化。加之,劳动投入的减少,以及资本投入增幅不大,改变农业生产中要素投入方式,进而促进粮食生产转移。从表4.1的数据可知,转移区农户的农地租出率最高,达到22.35%,租入率较低,只有11.68%。

三、粮食政策完善

农村劳动力转移,尤其是大量青壮年男性劳动力转移,引发了关于

"谁来种地"的担忧,特别是在1997~2003年粮食产量的下跌之后,政府开始取消农业税,建立农业补贴制度,以提高农户从事农业生产积极性,但农业补贴对于农业生产的低收益来说,刺激作用并不大。政府针对水土流失、土地沙化、肥力下降、环境污染等一系列的生态问题制定了退耕还林政策,其中包括四川省的试点,及后面增加的重庆、湖北等地区。另外,在"米袋子"省长负责制方面,放松了关于省长责任制的产量要求,加速了一些地区的粮食生产转移。

四、粮食市场建立

农村劳动力转移与粮食市场化改革是同步的,农村劳动力转移所形成的区域粮食生产转移,离不开粮食市场的建立和完善。1982年中国成立新商业部,统筹管理全国粮食流通,以1998年国务院发布《关于进一步深化粮食流通体制改革的决定》提出实行"政企分开、中央与地方分开、储备与经营分开、国有企业新老财务挂账分开、完善粮食价格机制"的"四分开,一完善"管理原则,以及1999年提出的"三项政策,一项改革"要求为标志,实现了由粮食价格直接定价向间接调控的转变。2004年出台的《关于进一步深化粮食流通体制改革的决定》等相关配套文件及《粮食流通管理条例》,标志着粮食收购市场和收购价格全面放开。粮食市场的建立尤其是粮食流通体制的建立,使得区域粮食的需求可以由其他地区调入,降低了其粮食生产压力,促进了粮食生产转移。

五、粮食需求增加

农村劳动力转移,不仅带来区域粮食生产中劳动投入变化,而且也带来区域人口变动,中国的转移劳动力几乎大部分时间都在就业地工作和生活,只有春节、农忙或者家里有要事才返回农村。这就形成了劳动力输入地的常住人口增加,引起输入地的粮食需求扩大。在农村劳动力转移逐渐放开之后,转移劳动力进城或者跨区域转移不需要自带口粮,并且随着粮食市场的完善,转移劳动力在输入地消费粮食,而本区域内粮食供给减少或者增幅不大时,就会形成供需缺口,需要从其他地区调入粮食,进而造成区域粮食生产转移,例如:浙江、广东作为劳动力输入地区,也演变为粮食调入区,粮食生产发生转移。

第二节 劳动禀赋变化与粮食生产区域转移的理论与文献回顾

理论回顾是本章研究的逻辑起点,根据相关理论与本章研究的密切程度,选择经济结构转换理论、技术变迁理论和比较优势理论进行阐述和分析,为实证研究奠定基础。

一、相关理论

结构转变对于促进经济增长方式转型具有重要意义,经济学家从不同角度出发提出了各种经济结构转换理论和方法,这些理论和方法一定程度揭示了经济结构转换的轨迹和内在规律。对这些理论和方法进行回顾,是深入地研究种植结构调整问题的基础。

(一)刘易斯二元经济转化理论

刘易斯指出,发展中国家普遍存在二元经济结构现象,即劳动生产率偏低的传统农业部门和劳动生产率较高的现代工业部门并存。其在《劳动力无限供给条件下的经济发展》一文中,构建了二元经济理论模型,该模型简明同时兼具包容的特点,经刘易斯本人以及其他一些经济学家的扩展和完善,逐渐成为分析发展中国家经济结构转换、城乡关系变迁、劳动力转移、要素收入分配、生产技术选择及变化等一系列重要经济问题的分析框架。

二元经济模型强调资本积累的重要性,同时强调现代工业在经济发展中的地位,而工业发展需要农业部门提供廉价剩余劳动力。该模型假设:(1)发展中国家的农村劳动力供给是无限的;(2)城市部门不存在失业,现代工业发展可以无限吸收农村剩余劳动力;(3)劳动力工资水平仅够维持劳动者生存的工资水平,且保持不变。在这一模型中,当农村收入水平低于城市收入水平时,工业部门增加资本投入所创造的就业机会将吸引农村地区人口流向城市,随着人口流动性增加,农村地区收入水平不断提高并最终和城市地区等同,从而推动一国经济由二元结构向一元结构转型。可以借助图 4.2 对结构转换进程做进一步说明。

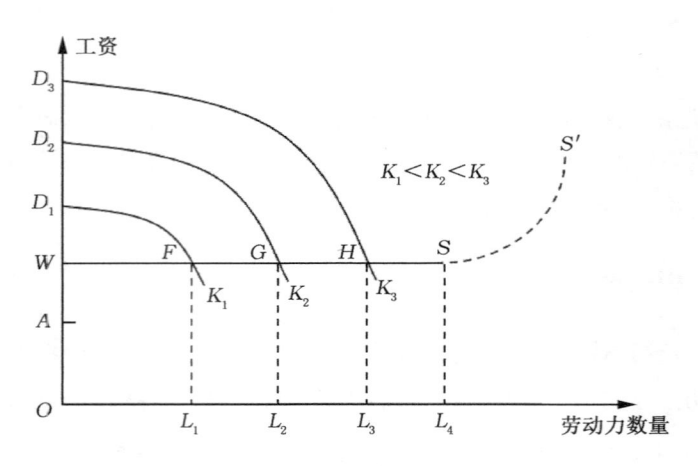

图 4.2　刘易斯劳动力转移模型

图中,横轴代表雇用劳动力数量;纵轴代表工资水平,其中 OA 表示从事农业生产的工资,OW 表示从事工业生产的工资;WSS' 代表劳动供给曲线;D_1K_1、D_2K_2、D_3K_3 为不同资本投入水平下的劳动生产率曲线(即劳动需求曲线),劳动供给曲线和劳动需求曲线的交点决定了劳动力的雇用数量。初始阶段,资本投入水平为 K_1,工资水平为 OW,由于 $OW > OA$,农业劳动供给具有完全弹性,工业部门可以获得无限农业劳动供给,劳动供给为直线 WS;随着劳动力雇用数量不断增加,资本劳动比开始下降,劳动边际产出随之减少(如曲线 D_1K_1 所示)并与 WS 相交于 F 点,此时劳动力雇用数量为 OL_1,工业总产出为 OD_1FL_1,支付工资总额为 $OWFL_1$,二者差值 D_1FW 即为工业剩余。工业剩余作为资本追加投入生产(资本投入由 K_1 增加到 K_2),进而创造更多的就业机会,劳动需求曲线上升为 D_2K_2,随着劳动力雇用数量的增加,资本劳动比再次下降,劳动边际产出随之减少,此时劳动力雇用水平上升为 OL_2,为了扩大生产,工业剩余再次作为生产资本追加。重复以上过程,工业部门产出剩余不断增加,资本积累不断加快,生产规模不断扩大,同时农业劳动雇用水平不断提升。当农业剩余劳动力全部转移至工业部门时,农业劳动力的边际生产率水平也随之提升,工业部门的再扩张需要提高工资水平,才能获得更多的农业劳动力。此时,工业部门要得到更多的劳动力,就不得不提高工资水平。此时,劳动供给曲线变为 SS'。

刘易斯的二元经济模型将经济增长与人口流动联系起来,符合大多数发展中国家的经济特点,其勾勒的经济增长路径也与许多发达国家走过的道路有相似之处,因此该模型具有一定的经验基础。不过,也有学者指出了刘易斯模型存在的缺陷和不足:首先,最受争议的就是"零值边际劳动生产率"假设,虽然发展中国家传统农业部门劳动生产率偏低,但要素配置是有效率的,劳动力无限供给的情形并不存在。其次,刘易斯模型忽略了农业发展的重要性,认为农业从属于工业,是只能够为工业部门提供廉价劳动力的消极部门,该模型没有考虑在农业技术水平不变的情况下,大量边际生产率不为零的劳动力转入工业部门,必然会降低农业产出水平,从而导致工资上涨,限制工业部门的扩张(孙月平,2004)。第三,刘易斯模型假设农业部门存在剩余劳动力,而城市部门不存在失业,这与发展中国家的现实情况也不相符,在城市地区,往往存在严重的失业问题。第四,刘易斯模型假定要素投入比例不变,认为就业创造率和劳动转移率与资本积累率呈固定比例关系增加,这一假定忽略了技术进步方向的变化,伴随着现代工业部门的发展,经济增长会越来越倾向于采用资本密集型的技术,从而会造成对就业机会的部分替代(程名望,2007)。第五,城市工资不变的假设也不符合实际,在发展中国家,城市工资往往是不断上升的。

(二)拉尼斯和费景汉的改进

拉尼斯和费景汉(1961)对刘易斯结构发展模型做了进一步拓展,将劳动力城乡转移与工农业的发展联系起来,明确提出二元结构理论,并将经济发展划分为三个阶段。

第一阶段,劳动力的无限供给阶段。在这一阶段,农业部门存在大量剩余劳动力,边际劳动生产率为零,从农业部门转移出一部分劳动力,并不会减少农业总产出,粮食短缺问题也不会发生。由于农业部门存在大量剩余劳动力资源,工业部门得以用不变制度工资吸纳这部分剩余劳动力资源,之后农产品剩余增加,产品剩余增加对推动农业劳动力流动和工业部门扩张具有重要意义。

第二阶段,粮食短缺阶段。工业扩张诱使大量农村剩余劳动力转移至城市工业部门,虽然农业部门劳动力的边际生产率依然低于不变制度工资,但随着劳动投入的下降,劳动边际生产率不再为零,并逐渐提高。此时转移任何一单位的农业劳动力,都会使农业总产出下降,粮食供给出现短缺,粮食价格上涨,工业产品比较价格下降。为满足转移劳动力的粮食消费需求,工资水平上涨,工资上涨会制约工业部门扩张的速度,从而影响农村劳动力转移的规模和速度。由此,拉尼斯和费景汉提出平衡增长模式,认为在工业增长的同时,需要改善农业技术水平,维持并促进农业产出增长,以保障工业稳定增长。

第三阶段,农业剩余劳动力全部转移至工业部门,留在农村地区的这部分劳动力的劳动生产率逐渐高于制度工资,工业扩张所需要的更多的劳动力资源不得不以提高工资为代价。农民和工人的工资水平将由劳动边际产出决定,市场力量成为决定工资水平的主要因素。与此同时,由于农业劳动的生产率水平不断提高,农业消费相应提高,结果农产品剩余会更快下降。

拉尼斯-费景汉模型给出的重要启示是,如何把边际生产率大于零但小于制度工资的那部分劳动力转移至工业部门是发展中国家经济发展的关键。第一阶段中大量边际生产率为零的剩余劳动力转移不会造成农业产出的下降,从而不会影响工业扩张。但随着边际生产率为正的农业劳动力加快转出,如果不改变现有的农业技术水平,将会降低农业总产出,从而导致农产品价格提高,为了维持工人的生活水平,工资必须提高,这将阻碍工业部门进一步扩张。如果农业劳动力在转移的过程中,农业技术水平的提高足以使农业剩余不至于下降,一方面可以使农业劳动力城乡流动不受阻碍;另一方面也可以促进农业生产率水平的提升,保持工业和农业平衡发展的局面。因此,平衡增长路径要求加大对农业部门的投资,改善农业生产条件,提升农业生产技术水平。

作为对刘易斯模型的重大发展,拉尼斯-费景汉模型的主要改进和创新体现在以下几个方面。首先,该模型认识到农业发展的重要性,强调农业和工业平衡发展。农业部门不仅可以为工业部门输送劳动力,同时可以为工业部门提供农业剩余,如果没有农业剩余保障,工业扩张就会受到限制。其次,强调技术进步的作用。刘易斯模型将资本积累视为工业扩张的唯一动力,认为只有资本积累,技术进步才能得以体现。而拉尼斯-费景汉模型则强调资本积累和技术进步同样重要,二者同样是经济发展的动力和源泉。第三,要素比例可以变化,技术进步存在不同偏向。刘易斯模型中假定资本积累和劳动吸收同比例变化,要素比例固定不变,技术进步为中性。拉尼斯-费景汉模型注意到技术进步存在要素偏向的可能,要素比例可以变化。这一认识至关重要,提醒发展中国家在技术开发和技术引进的过程中要防止密集使用资本的倾向,而应结合本国资源丰缺性特点,引进先进适宜技术。当然,拉尼斯-费景汉模型同样保留了刘易斯模型的部分缺陷,如忽视工业部门的失业问题、把工业工资看成是由农业收入决定的。事实上,城市部门不仅存在失业,而且城市工资水平也总在上升。除此之外,假定劳动力无限供给阶段以及粮食短缺阶段的农业劳动者工资不因劳动生产率的变化而变化也是不符合实际的,因为农民的生活水平随着农业发展总是不断提高的。

(三)钱纳里的结构转换理论

钱纳里指出发展的过程就是经济结构转变的过程,根据二元经济理论,一国经济系统大致可以划分为传统农业部门和现代工业部门两个相互关联的子系统,结构转变就是实现由传统农业部门向现代工业部门的转变。转变的实质在于生产要素在不同部门间的重新配置,实现要素生产率的均衡。当生产要素按照生产率高低的顺序由较低的部门转移至较高的部门,能够加速经济增长。由于发展中国家普遍存在二元结构现象,要素生产率在不同部门间的非均衡现象尤为突出,结构调整的余地较大,从而促进经济增长的潜力也就更大。因此,结构转换对于发展中国家经济增长具有重要意义。

钱纳里将经济结构转变划分为逐次推进的三个阶段:(1)初级产品阶段。农业生产占据统治地位,由于技术水平相对低下,这一阶段的发展进程较为缓慢。(2)工业化阶段。经济发展的重心逐渐由以初级产品生产为主转向以工业生产为主,工业对经济增长的贡献开始上升,并超过初级产品生产的贡献。随着资源投入由初级农产品部门转向工业部门,生产的比较优势也逐渐转向工业制成品部门,带来工业部门的不断扩张和农业部门的相对萎缩。该阶段中农业劳动比重下降,工业劳动比重上升,并且随着资本的加速积累,结构转变的进程不断加快,工业份额快速增加。(3)发达经济阶段。这一阶段经济结构转换趋于完成,传统农业部门也完成了向现代农业的改造,经济结构一元化。该阶段中农业劳动比重继续下降,工业劳动比重先上升后下降,服务业劳动比重持续上升,这一阶段结构转变的进程不断加快,服务业份额快速增加。

从钱纳里对经济结构转变的描述来看,随着经济结构的不断转变,农业产值比重以及农业劳动比重持续下降,一旦工业部门吸纳了更多的农村劳动力,农业部门的资本密集度得以提升,将促进资本对劳动的替代以及相关技术水平的提升。从而传统农业部门的技术水平不断提升,生产效率不断提高。过多劳动投入和过少资本、技术投入下的低效率均衡被打破,取而代之的是更为高效的现代农业生产方式。能够看出,工业和农业发展在结构转换进程中密切关联,农业现代化转型也是结构转变的重要内容。

相对刘易斯-拉尼斯-费景汉模型,钱纳里的经济结构转换理论更具一般性和普遍性。其对发达国家结构转变轨迹和规律的观察总结,能够为发展中国家结构转变提供参考和借鉴。不过,钱纳里结构转换理论也存在一定缺陷,其对农业发展的重视程度依然不够,该理论的重点依然在于阐释工业化方面,认为工业扩张是经济结构转型的主导力量,轻视农业发展对经济转型的贡献,认为农业现代化主要依附于工业发展,处于从属和被动的地位。

(四)改造传统农业理论

研究经济增长问题的学者很多,但多数研究将工业发展放在经济增长的核心位置。认为农业是停滞的,农民是愚昧的,农业难以为经济增长做出贡献,充其量是为工业发展提供资金、劳动和市场,只有工业化才能促进一国经济快速增长。在工业化为中心的发展思路指导下,农业发展受到很大抑制,甚至有些国家以损害农业利益为代价来推动工业化发展。20世纪50年代后期,这种工业化发展战略所存在的问题不断暴露出来,按照这一发展逻辑,许多发展中国家实现了较快发展,但经济本身没有获得同样增长,人民生活水平没有多少提高,甚至出现粮食短缺问题(梁小民,1985)。在这样的背景下,舒尔茨所著《改造传统农业》应运而生。该书对发展中国家农业发展问题研究做出了开创性贡献,其对发展中国家农业发展具有重要指导意义。

舒尔茨反对轻视农业的做法,认为"农业部门不能对经济增长做出贡献的原因并不存在",最直接的证据就是日本、墨西哥以及欧洲一些国家的经济正是通过农业增长而获得快速发展。不过,舒尔茨也指出,传统农业对经济增长的促进作用有限,需要依靠现代农业才能有效促进经济增长。因此,如何发挥农业部门对经济增长的促进作用,问题的关键在于如何改造传统农业,推动传统农业向现代农业的转变。

舒尔茨指出,传统农业和现代农业二者之间的差异主要体现在生产要素的技术含量和农业生产方式上,过渡农业则是处于传统农业向现代农业过渡的非均衡阶段。具体而言,在传统农业阶段,要素投入以农民世代使用的生产要素为基础,技术水平长期保持不变。关于要素投入和技术水平长期保持不变,舒尔茨借助西方经济学中的收入流价格理论做了具体阐释。认为收入是一组流量的概念,如每年的收入流量为一美元,收入流的增加有助于经济增长。由于收入流是由生产要素创造的,增加收入流需要增加一定数量的生产要素,而生产要素作为收入流的来源是有一定价格的,故收入流也有其价格。由于收入流的价格长期保持在高水平上,农民缺乏改变传统要素投入的动力,传统农业生产要素的供求关系长期处于均衡状态。

舒尔茨进一步对"传统农业贫穷而有效的假说"进行了论证,并驳斥了两类较为流行的观点,一是传统农业生产要素配置效率低下,二是传统农业的"零值劳动学说"。舒尔茨借助帕那加撒尔和塞纳普尔两地的农业实践,论证了传统农业中要素配置效率低下的情况是少见的,农民并不愚昧,相反,农民具有经济理性,能够对市场刺激做出恰当响应。舒尔茨还以印度 1918~1919 年流行性感冒导致的农业劳动力下降使农业总产出减少的例子证明:农业产出增减变化和劳动力投入数量增减变化密切相关,在不引入新的生产要素的情况下,降低劳动投入水平必然带来农业总产出的下降,所以"零值劳动学说"是错误的观点。农业发展之所以停滞,传统的观点认为是由于储蓄率和投资率低下造成的,由于农民缺乏节约和储蓄的习惯,欠缺抓住投资机会的能力。舒尔茨反对这种观点,认为农民确实存在储蓄率和投资率低下的问题,但导致农业发展滞后的根本原因在于传统农业的收入流价格高昂,追加生产要素投入带来的边际收益率水平低下所导致的。由于要素收益率水平低下,难以对储蓄和投资构成有效刺激,农业再生产性要素较少投入农业部门,从而农业发展长期处在低水平的均衡状态,这和前面借助收入流价格理论阐释要素投入和技术水平长期保持不变是一致的。

改造传统农业的关键在于引入现代生产要素,把落后、停滞的传统农业转变为能够对经济增长做出重要贡献的现代农业部门。技术变化是这一转变的核心,技术变化是改造传统农业所需的低价的持久收入流的来源。一定意义上来说,技术变化意味着生产要素的重新组合或生产方式的变化。因此,改造传统农业的思路在于引进价格相对低廉的生产要素,以此降低收入流价格,刺激投资水平的增加,从而构成经济增长的源泉和动力。由于农户是新生产要素的需求方,其与新生产要素的供给方分别从属两个不同的利益集体,而新生产要素的供给方掌握着要素投入能否顺利增加的关键。因此,在引进新生产要素时,供给尤为重要。为了增加新生产要素的供给,需要公共部门或其他非营利性单位开发出适于本国资源禀赋的生产要素,并通过一系列有效手段将这些新的生产要素推广出去。从农户的角度来讲,要使农民改变传统的投入习惯,并乐于接受这些新的生产要素,就要确保这些生产要素是有利可图的,这取决于使用生产要素的成本和技术变化对产出水平的增益部分。在引入新的生产要素的过程中,要适时向农民提供有关新生产要素的信息,确保农民能够有效采用这些新技术。其次,转变传统的对农业增长源泉的认识,把人力资本作为农业增长的主要动力。已有资料显示,农民的人力资本水平(知识、技能、经验等)与农业生产效率密切相关,限制穷国经济增长的关键不在于生产资本的匮乏,而在于物质资本和人力资本缺乏有效的结合办法。因此,对传统农业的改造,需要加大人力资本投入,这当中,学校教育尤为重要,教育投资具有长期收益,而且有利于寻求新的、边际生产率更高的工作岗位。最后,建立一套适用于农业现代化发展的制度尤为重要。舒尔茨强调,制度的相应调整是经济现代化发展的保障,要运用市场机制调动农民生产积极性,通过产品和要素价格来刺激农业生产;完善所有权结构,建立与市场变化相统一的、所有权和经营权合一的家庭农场,由于农户作为农业生产的基本单位具有真不可分性,家庭农场的规模不宜过大;推动土地资源活化,增加土地资源的流动性,减少低效率的土地使用方式;通过政府其他援助鼓励生产等。

  与工业带动模式相比,舒尔茨的农业发展理论充分肯定了农业在经济增长和缩小二元经济差距上的重要作用,强调现代农业部门同样可以为经济增长做出重要贡献。舒尔茨的农业发展理论也指出了改造传统农业的路径,引入现代生产要素,形成对传统生产要素的替代尤为关键,这一认识对发展中国家传统农业的改造具有重要借鉴意义。

(五)农业技术进步理论

1. 技术创新概念的提出

亚当·斯密的劳动分工论指出,劳动分工有助于劳动生产力的改进,其中很重要的一条原因就是机器技术的应用能在很大程度上便利和简化劳动。在马克思看来,人类发展进程中,生产技术和生产方式的革新发挥着至关重要的作用,他关于"没有生产技术的不断革新,资产阶级是不可能产生的"这一论断同样体现了技术进步的思想。早期的经济学家均意识到技术创新的重要性,但却没有对此展开作具体的论述。直到熊彼特《经济发展理论》的问世,技术创新理论才成为经济学的一个重要分支,后经《经济周期》与《资本主义、社会主义和民主主义》两部著作对创新理论的完善,逐渐形成相对完整的创新经济学体系。

熊彼特指出,创新主要是建立一种新的生产函数,将过去没有过的生产要素组合引入一个新的生产体系当中。根据熊彼特对创新的表述,大致可以将创新划分成如下五类:新产品(或改进产品质量)、新技术、新市场、新材料以及新的组织方式。熊彼特认为,任何对生产方式的改进并形成生产能力促进生产效率提升的行为均可视为创新。创新是经济社会发展的动力和源泉,这种创新源于内部经济结构的革新,即不断毁灭旧结构、创造新结构。创新活动之所以能够发生,主要源于企业家创新精神。所谓的企业家精神包括对胜利的热情、获取一定的社会名望、创造的喜悦以及坚强的意志。创新成功与否会受到许多因素影响,如信息不充分、人的惰性、社会的反作用等。成功创新需要具备一定的预测能力、组织能力和说服能力。当然,创新也需要有利的经济条件,熊彼特强调资金在创新活动中的作用。为了将金融资源引向创新,许多国家(地区)日益重视风险资金的运作,让风险项目、银行资金为创新项目和创新活动提供支撑。

熊彼特对技术创新的定义是一般性的,对于农业而言,技术创新包含多种途径,如提升劳动产出水平上的技术改进、新品种的培育、土壤肥力的保持、保护农业生产免遭病虫害等,第一种技术改进属于机械技术创新的范畴,后三种技术改进则属于生物技术创新的范畴。机械技术创新与生物技术创新并不一定存在严格的界限,例如机械灌溉水平的提高有利于增强土壤对肥料的反应能力,作物品种的低矮化改良也更有利于机械作业。不能忽略制度革新对技术创新的影响,技术创新是以制度革新为条件的,这在各国农业创新实践中均得到了充分证明(速水佑次郎和神门善久,2005)。此外,管理能力的提升对于发挥技术进步的作用,推动农业技术扩散具有重要意义。认识农业技术创新的多种途径以及技术创新特点,有助于进一步理解中国农业技术进步总体特征。

  由于农业生产的特殊性,农业技术创新有其独有的特征。首先,农业技术创新需要符合物候和自然规律。农业生产的季节和地域特征对农业技术创新提出了考验,以机械创新为例,机械化前和机械化后,农业生产从种到收的顺序在时间间隔上依然是广泛分离的,这和工业部门专业化生产的流水作业完全不同,这要求技术创新一系列具备专业生产能力的机器,实现深耕、播种、除草、收获等环节的连续作业;而农业生产的地域性,要求机械能够在不同地块自由穿梭,这要求农业机械具备一定灵活性,灵活性特征意味着农业机械不仅要具备相应作业的动力,还要求作业过程中具有能够克服不利地形地块的能力,对机械技术创新的这些要求一定程度制约着小规模土地、坡耕地生产效率的提升。其次,农业生产的生物学特性也对技术创新提出了考验。与机械技术创新相比,生物技术创新要求创新实践遵循动植物生长的自然规律,因时因地改良作物品种,测土配方实现生物技术的进步。20 世纪 20 年代初,人口增长导致的粮食消费增长使得日本强烈感受到李嘉图陷阱危机,为缓解这一危机,日本把水稻生产技术转移至当时还是日本殖民地的朝鲜半岛和中国台湾地区。起初阶段,水稻转移技术在中国台湾地区大获成功,但在朝鲜半岛却失败了,相比中国台湾地区,日本和朝鲜半岛的气候条件更为接近,但这种异乎寻常的事情还是发生了。原因是朝鲜半岛水田普遍存在湿软、排水困难的问题,由于灌溉系统的缺失,导致新引入的水稻品种对化肥反应缺乏敏感性,从而生产效率低下。在灌溉系统得到改良之后,朝鲜半岛的水稻产量才得以大幅提升（速水佑次郎和神门善久，2005）。能够看出，农业技术创新面临着和自然环境的适应性问题。第三，农业技术创新存在周期长、风险大的特征。20 世纪 60 年代中期，IR8 水稻品种在菲律宾迅速扩散，之后几年菲律宾水稻产量迅速增加，基本实现了粮食自给。但随后发生的"东格鲁病虫害"打破了技术扩散的进程，这一状况一直延续到 20 世纪 70 年代中期，直至把抵御病虫害的基因重新植入水稻品种中，这一不利局面才得以扭转。以上经验和事实表明，农业技术创新面临严格的约束条件，季节性、地域性、动植物的生物学特性以及与自然环境的适应性等都加大了农业技术创新的难度。

2. 基于要素市场变化的诱致技术变迁理论

希克斯在《工资理论》一书中指出生产要素相对价格变化会影响技术变迁方向，这一诱发机制可以表述为：当一种生产要素相对另一种生产要素变得更加丰裕时，降低成本、追求利润最大化的努力，会诱导生产者根据特定的要素比价使用更多丰裕要素和节约稀缺要素的技术。

在给定工资利率比率的情况下 $(w/r = F_L/F_K)$，希克斯根据资本劳动投入比例 (K/L) 变化倾向，对技术进步方向进行了分类。图 4.3 给出了两要素（资本和劳动）单一产品的生产可能性边界，生产边界能够显示一项新技术节约劳动或资本的程度。图中曲线 I 为系列等产量曲线（或生产可能性曲线），直线 PP 为系列等成本线，夹角 OPP 衡量的是工资利率比率，直线 OA、OC、OD 的斜率衡量的是资本劳动投入比例，示例中假定工资利率比率给定不变，即等成本线 P_0P_0 和 P_1P_1 平行。现在某项技术得到了改进，它可以提供与传统技术相同的产出，但所需要素投入更少。在新技术条件下，如果等产量线沿着直线 OA 向原点平行移动，均衡点由 a 点移动到 b 点，此时资本劳动投入比例没有发生变化，如果技术发生了这种变化，则认为技术进步是中性的。如果在新技术条件下，等产量线沿着曲线 ac 向原点移动，均衡点由 a 点移动到 c 点，此时资本劳动比例下降（OC 斜率小于 OA），如果技术发生了这种变化，则认为技术进步是偏向使用劳动同时节约资本的，并且在这一变化下劳动收

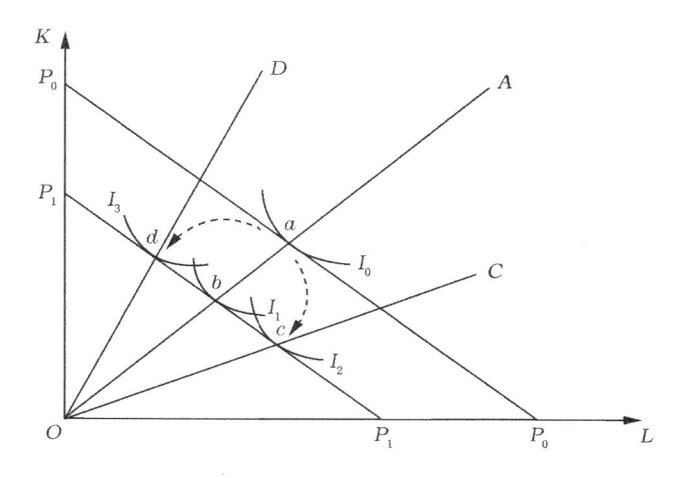

图 4.3　希克斯技术进步分类

入份额(wL/Y)相对资本收入(rK/Y)上升。与之类似,如果在新技术条件下,等产量线沿着曲线 ad 向原点移动,均衡点由 a 点移动到 d 点,此时资本劳动比例上升(OD 斜率大于 OA),如果技术发生了这种变化,则认为技术进步是偏向使用资本同时节约劳动的,并且在这一变化下劳动收入份额(wL/Y)相对资本收入(rK/Y)下降。在此之后,哈罗德在给定利率(r)的情况下,以资本产出比(K/Y)的变化为依据,对技术进步方向进行了分类。索洛在给定工资率(w)的情况下,以劳动产出比(L/Y)的变化为依据,对技术进步方向进行了分类。按照希克斯的分类标准,哈罗德中性是资本使用和劳动节约的,索洛中性是资本节约和劳动使用的。

　　以上关于技术进步方向的刻画是一般性的,有助于加深我们对技术变迁路径的认识。但这些理论内容相对宽泛,对于总结农业生产变迁的规律以及农业未来发展方向所能提供的帮助有所欠缺。农业生产面临的一个根本问题是,在劳动、资本、土地等生产要素不断变迁的背景下,如何选择低成本的技术方式加快农业发展,需要做更为细致、具体的分类讨论。循着希克斯的传统,速水和拉坦对这一理论做了进一步深化,将其用于解释农业技术变迁问题。

图 4.4 反映了农业生产机械技术变迁的逻辑。假设在初始状态下，劳动供给充裕，劳动机械相对价格 $(w/r)_0$ 处在一个相对低的水平，农业生产倾向多用劳动，少用机械品，此时等产量线 I_0 上的 a 点即为均衡点。现在情况发生了变化，劳动力变得越来越稀缺，推动劳动力价格上涨，劳动机械相对价格由 $(w/r)_0$ 上升为 $(w/r)_2$，农业生产倾向减少劳动投入，多用机械，但短期内可供选择的技术并没有发生太大变化，c 点为此时的投入生产点，c 点处实现了要素的配置效率，但缺乏技术效率。随着农业生产机械替代劳动需求的不断增加，将诱使人们研发劳动节约型技术，这为机械替代劳动提供了机会。在新的技术条件下，农业生产的均衡点将在 I_2 上的 d 点实现，d 点处能够同时实现生产的配置效率和技术效率。能够看出，生产等可能曲线的移动方向（技术变化方向）受要素相对价格变化的诱导，而最大限度减少劳动投入的需求能否得到满足，取决于生产等可能曲线 I 的位置。此外，速水和拉坦指出，由于机械的不可分性，在大量机械技术被开发并使用的过程中，要求土地规模相应扩大，这体现了

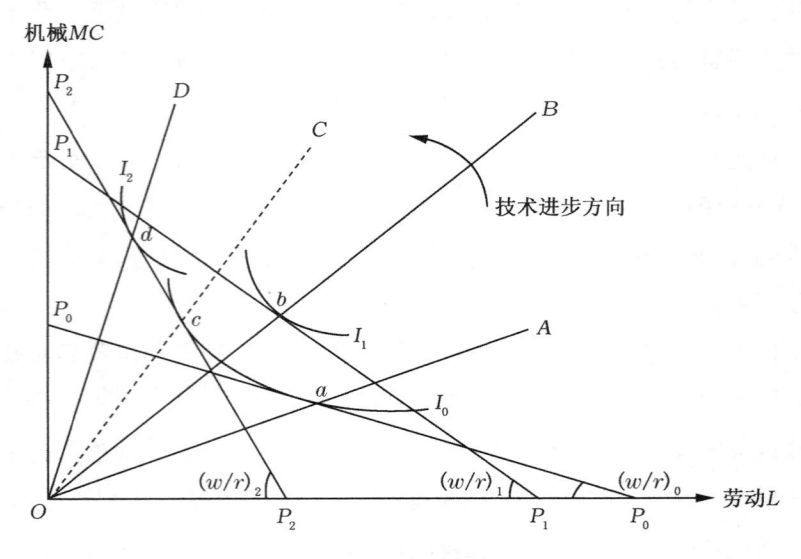

图 4.4 诱致机械技术变革

机械与土地之间的互补关系。

采用同样的思路,速水和拉坦刻画了农业生产生物化学技术的演变逻辑。如图 4.5 所示,当土地相对化肥变得越来越稀缺,推动化肥和土地的相对价格由$(r/s)_0$下降为$(r/s)_2$,为了获得同样多的产品,农业生产寻求多用化肥的策略来降低农业生产成本,这将诱导人们研发节约土地型技术,当新的生物化学技术被研发出来,节约土地的需求能够得以顺利实现。此时生产等可能曲线将由I_0移动到I_2,c点则为新的要素禀赋和技术条件下的均衡点。在生物技术不断演进过程中,要求应用于这些新技术的配套设施(如灌溉排水系统)不断完善,这体现了二者之间的互补关系。

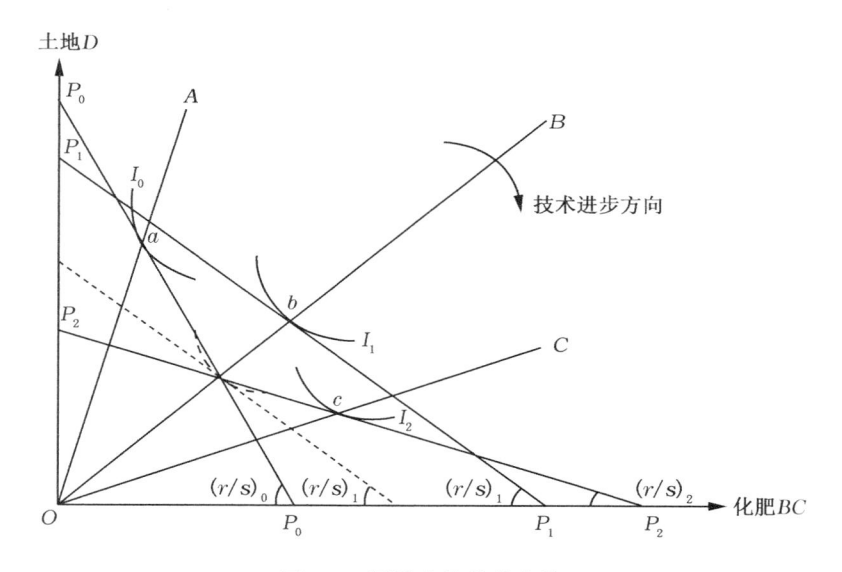

图 4.5 诱致生物技术变革

概括起来,诱致技术变迁理论强调价格在技术变迁中的引导作用,认为当一种资源变得稀缺,替代这种资源的新技术就将被诱导研发,从而生产的可能性曲线会随着诱导创新的新技术而不断调整。

3. 基于产品市场变化的诱致技术变迁理论

上一小节阐释了要素市场的发展变化如何在技术变革中发挥作用，另一个推动技术进步的因素和获利机会有关。格里克斯和施莫克勒（Griliches 和 Schmookler，1963）认为获利机会是技术创新的主要决定因素。之后，施莫克勒在《发明与经济增长》一书中详细阐释了这一观点，认为创新实践和其他经济活动一样，潜在的盈利机会刺激创新活动。这实质上阐释了创新实践的动机。施莫克勒指出，新产品（或新技术）的市场规模是技术进步的关键因素，某一产品的技术创新率是对该产品的市场需求反应。格里克斯（Griliches，1957）对美国杂交玉米市场规模与种子传播速度之间关系的分析表明，技术进步水平和市场规模密切相关。林毅夫利用中国水稻品种改良数据资料，同样验证了这一观点。对比一下人们在主要粮食作物品种研发上所做的努力就会发现，粮食生产的技术进步创新率明显快得多（速水佑次郎和神门善久，2005）。医药行业的经验证据也表明了市场规模对技术进步速度的影响，技术进步水平对市场规模变化极为敏感（Finkelstein，2004；Acemoglu 和 Linn，2004）。不过，也有研究对这一假说提出批评，认为市场规模和技术进步之间存在一定联系，但二者联系的密切程度不足以强烈诱使技术进步朝着市场规模指向的方向发展。总体而言，关于这一假说现在尚缺乏令人信服的理论依据（吴丽丽，2016），未能获得学界的持续关注。

（六）比较优势理论

比较优势理论是分工和贸易理论的基础，其在指导经济实践方面发挥着积极的作用。1776 年，亚当·斯密提出了绝对成本的概念，认为绝对劳动生产率高低是分工和贸易的前提。如果一个生产者可以用相对少的劳动投入生产出同样多的产品，那么这个生产者就具有绝对优势。按照绝对优势专注生产和贸易具有"绝对成本优势"的产品，可以提高资源的利用效率，促进整体利益的提升。绝对优势理论一个明显的缺陷是当某地区在所有产品的生产均处于绝对劣势时，参与分工和贸易似乎是无利可图的，但现实并非如此。

李嘉图对绝对成本说做了重要扩充,解决了绝对优势理论无法回答的问题,认为相对劳动生产率差异是国际分工和贸易的决定因素,分工和贸易的好处并非基于绝对成本,而是相对成本,生产者不需要在某种商品的生产上具有绝对成本优势才能从中获利,也不需要同时生产所有具有绝对优势的产品才能实现最大获利。该模型主张按相对劳动生产率和"相对成本优势"进行分工和贸易,促进资源配置效率的改善,并为各贸易方带来福利水平的增进。李嘉图的比较成本说反映了机会成本的概念,除非两个生产者具有相同的机会成本,否则,一个生产者必然在一种产品的生产上具有比较优势,而另一个生产者在另一种产品的生产上具有比较优势(徐志刚,2001)。比较生产率优势(或比较成本优势)决定了分工和贸易的模式,这是从李嘉图模型得到的重要启示,但由于李嘉图模型前提假定劳动力是经济活动中唯一的生产要素,并侧重于技术效率分析,忽略了资本、自然资源等要素对分工和贸易的影响,至于劳动生产率差异产生的原因,也没有给出合理解释,这就导致李嘉图模型在应用上的局限性。遵循李嘉图模型的假设,认为劳动是唯一的生产要素,那么劳动生产率差异就是产生比较优势的唯一原因。但劳动生产率差异仅能解释分工和贸易差异的一部分,其他生产要素,如资本、土地也扮演着重要角色。此后,也有大量经济学家对这一模型进行了完善,但对比较优势成因的解释并没有超出劳动生产率的相对差异。这一时期,关于比较优势的讨论依然属于劳动价值论的范畴。

进入 20 世纪,赫克歇尔和俄林提出了要素禀赋理论(或要素比例模型),该理论通过两个国家、两种产品和两种要素的"2×2×2"模型,系统论述了劳动生产率差异的成因以及要素禀赋差异如何在分工和贸易中发挥作用。资源禀赋的核心观点指出,每个国家或地区生产要素禀赋存在差异,那些具有要素相对丰裕同时要素价格相对低的地区,利用这些要素生产出来的产品成本也较低;相反,那些生产要素相对稀缺同时要素价格相对高的地区,利用这些要素生产出来的产品成本也较高。因此,每个区域都应该专注于生产密集使用本区域丰裕要素(因而便宜)的产品,而进口密集使用本区域稀缺要素(因而昂贵)的产品(如图4.6)。要素禀赋理论进一步拓宽了我们对分工和贸易可能性的认识,其对比较优势差异的论述,逐渐摆脱了劳动价值论的束缚,为现代分工和贸易理论发展奠定了重要基础。应当指出,李嘉图模型告诉我们地区间的技术差异至关重要,而H—O模型并没有考虑技术差异而是直接证明了要素禀赋如何成为产业分工布局的成因,虽然该模型在理论上是完备的,但缺乏一定现实解释力,一个典型的例子就是"里昂惕夫悖论"。技术差异可以更加合理地解释分工和贸易格局的形成,假设不同地区产品生产过程中要素投入比例相同,但只要生产技术存在某种差异,劳动生产率就会不同,从而不同地区的分工和贸易格局就会发生变化,各地均会选择集中生产要素生产率相对高的产品,以此获取更高的收益。

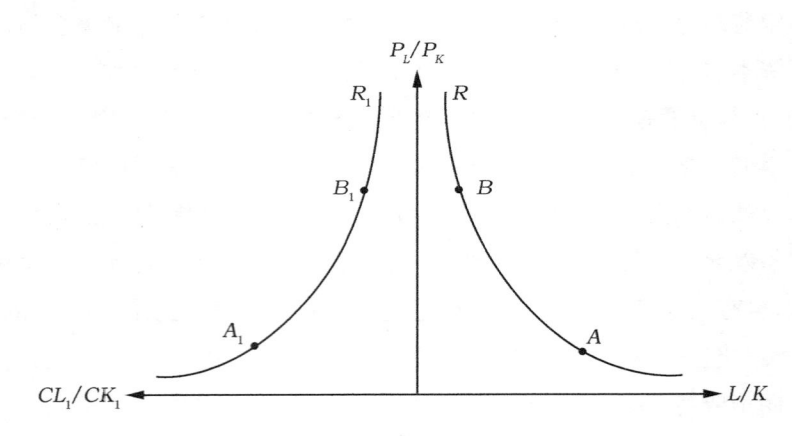

图 4.6 要素禀赋、要素价格与产业分工

经过斯托尔帕和萨缪尔森等人的努力,比较优势理论的研究范围不断拓展,并在偏好、技术和要素禀赋为约束条件的一般均衡模型中得到系统表述。斯托尔帕和萨缪尔森提出了一个关键概念,即用要素丰裕度来衡量比较优势,而要素丰裕度可以用各种要素存量比例或要素相对价格比率来表示。认为要素价格会随密集使用该要素的产品的价格上升而上升,随密集使用该要素产品价格的下降而下降。由于斯托尔帕和萨缪尔森补充了技术差异的比较分析,同时采用了新古典的一般均衡分析方法,因而很快占据了分工和贸易理论的主流地位。在此基础上,雷布金斯基研究指出在商品价格给定的条件下,某种要素禀赋的增加将使密集使用该要素的产业规模得以扩展,与此相对应的另一个产业规模将萎缩。雷布金斯基的研究结论不仅指出了要素配置的方向,同时也表明比较优势是动态变化的,即随着要素配置效率和分工水平的提高,比较优势也会随之增强。近期的一些文献在放松原有假设的基础上,逐步引入一些新的假设条件,不断丰富比较优势的内涵(郭界秀,2013)。

林毅夫(2002)与其合作者基于对发展中国家经济实践若干经验的观察,提出了比较优势战略理论,该理论侧重于对要素配置效率的分析,指出经济发展的关键在于快速提升要素禀赋结构,而要素禀赋结构的提升在一定程度上取决于一国所遵循的发展战略。因此,一个国家的技术结构是经济系统内生的,技术结构取决于国内要素禀赋结构的变化。其中,资本存量变化对一国要素禀赋结构的影响最大,随着资本积累加快,资本劳动比将不断提高。遵循并充分利用要素禀赋优势变化,实现产业和技术结构升级,有利于降低生产成本,扩大比较优势。通过比较优势的发挥,也有助于进一步推动要素禀赋结构的升级,加快产业转型升级。该理论对要素禀赋、比较优势和产业结构的动态关系进行了梳理,是一个系统考察比较优势与发展中国家资源配置关系的较为成功的理论。

总体而言,比较优势理论两百多年的发展基本延续了较为一致的分析逻辑,坚持以要素禀赋差异或技术差异为出发点,再放松传统假设,以一个相对更宽松的思想框架,不断修正、补充和更新,呈现出越来越强的包容性和综合性,为不断更新的经济实践提供了合理化解释,其在指导和推动社会经济发展方面发挥着越来越重要的作用。

二、相关文献回顾

一系列理论和经验研究表明,大量的农村劳动力外出务工,对农业生产产生了重要影响。这种影响不仅表现在农业生产要素投入结构变化上,对农业产出水平及其产出结构也产生了重要影响。明确当前种植结构调整现状,揭示劳动力转移对种植结构调整的作用逻辑,对于判断种植结构未来发展演变方向,推进农业供给侧结构性改革具有重要意义。接下来将对现有文献资料进行梳理、总结,分析并探明本章延展空间。具体的,将从劳动力流动现状、劳动禀赋时空变迁、农业生产投入产出变化以及种植结构调整几个方面展开评述。

(一)农村劳动力转移动因、障碍与特征

劳动力转移作为重要的经济决策,国内外学者对此做了大量研究。经典的二元经济理论提出的两阶段模型回答了农村剩余劳动力流动的成因(Lewis,1954)。托达罗放松充分就业假定并对刘易斯模型做了进一步修正,认为农村劳动力向城市转移的决策是根据预期收入最大化目标作出的。Bogue(1959)和 Lee(1966)阐释了劳动力流动是两股力量前拉后推的结果。

相关实证研究表明,产业发展水平、工资收入、就业机会、生活和居住成本、收支余额等都会对劳动力流动产生影响(蔡昉和都阳,2002;程名望等,2006;王燕飞等,2009;夏怡然等,2015;周传豹等,2016)。同时,也有研究指出户籍制度、迁移距离、文化差异以及地区分割因素等也会对劳动力流动产生重要影响(蔡昉,2007;梁琦等,2013;刘毓芸等,2015;张莉等,2017)。尽管很难准确度量每年外出务工的农民工数量,但农民工的数量大概以每年14%的速率增长确是无可争议的(约翰·奈特等,2011)。虽然近年来中国农民工总量增速呈现减缓的趋势,但由于中国劳动年龄人口依然保持正的增长率,因此,劳动力供给趋势的变化仍然只是增量意义上的(蔡昉,2007)。在农村劳动力流动规模、流动速度发生变化的同时,农村劳动力流向也在发生一定变化。有学者认为中国农村劳动力的转移仍以东部地区为主要流动方向(王桂新,2003;段成荣等,2009;孙爱军等,2014)。然而,张车伟(2014)指出劳动力基本停止向东部流动。对劳动力流向问题出现的两种截然相反的判断,反映了数据的匮乏。但可以肯定的是,中国沿海地区2003年和2009年相继出现的"用工荒"和"招工难"

现象,一定程度说明了农民工流向东部沿海地区的意愿在下降。劳动力外出务工的区位选择越来越趋向就近就业,跨区域大范围流动减少,表现出一定的"回流"趋势。也有研究指出中国各区域间农民工收支余额差距正在逐步缩小,说明中西部地区的城市就业环境对劳动力流动的拉动力量在不断增强,农村转移劳动力市场出现从区域整合迈向全国整合的良性趋势(李波平等,2011;周传豹等,2016)。

(二)农村劳动力转移、禀赋结构变化及区域差异

1. 劳动禀赋丰缺变化

作为一般性增长条件,中国在计划经济时期甚至更早时期积累起了丰裕的劳动力资源禀赋,并在改革推进以及家庭联产承包责任制确立的环境下得以释放。从而农村劳动力能够按照生产率从低到高的顺序,在产业和地区之间进行重置。考虑到中国农业生产长期积累形成的劳动投入过密化,早期的农业劳动人口流失并不构成农业生产的约束条件。相反,一定程度缓解了农业生产的"内卷化"现象。然而,伴随着经济发展由二元经济增长向新古典增长模式转变过程中对人口红利的加速消耗,劳动供给的潜力不断下降,有利的人口因素对农业生产的补充和调节作用逐渐式微,对农业生产的约束开始显现。

在此背景下,关于"刘易斯拐点是否到来"曾引发了学界的激烈讨论。原因是中国在发展转型过程中,既出现了诸如劳动力短缺、农民工工资上涨等与"刘易斯拐点"相符合的基本特征,也出现了诸如不断扩大的城乡收入差距等背离"刘易斯拐点"的现象。两者不相吻合的发展变化,使得学界关于"刘易斯拐点"是否到来的讨论争议颇多。

2. 劳动禀赋区域差异

需要说明的是,中国是一个在劳动要素禀赋在绝对与相对水平上存在极大区域差异的国家,各地区农业劳动禀赋存在明显差别(Lin,1991)。而且不同地区经济发展阶段特征存在一定差异,就业机会不尽相同,劳动力流动障碍也存在区域差别。相对于中西部地区落后、吸纳非农就业的能力较弱的发展现状,东部地区经济发展水平更高,就业机会更充分,而且东部地区乡镇企业较早的发展,对吸纳农村转移劳动力做出了更大的贡献(蔡昉,2007)。另外,随着劳动力市场发育,城乡户籍制度的藩篱已逐步被打破,城乡分割体制不断弱化。然而,这种计划经济时期所形成的长期制度分割正逐渐被地方政府主导的区域分割所取代(张展新,2007)。地区间不平衡的发展结构导致"具有本地户口的劳动力与非本地户口的劳动力之间的分割"(李春玲,2006),并集中表现在就业、社会保障、城市公共服务对外来人口的排挤,一定程度阻碍了人口的跨区域流动。受户籍、土地、社会保障制度的制约,中国农村地区依然富余大量农村剩余劳动力(袁志刚,2010),并表现出一定的区域差异特征(刘守英和章元,2014)。应当说,中国经济发展的劳动供给约束在不断增强,但中国所面临的劳动力短缺并非全局性的(许庆等,2013),而是呈现从经济圈核心渐次向外围转移扩散的图景(Gaunaut 和 Song,2006),劳动力耗散是一个长期、渐进的过程,表现出蝶化的特征(杨继军和范从来,2012)。结合本研究,事实也正如此,劳动禀赋优势随经济增长和社会发展产生了明显的变化。

3. 要素相对价格变化

在劳动力由过剩向短缺过渡的阶段,经济扩张的劳动力需求不得不以提高劳动者工资水平为代价(Ranis 和 Fei,1961)。国家统计局数据显示,2000年以来中国劳动力价格呈现出两位数的增长速度,劳动力价格进入快速上涨的发展空间。由于城镇职工与农民工工资决定机制不同(约翰·奈特等,2011),官方所提供的这一统计数据暂时无法识别农民工工资变动的成分。进一步的,根据国家统计局调查组、《农民工监测调查报告》(2009~2016)以及卢锋(2012)的研究,发现农民工月工资水平由2002年的659元上升到2016年的3 275元,年均增长12.13%。这里面可能有2004年实施的最低工资制度对农民工工资上涨的推动成分,但从结果来看,农民工工资水平还是实现了较快增长。另外,在城市工业部门劳动力价格实现较快增长的同时,农村内部劳动力价格也在不断上涨,且农村内部每日雇工工资往往高于外出打工日工资(杨进等,2016)。二者的差异主要源于农村内部雇工常常发生在农忙季节,呈时间短、劳动密集的特点,而外出打工一般时间周期较长。因此,从收入总额来看,外出打工收入总额远大于农村内部的雇工收入总额,农民工外出务工所获得的收入是留在农村务农收入的 2.43 倍。

以上分析表明,中国劳动力价格总体呈不断上涨趋势。根据诱致性技术变迁理论,在劳动力价格不断增加的背景下,农户可以借助市场机制调节要素投入结构,通过相对价格低的资本要素来替代相对价格高的劳动要素(Hayami 和 Ruttan,1985)。对这一理论假说的检验,需要明确经济体中要素禀赋的相对丰裕水平以及要素相对价格状况。事实上,由于外出务工增收作用明显,一定程度增强了农户购置生产资料和购买生产性服务的能力,也就是说,在农业劳动供给水平不断下降的同时,资本的供给水平不断提升,进而要素相对丰裕水平发生逆转,并以相对价格变化为反映。胡瑞法和黄季焜(2001)通过对生产要素价格指数变化的分析指出,改革开放以来中国化肥、机械与农业生产资料的价格增长了 2～3 倍,而同期劳动力机会成本增长了近 14 倍,进而诱致农业生产要素投入结构不断调整。类似的,郝枫(2015)通过 ICPA 数据集所提供的农业投入要素价格指数,分析了投入要素之间的变动关系。不过,上述指数的相对变化并不能真实还原要素相对价格变动水平,原因是以基期年份为 100% 的指数变化更多反映了名义价格变动的幅度,而且价格指数的相关统计在地区层面上也存在缺失。也有研究估算了要素的边际报酬(郭熙保和罗知,2010),或者通过收入法 GDP 和要素投入数据计算了要素价格及其相对变化情况(戴天仕和徐现祥,2010)。更一般的,关于要素相对价格的衡量,多是通过人均资本存量的增减变化,近似刻画要素价格相对变化(范志勇和赵晓男,2014)。此类研究重点关注技术偏向和技术选择问题,并不妨碍对研究问题的特征判断。

(三)禀赋变化对农业投入、产出的影响

现实经济中,农村剩余劳动力不像刘易斯所假设的那样是"无限供给"的,经过多年的转移,农业生产劳动要素已变得越来越稀缺,"谁来种地"的问题愈加需要引起关注。关于劳动力流失的对农业生产是否有负面影响,学界进行了大量研究,但观点、结论存在着明显分歧。

一种观点认为,劳动力流失的直接后果就是农业劳动力结构的老龄化和女性化,将加重留守老人和妇女的农业劳动负担(白南生,2007)。而且老年和女性劳动力在体力、技术、信贷及市场信息利用方面不占优势,导致农村老年和女性的农业生产率远低于男性(Song 等,2000;李旻和赵连阁,2009b),有可能带来农业生产粗放经营,降低土地利用率、农业单产水平和产出增长率(Rozelle 等,1999;钱文荣和郑黎义,2010;盖庆恩等,2014)。同时,老龄化人口对先进作业方式与农业生产技术的实施形成障碍,不利于农业生产的长期发展(李澜等,2009;陈锡文等,2011)。

另一种观点则指出农业劳动力老龄化、女性化所造成的劳动投入量的减少可以通过资本替代来弥补(林本喜等,2012;郑旭媛和徐志刚,2016),农业机械化社会服务的加快发展也有助于缓解劳动力刚性约束(Yang 等,2012)。在劳动禀赋约束不断增强的背景下,农户借助市场机制调节要素投入结构,通过增加相对廉价的机械投入实现对劳动要素的替代,以缓解劳动力资源不足的问题符合诱致性技术变迁的发展逻辑。通过更高生产效率的农业技术采用,促进传统生产方式向现代生产方式转型(Schultz,1964;Hayami 和 Ruttan,1985)。前面提到,非农就业的增收作用明显,可以有效缓解农业生产的资金约束,促进机械等替代要素投入的增加。但需要指出的是,通过资本替代缓解劳动力刚性约束存在局限性。首先,作物间要素替代能力存在差异,对替代资本的需求也不同,一般土地密集型作物对资本替代需求高。其次,山区和丘陵地区土地起伏且细碎的耕地条件,也对机械替代构成了阻碍,导致作业成本高企、机械化程度低(郑旭媛和徐志刚,2016)。尽管如此,寻求资本替代来弥补劳动力流失的负面影响依然是合意的。

在农业生产资本、劳动投入结构快速变迁的同时,土地利用格局也在发生巨大变化。有研究指出,随着新一代农村劳动力的不愿种地和老一辈农村劳动力的不能种地,农地退出农业生产的概率大大提升(盖庆恩等,2014),面临着"被抛荒"的趋势(孔祥智,2015)。也有研究指出,中国当前存在很大一部分兼业生产的劳动力,这部分劳动力主要通过家庭内部性别分工协助实现兼业经营(钱忠好,2008)。而且相比较农地抛荒的可能,转移劳动力有更大概率转出农地(张曙光,2010;杜鑫,2013),通过土地流转从而避免农地抛荒。《中国农村土地市场发展报告(2015~2016)》显示,2011~2014年,中国农地流转比例由17.8%提升到30.4%,2014年底农地转出规模达到4.03亿亩。通过农地流转,加之机械等资本要素投入的增加,实现农业生产向现代生产经营方式的转型,有力提升了农业经营效率(Yao,2000),促进农业生产实现规模经营。不过考虑到在一个非完善的农地市场下,劳动力外出很可能导致农地流向低效率的生产者(贺振华,2006)。因此,促进农地市场发育,以改进农地资源的配置效率、提升农业生产效率是关键。

综合来看,学界关于劳动力转移对农业投入、产出的影响,做了大量研究,依然存在一定分歧。相关研究多集中在粮食生产问题上,忽略了对非粮作物的考察以及非粮作物与粮食作物生产的比较研究。随着农业供给侧结构性改革以及中国社会主要矛盾转变等问题的提出[①],劳动力转移引起的农业种植结构调整值得进一步更全面、深入的研究。

(四)禀赋变化对种植结构调整的影响

一般而言,利润最大化原则是农户生产决策调整的主要依据。面对劳动力短缺以及劳动力价格上涨冲击,理性农户积极调整生产决策,农业种植结构也将发生相应的动态变化。

有研究指出,农村劳动力外流加快了城镇化发展的进程,导致城市周边地区大量耕地被侵占,对粮食生产造成了不利影响(Barrientos,2012);劳动力外出务工改变了农户耕作习惯和生产决策行为,容易导致粮食生产复种指数下降(陈风波和丁士军,2006;王跃梅等,2013);Miluka 和

---

① 参见:《决胜全面建成小康社会夺取新时代中国特色社会主义伟大胜利》,http://cpc.people.com.cn/n1/2017/1028/c64094-29613660.html。

Carletto等(2007)对阿尔巴尼亚的研究表明,大量农村劳动力外出务工增加了农户退出粮食生产的概率;张茜等(2014)进一步指出,农业劳动力转移加剧导致农业生产"非粮化"倾向。上述研究分析了劳动力流动对粮食生产的影响,而关于经济作物生产变动情况,刘乃全和刘学华(2009)认为在劳动力市场不断完善和农民市场意识逐渐增强的背景下,外出务工带来的非农收入增加有助于缓解农业生产的资金约束,从而有助于促进经济作物生产规模的扩大;Taylor和Yunez-Naude(2000)对墨西哥有外出务工的农户家庭研究得出了类似结论,认为有成员外出务工的农户其经济作物生产参与率显著较高,通过扩大经济作物生产规模获得更多收益。

Huang等(2009)的研究结论恰恰相反,他们认为农村劳动力外出务工对经济作物播种面积比例有负向影响,原因在于农村劳动力外流增加了多样化经营的风险,留守在农村的有限劳动力倾向集中于基本农作物的生产(Huang等,2010)。由于劳动力外出务工增收作用明显,通过汇款等渠道将外出打工收入寄回农村可以缓解农户的资金约束(Chiodi等,2012),促进机械化程度高、劳动力投入少的粮食生产(郑黎义,2010;薛庆根等,2014)。钟甫宁等(2016)进一步指出,外出务工会促使农户调整要素投入结构以及农业种植结构,增加易于实现机械替代的粮食生产比例,进而从整体上增加粮食生产规模;而在城市郊区,经济作物产品市场容量大,种植结构调整倾向于增加经济作物生产。

另外,也有学者对粮食生产区位选择变化展开了研究。伍山林(2000)研究指出人均耕地禀赋与非农就业拉力是中国粮食生产区域特征变化的重要影响因素。薛宇峰(2008)认为受城市化进程加快和粮食较低的比较收益影响,稻谷、小麦播种面积呈下降趋势。王跃梅等(2013)则从粮食主产区和主销区的角度出发,研究农村劳动力外流等对粮食生产的影响。认为主产区技术创新和制度创新冲抵了劳动力外流所产生的负面影响,而主销区由于经济发达、非农就业机会多且收益高,种粮比较利益更显低下,使得粮食生产逐渐萎缩。应瑞瑶和郑旭媛(2013)从要素替代的角度对粮食生产空间分布特征的变化给出了一定解释。

总体来看,现有研究更多侧重劳动力转移对粮食生产变迁的影响,对其他作物结构调整的研究相对较少,可能是因为研究人员较难获得详细的各种农业生产活动的投入产出数据。而且就国内现有研究来看,其研究结论还存在较大争议,可能受所选研究样本差异影响,存在进一步澄清的空间。

(五)简要评述

劳动力转移和种植结构调整是乡村振兴的关键问题,已有研究对此高度关注,并做了大量卓有成效的研究,得出诸多有益的结论。综合来看,现有研究尚存在以下几点不足:

第一,现有研究关于劳动禀赋变化对种植结构调整影响的研究,多侧重粮食生产变迁问题,对其他作物生产变迁的研究较少,缺乏作物间的比较研究。此外,已有研究对当前作物生产退出和作物生产区位调整的关注不足,存在深入研究的必要。第二,现有研究对农户农业生产决策的调整逻辑做了良好的总结和归纳,并较好地论证了"通过资本替代或作物品种结构调整来弥补劳动力短缺和劳动力价格上涨的负面影响"的观点。但对于不同作物品种,其决策逻辑存在哪些差异,这些差异如何形成,还缺乏全面的认识,存在进一步拓展的空间。

第三节 农村劳动禀赋变化与粮食生产区域转移的实证分析

一、模型设定

根据理论部分的探讨,本章主要针对农村劳动力转移对粮食生产转移的实证研究,还包括替代机制、配置机制及惠农机制的实证检验,使用转移区 1 257 个县(区)1981~2016 年的数据,利用面板固定效应模型。其中,被解释变量为:粮食种植面积 y_{1m}、粮食产量 y_{2m}、非粮种植面积 y_{3m}、非粮产量 y_{4m}、水稻面积 y_{5m}、水稻产量 y_{6m}、小麦种植面积 y_{7m}、小麦

产量 y_{8m}、玉米种植面积 y_{9m}、玉米产量 y_{10m}，下标 m 表示各个县域，回归的具体方程是：

$$\ln Y_{imt} = \alpha_{i0mt} + \alpha_{i1mt}\ln ml_{imt} + \alpha_{i2mt}\ln K_{imt} + \alpha_{i3mt}\ln L_{imt} + \alpha_{i4mt}\ln M_{imt} \\ + \alpha_{i5mt}H_{imt} + \varepsilon_{it} + \epsilon_{im} + \gamma_{imt} \quad i=1,2,\cdots,10 \qquad (4.1)$$

其中，ml 表示单位劳动投入，K 表示区域内农业资本投入，L 表示区域农业劳动力禀赋，M 表示区域耕地面积，H 表示区域财政收入，α 为系数，ε_t 为时期固定效应，ϵ_m 为区域固定效应，γ_{it} 为标准误。

(1)被解释变量，根据理论部分的讨论，为了实证检验区域粮食生产为什么会发生转移，被解释变量主要用粮食的种植面积、粮食产量、非粮种植面积、非粮产量等来表征粮食生产变化。进一步讨论具体粮食品种的区域生产或者转移情况，用水稻种植面积、水稻产量、小麦种植面积、小麦产量、玉米种植面积、玉米产量等来表征(表4.2)。

(2)解释变量，为了讨论农村劳动力转移对区域粮食生产的影响，解释变量用区域内总务农劳动人数除以种植面积，即单位劳动投入表征区域农村劳动力转移形成的区域农业生产中劳动投入变化。农业生产经营中除了劳动投入，还有资本和土地投入，本章将农业机械总动力作为资本投入，耕地面积作为土地投入。

(3)其他解释变量，在其他解释变量中，控制了区域劳动禀赋农业人口因素，政府因素用来表征政府经济发展重视程度，并在机制检验部分利用机耕面积增加样本、耕地减少样本、农业扶持资金增加样本、农业基础设施建设增加、粮食销售增加、总人口增加样本讨论农村劳动力转移对粮食生产区域转移的影响，异质性部分讨论了劳动力变化对不同粮食品种的影响，并讨论了实证结果的稳健性。

二、数据来源及处理

我们利用转移区河北、辽宁、江苏、浙江、江西、山东、湖北、湖南、广东、重庆、四川的1 257个县(区)，1981～2016年的面板数据。数据来源于农业农村部全国县域经济数据库，包括各县级、地级、省级统计年鉴,九大商品粮基地来源于《中国农业生产区划》,坡度数据参考封志明等(2007)中国人居环境评价背景下的地形起伏度定义及其计算公式基础上,将数字高程模型(SRTM90m)数据重采样成1km,运用模型计算得到中国陆地地形起伏度公里网格数据集。描述性统计如表4.1所示。

表4.1　　　　　　　　　描述性统计

变量名称	变量含义	均值	标准误	最小值	最大值	观察值
粮食播种面积	粮食播种面积(千公顷)取自然对数	10.38	0.91	3.33	12.36	23 800
粮食产量	粮食产量(吨)取自然对数	11.99	1.03	5.34	14.03	25 000
非粮播种面积	非粮播种面积(千公顷)取自然对数	9.39	1.13	2.64	11.95	23 800
非粮产量	非粮产量(吨)取自然对数	12.41	0.94	8.00	14.87	5 460
水稻播种面积	水稻播种面积(千公顷)取自然对数	8.90	2.13	−1.66	11.58	30 900
水稻产量	水稻产量(吨)取自然对数	10.59	2.40	0.10	13.30	31 400
小麦播种面积	小麦播种面积(千公顷)取自然对数	8.21	2.18	−1.61	11.34	31 700
小麦产量	小麦产量(吨)取自然对数	9.17	2.57	0.00	12.95	32 800
玉米播种面积	玉米播种面积(千公顷)取自然对数	8.78	1.98	0.69	11.49	15 200
玉米产量	玉米产量(吨)取自然对数	10.28	2.21	1.39	13.39	15 100
单位劳动投入	务农劳动(人)/总播种面积(千公顷)	3.69	32.91	0.01	1 366.46	31 100
资本投入	农业机械总动力(千瓦)取自然对数	11.87	1.22	2.48	15.66	35 300
农业人口	农业户籍人口(人)取自然对数	12.70	0.97	7.09	15.74	19 100
耕地面积	耕地面积(公顷)取自然对数	10.14	1.14	2.40	13.57	32 800
政府收入	政府收入(万元)取自然对数	9.52	1.38	2.48	14.42	18 200

第四节 实证模拟结果分析

这里我们主要讨论农村劳动力转移对区域粮食生产的影响,包括对粮食播种面积、粮食产量的影响,1 257 个转移区的县域样本验证农村劳动力转移对粮食生产的影响机制,具体讨论其对不同品种水稻、小麦、玉米的影响差异,并讨论农村劳动力转移对粮食生产的影响机制,同时讨论农村劳动力转移对粮食生产影响的稳健性。

一、基础回归

表 4.3 作为本章的基础回归结果,第(1)、(2)、(3)列为关于被解释变量为粮食播种面积的回归模型;第(4)、(5)、(6)列为关于被解释变量为粮食产量的回归模型,其中第(2)、(5)加入时间固定效应,第(3)、(6)为控制时间和省份的双向固定效应模型。

(一)农村劳动力转移与粮食生产转移

根据粮食播种面积的回归结果可知:单位劳动投入对粮食播种面积的影响显著为正,即在农业生产中,劳动要素投入的增加促进粮食生产。劳动作为农业生产中要素投入的一部分,劳动投入增加,促进农业生产规模扩大。单位劳动投入对粮食产量的影响也显著为正,即在转移区,农业生产中劳动投入与粮食生产正相关。因此,在农业劳动力跨部门转移,形成区域农业生产的劳动投入减少的背景下,转移区的粮食生产(粮食播种面积、粮食产量)也相应减少,进而形成粮食生产萎缩或者区域转移。

资本投入对粮食播种面积、粮食产量的影响显著为正;机械作为资本投入的表征,资本投入增加,促进粮食生产规模的扩大,增加粮食播种面积和产量。结合劳动投入与粮食生产的影响,当农村劳动力大规模转移时,劳动投入减少的负影响,将被资本投入增加带来的正影响抵消一部分,即理论部分所提到的资本对劳动的替代效应。而事实上,资本的替代效应可能并不能抵消劳动投入降低所带来的负效应,进而形成区域粮食生产规模的缩小,形成粮食生产的转移,基础回归结果(表 4.2)显示,资本投入对粮食播种面积和产量的影响系数都小于单位劳动投入的系数,这也是转移区粮食播种面积大规模下降的重要原因。资本对劳动的替代容易程度与区域的资源禀赋有关,对于转移区,区域自然禀赋优势相对较低,要素价格也相应在上涨,弱化了这些地区农业生产的比较优势。加之,转移区的地理条件不是很适合资本大规模投入,相对于粮食生产,非粮作物的比较优势较强,促进这些地区粮食生产规模缩小。

农业人口数量对粮食播种面积、粮食产量的影响显著为正,即农业人口越多,粮食播种面积越多,粮食产量也就越多。农业生产劳动投入主要来源于区域农业人口,尤其是在转移劳动力多为青壮年男性为主的情况下,家庭依然作为农村农业生产的基本单位,小农生产作为主要生产经营模式,老人、小孩、妇女等农业人口,以及就近就业的兼业农业人口作为农业生产中劳动投入主要组成部分,农业人口越多,农业生产中潜在劳动投入越多,农业生产规模越大,因而就形成了农业人口越多,也促进粮食产量的增加。

区域内耕地面积对粮食播种面积的影响显著为正,耕地规模越大,粮食生产规模越大。区域内耕地面积作为粮食生产中土地要素的约束变量,耕地规模越大,粮食生产土地投入越多,粮食生产规模也就越大,耕地对粮食产量的影响也显著为正,区域耕地规模的改变将影响区域农业生产的要素投入方式,进而影响粮食生产。在转移区,由于区域经济增长和非农产业的发展,以及进一步城镇化的需要,城市规模扩张需要增加建成区面积,相应的农业生产中耕地规模就受到一定程度的影响;另一方面,非农部门的发展,农业生产的低收益,使得土地在农业生产中的机会成本增加,进一步增加了粮食生产成本,降低区域粮食生产意愿,促进粮食生产规模的缩小,进而造成区域粮食生产转移。

政府收入对粮食播种面积影响不显著,对粮食产量的影响显著为正。政府收入很大部分来自区域税收,而随着改革开放的推进,区域经济的发

表 4.2　基础性回归

	(1)	(2)	(3)	(4)	(5)	(6)	(7)	(8)
	粮食播种面积				粮食产量		非粮播种面积	非粮产量
单位劳动投入	0.276 5**	0.235 6*	0.235 6*	0.414 6***	0.451 8***	0.451 8***	−1.276 5***	−2.354 3***
	(0.132 8)	(0.122 3)	(0.122 3)	(0.154 6)	(0.146 9)	(0.146 9)	(0.174 8)	(0.454 9)
资本投入	−0.006 7	0.069 3***	0.069 3***	0.054 7***	0.099 9***	0.099 9***	−0.024 7***	−0.062 2***
	(0.005 1)	(0.006 0)	(0.006 0)	(0.005 5)	(0.006 7)	(0.006 7)	(0.008 6)	(0.016 2)
农业人口	0.102 0***	0.077 3***	0.077 3***	0.110 7***	0.084 4***	0.084 4***	0.173 9***	0.362 1***
	(0.013 4)	(0.012 4)	(0.012 4)	(0.014 0)	(0.013 5)	(0.013 5)	(0.017 8)	(0.032 9)
耕地面积	0.256 1***	0.203 2***	0.203 2***	0.265 5***	0.230 7***	0.230 7***	0.105 9***	−0.007 3
	(0.010 3)	(0.009 7)	(0.009 7)	(0.011 1)	(0.010 7)	(0.010 7)	(0.013 9)	(0.029 6)
政府收入	−0.028 8***	−0.005	−0.005	−0.003 5	0.010 6***	0.010 6***	−0.007 2	0.072 1***
	(0.002 9)	(0.003 1)	(0.003 1)	(0.003 2)	(0.003 6)	(0.003 6)	(0.004 5)	(0.009 3)
时间固定效应	未控制	未控制	控制	未控制	未控制	控制	控制	控制
省份固定效应	未控制	控制	未控制	控制	控制	未控制	控制	控制
_cons	6.719 1***	6.523 8***	6.523 8***	7.203 4***	7.267 7***	7.267 7***	6.628 0***	7.474 0***
	(0.180 8)	(0.168 5)	(0.168 5)	(0.185 5)	(0.178 1)	(0.178 1)	(0.240 9)	(0.474 2)
R^2	0.083	0.228 3	0.228 3	0.083 9	0.176 9	0.176 9	0.167 6	0.327
N	10 983	10 983	10 983	11 932	11 932	11 932	10 981	4 790

展,非农产业的进一步发展,政府收入主要来源非农部门,并且随着农业税的取消以及农业补贴体系的建立,农业补贴由"流通暗补"演变为"生产明补",区域政府收入用来支持区域农业基础设施建设,部分农业补贴也来自政府收入,因而对粮食生产规模的影响不显著,加之,虽然粮食由省长负责,但政府部门更关心区域经济发展,容易形成政策目标不一致,也会造成影响不显著。但政府收入的增加在一定程度下会增加区域基础设施或者是农业生产技术、灌溉水平等,会促进粮食产量的增加。

(二)农村劳动力转移与种植结构调整

农村劳动力转移不仅影响到区域内粮食生产,还会影响区域内非粮作物的生产,进而影响区域内农业生产的种植结构。因而,进一步分析农村劳动力转移对非粮作物的影响,即讨论农村劳动力转移与农业种植结构调整之间的关系。

实证结果显示,单位劳动投入对非粮作物播种面积、产量的影响显著为负,即农业劳动投入越大,非粮作物生产规模越小,这在一定程度上解释了转移区由于农业劳动减少,非粮作物具有一定萎缩的可能。然而实际上非粮作物在生产时劳动投入相对较多,资本对劳动替代程度也相对较低,尤其是在转移区,资本对劳动替代也较为难,这就促进了资本替代程度较高的作物发展。资本投入与非粮作物生产负相关,实证结果显示,资本投入对非粮作物播种面积的影响显著为负。非粮作物的生产方式中,资本对劳动的替代相对较难,区域资本规模的扩大,可能更多是增加粮食作物种植,并不会扩大非粮作物的生产规模。

农业人口和耕地面积促进非粮种植规模的扩大,农业人口和耕地面积越大,非粮作物生产规模也就越大。关于农村劳动力转移对种植结构调整的影响,主要是与粮食作物和非粮作物的可机械化程度有关,一般认为粮食作物容易形成资本对劳动的替代,非粮作物机械化替代程度相对较低,当区域内劳动投入减少时,资本投入增加,非粮作物的种植倾向减少,而转移区的区域自然禀赋条件使得资本对劳动替代相对较难,也促使转移区的粮食生产规模相对缩小。

二、机制检验

为检验农村劳动力转移对区域粮食生产的影响机制,对机耕面积增加样本、耕地减少样本、农业扶持资金增加样本、农业基础设施建设增加样本、粮食销售增加样本、总人口增加样本进行单独回归,实证结果如表4.3、表4.4所示。

农村劳动力转移对粮食生产区域转移的影响存在替代机制。即农村劳动力转移对粮食生产的负影响,可以通过资本增加,机械化生产所形成的替代效应来弱化。对机耕面积增加样本进行实证检验,结果显示,劳动投入对粮食播种面积的影响为负,替代机制的存在,弱化了农业生产中劳动投入减少的不利影响,这也是提倡小农生产与现代化农业衔接的主要原因。同时对粮食产量的影响不显著,这也证明了在转移区,要素相对价格的提高,虽然相对于劳动力价格的上升,资本相对廉价,但是农业生产的低收益,可能并不能让资本在农业生产经营中带来较高的收益回报,因而其对产量的影响不显著。在机耕面积增加样本中,其他变量对粮食播种面积和产量的影响与基础回归讨论的结果一致。

农村劳动力转移对区域粮食生产转移存在配置机制。农村劳动力转移和区域经济发展,使得耕地投入农业生产的机会成本上升,耕地投入相应减少,形成区域粮食生产的配置方式改变。实证结果显示,在耕地减少的样本中,劳动力投入对粮食播种面积的影响显著为负,并且政府收入对粮食播种面积的影响显著为负,与基础回归中政府收入对粮食播种影响不显著的原因相互佐证,政府想要保障粮食产量和发展经济的目标可能存在某种不一致情况。

表 4.3　　　　　　　　　　　　机制检验(一)

	(1)	(2)	(3)	(4)	(5)	(6)
	被解释变量:粮食播种面积					
	机耕面积增加	耕地减少	农业扶持资金增加	农业基础设施建设增加	粮食销售增加	总人口增加
单位劳动投入	−4.310 0***	−2.659 8***	−4.888 3***	−1.000 8*	−1.887 9***	0.104 1
	(0.682 9)	(0.384 0)	(1.350 4)	(0.591 2)	(0.619 5)	(0.656 0)
资本投入	0.022 2*	0.035 1***	0.058 5***	0.035 1*	0.006 5	0.002 4
	(0.013 1)	(0.007 6)	(0.021 1)	(0.019 4)	(0.013 7)	(0.016 2)
农业人口	0.118 4***	0.263 8***	0.020 1	0.022 9	0.242 7***	0.126 1***
	(0.026 1)	(0.019 7)	(0.036 6)	(0.036 6)	(0.036 7)	(0.029 1)
耕地面积	0.219 9***	0.105 7***	0.464 0***	0.540 6***	0.373 0***	0.212 5***
	(0.022 2)	(0.011 7)	(0.036 4)	(0.036 6)	(0.025 4)	(0.021 0)
政府收入	0.003 8	−0.008 6**	−0.031 2***	−0.006 6	−0.025 8***	0.001 4
	(0.008 3)	(0.004 2)	(0.010 2)	(0.008 3)	(0.008 9)	(0.008 1)
时间固定效应	控制	控制	控制	控制	控制	控制
省份固定效应	控制	控制	控制	控制	控制	控制
_cons	6.444 3***	5.693 3***	6.668 8***	4.176 1***	5.322 8***	6.532 7***
	(0.339 5)	(0.238 8)	(0.459 8)	(0.487 5)	(0.420 0)	(0.365 5)
R^2	0.321 0	0.208 6	0.246 7	0.432 8	0.269 6	0.214 9
N	2 639	7 008	1 705	956	2 367	2 502

农村劳动力转移对区域粮食生产转移存在惠农机制。为了检验惠农机制,利用农业扶持资金增加样本和农业基础设施增加样本,进行实证检验,回归结果显示:在这两个样本中,劳动投入对粮食播种的影响显著为负,即区域粮食生产由于劳动投入减少所带来的负效应,会因为政府支持、农业基础设施建设的增加弱化,并且政府收入在农业扶持资金增加样本中对粮食规模扩大的影响显著为负,在农业基础设施建设增加样本中,影响不显著。

农村劳动力转移对区域粮食生产转移存在市场机制。在粮食销售增加样本中,回归结果显示,劳动力对粮食播种面积的影响显著为负,资本投入对粮食播种面积的影响不显著,政府收入对粮食播种面积的影响显著为负。

农村劳动力转移对区域粮食生产转移存在需求机制。在区域人口增加样本中,劳动力转移、机械投入、政府收入对粮食播种的影响不显著。在某些地区,可能农村劳动力转移并不会引起农业生产规模的变化,更多是因为存在需求机制,区域常住人口增加,形成区域粮食需求增加,而粮食供给不变的情况下,或者是粮食产量增幅不大的背景下,区域粮食需求不被满足,形成需供缺口,因而演变成区域粮食生产转移。

表 4.4 机制检验(二)

	(1) 机耕面积增加	(2) 耕地减少	(3) 农业扶持资金增加	(4) 农业基础设施建设增加	(5) 粮食销售增加	(6) 总人口增加
	被解释变量:粮食产量					
单位劳动投入	0.496 2	−2.226 3***	−4.888 3***	−0.371 2	−1.887 9***	0.574 2
	(0.518 4)	(0.396 7)	(1.350 4)	(0.813 1)	(0.619 5)	(0.715 0)
资本投入	0.072 6***	0.077 7***	0.058 5***	0.109 6***	0.006 5	0.094 1***
	(0.015 0)	(0.008 0)	(0.021 1)	(0.026 0)	(0.013 7)	(0.017 2)
农业人口	0.153 3***	0.237 4***	0.020 1	−0.008 1	0.242 7***	0.147 1***
	(0.031 5)	(0.020 0)	(0.036 8)	(0.037 2)	(0.036 7)	(0.031 5)
耕地面积	0.201 5***	0.126 8***	0.464 0***	0.314 0***	0.373 0***	0.215 6***
	(0.025 4)	(0.012 3)	(0.036 4)	(0.051 5)	(0.025 4)	(0.023 2)
政府收入	0.046 2***	0.020 7***	−0.031 2***	0.020 6*	−0.025 8***	0.026 8***
	(0.009 8)	(0.004 7)	(0.010 2)	(0.012 0)	(0.008 9)	(0.009 0)
时间固定效应	控制	控制	控制	控制	控制	控制
省份固定效应	控制	控制	控制	控制	控制	控制
_cons	6.700 2***	6.692 6***	6.668 8***	7.466 7***	5.322 8***	6.506 4***
	(0.389 1)	(0.242 5)	(0.459 8)	(0.622 1)	(0.420 0)	(0.391 4)
R^2	0.219 9	0.177 9	0.246 7	0.225 3	0.269 6	0.190 0
N	2 908	7 692	1 705	1 024	2 367	2 817

三、异质性分析

由于农业生产具有天然的弱质性,是经济再生产和自然再生产的统一,粮食作物作为最具代表性的产品,也具有很强的自然再生产性质,不同粮食品种,其生产方式和对自然要求不同,并且三种粮食作物(水稻、小麦、玉米)的粮食转移趋势也存在较大差异,为更好地讨论农村劳动力转移对粮食生产区域转移的影响,分品种(水稻、小麦、玉米)讨论其异质性

(表 4.5)。

表 4.5 异质性分析

	(1)	(2)	(3)	(4)	(5)	(6)
	水稻播种面积	水稻产量	小麦播种面积	小麦产量	玉米播种面积	玉米产量
单位劳动投入	−0.395 8**	0.075 4	−0.317	0.900 9***	−1.387 2***	−1.379 8***
	(0.157 5)	(0.189 5)	(0.231 2)	(0.270 0)	(0.195 1)	(0.211 4)
资本投入	0.093 4***	0.130 8***	−0.012 1	0.012 6	−0.090 1***	−0.083 7***
	(0.007 9)	(0.009 3)	(0.012 9)	(0.014 0)	(0.010 3)	(0.011 7)
农业人口	0.139 9***	0.135 0***	0.079 7***	0.116 4***	0.081 7***	0.039 9*
	(0.015 7)	(0.018 6)	(0.025 8)	(0.027 5)	(0.019 6)	(0.022 6)
耕地面积	0.226 6***	0.221 9***	0.175 0***	0.147 3***	0.261 3***	0.275 8***
	(0.012 5)	(0.014 8)	(0.021 0)	(0.022 8)	(0.016 5)	(0.018 8)
政府收入	−0.032 4***	−0.029 6***	−0.002	−0.013 4*	0.044 6***	0.057 4***
	(0.004 4)	(0.005 1)	(0.006 4)	(0.007 1)	(0.005 3)	(0.006 1)
时间固定效应	控制	控制	控制	控制	控制	控制
省份固定效应	控制	控制	控制	控制	控制	控制
_cons	4.010 9***	5.297 5***	5.686 7***	6.173 9***	4.878 0***	6.409 9***
	(0.205 0)	(0.241 4)	(0.353 0)	(0.370 9)	(0.265 0)	(0.307 0)
R^2	0.133 6	0.095 8	0.183 1	0.105 1	0.085 2	0.145 7
N	13 630	13 906	14 111	14 795	16 113	16 132

实证结果显示,单位劳动投入对水稻和玉米种植面积的影响显著为负,对小麦的影响不显著。这与三种作物的生产方式有关,中国粮食生产的区域演变,其生产转移和集中的趋势在玉米和水稻品种较为明显,尤其是玉米,往东北地区集中,水稻的粮食播种增量也主要集中在东北地区,而小麦的集中趋势,并不明显。并且粮食生产中,小麦的机械化程度最高,其次是玉米,水稻的机械化程度最低,相应的三种作物的劳动投入,水稻的亩均劳动投入最高,其次是玉米,再次是小麦。进一步分析劳动力投入对粮食作物产量的影响,发现劳动力投入对玉米产量存在显著的负向影响,对水稻产量的影响不显著,对小麦产量存在显著的正向影响。

资本投入对水稻的影响显著为正,对小麦的影响不显著,对玉米的影响显著为负。农业人口对水稻、小麦、玉米的影响显著为正,并且水稻的影响系数最大,其次是小麦、玉米。耕地面积对三种作物的影响为正,对玉米的影响系数最大,其次是水稻,小麦的影响系数较小。政府收入对水稻的影响显著为负,对小麦的影响不显著,对玉米的影响显著为正。

四、稳健性检验

为了进一步保证结论的可靠,本章还做了一些稳健性检验(表4.6),由于农业生产机械化生产与地形地貌关系很大,排除地形大于2的样本,进行实证检验。由于粮食生产具有很强的周期性,劳动力转移对粮食生产的影响可能存在滞后效应,以及为排除时间所带来的差异,利用滞后一期进行实证检验。对于农业生产,特别是对粮食生产而言,家庭联产承包责任制改革将土地产权分为所有权和经营权。所有权仍归集体所有,经营权则由集体经济组织按户均分给农户自主经营,集体经济组织负责承包合同履行的监督,公共设施的统一安排、使用和调度,土地调整和分配,从而形成一套有统有分、统分结合的双层经营体制。中共十一届三中全会以后,在中共中央的积极支持和大力倡导下,家庭联产承包责任制逐步在全国推开,到1983年初,全国农村已有93%的生产队实行这种责任制,因而排除政策冲击的影响,利用1983年及以后样本进行实证检验。同时,由于中国的粮食调出调入是以省份为单位的,并且省长米袋子负责人制度也是以省份为单位的,而省会(首府)城市基本上为整个省份的政治和经济发展中心,往往承担了更多的经济发展任务,在粮食生产上侧重较少,造成估计结果偏误,因而本章去除省会(首府)城市进行实证回归。改变变量、样本后的回归结果与前面讨论的一致。

第四章 农村劳动禀赋变化与粮食生产区域转移　223

表 4.6　稳健性分析

	(1)	(2)	(3)	(4)	(5)	(6)	(7)	(8)
	地形起伏度<2		滞后一期		1983年~2016年		去除省会(首府)城市	
	粮食播种面积	粮食产量	粮食播种面积	粮食产量	粮食播种面积	粮食产量	粮食播种面积	粮食产量
单位劳动投入	0.324 9***	0.494 1***	0.455 1***	0.620 5***	0.235 6*	0.451 8***	0.222 7*	0.409 1***
	(0.121 8)	(0.149 3)	(0.137 3)	(0.168 2)	(0.122 3)	(0.146 9)	(0.123 8)	(0.149 8)
资本投入	0.088 9***	0.114 5***	0.055 8***	0.076 6***	0.069 3***	0.099 9***	0.065 0***	0.094 4***
	(0.006 3)	(0.007 1)	(0.006 3)	(0.007 0)	(0.006 0)	(0.006 7)	(0.006 3)	(0.007 0)
农业人口	0.075 3***	0.086 7***	0.016 9	0.006 6	0.077 3***	0.084 4***	0.068 7***	0.070 7***
	(0.012 4)	(0.013 8)	(0.013 1)	(0.014 1)	(0.012 4)	(0.013 5)	(0.012 9)	(0.014 1)
耕地面积	0.188 4***	0.218 8***	0.096 4***	0.125 6***	0.203 2***	0.230 7***	0.213 1***	0.237 9***
	(0.010 0)	(0.011 3)	(0.010 5)	(0.011 8)	(0.009 7)	(0.010 7)	(0.010 2)	(0.011 3)
政府收入	−0.004 5	0.013 6***	−0.012 5***	−0.004 8	−0.005	0.010 6***	−0.000 5	0.018 6***
	(0.003 2)	(0.003 8)	(0.003 3)	(0.003 7)	(0.003 1)	(0.003 6)	(0.003 3)	(0.003 8)
时间固定效应	控制	控制	控制	控制	控制	控制	控制	控制
省份固定效应	控制	控制	控制	控制	控制	控制	控制	控制
_cons	6.518 8***	7.226 3***	8.648 7***	9.821 4***	6.523 8***	7.267 7***	6.526 3***	7.355 2***
	(0.170 8)	(0.183 4)	(0.177 3)	(0.186 3)	(0.168 5)	(0.178 1)	(0.174 4)	(0.186 4)
R^2	0.232 4	0.188 3	0.177 7	0.121 8	0.228 3	0.176 9	0.220 3	0.174 8
N	10 091	11 005	10 747	11 687	10 983	11 932	9 774	10 673

本章小结

一、资本、劳动、土地等要素投入的减少，均会促进粮食生产规模的缩小。在农业劳动投入大幅度减少的背景下，技术进步和资本投入增加有效地弥补了劳动投入对农业产出的负面影响，是农业产出增加的主要动力。而当资本所形成的农业生产动力不足时，粮食生产规模就会缩小，尤其是在区域禀赋条件不适合农业生产机械化时，就使得转移区的粮食生产减少，形成粮食生产的转移。

二、在转移区，农业劳动的减少，促进了粮食作物向非粮作物结构调整。非粮作物在农业生产时劳动投入相对较多，资本对劳动替代程度也相对较低，尤其是在转移区，资本对劳动替代也较难，因而，资本投入相对较少，这就促进了资本替代程度较少的作物发展，促进了非粮作物生产规模的扩大。资本对劳动的替代相对较难，区域资本规模的扩大，可能更多是增加粮食作物种植，并不会扩大非粮作物的生产规模。

三、农村劳动力转移对区域粮食生产的影响，存在替代机制、配置机制、惠农机制、市场机制、需求机制，从供给和需求方面影响区域粮食的生产和消费，而区域内粮食生产规模较小，就需要其他地方的粮食调入，形成明显的区域粮食生产萎缩。

四、在区域内生产规模的扩大和粮食产量的增加，主要与区域内的禀赋结构有关，尤其是耕地禀赋条件，包括耕地的坡度、土壤的质量、气候条件等，直接影响到资本替代劳动的容易程度，也决定了粮食生产可规模化条件，而耕地规模又决定区域粮食生产的具体规模，进而影响粮食种植规模的变化。

五、进一步分析农村劳动力转移对粮食作物（水稻、小麦、玉米）的影响发现，三种作物的生产分布变化，只有水稻和玉米呈现明显的区域转移和集中趋势，小麦的集中趋势不明显。不同作物的生产方式和机械化程度不同，对区域自然禀赋要求也不同，造成了农村劳动力转移对不同粮食作物生产影响的异质性。

第五章　农村劳动禀赋变化与粮食生产区域集中

中国粮食生产分布发生了较大的改变,最明显的现象是粮食生产区域集中。一方面粮食生产区域转移,即一些可调出粮食的区域,转变为缺粮地区,需要粮食调入;另一方面粮食生产集中,可调出粮食的区域逐渐减少,在2019年只剩下内蒙古、黑龙江、吉林、河南、安徽可调出粮食,粮食生产逐渐向这5个地区集中。本章通过集中区的县域粮食生产数据,探讨这些地区在农村劳动力转移的背景下,粮食生产变化情况,解释农村劳动力转移对粮食生产分布的影响逻辑。

第一节　农村劳动力转移与粮食生产区域集中的内在动因

一、要素替代

对于农户家庭而言,劳动力外出造成了家庭农业生产经营劳动投入的减少,而劳动投入的减少,在不改变生产规模的前提下,必然会增加资本投入,形成资本对劳动的替代,而资本对劳动的替代难易程度依赖于区域自然禀赋条件,主要与耕地禀赋有关,包括土地的坡度、土壤的质量,以及土地所在地的自然气候条件等,这些都直接影响到资本对劳动替代的容易程度,现有的集中区的区域禀赋条件,相对比较适合粮食的大规模生产。根据第二章关于耕地质量资源禀赋条件的分析,东北地区的耕地质量最好,其平均耕地等级为 3.59。尤其是农业基础设施的建设,灌溉条件的完善和提高,使得集中区的粮食生产比较优势相对提高。粮食集中区不仅是粮食生产的主产区,也是主要的商品粮基地,是中国粮食安全主要承担地区,粮食生产的责任显得更为重要,那么,在劳动力转移的背景下,为维持现有的粮食生产规模,必然会增加资本投入。

加之,集中区的经济增长和产业发展相对较慢,2019 年集中区的 GDP 总量为 133 925.21 亿元,非农产业占比最低,为 72.82%,非农部分的相对发达程度较低,也就造成了集中区的非农就业机会相对较小,资本投资项目较少,相对转移区和调入区而言,集中区的劳动和资本等要素投入农业生产的机会成本较低。因而,在大量农村劳动力跨部门、区域转移,形成区域农业生产劳动投入减少,区域农业生产中劳动投入减少,在区域耕地禀赋的约束作用下,资本对劳动的替代更容易,资本投入增幅更大,进而促进粮食生产。根据第四章的数据,集中区购买机械、雇用劳动、购买服务相对于转移区和调入区都较高,分别高达 43.33%、10.38%、50.25%。从区域的农业机械总动力规模来看,在 2003 年集中区的农业机械总动力高于转移区之后,一直高于其他地区的农业机械总动力,集中区的农业机械总动力,增长趋势明显,尤其是河南、安徽的农业机械总动力一直处于高位,黑龙江、吉林、内蒙古等地区农业机械总动力增幅较大。

二、要素投入方式变化

集中区的农村劳动力转移,不仅引起资本对劳动要素的替代,而且也形成了粮食生产的要素投入方式的改变:劳动的减少和资本增加,不仅仅是资本对劳动的替代,利用相对廉价的资本,在一定程度上缩小粮食生产成本,而农业生产资本投入,尤其是农业机械具有一定的专用性,只有扩大农业生产规模,才能获得规模效应,农户将节约的成本继续投资粮食生产时,又促进了粮食生产规模扩大,形成了要素投入方式的改变。

加之,由于集中区的区域经济和非农产业发展较慢,土地要素投入非农用途的机率相对较低,且由于土地的不可移动性,使得区域内农地农用的机会成本较低,其投入农业生产的相对收益较高,并且在经济发展早期,新中国成立以后,开始对北方地区进行开垦等,例如"北大荒"变"北大仓",东北地区耕地面积也呈现逐渐增加的趋势。由于气候变暖的因素,使得东北地区的可耕地的面积迅速增加,由数据可知黑龙江、内蒙古、吉林的耕地面积增幅较大(图 5.1),形成粮食生产的外延式增长。

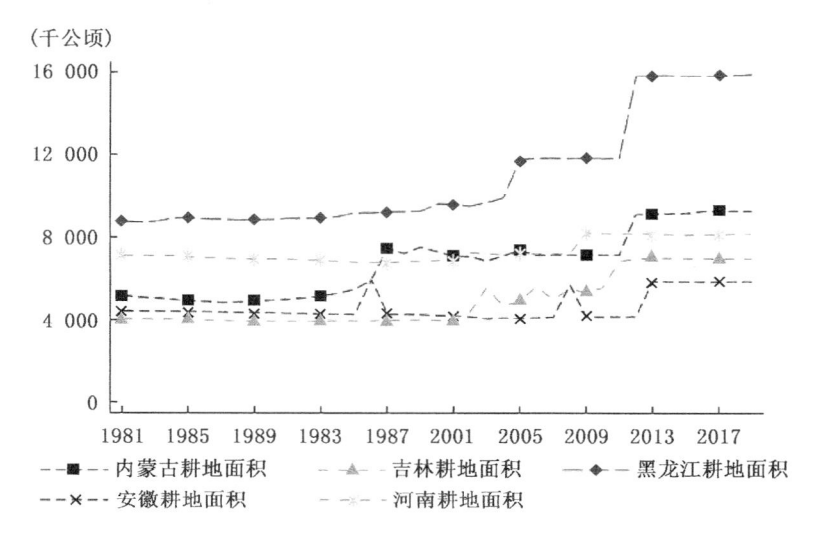

资料来源:根据各地区统计年鉴整理。

图 5.1　集中区耕地面积变化

因而,在集中区,农业劳动力投入减少,资本投入和土地投入增加,改变了集中区粮食生产配置方式,土地利用强度发生变化。从第四章的微观数据可知,集中区的农地租出率并不高,只有 21.67%,大多数农户并不愿意退出农业生产;撂荒率较低,只有 4.79%,租入率较高,达到 15.16%。

三、粮食政策完善

粮食生产的区域集中,离不开关于粮食的政策偏向和完善。农业生产是弱质性产业,特别是粮食生产,对自然的依赖程度极高,自然风险加重了粮食生产的不确定性。而政府政策的扶持也是世界各国的通行准则，发挥了尤其重要的作用。中国的农业补贴政策始于20世纪50年代末，最早以国营拖拉机站的"机耕定额亏损补贴"形式出现，之后逐渐扩展到农用生产资料的价格补贴、农业生产用电补贴和贷款贴息补贴等方面。1950~1993年，政府以剪刀差的方式补贴工业，使得农业长时间处于负补贴状态；1994~2003年，政府实行保护价收购余粮政策，并出台了米袋子省长负责制制度；2004年以来，补贴种类逐渐增加，粮食直补、农机具购置补贴、良种补贴以及试点开展政策性农业保险补贴；2006年开始实行农资综合直补等。随着农业的不断发展，中国农业补贴种类和范围不断增加，如山西、江苏开展的秸秆还田作业补贴，陕西省的玉米地膜补贴等；而良种补贴也从最初的水稻、小麦、玉米补贴扩大到马铃薯、棉花、花生和青稞等农作物。

中国的农业补贴已经从"流通暗补"转变为"生产明补"。2004~2016年补贴的范围和强度也迅速扩大，四项补贴金额从145亿元增加到1 652亿元。农村劳动力转移使得农业劳动投入减少，而农业补贴的扩大，又在一定程度上减少了粮食生产成本，尤其是农机具购置补贴，促进资本投入的增加。加之，其他一些与粮食相关的政策，例如产粮大县奖励等，促进了粮食生产集中。

四、粮食市场建立

粮食市场的建立，不仅对粮食生产区域转移产生较大影响（图5.2），也在一定程度上影响粮食生产集中，粮食市场化改革，由之前的计划制演变为双轨制，再到现在基本上由市场决定的粮食流通市场，加速了粮食生产集中。粮食不仅在生产上具有季节性，在储存上也有一定周期，集中区作为粮食生产的主要产区，大规模的粮食产出如果不能及时调出，会造成粮食库存积压，仓储成本、粮食变质等都影响粮食下一年生产。同时在中国农村劳动力转移的早期，粮食市场并未建立，转移劳动力需要自带口粮进城，这也加大了劳动力转移成本，增加了外出就业的不确定性，只有在劳动力转移市场和粮食市场都建立并逐渐完善时,农民收入提高和粮食安全才能更好地实现。并且粮食市场的建立,尤其是粮食流通体制的建立,才能促使集中区粮食生产剩余通过粮食市场调出到其他地区,例如黑龙江与上海签订粮食调出调入协定等。

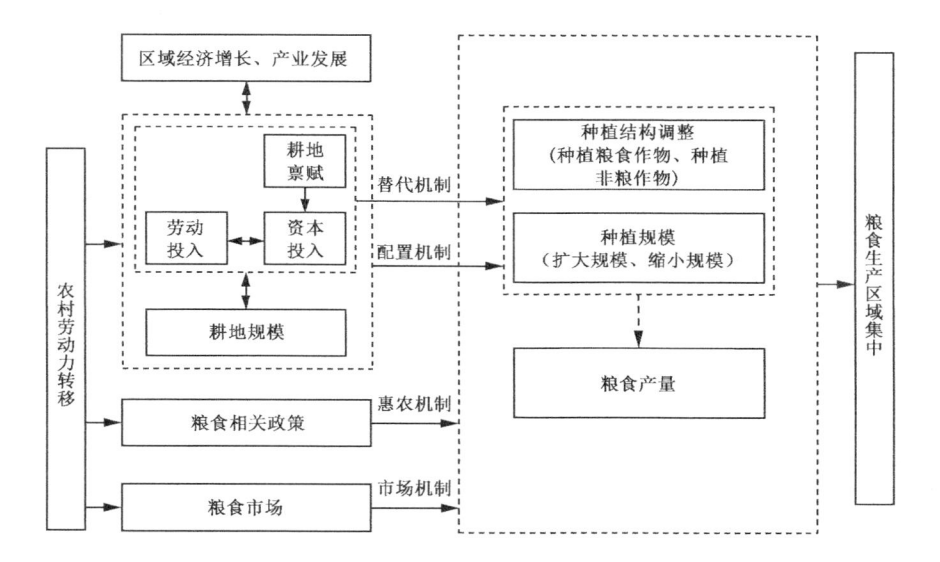

图 5.2 农村劳动力转移对粮食生产集中的作用机制

第二节 农村劳动禀赋变化与粮食生产区域集中的理论与文献回顾

一、相关理论

(一)农户生产决策理论

中国农业生产模式,依然是小农生产为主,家庭作为基本单位的生产模式,那么,农业生产分布变化,也是区域内农户农业生产决策行为的集合。现代经济学最基本的假设前提是"经济人"假设。"经济人"假设对于不同的主体,有不同的表现形式,对于消费者而言,其目的是在收入约束下追求效用最大化;对于生产者而言,其目的是追求利润最大化。在农业生产中,农业生产的主体——农户,作为"理性经济人"其身份具有两重性。首先,农户作为生产者,其生产的目的是追求利润最大化;其次,当外部经济条件发生变化时农民会从生产者变为消费者,不再直接从事农业生产,而是通过向市场提供劳动来获得要素收入。另外,随着劳动和土地市场的发育、完善,要素从相应市场上获取较高收入时,农民从事农业生产的机会成本增大。

(二)诱致性变迁理论

根据农户生产决策理论,农户是"理性人",根据要素相对价格对要素的投入组合进行适当的配置,以实现利润最大化的决策目标。中国农村人多地少的禀赋特征,使得农业生产一直是小规模经营模式,随着城市化进程的推进,农村劳动力从农村和农业部门向城市和非农部门转移,减少了农业生产劳动的潜在供给;另一方面非农收入的上涨也拉高了劳动要素价格,促进劳动节约技术的采用。诱致性技术变迁理论为要素稀缺、要素价格的相对上升以及由此引致的农业技术变化提供了一个独特视角。Hicks(1963)认为要素价格的相对上涨,引起投入量的相对变化,进而引发偏向性技术进步。Binswanger(1974)综合分析了厂商要素节约倾向受要素相对价格的影响,以及技术变革速度受产品需求的影响。在农业生产领域,Hayami 和 Ruttan(1985)在继承 Hicks(1963)的观点之上建立了诱致性技术与制度创新模型,认为经济力量会诱导技术与制度变革,并且这些力量包括产品需求、初始资源禀赋和资源积累等。

为了便于理解诱致性技术创新模型,以劳动节约型技术的技术进步为例。如图 5.3 所示,I_0^* 代表零期创新可能性曲线(IPC);它是一系列较无弹性的单位等产量曲线的包络线。当机械与劳动价格比率为 bb 时,某种技术(如机械)I_0 被发明,此时最小成本均衡点为 p,在此点上,土地、劳动力、机械动力实现了最优组合。劳动为能耕种更大面积的土地,要求劳动力拥有与之匹配的机械动力。这意味着土地与机械动力之间存在着互补关系,可以用一条直线(A,M)表示。当劳动力相对于土地变得更为稀缺,劳动力－土地价格比率从零期的 bb 下降到第一期的 cc 时,一种新技术便会沿着第一期 IPC(I_1^*)被开发出来,这个新技术使得单位劳动力可以使用更大数量的机械动力耕种更大面积的土地。

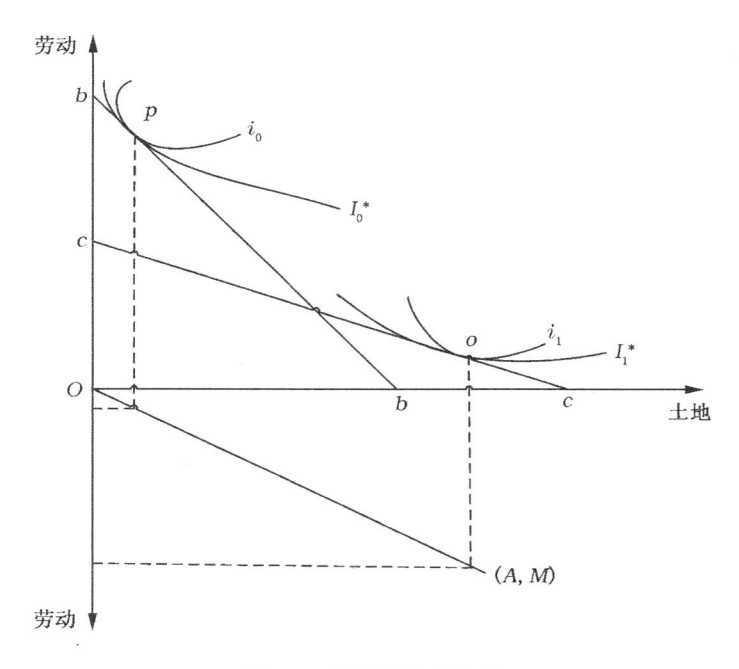

图 5.3 诱致性技术变迁

(三)产业区位理论

绝对优势与相对优势皆是区位优势形成的核心因素。首先,绝对优势是在区域资源禀赋既定的条件下,产品的成本收益优势影响厂商的市场竞争力。绝对优势的存在使得市场交易发生,并从产品到产业皆具有地域性,市场竞争力也就形成了区域竞争力。李嘉图在绝对优势的基础上,提出了相对优势理论,认为随着产业的分工与资源的流动,国家或地区绝对优势已经形成,但市场的作用通过相对竞争优势产品的交易,完成产业的全球分工。因此,在绝对优势与相对优势的作用下,结合区位资源禀赋条件等,就形成了产业的区位优势。农业区位论由孤立国理论开始研究农业产业的分布问题,发挥农业区位优势。

二、研究文献回顾

(一)粮食生产分布变化及其影响因素研究

粮食生产受自然、经济等众多因素的影响,具有明显的自然再生产和经济社会再生产特征。中国地域条件、自然环境、社会经济等存在差异,并且随着环境变化和经济社会发展进程不同,地区粮食生产也就存在较大差异,中国的粮食生产分布也发生了较大调整。学者从不同角度对粮食生产趋势进行分析,包括采用生产集中度(伍山林,2000;邓宗兵等,2014)、重心迁移(王介勇和刘彦随,2009;张军等,2011;刘玉等,2012)、比较优势指数(翟荣新和刘彦随,2008;辛良杰等,2009)、变异系数(钟甫宁和邢鹂,2004;李裕瑞和卞新民,2008)、空间自相关(李政通等,2018)、计量经济等模型(陆文聪和梅燕,2007),对中国粮食生产的时空分布变化进行了大量研究。

黄爱军(1995)通过分析中国1949～1994年粮食变化趋势中发现,1949～1978年粮食增长中心在江苏地区,尤其是苏北地区;1978～1984年增长中心向南方地区转移,并且逐渐有"西进"趋势;1984～1993年粮食的增长中心逐渐呈现"北上"的趋势。程叶青和张平宇(2005)从1993～2002年的数据发现粮食北上的趋势继续推进,粮食增长中心继续由南向北,并且由东向中部推移。邓宗兵等(2013)分析1978～2011年间粮食生产分布变化情况所得到的结论也大体一致,中国粮食生产分布呈现北移趋势,并在空间上向泛东北地区和泛黄淮区集中。也有学者从粮食县域产量、人均粮食县域占有量变化的角度分析粮食生产的地形分异规律,发现粮食生产重心逐渐向东北偏移;粮食生产分布符合胡焕庸线分布特征,高高集聚区逐渐向东北农业区偏移,低低集聚区逐渐向东部和南部沿海偏移(李亚婷等,2014;王凤等,2018)。聂雷等(2015)运用重心模型,定量分析了稻谷、小麦等作物的生产重心演变轨迹,认为生产重心持续向北转移。罗万纯等(2005)分东中西部讨论粮食生产集中度,发现东部集中度呈下降趋势,中部呈上升趋势,西部呈现出先下降后上升的趋势。李政通等(2018)通过构造粮食生产空间转移系数发现,主产区是粮食生产增长的主要来源,主销区和部分平衡区的粮食生产呈现出较为明显的衰退特征。吴建寨等(2015)的研究表明粮食供需空间分布具有明显空间差异,生产重心与消费重心并不一致。

也有学者分品种具体讨论区域粮食生产变化。包括从小麦(叶志标和李文娟,2019)、水稻(杨万江和陈文佳,2011;钟甫宁和刘顺飞,2007)、玉米(陈欢等,2015)等方面进行分析。杨春(2009)通过对小麦的生产分布研究发现,在华北和华中区域扩大,而在东北、西南和华东区域收缩的趋势。卢布等(2010)的研究表明我国小麦生产的优势区域逐步形成,长江中下游、黄淮海和大兴安岭沿麓三大优质小麦产区优势逐渐增强。姜会飞等(2005)的研究表明小麦生产具有空间上的相对稳定性和时间上的相对不稳定性,小麦生产的这种时空差异性造成了区域比较优势的时空变化。李伟(2019)利用基尼系数、产业集中度指数等指标对1978~2016年我国小麦生产的时空演变特征进行分析,研究认为改革开放以来,小麦生产逐渐向优势区域集中,并且集中程度不断提高,呈现出由东向西、由南向北的空间移动趋势,小麦生产表现出较强的空间依赖性。李明辉等(2015)构建了地区综合比较优势指数,探讨1994~2013年小麦生产分布情况,研究发现小麦集中趋势更加明显,优势省份逐渐减少。杨宗辉(2018)基于1997~2015年的数据,认为玉米的集中趋势越来越明显,而各地区城镇化进程不同步,是形成集中趋势最主要的原因。周美君等(2020)对玉米生产潜力的分析,认为加格达奇—锡林浩特—临河—西宁—天水—中甸沿线以东为主要适合区。也有学者对其他非粮作物生产分布演变展开探讨,包括花生(张怡,2014)、棉花(朱启荣,2009)、蚕桑(吴方卫和闫周府,2018)、马铃薯(吕超和孙国锋,2019)生产分布变化。

关于粮食生产分布变化原因的研究,杨晓光和李克南(2013)认为,气候变化是影响粮食区域分布的主要因素,并对小麦冬春性品种种植界限进行分析,发现温度的上升,使得种植界限北移,并且强冬性品种界限变化最明显,北界北移趋势总体大于南界。蔡剑和姜东(2011)的研究认为CO_2浓度也是小麦区域分布变化的主要原因。刘珍环等(2016)认为种植结构调整也影响粮食生产分布变化,并发现玉米和大豆影响小麦的种植。米胜渊等(2020)利用1987~2017年洞庭湖地区的水稻面积数据,发现农业技术和收益对水稻种植的影响不断增加。罗万纯等(2005)的研究表明,耕地面积、技术、收益是粮食分布变化的主要原因。陈飞等(2010)的研究表明农业政策对小麦、稻谷、玉米作物的影响较大。Daniel 和 Killkenny(2003)发现农业补贴会影响农业生产分布。徐春春等(2013)通过对水稻的生产分布分析,认为重心北移的原因是农民收入结构和粮食需求结构变化的结果。达存莹等(2016)通过研究陕西、甘肃、宁夏、青海、新疆等地区的小麦生产情况,认为技术的推广和要素投入增加是增产的主要原因。

陆文聪等(2007)的研究表明,区域之间粮食生产也相互影响,尤其是相邻地区具有负效应。Nerlove 和 Kenneth(1960)运用预期价格理论对美国农业的生产分布进行分析,发现预期价格促使农户对粮食生产进行调整,价格和自然条件也相应影响农户的生产决策。Welsh 和 Hubbell(2003)通过产业链的研究发现,农产品分布受该品种上下游产业的影响。伍山林(2000)指出人均耕地禀赋与非农就业拉力是影响粮食生产区域特征变化的重要因素。高帆(2005)的研究表明粮食生产的空间变化,主要是各地区为获取比较优势调整的结果。薛宇峰(2008)认为受城市化进程加快和粮食较低的比较收益影响,稻谷、小麦播种面积呈下降趋势。此外,关于市场、价格、交通、消费习惯等因素的研究发现,各个因素都是影响粮食生产的重要因素,并最终影响区域及全国的粮食生产状况与区域分布(刘帅等,2011;王金朔等,2014)。

(二)农村劳动力转移与要素投入变化关系研究

在改革开放以来的较长时期,非农产业的发展和区域经济发展进程差异,使得大规模农村劳动力向东部沿海地区转移,形成越来越明显的

"孔雀东南飞"现象。但自2005年之后,呈现出越来越明显的"凤凰还巢"现象,即中西部地区城镇吸纳农村转移劳动力的比例提高,农民工流动外出增速下降,回流或就近就业的农民工比重明显上升。刘涛等(2015)利用人口普查数据,分析发现大城市是流动人口主要聚集地;刘彬彬等(2017)利用农村固定跟踪观察点数据,发现外出劳动力规模仍在上升。与上述观察相悖的是,沿海地区已经开始出现民工荒现象,也有学者开始对农民工是否回流以及回流的影响因素进行研究(石智雷等,2012;王子成和赵忠,2013;杨忍等,2018),可能因为只有少数农民工能够迅速地在城市找到合适的工作,更多的往往频繁地变换工作岗位(王超恩等,2013),或者在农村和城市之间循环、往复流动(王子成和赵忠,2013;杨志明,2017),并且外出、回流、再外出的反复流动现象逐渐明显,农村劳动力流动的地理半径呈缩小趋势(吴方卫和康姣姣,2020b)。

农村劳动力外出主要是由于非农就业机会较多、收入较高(Gabszewicz等,2016;杨振宇和张程,2017)。另外,农业生产效率提升和农作物劳动需求的下降也促使农业劳动力流出(Bhandari等,2016;Emerick,2018)。而影响劳动力回流的主要因素包括流入地的生活成本大幅提高,使转移劳动力在流入地就业的收支余额与返乡从事农业经营的净收入的差距缩小,从而促进劳动力回流(周传豹等,2016;吴方卫和康姣姣,2019)。农村劳动力外出,从熟悉的生活环境转移到陌生的生活环境,因语言、生活习惯及习俗的改变而形成心理成本(Boski,2013;Su等,2018),这些心理成本使劳动力更愿意回到流出地(佐藤宏和李实,2008)。流出地的制度环境和经济环境的改善(Olesen,2010)也会促进劳动力回流,流动的原因也趋于多元化(段成荣等,2019)。

当然,农村劳动力转移,其直接结果是农业劳动投入减少,劳动作为生产投入的一种要素,其投入的变化必将引起其他要素的变化。粮食生产也是如此,大量农村劳动力的转移,形成劳动要素相对稀缺,引起其他要素(资本、土地)变化。在Hayami和Ruttan(1985)的研究中,要素禀赋状态是技术变革重要影响因素。劳动节约型和土地节约型的技术进步类型不同(Hicks,1963)。劳动要素的稀缺促进节约劳动型技术进步;土地要素的稀缺促进土地要素节约型技术的发展(Hayami,1969)。

农村劳动力转移对资本投入的影响主要有两方面:一方面,在劳动禀赋约束不断增强的背景下,农户借助市场机制调节要素投入结构,通过增加相对廉价的资本投入实现对劳动要素的替代,以缓解劳动力资源不足的问题。另一方面,农村劳动力转移可以增加收入,有效缓解农业生产的资金流动性约束,促进机械等替代要素投入的增加,从而维持农业生产规模。农村劳动力转移造成的农业生产劳动投入量的减少可以通过资本替代来弥补(林本喜和邓衡山,2012;钟甫宁等,2016;Ji等,2012;吴方卫和闫周府,2018)。值得一提的是,资本替代也有其局限,要素替代能力存在差异,对替代资本的需求也不尽相同,一般土地密集型作物对资本替代需求高。其次,山区和丘陵地区土地起伏和细碎的耕地条件,也对机械替代造成一定阻碍,导致作业成本高、机械化程度低的局面(郑旭媛和徐志刚,2017)。农村劳动力外出,通过将收入寄回家,也形成一种家庭的自我融资机制(章元等,2017)。闵师等(2018)的研究表明,在小麦、玉米、粳稻、大豆、棉花和油菜籽6种主要农产品生产中,机械对劳动力都有显著的替代性;其中,小麦生产作业中机械最大限度地替代了劳动力投入,而其他农产品尤其是棉花与粳稻生产的机械化有较大发展潜力。

关于农村劳动力外出务工与农业生产规模之间的关系,即农村劳动力转移与土地投入之间的关系,有研究指出非农就业机会的增加,导致劳动投入农业生产的机会成本增大,农户存在租出农地的倾向(杜鑫,2013);也有研究指出,非农收入的增长,降低了农地的比较效率,提升了农地的流出概率(Zhang等,2004;Deininger和Jin,2005;李明艳,2012),进而加快农地流转(Huang等,2012;何欣等,2016)。农户按照效率优先的原则,在农业生产和非农就业之间进行选择,这有利于促进农地市场的发育(姚洋,1999),提升农地集中经营与专业化生产水平(Kung,2002;邵亮亮等,2014)。随着劳动力市场发育,大量的女性劳动力外出务工,或将进一步提升农地流出的概率(黄枫和孙世龙,2015;Che,2016)。这些判断暗含着劳动和土地为互补性生产要素的假设,通过分工和专业化生产可以提高劳动和土地的产出效率。也有研究指出农业生产和非农就业之间并不存在明确的界限,农村家庭可以通过家庭成员的分工优势来决定劳动力的配置结构(钱忠好,2008),以缓解农地流转与非农就业之间的矛盾。这种家庭分工的结果就是以性别分工协助实现兼业经营,兼业生产会降低农地流出的概率(黎霆等,2009),兼业化的组织安排也可能阻碍农地流转的进程。此外,在当前的环境下,农地依然是农户获得生存保障的重要手段(张璋和周海川,2017;徐志刚等,2018),不能忽略地权稳定的政策目标对农地流转的影响(Luo,2018),这些因素的存在将在不同程度上影响农地流转的进程。也有研究指出,伴随着新一代农村劳动力的不愿种地和老一辈农村劳动力的不能种地,农地退出农业生产的概率大大提升(盖庆恩等,2014),面临着"被抛荒"的趋势(孔祥智,2015),相比较农地抛荒的可能,转移劳动力有更大概率转出农地(杜鑫,2013)。通过农地流转和机械等资本要素投入的增加,实现农业生产向现代生产经营方式的转型,有力提升了农业经营效率(Yao,2000),促进农业生产实现规模化经营。

(三)要素投入变化对粮食生产的影响研究

农业生产中要素投入变化,不仅相互影响,也影响农业生产,尤其是对粮食生产的影响特别大。不少观点认为,劳动力转移使得农业劳动力投入减少,必然对粮食生产具有负影响(李旻和赵连阁,2009;白南生等,2007;秦立建等,2011)。而且老年和女性劳动在农业生产中并不占优势,导致农村老年和女性劳动力的农业生产率远低于青壮年、男性,对先进作业方式与农业生产技术的实施形成阻碍,不利于农业生产的长期发展(Song,2000;李澜和李阳,2009),具体表现为农业生产粗放经营,土地利用率、农业单产水平和产出增长率下降(Rozelle等,1999;钱文荣和郑黎义,2010;盖庆恩等,2015),相关研究也证明了劳动力转移和移民汇款对玉米单产具有显著负向影响(Atamanov和Van,2012)。农村劳动力流出之后,劳动力季节性短缺(陈奕山,2018),农地可能会被撂荒、闲置(张红宇,2002;陈剑波,2006)。一些劳动密集的农作物种植在农村劳动力流出之后逐渐被农户舍弃,农作物由多季种植向单季种植转变(杨进等,2016)。徐志刚等(2017)的研究也表明,劳动力转移降低了粮食播种面积和播种比例,但是地势平坦、易于使用机械的地区可以通过广泛应用机械来减弱这种效应。杨志海等(2016)针对江汉平原棉花种植的研究对劳动力转移类型做了进一步细分,本地务工对棉花生产效率产生不显著正向影响,外地务工对棉花种植效率产生显著负向影响。

也有研究指出,中国当前存在很大一部分兼业劳动力,通过家庭内部分工协作实现兼业经营(钱忠好,2008),进而提高家庭劳动生产效率。尽管农村劳动力转移会造成务农机会成本增加,但农户会采用农业社会化服务,来实现务农机会成本的最小化(Zhang 等,2017),弱化劳动力转移带来的负影响。并且粮食相对其他作物来说,其资本对劳动替代相对更容易,粮食生产规模相对扩大(薛庆根等,2014)。仇童伟和罗必良(2018)的研究发现农村劳动力的非农转移会诱导粮食作物的种植,使得粮食种植规模增加。

Restuccia 等(2008)发现资本向农业流动的限制和劳动力向非农部门流动限制是造成国际农业生产效率差异的主要原因。劳动力转移固然直接影响农业生产效率,但是农业生产效率也会对农户时间配置产生反向作用。Emerick(2018)分析印度的农业数据发现,农业生产效率使得农户减少农业劳动供给,促进劳动力转移,增加非农产业尤其是非贸易行业的劳动份额。

刘魏等(2018)的研究表明工商资本下乡促进了农业土地产出率和劳动生产率提高,工商资本下乡促使粮食作物的劳动力资源流失和家庭劳动力的多部门配置,并导致资本对劳动力要素的替换,提高农业生产效率,但对经济作物中资本替代劳动力的影响程度较弱,工商资本下乡会促使土地流转和土地适度规模经营,使规模经济效应得以发挥,从而摆脱传统农业低效的困境。苏昕和刘昊龙(2017)的研究表明,在当前中国城乡发展的情境下,农村劳动力转移对农业生产效率的制约作用正在凸显;农民专业合作社平均成员数量对农业生产效率提升具有积极作用,并能够缓解农村劳动力转移对农业生产的不利影响。王欧等(2016)基于全国农村固定观察点2003~2014年的农户面板数据,利用超越对数生产函数对机械和劳动力投入产出弹性以及两者间的技术替代弹性进行了测算。研究结果表明,农业机械的发展有效地替代了农业劳动力,促进粮食产量的增加,但农业机械对劳动力替代强度在不同粮食之间表现出时空差异性。具体而言,从2003到2014年,全国小麦、稻谷的"机械—劳动力"技术替代弹性值恒为正,形成了农业机械对劳动力的替代,玉米的"机械—劳动力"技术替代弹性值从-0.744升至0.101,机械和劳动力关系经历了从互补向替代的演变。

苏昕和刘昊龙(2017)认为,农户参与合作社的行为整合、优化农户的生产要素投入,减弱劳动力转移对农户农业生产效率的负面影响。Brauw(2015)探讨埃塞俄比亚劳动力转移问题时发现,当期劳动力转移对下一期农业生产效率并没有显著负面作用。刘颖和南志标(2019)的研究表明,农户的农地转入和转出行为都能有效提高总劳动力资源利用效率,而农地转出行为在一定程度上降低了农地资源利用效率。

(四)农村劳动力转移对粮食生产分布的影响

农村劳动力转移对粮食生产区域变化的影响,主要表现在,农村劳动力转移之后,资本对劳动的替代难易程度。一般情况下,资本对劳动的替代越容易的地区,粮食的生产规模越倾向于扩大,替代越难的地区,粮食的生产规模越倾向于缩小。王欧等(2016)的研究表明,平原地区的机械化更容易,并且替代强度在作物之间呈现明显差异。徐志刚等(2017)的研究表明,劳动力转移使得粮食播种面积和播种比例降低,但在地势平坦、易于使用机械的地区规模缩小效应被弱化。郑旭媛等(2014)的研究表明,非农就业需求的增加和非农收益上涨,现有的技术条件使得特色经济作物具有较为明显的优势。

陆文聪等(2008)的研究表明,粮食生产已逐步转移到收益低、耕地资源丰裕的区域集中,即自然条件适宜、人均耕地资源丰富、水利基础设施较好的欠发达地区的粮食生产规模将会扩大,而在耕地资源贫瘠、收益高的发达地区,粮食生产会进一步萎缩。王跃梅等(2013)则从粮食主产区和主销区的角度出发,研究农村劳动力外流等对粮食生产的影响,认为主产区技术创新和制度创新冲抵了劳动力外流所产生的负面影响,而主销区由于经济发达、非农就业机会较多且收益较高,使得种粮比较收益更显低下,进而使粮食生产逐渐萎缩。应瑞瑶和郑旭媛(2013)从要素替代的角度对粮食生产空间分布特征的变化给出一定解释。

郝晓燕等(2018)采用1978~2014年的面板数据研究表明,地区的非农就业机会增加,促进该区农业劳动力转移,从而导致该区小麦播种面积减少;并且非农就业机会增加,也会吸引相邻地区农民就业,农民放弃农业生产的可能性就会提高,从而小麦播种面积会相应减少。李伟(2019)的研究表明非农就业机会对小麦生产具有负向影响,小麦生产的比较效益、机械化发展水平和产量促进了小麦生产规模扩大。冯颖等(2020)的研究表明,地区间农村劳动力的差异,也促进了粮食生产的交流与协作。

(五)简要评述

农村劳动力转移和粮食生产是乡村发展振兴的关键问题,已有学者对此高度关注,并做出大量卓有成效的研究,但也存在一定的不足。归纳起来有以下三点:一是各个地区粮食生产的演变趋势如何?现有文献观测到粮食生产变迁主要基于粮食的播种面积、产量的指标进行观测,这样的方法并不能实现这一目的;并未对粮食生产分布进行系统深入的探讨。二是粮食生产是自然再生产和经济再生产的结合,各个区域粮食生产是在既定的区域自然禀赋条件下,粮食生产规模变化,既包括要素投入变化,也包括种植结构调整,但现有研究尚未能将上述因素整体纳入一个系统进行实证检验,与此对应的经济效应研究,也未能注重地理空间作用。三是少有文献从劳动力转移背景下农户种粮行为变迁的角度分析区域粮食生产演变,更缺乏农户微观决策与粮食生产区域粮食生产规模变化相结合的研究。所以,选择中国粮食分布这一主题进行研究,以确保中国未来粮食安全为落脚点,从农村劳动力转移与粮食生产分布变化的现象着眼，分析要素投入变化对粮食生产的影响机制，进而构架粮食生产的未来发展的整体思路和政策框架，以期为政府部门制定政策提供参考。

第三节 农村劳动力转移与粮食生产区域集中的实证分析

一、模型设定

根据前文对粮食生产集中原因的讨论，我们使用集中区 504 个县域 1981～2016 年数据，采用面板固定效应模型，实证检验集中区粮食生产情况和粮食生产集中的原因。被解释变量为：粮食种植面积 y_{1m}、粮食产量 y_{2m}、非粮种植面积 y_{3m}、非粮产量 y_{4m}、水稻面积 y_{5m}、水稻产量 y_{6m}、小麦种植面积 y_{7m}、小麦产量 y_{8m}、玉米种植面积 y_{9m}、玉米产量 y_{10m}，下标 m 表示各个县域，回归的具体方程是：

$$\ln Y_{imt} = \alpha_{i0mt} + \alpha_{i1mt} \ln ml_{imt} + \alpha_{i2mt} \ln K_{imt} + \alpha_{i3mt} \ln L_{imt} + \alpha_{i4mt} \ln M_{imt} \\ + \alpha_{i5mt} H_{imt} + \varepsilon_{it} + \epsilon_{im} + \gamma_{imt} \quad i = 1, 2, \cdots, 10 \quad (5.1)$$

其中，ml 表示单位劳动投入，K 表示区域内农业资本投入，L 表示区域农业劳动力禀赋，M 表示区域耕地面积，H 表示区域财政收入，α 为系数，ε_t 为时期固定效应，ϵ_m 为区域固定效应，γ_{it} 为标准误。

（1）被解释变量：被解释变量主要为粮食的种植面积、粮食产量；同时，为了考察劳动力转移对粮食种植结构的影响，加入被解释变量非粮种植面积、非粮产量；为考察农村劳动力转移对具体品种的影响，加入水稻种植面积、水稻产量、小麦种植面积、小麦产量、玉米种植面积、玉米产量等作为被解释变量（表 5.1）。

表 5.1　　　　　　　　　　描述性统计

变量名称	变量含义	均值	标准误	最小值	最大值	观察值
粮食播种面积	粮食播种面积（千公顷）取自然对数	10.60	0.97	6.21	12.46	9 296
粮食产量	粮食产量（吨）取自然对数	12.12	1.12	6.56	14.31	9 619

续表

变量名称	变量含义	均值	标准误	最小值	最大值	观察值
非粮播种面积	非粮播种面积(千公顷)取自然对数	9.57	1.20	2.40	12.80	9 283
非粮产量	非粮产量(吨)取自然对数	12.49	1.06	6.62	14.51	2 249
水稻播种面积	水稻播种面积(千公顷)取自然对数	7.92	2.26	0.00	11.58	11 700
水稻产量	水稻产量(吨)取自然对数	9.55	2.56	1.95	13.30	11 700
小麦播种面积	小麦播种面积(千公顷)取自然对数	8.84	1.97	−0.36	11.34	13 700
小麦产量	小麦产量(吨)取自然对数	9.89	2.24	0.00	12.95	14 100
玉米播种面积	玉米播种面积(千公顷)取自然对数	8.78	1.98	0.69	11.49	15 200
玉米产量	玉米产量(吨)取自然对数	10.28	2.21	1.39	13.39	15 100
单位劳动投入	务农劳动(人)/总播种面积(千公顷)	3.28	26.84	0.00	847.30	13 200
资本投入	农业机械总动力(千瓦)取自然对数	11.96	1.16	3.33	15.01	14 600
农业人口	农业户籍人口(人)取自然对数	12.26	1.29	5.40	15.28	8 224
耕地面积	耕地面积(公顷)取自然对数	10.55	1.32	4.38	13.60	13 800
政府收入	政府收入(万元)取自然对数	9.21	1.14	2.83	13.94	7 824

(2)解释变量:单位劳动投入、资本投入等主要的解释变量用来表征劳动、资本的配置状态;耕地面积和农业人口表征区域劳动禀赋和耕地禀赋因素,政府因素用政府收入来表征政府经济发展情况和政府收入状况。

(3)其他解释变量:在机耕面积增加、耕地增加、农业扶持资金增加、农业基础设施建设增加的情景下,通过分析农村劳动力转移对粮食生产变化的影响,来检验农村劳动力转移对粮食生产集中的影响机制,并在异质性分析部分讨论了农村劳动力转移对不同粮食品种的影响。

二、数据来源及处理

我们利用集中区内蒙古、黑龙江、吉林、河南、安徽等地区的 504 个县（区）1981~2016 年的面板数据。数据来源于农业农村部全国县域经济数据库，九大商品粮基地来源于《中国农业生产区划》，坡度数据参考封志明等(2007)在中国人居环境评价背景下的地形起伏度定义及其计算公式基础上，将数字高程模型(SRTM 90 m)数据重采样成 1 km，运用模型计算得到中国陆地地形起伏度公里网格数据集

第四节 实证模拟结果分析

一、基础回归

表 5.2 报告了基础回归结果，第(1)、(2)、(3)列为关于被解释变量为粮食种植面积的回归模型；第(4)、(5)、(6)列为关于被解释变量为粮食产量的回归模型。其中，第(2)、(5)列加入时间固定效应，第(3)、(6)列为控制时间和省份的双向固定效应模型。

(一)农村劳动力转移与粮食生产集中

基础回归结果显示，在加入年份和省份的固定效应后，劳动投入对粮食种植面积、粮食产量的影响并不显著，集中区农业生产经营劳动投入的变化，并不会对粮食生产产生影响，这与第二章理论部分、本章机制部分讨论的结果一致。劳动作为农业生产要素投入的一部分，劳动力减少，必然会对粮食生产产生负影响，但是集中区的区域禀赋比较适宜规模化生产，适合劳动的少量投入的农业生产，因而劳动要素的减少并未对农业生产产生显著的负影响。

资本投入对粮食种植面积、粮食产量有显著的正向影响，即资本投入促进粮食生产规模化，集中区相对于转移区和调入区，内蒙古、黑龙江、吉林、河南、安徽这几个地区的地势相对较为平坦，资本对劳动的替代相对

表 5.2　基础性回归

	(1)	(2)	(3)	(4)	(5)	(6)	(7)	(8)
	粮食播种面积				粮食产量		非粮播种面积	
单位劳动投入	−0.184 4*	−0.009 5	−0.009 5	−0.338 7**	0.008 5	0.008 5	−0.463 9***	−5.475 3***
	(0.106 8)	(0.094 5)	(0.094 5)	(0.146 8)	(0.128 5)	(0.128 5)	(0.139 6)	(1.649 3)
资本投入	0.114 8***	0.092 4***	0.092 4***	0.273 1***	0.176 0***	0.176 0***	0.039 6**	0.245 0***
	(0.008 8)	(0.011 5)	(0.011 5)	(0.011 8)	(0.015 4)	(0.015 4)	(0.016 9)	(0.035 6)
农业人口	0.219 8***	0.181 6***	0.181 6***	0.147 8***	0.155 2***	0.155 2***	0.246 7***	−0.235 9***
	(0.023 4)	(0.021 2)	(0.021 2)	(0.029 7)	(0.026 7)	(0.026 7)	(0.031 4)	(0.077 1)
耕地面积	0.223 9***	0.273 3***	0.273 3***	0.260 7***	0.267 0***	0.267 0***	0.241 3***	0.058 7*
	(0.014 6)	(0.013 8)	(0.013 8)	(0.019 5)	(0.018 1)	(0.018 1)	(0.020 4)	(0.034 0)
政府收入	0.017 0***	0.004 4	0.004 4	0.025 5***	0.001 9	0.001 9	−0.005 7	−0.006 4
	(0.005 0)	(0.004 8)	(0.004 8)	(0.006 8)	(0.006 3)	(0.006 3)	(0.007 0)	(0.012 0)
时间固定效应	未控制	控制	控制	未控制	控制	控制	控制	控制
省份固定效应	未控制	未控制	控制	未控制	未控制	控制	控制	控制
_cons	3.812 3***	4.181 7***	4.181 7***	3.933 8***	5.100 7***	5.100 7***	3.614 3***	11.239 7***
	(0.309 5)	(0.282 9)	(0.282 9)	(0.392 9)	(0.357 6)	(0.357 6)	(0.417 8)	(1.020 0)
R^2	0.182 4	0.368 6	0.368 6	0.244	0.427 9	0.427 9	0.161 6	0.371
N	4 258	4 258	4 258	4 589	4 589	4 589	4 258	2 007

较容易,这也与劳动投入减少对粮食生产的影响不显著相互佐证,资本投入增加,成为农业生产的主要动力。在农村劳动力转移的背景下,非农就业收入迅速上涨,工资收入的提高,使得劳动要素变得相对昂贵,资本要素变得相对廉价,农业生产增加资本投入来替代劳动,节约了农业生产成本,继续投入农业生产时又促进农业生产规模扩大,促使这些地区不仅是农村劳动力转出大省,也是粮食调出大省。在农业劳动投入大幅度减少的背景下,技术进步和资本投入增加有效地弥补了劳动投入对农业产出的负面影响,是农业产出增加的主要动力。对于集中区,区域自然禀赋条件使得农业生产在这些地区具有天然的生产优势,资本对劳动替代的容易程度也较高,同时,相对于其他地区,要素价格也较低,就形成了农业生产的比较优势。加之,粮食作物相对于其他作物,资本替代作用更明显,促进了这些地区粮食生产规模扩大。

农业人口对粮食面积、粮食产量的影响显著为正,农业人口作为农业生产中的劳动来源,区域农业劳动禀赋越大,其粮食生产规模越大,农业人口在一定程度上反映城镇化程度,农业人口越多,城镇化率越低,农业部门相对较发达,有利于粮食生产规模扩大。耕地面积对粮食种植面积、粮食产量有显著的正向影响,耕地面积作为粮食的土地要素投入约束,耕地面积越大,约束越小,粮食越容易形成规模化生产,并且集中地区五个省(区)的耕地都具有一定程度扩大,这也成为这些地区粮食播种面积和产量增加的重要原因。政府收入对粮食种植面积、粮食产量的影响并不显著,政府收入作为区域发展指标侧面反映,也是农业补贴的重要来源,对粮食生产的影响不显著。

(二)农村劳动力转移与种植结构调整

农村劳动力转移不仅影响区域内粮食生产规模的变化,同时也影响区域内种植结构调整,为更好地讨论区域内粮食生产的集中趋势,讨论劳动力转移对集中区内非粮作物的影响,需要我们具体讨论种植结构变化。实证结果显示,单位劳动投入对非粮种植面积、非粮产量具有显著的负向影响。事实上,集中区农村劳动力的转移不仅促进了粮食作物的生产规模扩大，也促进了非粮作物的扩大。例如，东北地区农业劳动力的减少，非粮作物生产规模也在扩大。事实上，中国农村劳动力转移不仅促进了粮食生产向东北地区集中，也促进了非粮作物往东北地区集中，例如松嫩三江平原区、长城沿线区越来越成为马铃薯种植集中区，东北作为新兴花生产区，其比较优势也正逐步增强，花生的种植中心也有向东北转移的趋势。

资本投入对非粮作物种植面积、非粮作物产量有显著的正向影响，集中区由于其地势条件适合农业生产规模化，无论是粮食作物还是非粮作物，资本投入的增加都会促进其生产规模的扩大。农业人口对非粮作物种植面积的影响显著为正，对非粮作物的产量的影响显著为负，即农业人口的增加会促进非粮作物生产规模的扩大，但并不会促进非粮作物产量的增加。耕地面积对非粮种植面积有显著的正向影响，政府收入对非粮种植面积没有显著影响。

二、机制检验

为揭示农村劳动力转移对区域粮食生产的影响机制，与第四章的机制检验一致，对机耕面积增加样本、耕地增加样本、农业扶持资金增加样本、农业基础设施建设增加样本进行回归。由于集中区涉及的样本容量较少，在分样本情况下，做面板回归可能会造成估计偏误，因而我们通过控制时间和区域固定效应的简单的 OLS 回归，实证结果如表 5.3 所示。

农村劳动力转移对区域粮食生产集中存在替代机制。在机耕面积增加样本中，单位劳动投入对粮食种植面积和粮食产量的影响显著为负，即劳动力越少，粮食生产规模越大。在农村劳动力转移的背景下，农村劳动力跨部门、区域转移，农业生产经营劳动减少，由于资本投入的增加，尤其是机械投入的增加，资本对劳动的替代效应，使得粮食生产规模扩大。资本投入、农业人口、耕地面积与基础回归结果一致，促进粮食生产规模的扩大。政府收入对粮食生产规模扩大有正的影响，在集中地区，政府对农业生产的扶持力度较大，包括农机具购置补贴，对粮食生产规模的扩大有显著的正影响。

表 5.3 机制检验

	(1)	(2)	(3)	(4)	(5)	(6)	(7)	(8)
			粮食播种面积				粮食产量	
	机耕面积增加	耕地增加	农业扶持资金增加	农业基础设施建设增加	机耕面积增加	耕地增加	农业扶持资金增加	农业基础设施建设增加
单位劳动投入	−7.330 3***	−2.661 5***	−20.865 3***	−4.964 7**	−13.536 5***	−2.661 5***	−20.865 3***	−17.302 5***
	(1.712 0)	(0.694 3)	(3.152 9)	(2.088 0)	(2.342 0)	(0.694 3)	(3.152 9)	(3.104 0)
资本投入	0.252 0***	0.277 9***	0.267 7***	0.240 7***	0.325 7***	0.277 9***	0.267 7***	0.455 2***
	(0.021 6)	(0.017 8)	(0.035 0)	(0.025 6)	(0.029 0)	(0.017 8)	(0.035 0)	(0.045 5)
农业人口	0.425 6***	0.612 4***	0.894 2***	0.259 4***	0.721 7***	0.612 4***	0.894 2***	0.304 2***
	(0.030 4)	(0.024 0)	(0.058 9)	(0.042 5)	(0.038 3)	(0.024 0)	(0.058 9)	(0.067 0)
耕地面积	0.446 9***	0.284 2***	−0.051 2	0.460 2***	0.186 6***	0.284 2***	−0.051 2	0.255 5***
	(0.029 6)	(0.022 3)	(0.059 2)	(0.046 2)	(0.037 2)	(0.022 3)	(0.059 2)	(0.067 3)
政府收入	0.027 3**	0.011 1	0.073 2**	−0.034 6**	0.041 1**	0.011 1	0.073 2**	−0.051 8**
	(0.013 2)	(0.010 5)	(0.028 9)	(0.016 8)	(0.017 5)	(0.010 5)	(0.028 9)	(0.026 1)
时间固定效应	控制	控制	控制	控制	控制	控制	控制	控制
省份固定效应	控制	控制	控制	控制	控制	控制	控制	控制
_cons	−2.932 8***	−2.036 5***	−2.125 8***	−0.529 2*	−3.010 3***	−2.036 5***	−2.125 8***	0.362 4
	(0.227 5)	(0.192 9)	(0.357 1)	(0.317 3)	(0.258 7)	(0.192 9)	(0.357 1)	(0.511 2)
R^2	0.894 8	0.806 7	0.782 1	0.919 8	0.878	0.806 7	0.782 1	0.870 1
N	867	2 354	719	280	949	2 354	719	265

农村劳动力转移对区域粮食生产集中存在配置机制。在耕地面积增加样本中，单位劳动投入对粮食生产规模和粮食产量的影响显著为负，集中地区的非农产业发展相对较慢，城市化进程和工业化对土地的需求相对较低，耕地投入农业生产的机会成本也较低，因而集中地区易于改变农业要素投入方式，以及农业生产方式，劳动的减少、资本和耕地投入增加，集中区的农业生产方式更接近现代化生产，尤其是东北地区的农业生产。资本投入、农业人口、耕地面积、政府收入等与基础讨论的结果一致。

农村劳动力转移对区域粮食生产集中存在惠农机制。农业扶持资金的增加样本中，单位劳动对粮食种植面积和粮食产量的影响显著为负，政府收入对粮食种植面积和粮食产量的影响显著为正。农业生产的弱质性，使得农业扶持成为农业生产的常态，政府的扶持无论从深度和广度都在逐步扩大，包括农业补贴、技术、品种等等，而粮食集中区，不仅仅是粮食生产规模较大，由于其要素投入的机会成本较低，区域自然禀赋适合农业生产，其他农产品也较为丰富，政府扶持力度尤其大，例如产粮大县奖励也在往这些地区倾斜。政府对农业的支持促进了农户农业生产积极性的提高，也促进了这些地区粮食生产规模扩大。资本投入、农业人口、耕地面积与基础讨论部分一致。

农村劳动力转移对区域粮食生产集中存在市场机制。在农业基础设施建设增加样本中，单位劳动对粮食种植面积和粮食产量的影响显著为负。粮食的市场机制促进粮食生产规模的扩大，尤其是在集中区，基础设施的建立，使粮食更容易存储，促进粮食向其他地区调出。

三、异质性分析

不同粮食品种，其生产方式和对自然要求不同。为更好地讨论农村劳动力转移对粮食生产集中的影响，分品种（水稻、小麦、玉米）讨论农村劳动力对粮食作物生产的区域异质性（表5.4）。

实证结果显示，单位劳动对小麦播种面积的影响显著为负，对水稻和玉米播种面积的影响不显著。对三种粮食作物的生产分布演变趋势进行分析，发现粮食生产集中趋势主要在水稻和玉米，小麦的集中趋势并不明显。小麦是机械化程度相对较高的作物，北方地区一直是小麦的主要产区，2019年河南和安徽的小麦播种面积分别达到5 707千公顷、2 835.6千公顷。由于集中区适合资本投入较多的生产方式，区域劳动力减少，并不会造成玉米、水稻的生产规模缩小，对小麦生产规模的扩大反而具有促进作用。

表5.4　　　　　　　　　　　　　异质性分析

	(1)水稻播种面积	(2)水稻产量面积	(3)小麦播种面积	(4)小麦产量	(5)玉米播种面积	(6)玉米产量
单位劳动投入	0.050 8	−0.139 5	−0.488 0**	−0.425 5	−0.260 1	−0.306 8
	(0.216 7)	(0.236 5)	(0.237 7)	(0.274 2)	(0.187 8)	(0.224 9)
资本投入	0.064 0***	0.033 6	0.036 3	0.078 6***	0.057 1***	0.041 7**
	(0.023 1)	(0.025 2)	(0.023 8)	(0.027 1)	(0.017 1)	(0.020 6)
农业人口	0.095 4**	0.142 9***	0.114 9***	0.180 6***	0.100 3***	0.074 1**
	(0.043 1)	(0.045 7)	(0.035 2)	(0.039 6)	(0.027 5)	(0.033 0)
耕地面积	0.354 5***	0.355 0***	0.074 0***	0.102 6***	0.306 0***	0.220 6***
	(0.028 5)	(0.030 9)	(0.027 4)	(0.030 6)	(0.019 8)	(0.023 8)
政府收入	−0.009 2	−0.015 6	−0.018 7*	−0.039 2***	0.037 5***	0.018 5**
	(0.009 8)	(0.010 8)	(0.010 1)	(0.011 3)	(0.007 3)	(0.008 8)
时间固定效应	控制	控制	控制	控制	控制	控制
省份固定效应	控制	控制	控制	控制	控制	控制
_cons	2.244 5***	3.662 3***	6.614 7***	6.102 9***	3.123 9***	6.175 1***
	(0.573 8)	(0.606 0)	(0.514 2)	(0.575 9)	(0.378 0)	(0.454 6)
R^2	0.110 7	0.156	0.160 9	0.101 2	0.271 2	0.257 8
N	5 188	5 264	5 931	6 252	6 834	6 786

资本投入对水稻和玉米种植面积的影响显著为正，对小麦种植面积的影响不显著。资本投入增加，对于促进水稻和玉米向集中区集中的趋势更明显，这意味着在现有的粮食价格差异和比较优势影响下，小麦的比较优势较低，玉米和水稻的比较优势较高，并且水稻和玉米生产存在对小麦的替代效应。稳定粮食生产，一方面，要遵循要素市场的变动规律，积极引进适用技术促进生产方式转型；另一方面，也需要理顺粮食价格之间

的关系,围绕粮食结构调整目标,完善农业补贴政策,提高粮食补贴政策的指向性、精准性和有效性。

农业人口、耕地面积、政府收入对三种作物的影响,与基础回归的结果讨论一致。人口作为农业生产劳动投入的主要来源,往往促进农业生产规模的扩大。耕地面积作为农业生产投入中土地要素,土地投入越大,水稻、小麦、玉米的生产规模越大。政府收入对三种作物的影响不显著。

四、稳健性检验

为了进一步提高结论的可靠性,需要进行稳健性检验(表 5.5)。由于农业机械化生产与地形地貌关系较大,尽管集中区适合农业生产规模化,不同区域也存在一定的地形差异,为检验实证结果的稳健性,排除地形大于 2 的样本,讨论更适宜粮食生产的区域,进行实证检验。由于粮食生产具有极强的周期性,因而劳动力转移对粮食生产的影响可能具有一定的滞后效应,为排除时间所带来的差异,利用滞后一期进行实证检验。家庭联产承包责任制改革同样对集中区粮食生产存在影响,为排除政策冲击所带来的影响,利用 1983 年及以后样本进行实证检验。同时,由于中国的粮食调出是以省份为单位的,而省会(首府)城市基本上为整个省份的政治和经济发展中心,往往承担了更多的经济发展任务,在粮食生产上侧重点存在差异,造成估计结果偏误,因而去除省会(首府)城市进行实证回归。改变变量、样本后的回归结果与基础讨论的一致,故认为回归结果较为稳健。

表 5.5　稳健性分析

	(1)	(2)	(3)	(4)	(5)	(6)	(7)	(8)
	地形起伏度<2		滞后一期		1 983 年～2 016 年		去除省会城市	
	粮食播种面积	粮食产量	粮食播种面积	粮食产量	粮食播种面积	粮食产量	粮食播种面积	粮食产量
单位劳动投入	−0.009 5	0.008 5	−0.017 8	0.003 7	−0.009 5	0.008 5	0.009 4	0.022 5
	(0.094 5)	(0.128 5)	(0.105 5)	(0.137 6)	(0.094 5)	(0.128 5)	(0.094 0)	(0.130 0)
资本投入	0.092 4***	0.176 0***	0.091 0***	0.169 9***	0.092 4***	0.176 0***	0.066 4***	0.144 2***
	(0.011 5)	(0.015 4)	(0.012 3)	(0.015 8)	(0.011 5)	(0.015 4)	(0.012 0)	(0.016 5)
农业人口	0.181 6***	0.155 2***	0.114 9***	0.104 1***	0.181 6***	0.155 2***	0.167 2***	0.139 8***
	(0.021 2)	(0.026 7)	(0.022 3)	(0.026 2)	(0.021 2)	(0.026 7)	(0.022 6)	(0.029 1)
耕地面积	0.273 3***	0.267 0***	0.285 0***	0.304 9***	0.273 3***	0.267 0***	0.269 6***	0.272 2***
	(0.013 8)	(0.018 1)	(0.015 0)	(0.018 9)	(0.013 8)	(0.018 1)	(0.014 7)	(0.019 6)
政府收入	0.004 4	0.001 9	0.000 1	−0.006 2	0.004 4	0.001 9	0.006 4	0.005 8
	(0.004 8)	(0.006 3)	(0.005 0)	(0.006 4)	(0.004 8)	(0.006 3)	(0.004 9)	(0.006 6)
时间固定效应	控制	控制	控制	控制	控制	控制	控制	控制
省份固定效应	控制	控制	控制	控制	控制	控制	控制	控制
_cons	4.181 7***	5.100 7***	5.031 1***	5.676 6***	4.181 7***	5.100 7***	4.699 0***	5.564 5***
	(0.282 9)	(0.357 6)	(0.297 1)	(0.355 9)	(0.282 9)	(0.357 6)	(0.301 1)	(0.388 4)
R^2	0.368 6	0.427 9	0.363 3	0.438 6	0.368 6	0.427 9	0.357 3	0.428 6
N	4 258	4 589	4 140	4 483	4 258	4 589	3 874	4 209

本章小结

一、农村劳动力转移所形成的集中区农业生产劳动投入的减少，并不会对粮食生产规模产生显著的负影响，在粮食集中区，粮食生产的可机械化程度较高，资本对劳动的替代相对更容易，资本投入的增加，弱化了劳动力减少的负影响，成为粮食生产规模扩大的主要动力。关于农村劳动力转移对种植结构调整的影响，主要是与粮食作物和非粮作物的可机械化程度有关，一般认为粮食作物容易形成资本对劳动的替代，非粮作物机械化替代程度相对较低。

二、集中区的区域禀赋适合粮食生产规模化。粮食产量的增加和生产规模的扩大，主要与区域内的禀赋结构有关，这里主要指耕地禀赋条件，包括土地的坡度、土壤的质量等等，直接影响到资本与劳动的替代，决定了粮食生产可规模化条件，而耕地规模又决定区域粮食生产的具体规模，进而形成种植结构调整和粮食种植规模的变化。进一步分析农村劳动力转移对粮食作物（水稻、小麦、玉米）的影响发现，农村劳动力转移对粮食作物影响存在显著的异质性。

三、农村劳动力转移对粮食生产集中存在替代机制、配置机制、惠农机制、市场机制。集中区特殊的区域禀赋条件适合粮食生产中资本对劳动的替代，新的要素投入方式形成，农业政策偏向，以及劳动力转移市场和粮食市场的变化共同促进了粮食生产集中。

第六章　农村劳动禀赋变化、要素替代与经济作物生产变迁

　　得益于政策调整以及农业生产条件的不断改善,我国农业供给保障能力不断增强,农产品供应日益丰富。然而,随着城乡居民生活水平大幅提高,中等收入阶层迅速扩大,居民消费形态日趋多元化,当前农产品的供应水平已经难以跟上食品消费多元化需求的增长。正因如此,2017年中央"一号文件"指出:中国农业发展的主要矛盾已由过去的总量不足转变为结构性矛盾,部分农产品供求矛盾不断加深。这当中,诸如棉花、麻类、油料、糖料等供给严重不足的作物品种,表现出一定的停滞甚至萎缩特征,突出体现了当前我国种植结构矛盾问题。合理的种植结构关系到国计民生,种植结构的合理化调整不仅是实现农业现代化必须面对的重大课题,同时也是妥善解决"三农"问题的重要途径之一。

　　新形势下,我国种植结构调整的压力不断增大,而人多地少的耕地矛盾决定了结构调整的空间是有限的,加快种植结构调整以符合市场需求结构的变化,需要厘清种植结构变化的内在规律,把握种植结构矛盾的成因。在劳动禀赋变化背景下,不同农作物品种各自响应劳动禀赋变化的逻辑是什么？存在哪些差异以至于上述结构矛盾的形成？进一步的,对于经济作物生产而言,作物生产的空间布局如何,存在哪些调整路径,未来是否会朝着区域分工的方向发展？回答清楚这些问题有助于我们把握种植结构调整的空间和潜力所在,这也是我们试图研究、分析和解答的重

点所在。

现有研究对种植结构调整问题进行了大量考察,但多数研究聚焦于粮食生产,对经济作物的考察还比较薄弱,特别是对近年来种植结构出现的新变化(退出和转移)关注不足。从时间尺度和空间尺度观察种植结构演变规律,将农业生产中愈发突出的生产退出和产业转移现象纳入研究范围,可以为研究提供一个较为完整的分析框架。因此,我们分别从要素禀赋区域差异和要素替代难度差异两个视角来解释种植结构变迁的成因,一定程度上深化了运用诱致性技术变迁理论解释我国种植结构演变的能力。基于现实和理论需求,立足我国种植结构调整的现实情况,依据结构转换、诱致技术变迁等理论,借助计量经济模型,研究劳动禀赋变化对种植结构调整的影响,可以揭示要素替代难易程度对种植结构调整的作用逻辑,给出种植结构未来发展走势的基本判断,这对于进一步推进我国种植结构调整具有重大的理论和现实意义。

第一节 劳动禀赋变化、要素替代与经济作物生产变迁的机理

劳动力价格上涨会导致资本替代劳动的需求上升,从而生产者追求利润最大化的行为规律转化为对要素价格的反应和对要素投入结构的调整。而要素投入结构的变化反映了技术选择和技术发展方向,如果不能顺利选择一条可以有效消除劳动禀赋条件制约的发展途径,就会抑制该行业发展。一般而言,农村劳动力转移有助于提升农户的收入水平,农户购置农业生产资料和购买生产性服务的支付能力得到加强。但能否通过增加资本投入顺利实现对劳动要素的替代,以提升生产率和产出能力,还受要素替代能力的影响。

为了更清晰说明禀赋变化对经济作物生产的影响,这里主要以图例的形式展开分析。如图 6.1、6.2 给出了资本 K 和劳动 L 两种投入与产出之间的技术关系,横轴代表劳动力投入状态,分别以 A、B、C、D 表示,

纵轴代表工资、资本、利润和产出水平,分别以 W、K、Ω、Y 表示,总产出曲线 Y 满足稻田条件,符合新古典特性。直线 OW 代表劳动力价格水平,其斜率的变化反映劳动力价格的变化。在劳动力价格为初始水平 OW 时,理性的农户选择 C 点为投入生产点以实现利润最大化,此时利润水平为 Ω_C,产出水平为 Y_C。当劳动力价格水平由 OW 上移到 OW' 时,农业生产的最优状态被打破,诱使农户调整要素投入结构。对于不同作物生产,假定初始生产状态均为沿着土地生产率导向路径增长,结合前面分析,我们将可能发生的生产行为设置成如下两种情景:

情景一:替代效应远大于劳动力价格上涨效应,农户维持当前的生产规模甚至扩大生产规模。随着农村劳动力外出务工收入的增加,农户的资金约束得到缓解。由于要素替代的可行性,农户选择增加购买资本品和生产性服务的策略,顺利实现对劳动要素的替代,缓解甚至抵消劳动力投入不足的影响。农户积极地调整要素投入结构的策略,即用相对便宜的资本要素替代相对昂贵的劳动要素也极大地缓解了劳动力价格上涨对农业生产的负面影响。由于技术进步往往依附在所投入的新生产要素当中,新生产要素投入的增长,一定程度增加了农业生产的技术选择机会,促进技术效率提升,产出曲线上移到 Y',此时农户的最优生产点向 D 点移动。在 D 点,产出水平为 $Y'_D > Y_D$,利润水平为 $\Omega'_D > \Omega_D$,从而实现利润水平的改进(如图 6.1 所示)。

情景二:替代效应远不足以弥补劳动力价格上涨效应,农户减少当前的生产规模甚至退出该行业生产。尽管农户的非农收益不断增加,农户购买替代资本品和生产性服务的支付能力得到加强,但要素替代难度阻碍了要素投入结构的调整,新生产要素无法顺利投入农业生产,从而无法缓解劳动力价格上涨的影响。继续维持当前的生产规模,就需要支付更高的成本。随着劳动力价格持续上涨,农业产出水平越来越难以弥补劳动力成本上涨的冲击。此时,理性的农户将调整生产决策,同样将生产点向 D 点移动,利润水平由 Ω_C 降为 Ω_D,产出水平也由 Y_C 降为 Y_D(如图 6.2 所示)。由于劳动力价格持续上涨的关系,这一过程会重复发生,并

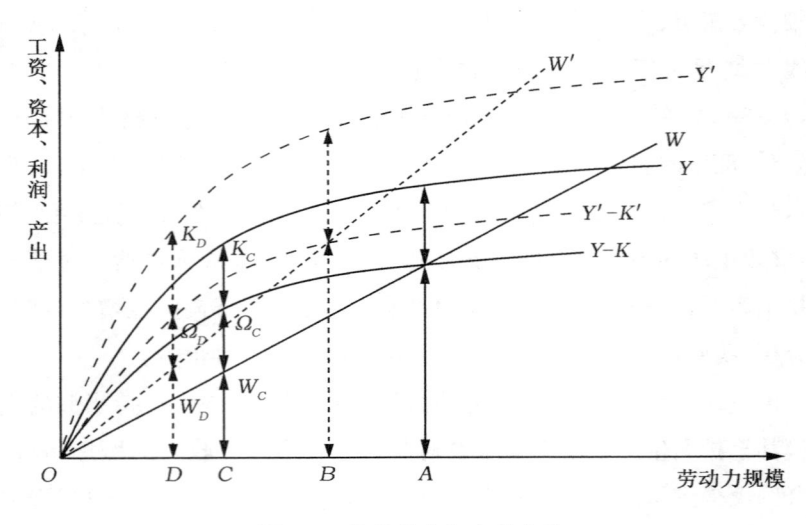

256 劳动禀赋时空异质性与我国种植业结构调整

图 6.1　替代效应与产出变动

向生产函数左端移动,对于无法有效实现要素替代的作物生产而言,将维持在较低的生产水平上生产,面临退出的风险。

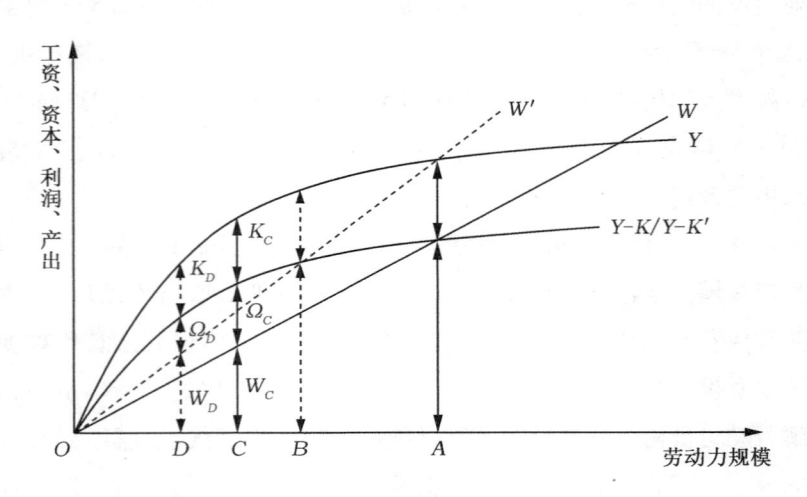

图 6.2　劳动力价格上涨效应与产出变动

值得一提的是,作物生产能否成功获得替代要素投入水平的增加,不仅受到劳动力价格上涨的驱使,也和作物生产的农艺特点以及技术供给水平密不可分。一方面,由于经济作物生产环节较多、分工复杂、密集使用劳动的程度较高,加上经济作物生产的小规模的家庭副业型经营特点,引入机械替代技术的门槛较高。另一方面,由于粮食安全的国家战略地位,粮食机械技术供给处在较高的水平,而经济作物的机械技术供给往往是有限的。这种供给的不充分性,抑制了替代技术选择机会的提升。不过,考虑到农户在要素投入结构调整方面的努力,在机械替代劳动难以实现的情况下,作物生产可能转向以提升产品产量和质量作为主要的技术发展方向,即通过增加种子、化肥和农药等投入来实现产出增长,进而缓解成本上升冲击。

第二节　劳动禀赋变化、要素替代与经济作物生产变迁的理论与文献回顾

我国农业种植结构调整经历了逐渐由政策引导向市场和资源导向转变的过程,2004年之前,市场机制在引导种植结构调整方面存在明显缺位,政策干预在种植结构调整进程中起到主导作用,结构频繁变动且带有明显的"政策型波动"特征,属于短期的适应性调整行为;2004年之后,政策引导种植结构调整的作用逐渐弱化,但粮食增产导向的政策对种植结构调整的影响依然存在,资源约束和需求变化成为种植结构调整的主导力量。我国农业劳动供给总体不断朝着稀缺的方向发展,但农业劳动力供给的稀缺变化并非全局性的,短缺点的到来呈现由东部地区渐次向中、西部地区蔓延的趋势。劳动禀赋的区域差异变化,使得地区间劳动资本相对价格差异不断扩大。在劳动资本相对价格快速上涨的诱导下,我国农业技术进步偏向使用资本的进程不断加快,资本对劳动的替代程度不断加深。但不同农作物的技术选择模式存在显著差异,粮食作物的技术选择主要以提升劳动生产率为主,经济作物的技术选择主要以提升土地生产率为主,这也直接导致粮食作物与经济作物资本对劳动替代程度的

差异,为种植结构矛盾形成埋下了伏笔。劳动力价格上涨总体促进了种植结构向粮食生产比例扩大的方向发展,粮食易于实现机械替代从而节约使用劳动的特点是促成这一变化的主要原因。不过,三种主要粮食作物面对劳动力价格上涨冲击的表现存在一定差异,劳动力价格上涨显著促进了水稻和玉米生产比例的扩大,对小麦存在促进作用,但不明显。在实际生产过程中,水稻和玉米生产存在对小麦的部分替代,这种替代关系主要源于粮食价格差异。与粮食生产表现不同,劳动力价格上涨对棉花、油料、糖料、蚕桑等经济作物生产比例存在不同程度的负向影响,并且越是难以实现机械替代的作物品种,其受到劳动力价格上涨的负向冲击越明显。原因在于上述作物生产的劳动密集度较高,面对劳动力价格上涨冲击难以通过机械替代来缓解。虽然蔬菜的劳动密集度也较高,但由于蔬菜需求弹性大,产品市场规模的扩大一定程度削弱了劳动力价格上涨对蔬菜生产的负向冲击。此外,为了缓解劳动力价格上涨对作物生产的负向冲击,也有来自农产品价格上升的努力,但当农产品价格上升的缓解效果不足以弥补劳动力成本上涨的负向冲击时,作物生产表现出一定退出趋势。伴随着作物品种结构的不断调整,作物生产的区域专业化分工也在加快形成,劳动禀赋优势的区域差异构成了这一转变的重要成因。在农业生产区域分工形成过程中,作物生产区位转移表现出明显的空间、时间和品种次序。

具体而言,作物生产区位转移基本按照劳动禀赋优势的地区分布,由东部向中部,再向西部或西南地区转移,转移速度和规模不断增加,劳动禀赋区域差异显著构成了低替代弹性农作物生产区位转移的推拉力量,并且机械替代能力越弱的作物品种,其生产区位转移受劳动禀赋区域差异的影响程度越深,机械对劳动替代难的特点,也一定程度加速了农业生产区位转移的进程。通过对作物结构调整能力进行测算发现,不同作物的结构调整能力存在明显差异,粮食作物的结构调整能力普遍高于经济作物,且粮食作物的结构调整能力提升较快。造成这一差异的主要原因在于现代生产要素获取以及生产方式转型的难易程度上,由于可获得投入要素的匮乏(如机械、良种),使得大多数经济作物生产依然维持传统的密集使用劳动要素的特点,从而在很大程度上制约着作物结构调整能力的提升。

在劳动禀赋快速变迁背景下,粮食生产总体规模不断扩大。与之相反,一些经济作物或小品种的农作物却表现出停滞、萎缩甚至退出的生产特点,如杂粮杂豆、棉花、麻类作物以及一些小品种的作物生产。特别是在东部地区,萎缩或退出趋势表现更明显(如图 6.3 所示)。同一诱发机制下,不同作物生产为何呈现这种截然相反的发展特点？它们应对劳动禀赋变化冲击的逻辑有什么差异？

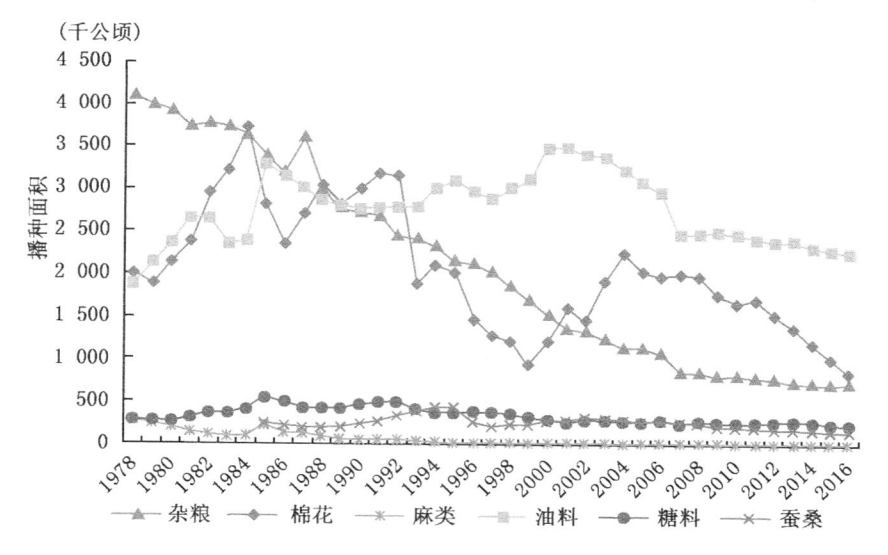

资料来源:《中国农村统计年鉴》《改革开放三十年农业统计资料汇编》《新中国 60 年蚕桑生产情况资料汇编》。

图 6.3　1978～2016 年东部地区不同作物生产退出趋势

一个被公认的假说是,农业生产要素禀赋结构及其价格的相对变化,会诱使要素投入结构的相应调整(Hayami 和 Ruttan,1985)。该假说指出了在市场经济条件下农户响应要素禀赋结构变化的策略是用相对廉价的丰裕要素替代相对昂贵的稀缺要素,实现更高生产效率的农业技术采用，暗含着农户要素结构调整的可能方向和农业增长潜在的技术路径。

根据诱致性技术变迁假说，在劳动禀赋约束不断增强的背景下，农户借助市场机制调节要素投入结构，促使生产方式向节约劳动的技术方向转变。相关研究已证实这一点，即在自然条件允许的状态下，劳动力价格上涨促使粮食生产农户增加相对廉价的机械投入实现对劳动要素的替代，以缓解劳动力资源不足的问题（林坚和李德洗，2013；钟甫宁等，2016；郑旭媛和徐志刚，2016）。不过，这些研究往往针对粮食生产展开，由于粮食生产标准化程度高，具有使用机械技术的条件。胡瑞法和黄季焜（2001）以园艺作物为例，分析表明劳动力价格上涨对园艺作物机械替代技术的诱致程度并不深，林毅夫（1991）认为技术选择是要素禀赋变化和产品市场容量共同诱致的结果。在实际生产中，作物生产的农艺特点决定了采用适宜机械技术的难度（吴方卫和闫周府，2018），由于要素间替代难度的存在，不同作物生产的农业技术选择模式存在一定行业差别（吴丽丽，2016）。因此，对于不同作物生产而言，要素调整的难度并非等同，从而同一诱发机制下不同作物的技术变迁路径可能表现出非一致性，对于采取非适宜技术变迁路径的作物生产而言，可能会产生不利影响。

总体而言，现有研究对于经济作物生产变迁的考察还比较薄弱，对于一些经济作物生产所呈现出的停滞、萎缩甚至退出的问题，也往往被大多数研究所忽略。因此，现有研究还不能回答上述问题。基于此，本章以棉花、油料、糖料、蚕桑和蔬菜为例，建立一个适用于分析上述农作物品种生产规律变化的分析框架，来分析劳动禀赋变化对经济作物生产的影响，揭示经济作物响应禀赋冲击的逻辑，同时进一步刻画上述作物品种的结构调整能力。回答这些问题对推动农业种植结构调整具有重要的指导和借鉴意义。

第三节 劳动禀赋变化、要素替代与经济作物生产变迁的实证分析

一、模型设定

为了检验劳动禀赋变化对经济作物生产的影响,构建如下计量回归模型:

$$Y_{it} = \alpha + \beta wage_{it} + \theta X_{it} + \mu_i + \varepsilon_{it} \tag{6.1}$$

式中,变量下标 i 代表省份, t 代表时间。Y_{it} 指某种经济作物的播种面积比例,为被解释变量。$wage_{it}$ 指劳动力价格水平,分别用劳动者报酬和农村居民人均工资性收入来衡量。X_{it} 为一系列控制变量。μ_i 为地区非观测效应;ε_{it} 为随机误差项;α、β、θ 为待估参数。

控制变量同样设定为四组:第一组为常规投入要素变量,包括农业劳动投入、农业机械总动力、耕地面积。第二组控制变量为农户资源禀赋状况,包括老龄化比例和平均受教育年限。第三组控制变量为农产品市场变动状况,包括农产品市场容量以及农产品价格。与粮食生产不同的是,对于经济发展水平越高的地区,高附加值作物品种的调整空间越大,选择城镇化水平衡量市场容量;此外,面对成本上升冲击,产品价格上涨能起到一定缓解作用,选择农产品价格来衡量这一关系。第四组控制变量为政策变量,包括财政支农支出、农业税政策变量。

前面一系列分析表明,机械替代劳动的难易程度是种植结构调整的主要约束条件,为了考察劳动力价格上涨对物质资本投入的诱致作用,同时为了判断经济作物生产的技术进步方向,将资本投入分解为机械品投入和生物品投入两种,作为被解释变量。根据劳动力价格上涨对两类资本投入促进作用的强弱程度,判断农户要素结构调整的技术偏向。和前面分析保持一致,机械品投入由亩均机械作业费、排灌费、畜力费、燃料动力费及固定资产折旧费五部分组成;生物品投入由种子费、化肥费及农药

费三部分组成。为方便后文讨论,参照速水和拉坦(1971)对生产技术的分类标准,把生物化学技术称为"节约土地型"的技术进步,机械技术称为"节约劳动型"的技术进步。虽然生物品存在与劳动替代的可能,例如喷施农药对除草的替代,但历史地看,机械技术一直是节约劳动的主要因素,生物化学技术也一直是节约土地的主要因素。调整后的模型如下:

$$Y_{it}=\alpha+\beta reprice_{it}+\theta X_{it}+\mu_i+\varepsilon_{it} \qquad (6.2)$$

关于模型(6.2)的估计,我们的目的是为了比较两个方程中劳动资本相对价格回归系数的显著性和大小关系,从而判断要素禀赋结构变化对不同作物生产技术进步方向的诱导及其作用大小。由于被解释变量分别为亩均机械劳动投入比和亩均生物劳动投入比,包括两个回归方程,常见的回归策略有单一方程 OLS 估计以及对两个方程进行联合估计或似不相关估计(SUR 估计),如果两个方程存在某种联系,那么将两个方程联合的"系统估计"有助于提高估计的效率。选择哪一种回归策略,其本质是在"有效性"和"稳健性"之间的权衡。一般来讲,当两个方程的扰动项互不相关,同时每个方程的解释变量完全一样,两种估计策略均可以得到一致的估计结果;如果两个方程的扰动项之间的相关性越大,则联合估计带来的效率改进就越大;也应当说明的是,如果两个方程的解释变量完全一样,但如果存在跨方程的参数约束,此时单方程的 OLS 估计和联合估计(SUR 估计)也可能存在偏差。由于被解释变量亩均机械劳动投入比和亩均生物劳动投入比为同一决策主体的不同生产决策行为,这两个方程的扰动项在理论上存在相关性,使用 SUR 模型进行估计有可能提高估计的效率。谨慎对待,我们首先对两个方程进行单一方程 OLS 估计,其次使用 SUR 模型进行回归检验,并根据 SUR 模型各方程扰动项之间是否存在同期相关这一基本假定以及回归检验值的显著性来判断回归策略的效率,进而选择合适的回归方法。

二、数据来源及处理

由于东部省份经济作物生产表现出一定的退出趋势,作物生产规模不断下降,可能会遗漏相应作物的传统生产区位。因此,在样本选择过程中将观察期由1990~2016年调整为1990~2010年。具体样本选取情况如表6.1所示。

表6.1　　　　　　　　　经济作物研究样本选择

	样本选择
油料	河南、湖北、安徽、四川、湖南、山东、江西、江苏、贵州、河北、广东、广西、浙江、重庆、陕西、内蒙古、云南、辽宁、青海、甘肃、福建、新疆、吉林,共23个省份(98.3%)。
棉花	新疆、山东、河南、河北、湖北、安徽、江苏、湖南、江西、山西、四川、陕西、甘肃、天津、浙江、广东,共16个省份(98.8%)。
糖料	广西、云南、广东、黑龙江、内蒙古、新疆、海南、四川、江西、福建、湖南、吉林、浙江、甘肃、湖北、辽宁、山西、贵州、河南、宁夏,共20个省份(98.9%)。
蚕桑	广西、四川、江苏、重庆、陕西、浙江、山东、云南、安徽、广东、湖北、江西、新疆、河南、山西、贵州、湖南、甘肃,共18个省份(98.5%)。
蔬菜	山东、河南、广东、江苏、四川、湖北、广西、湖南、河南、安徽、福建、贵州、浙江、云南、江西、重庆、辽宁、陕西、黑龙江、甘肃、山西、吉林、内蒙古、新疆、海南、宁夏,共26个省份(97.9%)。

注:①1990~1997年重庆的油料和蚕桑统计数据缺失,按照1998年重庆和四川相应作物的生产规模比值对1990~1997年四川数据进行拆分得到;②括号内数字为样本省份播种面积累加值占全国比重;③表中所列省份按经济作物播种面积比例从大到小进行排序。

本章分析所用数据为1990~2016年各省份相关指标构成的面板数据,数据主要来源于:《中国统计年鉴》《中国农村统计年鉴》《中国农业统计年鉴》《中国人口和就业统计年鉴》《全国农产品成本收益资料汇编》《新中国60年蚕桑生产情况资料汇编》以及各省份历年统计年鉴。

第四节　实证模拟结果分析

一、基本回归结果

表6.2报告了对模型(6.1)的估计结果,从模型的F检验值来看,各

方程均在1%统计水平下显著,适合用来分析。具体而言,棉花方程劳动力价格系数为-2.310,且在5%的统计水平上显著,意味着劳动力价格每增加100元,倾向于减少2.31%的棉花作物种植比例。油料方程劳动力价格系数为-0.968,且在5%的统计水平上显著,意味着劳动力价格每增加100元,倾向于减少约0.97%的油料作物种植比例。糖料方程劳动力价格系数为-1.670,且在1%的统计水平上显著,意味着劳动力价格每增加100元,倾向于减少1.67%的糖料作物种植比例。蚕桑方程劳动力价格系数为-6.371,且在1%的统计水平上显著,意味着劳动力价格每增加100元,倾向于减少6.37%的蚕桑生产比例。蔬菜表现例外,蔬菜方程劳动力价格系数为-0.419,但不显著。这可能和蔬菜的市场需求增加有关,蔬菜方程中城市化的参数回归结果显著为正也可以印证这一判断。

表6.2 劳动力价格上涨对经济作物播种面积比例影响的模型估计结果

	播种面积比例				
	棉花	油料	糖料	蚕桑	蔬菜
劳动力价格	-2.310**	-0.968**	-1.670***	-6.371***	-0.419
	(-2.59)	(-2.87)	(-6.60)	(-4.98)	(-1.25)
农业劳动力	0.905***	0.046	-0.666***	-0.456	-0.588***
	(3.40)	(0.39)	(-7.45)	(-1.61)	(-7.29)
机械总动力	-0.859***	0.432***	-0.225***	-0.560***	0.205
	(-6.11)	(7.98)	(-5.25)	(-3.47)	(1.50)
耕地面积	0.325	0.255**	0.460***	0.632**	0.136*
	(1.53)	(2.86)	(7.06)	(3.13)	(2.16)
人口老龄化	-0.056**	0.043***	-0.021*	-0.032	0.012
	(-3.30)	(5.02)	(-2.27)	(-1.53)	(1.93)
受教育年限	0.341***	-0.110**	0.069*	0.067	0.362***
	(3.81)	(-3.08)	(2.57)	(0.56)	(12.70)
城镇化	-0.004	-0.003	-0.001	0.028***	0.004**
	(-0.78)	(-1.31)	(-0.80)	(5.11)	(2.75)
农产品价格	0.052***	0.042	2.083***	0.011	—
	(3.67)	(1.12)	(4.60)	(0.66)	—

续表

	播种面积比例				
	棉花	油料	糖料	蚕桑	蔬菜
农业税	−0.456***	0.192***	0.072	0.317	0.101**
	(−4.86)	(3.65)	(1.93)	(0.89)	(3.03)
财政支农支出	0.160	0.019	−0.001***	−0.001	−6.15***
	(0.83)	(0.16)	(−3.60)	(−1.78)	(−7.81)
地区固定效应	控制	控制	控制	控制	控制
时间固定效应	未控制	未控制	未控制	控制	未控制
R^2	0.26	0.25	0.31	0.30	0.70
F 统计量	15.09***	24.66***	26.31***	4.95***	184.53***
样本数	432	621	540	486	676

注：由于蔬菜价格缺失严重，蔬菜方程中不包含蔬菜价格变量，下同。

总体而言，棉花、油料、糖料、蚕桑四个方程中劳动力价格的参数估计结果均显著为负，表明劳动力成本上升对上述四种经济作物播种面积比例均存在显著负向影响，劳动禀赋约束构成了上述作物生产的约束条件。此外，通过上述回归结果也能够发现，劳动力价格上涨对蚕桑生产的抑制作用最大，对油料的抑制作用最小。结合前面分析，我们知道蚕桑生产环节较为分散，生产标准化程度最低，导致其劳动用工依然维持在一个较高的水平。而油料生产中机械对劳动力的替代虽然也存在一定难度，但油料的每亩用工水平已经控制在一个相对低的水平。因此，在劳动力价格不断上涨冲击下，越是依赖密集使用劳动要素投入生产的作物品种，其受到劳动力价格上涨的冲击越大。

面对禀赋变化冲击，也有来自农产品价格上升以缓解成本增加的努力。农产品价格上升对棉花、糖料生产存在显著的正向促进作用，对油料和蚕桑生产存在正向促进作用，但不显著。在第三章的分析中我们知道，1990年以来，劳动力价格上涨了 4 倍之多（不变价），而上述四类农产品价格上涨均在 1 倍左右（不变价），要素价格上涨幅度明显超过产品价格上涨幅度，这意味着农产品价格上涨的促进作用并不能完全消化劳动力成本上升的负面影响。在开放的市场环境下，农产品价格上涨的空间也十分有限,加之农业生产的基础性地位,稳定农产品价格对经济可持续发展也至关重要,通过提升农产品价格来缓解成本上升冲击难以行得通。

就其他控制变量而言,农业机械总动力对油料作物播种面积比例存在显著正向影响,对棉花、糖料、蚕桑等作物播种面积比例存在显著负向影响,对蔬菜存在正向影响,但不显著。理论上,机械化水平的提升可以降低农业生产的用工成本,提升农户农业生产的积极性。不过,相对于粮食等易于机械替代的作物品种而言,受机械技术供给短缺以及作物自身农机农艺融合难等特点的影响,大部分经济作物生产机械替代劳动的难度较大,其生产过程依然遵循传统的密集使用劳动的方式。因此,在农业生产机械化进程不断推进过程中,那些易于机械替代的作物品种存在对棉花、糖料、蚕桑等作物生产的替代效应,从而导致机械化水平提升对糖料、蚕桑、棉花等作物生产比例扩大存在一定负向影响。值得一提的是,经济作物中,油料作物的机械替代相对棉花、糖料、蚕桑更容易,这也可能是劳动力价格上涨对油料作物冲击相对较小的一个成因。就农户资源禀赋变量而言,人口老龄化在油料回归方程中显著为正,在棉花和糖料回归方程中显著为负,在蚕桑回归方程中为负,但不显著。这一定程度表明,人口老龄化以及老年劳动人口体能的下降对糖料和棉花生产造成了不利影响。而蚕桑生产虽然用工需求更大,但其用工周期长,属于常年性的劳动投入,加上蚕桑生产复杂的农艺特征,老年劳动人口的生产经验相对年轻人会更有利于蚕桑生产。

除此之外,表示农产品市场容量的城镇化水平在棉花、油料、糖料回归方程中为负,但均不显著,在蚕桑和蔬菜回归方程中显著为正。一般来讲,城镇化水平提升会提升高附加值农产品的市场容量,蚕桑生产属于典型的高附加值的作物品种,棉花、油料、糖料作物的经济价值则相对偏低,近期还存在一定下降趋势,而且棉花纤维的市场需求还会受到人造纤维替代的影响。此外,城镇化与棉花、糖料、油料生产之间的负相关关系还可能和相关农产品大量进口有关。

为了检验上述分析的稳健性,我们使用工资性收入这一指标重新检验了劳动力成本上升对经济作物播种面积比例变动的影响(表6.3),回归结果与表6.2基本一致,进一步印证了劳动供给短缺变化对棉花、油料、糖料以及蚕桑等经济作物生产存在显著的负向影响,对蔬菜生产不存在显著的负向影响。总体而言,劳动供给短缺变化对经济作物生产产生了不利影响,这当中的作用逻辑是什么,经济作物生产和粮食生产存在哪些差异,接下来将对此做进一步分析。

表6.3 劳动力价格上涨对经济作物播种面积比例影响的稳健性检验

	播种面积比例				
	棉花	油料	糖料	蚕桑	蔬菜
工资性收入	−1.986*	−1.169*	−1.357**	−5.480***	−0.565
	(−2.26)	(−2.45)	(−2.96)	(−4.39)	(−1.67)
农业劳动力	0.206	0.144	−0.889***	−0.151	−0.625***
	(0.78)	(1.13)	(−7.75)	(−0.56)	(−7.39)
机械总动力	−0.094	0.406***	−0.364***	−0.740***	0.002
	(−0.87)	(5.67)	(−5.24)	(−4.69)	(0.30)
耕地面积	0.517*	0.335***	0.541***	0.654**	0.242***
	(2.55)	(3.39)	(6.47)	(3.25)	(3.95)
人口老龄化	−0.063***	0.037***	−0.034***	−0.030	0.006
	(−3.66)	(4.24)	(−3.70)	(−1.47)	(0.91)
受教育年限	−0.085	−0.109**	0.030	0.101	0.382***
	(−1.14)	(−2.59)	(0.74)	(0.85)	(13.37)
城镇化	−0.008	0.001	0.002	0.031***	0.010***
	(−1.77)	(0.36)	(0.69)	(5.64)	(5.21)
农产品价格	0.048**	0.071	2.085***	−0.018	—
	(3.28)	(1.88)	(3.84)	(−1.23)	—
农业税	−0.358***	0.190***	0.051	0.206	0.089**
	(−3.61)	(3.40)	(1.10)	(0.68)	(2.85)
财政支农支出	0.027	−0.001	−0.001	−0.001	−5.712***
	(0.14)	(−0.84)	(−1.83)	(−0.31)	(−7.65)
地区固定效应	控制	控制	控制	控制	控制
时间固定效应	未控制	未控制	未控制	控制	未控制

续表

	播种面积比例				
	棉花	油料	糖料	蚕桑	蔬菜
R^2	0.26	0.27	0.34	0.26	0.69
F 统计量	18.00***	23.17***	26.80***	4.50***	158.54***
样本数	432	621	540	486	676

二、作用机制检验

由于蔬菜成本收益资料缺失严重，这一节分析主要针对棉花、油料、糖料、蚕桑展开。根据模型设定，首先分别以亩均机械劳动投入比和亩均生物劳动投入比为被解释变量对模型(6.2)进行单方程的 OLS 估计，拟合效果良好。不过，对两个方程的联合 SUR 估计结果显示，不同作物品种回归方程的扰动项之间"无同期相关"的检验 p 值均为 0.000，即在 1% 显著性水平上拒绝各方程的扰动项相互独立的原假设，使用 SUR 模型进行系统估计可以提高估计的效率。为此，本节接下来的分析将主要以 SUR 模型的回归结果为主展开。①

表 6.4 汇报了对模型(6.2)的 SUR 估计结果，总体而言，劳动资本相对价格与资本劳动比以及生物劳动比均存在显著的正相关关系，这说明要素相对价格的发展变化对资本品和生物品投入均起到了显著的正向推动作用，促进两类资本投入水平的不断增加。随着劳动力价格的相对上涨，农户倾向增加资本投入以缓解劳动供给约束对作物生产的不利影响，这符合用相对低廉的投入要素替代相对昂贵的稀缺要素的诱致性技术变迁假说，但劳动资本相对价格变化对两类投入品的促进作用强弱存在明显差异。

具体而言，棉花作物中劳动资本相对价格对机械劳动比的诱导系数为 0.051，在 10% 统计水平上显著，对生物劳动比的诱导系数为 0.113，在 1% 统计水平上显著，意味着劳动资本相对价格每增加 1%，则机械劳动

---

① 单方程的 OLS 估计结果不再汇报。

表 6.4　劳动资本相对价格变化诱导经济作物要素投入结构调整的模型估计结果

<table>
<tr><th rowspan="2"></th><th colspan="2">棉花</th><th colspan="2">油料</th><th colspan="2">糖料</th><th colspan="2">蚕桑</th></tr>
<tr><th>机械品</th><th>生物品</th><th>机械品</th><th>生物品</th><th>机械品</th><th>生物品</th><th>机械品</th><th>生物品</th></tr>
<tr><td>相对价格(w/r)</td><td>0.051*
(2.19)</td><td>0.113***
(5.59)</td><td>0.096***
(5.50)</td><td>0.086***
(4.30)</td><td>0.077***
(4.81)</td><td>0.135***
(7.31)</td><td>0.070**
(2.73)</td><td>0.233***
(5.61)</td></tr>
<tr><td>农业劳动力</td><td>-0.165***
(-5.13)</td><td>-0.170***
(-6.11)</td><td>-0.111***
(-4.65)</td><td>-0.103***
(-3.76)</td><td>-0.170***
(-7.21)</td><td>-0.213***
(-7.85)</td><td>-0.189***
(-4.77)</td><td>-0.529***
(-9.25)</td></tr>
<tr><td>机械总动力</td><td>0.091**
(2.93)</td><td>0.126***
(4.75)</td><td>0.228***
(9.91)</td><td>0.215***
(8.16)</td><td>0.246***
(10.99)</td><td>0.284***
(11.07)</td><td>0.341***
(9.12)</td><td>0.520***
(9.63)</td></tr>
<tr><td>耕地面积</td><td>0.182***
(5.95)</td><td>0.109***
(4.14)</td><td>0.134***
(5.84)</td><td>0.044
(1.67)</td><td>-0.240***
(-11.72)</td><td>-0.383***
(-16.32)</td><td>-0.449***
(-12.56)</td><td>-0.847***
(-16.38)</td></tr>
<tr><td>人口老龄化</td><td>-0.043***
(-6.31)</td><td>-0.003
(-0.54)</td><td>0.002
(0.47)</td><td>0.009
(1.62)</td><td>-0.028***
(-5.22)</td><td>-0.021***
(-3.37)</td><td>-0.022**
(-2.79)</td><td>-0.081***
(-7.06)</td></tr>
<tr><td>受教育年限</td><td>0.170***
(8.31)</td><td>0.167***
(9.45)</td><td>0.081***
(5.29)</td><td>0.142***
(8.07)</td><td>0.112***
(7.99)</td><td>0.110***
(6.86)</td><td>-0.191***
(-7.89)</td><td>-0.078*
(-2.25)</td></tr>
<tr><td>城镇化</td><td>-0.176
(-1.17)</td><td>0.166
(-1.28)</td><td>0.452***
(4.03)</td><td>0.462***
(3.58)</td><td>0.973***
(8.46)</td><td>0.865***
(6.56)</td><td>1.048***
(5.71)</td><td>0.065
(0.25)</td></tr>
<tr><td>农业税</td><td>-0.157***
(-3.97)</td><td>-0.668***
(-19.60)</td><td>-0.229***
(-7.79)</td><td>-0.412***
(-12.21)</td><td>-0.291***
(-10.43)</td><td>-0.496***
(-15.49)</td><td>0.011
(0.22)</td><td>-0.224**
(-3.22)</td></tr>
<tr><td>财政支农支出</td><td>0.567***
(5.04)</td><td>0.291**
(2.99)</td><td>-0.256**
(-3.04)</td><td>-0.313**
(-3.24)</td><td>0.514***
(7.83)</td><td>0.289***
(3.83)</td><td>0.360**
(2.99)</td><td>0.364*
(2.09)</td></tr>
<tr><td>R^2</td><td colspan="2">0.62</td><td colspan="2">0.74</td><td colspan="2">0.86</td><td colspan="2">0.38</td></tr>
<tr><td>Pr 值</td><td colspan="2">0.00</td><td colspan="2">0.00</td><td colspan="2">0.00</td><td colspan="2">0.00</td></tr>
<tr><td>样本数</td><td colspan="2">432</td><td colspan="2">621</td><td colspan="2">351</td><td colspan="2">459</td></tr>
</table>

比增加0.051%,生物劳动比增加0.113%。油料作物中劳动资本相对价格对机械劳动比的诱导系数为0.096,在1%统计水平上显著,对生物劳动比的诱导系数为0.086,在1%统计水平上显著,意味着劳动资本相对价格每增加1%,则机械劳动比增加0.096%,生物劳动比增加0.086%。糖料作物中劳动资本相对价格对机械劳动比的诱导系数为0.077,且在1%统计水平上显著,对生物劳动比的诱导系数为0.135,且在1%统计水平上显著,意味着劳动资本相对价格每增加1%,则机械劳动比增加0.077%,生物劳动比增加0.135%。蚕桑作物中劳动资本相对价格对机械劳动比的诱导系数为0.070,且在5%统计水平上显著,对生物劳动比的诱导系数为0.233,且在1%统计水平上显著,意味着劳动资本相对价格每增加1%,则机械劳动比增加0.070%,生物劳动比增加0.223%。

能够看出,棉花、糖料以及蚕桑生产中劳动资本相对价格的快速上涨对生物品的诱致作用要大于对机械品的诱致作用,特别是蚕桑生产,生物劳动比的调整幅度要远远超过机械劳动比的调整幅度。可以判断,随着劳动资本价格的不断上涨,棉花、糖料以及蚕桑生产的技术选择偏向以种子肥料为特征的生物化学技术。由于生物化学技术主要是"节约土地型"的生产技术,因此棉花、糖料以及蚕桑生产要素调整的方向偏离了替代劳动的方向,从而无法有效改善上述作物生产的地劳配比关系。结合前面分析,棉花、糖料以及蚕桑生产过程中资本对劳动的替代弹性远小于1,二者之间替代能力有限,这也直接导致了要素投入结构调整方向的偏离。在劳动力价格上涨背景下,如果无法顺利实现生产方式的转型,将不可避免面临劳动力成本上升从而收益水平下降的影响,进而导致生产规模下降。此外,油料作物生产中劳动资本相对价格的变化对机械技术的诱导作用要略大于对生物化学技术的诱致作用,这意味着油料生产相对容易实现机械对劳动的替代,不过劳动资本比价的加速上涨对油料机械劳动比的诱致系数依然显著小于粮食(见表6.4)。近年来,中国植物油供需缺口不断增大,大量需求依赖进口,机械化程度低下已成为制约油料产能提升的主要约束因素。

相关控制变量的回归结果大都符合预期,值得一提的是,人口老龄化比例对棉花、糖料和蚕桑生产机械劳动比存在显著负向影响。面对劳动力价格上涨冲击,机械替代劳动的需求难以实现的情况下,人口老龄化发展带来的体能下降等不利因素,会进一步加深劳动禀赋约束对棉花、糖料和蚕桑等作物生产的抑制作用。

三、结构调整能力分析

为了考察经济作物结构调整能力,构建如下模型:

$$Y_{i,t} - Y_{i,t-1} = \gamma(Y_{i,t}^d - Y_{i,t-1}) + \varepsilon_{i,t} \tag{6.3}$$

$$Y_{i,t}^d = \alpha + \beta P_{i,t}^e + \theta X_{i,t} + \varepsilon_{i,t} \tag{6.4}$$

$$Y_{i,t} = \alpha + \beta_1 Y_{i,t-1} + \beta_2 P_{i,t}^e + \theta X_{i,t} + \varepsilon_{i,t} \tag{6.5}$$

其中,i 代表不同经济作物品种,$Y_{i,t}$ 为当期实际播种面积,$Y_{i,t-1}$ 为上期实际播种面积,$P_{i,t}^e$ 为粮食预期价格;$X_{i,t}$ 为相关控制变量,相关控制变量主要选择农业劳动力、农业机械总动力以及人均耕地面积;$\varepsilon_{i,t}$ 为随机误差项;结构调整参数表示为 $\gamma = 1 - \beta_1$。和粮食生产类似,预期价格水平 $P_{i,t}^e$ 采用条件 MLE 估计,同时采用动态面板广义矩估计(GMM)对模型(6.5)进行回归拟合。此外,这里主要关注要素禀赋结构快速变迁背景下经济作物结构调整的潜力,将样本考察期调整为 2005~2016 年,具体回归结果见表 6.5。

表 6.5 经济作物结构调整参数的模型估计结果

分类	播种面积			
	棉花	油料	糖料	蚕桑
滞后一期播种面积	0.728***	0.806***	0.695***	0.786***
	(17.94)	(23.15)	(11.84)	(15.55)
预期价格	−0.471	0.052	0.067	0.010*
	(−1.57)	(0.65)	(0.31)	(2.45)
农业劳动力	−0.319	0.303*	0.669*	0.792***
	(−1.07)	(2.48)	(2.36)	(6.38)

续表

分类	播种面积			
	棉花	油料	糖料	蚕桑
农业机械总动力	0.285*	0.137*	−0.145	0.026
	(2.09)	(2.60)	(−1.20)	(0.49)
人均耕地面积	−0.119	0.044	−0.238	0.048
	(−0.62)	(0.49)	(−1.45)	(0.66)
Sargan 检验	0.156	0.121	0.113	0.205
AR(2)	0.162	0.119	0.227	0.174
样本量	192	276	240	216

注：由于蔬菜价格缺失严重，表中回归内容暂不包括蔬菜。

根据结构调整参数的计算公式，可以得到经济作物的结构调整能力大小（见表 6.6）。结果显示，棉花、油料、糖料、蚕桑的结构调整参数分别为 0.272、0.194、0.305、0.214，能够看出，经济作物结构调整参数取值普遍偏低。在样本考察期内，假设将棉花生产规模调整到符合供需平衡状态下的最优生产规模需要 3.67 年，油料需要 5.15 年，糖料需要 3.28 年，蚕桑需要 4.67 年，这当中油料和蚕桑的调整能力最弱。随着消费水平的提升，人们对农副产品的消费需求大幅增加，但作物生产调整能力不足的特点，制约着作物综合生产能力的提升，一定程度加深了农产品供求结构矛盾。应当说，作物结构调整能力的现状特点是两方面因素综合作用的结果，一是市场利润的诱导作用，二是生产成本的抑制作用。虽然农户对市场变动的反应愈发敏感，但现代生产要素的匮乏（如机械、良种），使得农户面对劳动力成本快速上涨的冲击，缺乏有效的应对措施，这在很大程度上打击了农户的生产积极性，从而不利于作物产出增加。

表 6.6　　　　　　　经济作物结构调整参数的计算结果

	棉花	油料	糖料	蚕桑
调整能力系数	0.272	0.194	0.305	0.214

本章小结

一、劳动力成本上升构成了棉花、油料、糖料以及蚕桑生产的约束条件,并且要素替代能力越弱的作物品种受到劳动力成本上升的冲击越大。主要原因在于要素相对价格变化并没有诱使替代劳动的机械技术大范围采用,而是选择增加使用生物化学技术的方式继续从事生产,技术选择模式偏离了替代劳动力的方向,不利于缓解劳动力短缺、价格上涨的冲击。此外,由于蔬菜需求弹性大,产品市场规模的扩大一定程度削弱了劳动力成本上升对蔬菜生产的负向冲击。

二、面对劳动力成本上升冲击,农产品价格上涨起到了一定缓解作用,但农产品价格上涨的缓解作用不足以完全消化成本上升的负面影响,最终导致生产规模表现出一定下降趋势。此外,由于农产品价格上涨空间有限,通过提升农产品价格来缓解成本上升冲击难以行得通,还需要从其他途径寻求更有效的办法,如寻求降低劳动投入量或提升单产水平的技术进步等。

三、人口老龄化对劳动投入集中、劳动投入强度大的经济作物(棉花、糖料)生产构成了约束条件,对劳动投入强度小、劳动投入周期长的经济作物(油料、蚕桑)生产不构成明显的约束。让人意外的一个结论是,机械化水平的提升,对棉花、糖料和蚕桑生产起到了一定抑制作用。在耕地资源有限的情况下,易于机械替代的作物品种与依赖传统农艺进行生产的作物品种存在竞争使用土地的关系,而机械化的不断发展,更倾向于选择前者,从而对后者构成挤出效应。

四、棉花、油料、糖料、蚕桑的结构调整能力普遍低于粮食,较弱的结构调整能力构成了棉油糖等农产品供给严重不足的重要成因。在农户对市场反应愈发灵敏的经济环境下,农户有意愿去调整农业生产结构,但受现代生产要素匮乏的制约(如机械、良种),农户可获得的投入选择并不多,在劳动力成本不断上升的冲击下,农户生产面临的困境不断加大,从而制约着上述作物结构调整能力的提升。破除调整能力低下的出路,在于增加现代生产要素的供给。

第七章 农村劳动禀赋变化、区域差异与农业生产区位转移

生产区位转移是优化生产力空间布局、形成合理产业分工体系的有效途径,是推进产业结构调整、加快经济发展方式转变的必然要求。随着大量农村劳动力转移到城市工业部门从事非农生产活动,农业生产空间布局发生了很大变化。东部地区一些劳动密集型农业产业(如棉花、油料作物、糖料作物、小品种农作物等),正逐渐退出农业生产领域。与此同时,相关农业产业在中西部地区获得了再次发展的机会。农业生产区位调整的这一变化,投射到空间上,表现为农业产业的空间转移。是什么因素使得这样的农业产业转移得以发生,尤其是这一现象背后隐藏的政策含义值得我们加以深入的探讨和研究。

现有关于产业转移问题的研究,主要集中于非农产业转移,对农业产业转移的探索较少。造成这一现状的成因或许可以用如下三点来解释:首先,从转移方式来看,与非农部门通过政府强有力的政策引导,资本、技术跨区转移实现产业空间优化布局不同,农业产业转移主要通过农户的微观决策调整来完成。由于农业生产者众多且比较分散,农业生产结构的空间变化相对滞后,容易掩盖农业产业转移的事实。其次,从转移次序来看,非农部门中机械制造、电子信息、高新技术等产业具有明显的转移次序,而农业生产由于受非标准性影响,细密的专业化分工生产较难实现,产业转移的次序较难识别。第三,从转移的影响因素来看,不仅涉及

资源禀赋、比较优势的空间变化,还要考虑作物生产的气候特征与农艺特点。正因为农业产业空间布局变化的这些特点,导致农业产业转移研究起来往往更具难度。

为了刻画农业产业转移的特征,分析劳动禀赋区域差异变化对劳动密集型农作物生产区位转移的影响,我们尝试以棉花、油料、糖料、蚕桑以及蔬菜生产为例,分析大量农村劳动力外出务工背景下中国农业产业转移的成因。这对于把握农业区位调整的内在逻辑,探讨种植结构调整可能的路径选择及其所面临的困境十分必要。

第一节 劳动禀赋变化、区域差异与农业生产区位转移的机理

伴随着经济发展对人口红利的加速消耗,劳动供给的潜力不断下降。这一背景下,有学者以中国沿海地区"民工荒"事件的爆发以及劳动力价格上涨为依据,认为中国已逐渐进入一个劳动禀赋稀缺的时代(王德文,2009;蔡昉,2010);囿于统计资料的匮乏,也有学者提出不同观点,认为中国农村地区依然存在可观的剩余劳动力供给(白南生,2009;约翰·奈特等,2011)。

需要说明的是,中国是一个在劳动要素禀赋的绝对与相对水平上存在极大区域差异的国家,各地区农业劳动禀赋明显不同(Lin,1991)。应当说,中国所面临的劳动力短缺并非全局性的(许庆等,2013;刘守英和章元,2014),而是呈现从经济圈核心渐次向外围转移扩散的图景(Gaunaut和Song,2006),劳动力耗散是一个长期、渐进的过程,表现出蝶化的特征(杨继军和范从来,2012)。结合第二章的研究,事实也正如此,劳动禀赋优势随地区经济差异表现出一定异质性。劳动供给水平在空间上所表现出的差异性具备了农业产业转移的条件,但如果据此推断禀赋差异带来了农业产业转移,还为时尚早。

已有大量研究表明,在劳动禀赋约束不断增强的背景下,农户可以借助市场机制调节要素投入结构,通过机械替代来缓解劳动供给短缺的问

题。通过多用廉价、丰裕的机械要素,少用昂贵、短缺的劳动要素,促进农业生产方式向节约劳动的技术方向转变。因此,当劳动供给缺乏弹性带来的限制可以由机械技术的发展来缓解甚至抵消时,作物生产依然可以维持当前的生产格局。

现实中,要素投入结构调整能力和作物生产的农艺特点密切相关,同时也容易受技术供给水平以及自然禀赋条件等因素的影响。不同于粮食生产易于机械替代,其他作物品种往往难以形成有利的替代条件,第六章的分析充分表明了这一点。因此,通过要素投入结构调整的方式来缓解劳动力短缺的观点,不一定适合经济作物。如果无法顺利实现要素替代,促使生产方式向节约劳动的技术方向转变,劳动力短缺所带来的负面冲击将直接传递到成本函数中,从而有可能加快作物生产区位调整的进程。为更清晰地观察劳动禀赋变化以及要素替代能力对农业生产区位调整的作用逻辑,设置如下两种生产情景(假设所有经济作物均具有密集使用劳动要素的特征):

情景一:发达地区 A,在农业劳动供给约束不断增强的背景下,作物生产密集使用劳动要素的特点使得当地农户劳动投入的机会成本不断增加,从而降低了农户的收益预期,而且相比非农收入的快速增长,农业生产并不具备比较优势。因此,理性的农户选择减少农业生产劳动投入,并将劳动要素配置到非农部门,以实现利润最大化目标,导致作物生产萎缩。

情景二:欠发达地区 B,由于农业劳动资源相对充裕,其价格也相对低廉。在非农就业机会有限的情况下,不断在农业领域寻求更大的获利空间符合农户的决策心理。一方面,经济作物密集使用劳动的特点可以部分解决就业问题;另一方面,经济作物的高附加值也有利于促进农户收入水平的提升。因此,在劳动供给相对充裕的条件下,扩大具有更高经济价值作物的生产规模,依然是一个理性的选择。作物生产规模此消彼长的变化,投射到空间上,就表现为生产区位的动态转移,具体的作用机制如图 7.1 所示。

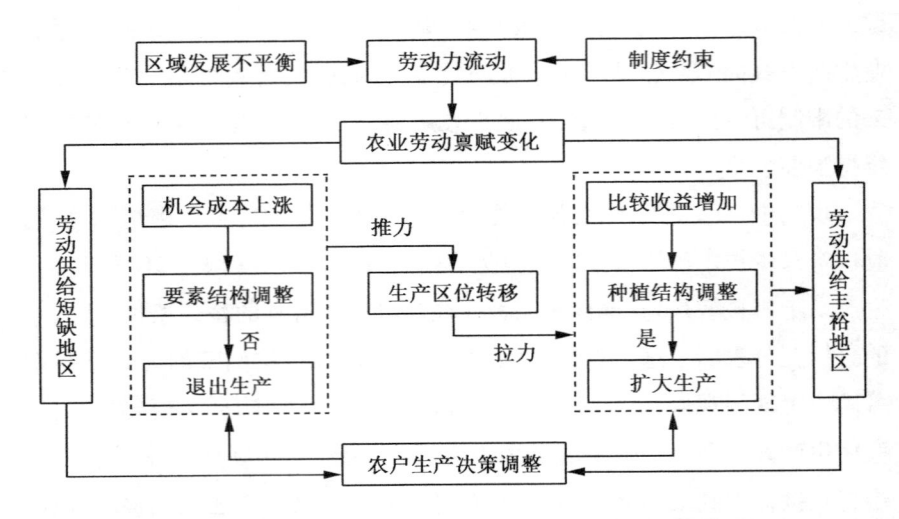

图 7.1 劳动禀赋变化对农业产业区位转移影响的传导机制

第二节 劳动禀赋变化、区域差异与农业生产区位转移的实证分析

一、模型设定

现有研究对于农业产业转移程度、次序和空间模式的认识有所欠缺，为了深化对农业产业转移的理解，在具体分析农业产业转移的成因之前，首先对农业产业转移进行识别和测度。从以往研究来看，关于产业转移问题的研究，往往通过产值份额、从业人员比重、产业集中度等指标来度量产业转移情况（范剑勇，2004；胡安俊和孙久文，2014）。采用类似的办法，我们借助农作物播种面积来测度产业转移情况，计算公式如下：

$$\Delta Y = Y_{it}^k - Y_{it-1}^k = \frac{S_{it}^k}{\sum_i S_{it}^k} - \frac{S_{it-1}^k}{\sum_i S_{it-1}^k} \quad (7.1)$$

其中，ΔY 为地区 i 作物 k 的区位转移情况，ΔY 为负表示转出，ΔY 为

正表示转入;S_{it}^k和S_{it-1}^k分别表示地区i第t年和第$t-1$年作物k的播种面积;Y_{it}^k和Y_{it-1}^k分别表示地区i第t年和第$t-1$年作物k的播种面积占全国的比例。

实证分析中,式(7.1)可以作为产业转移的一种识别办法,不过在产业转移过程中,省份间作物生产份额此消彼长的变化,使得一些省份产业转移的识别结果ΔY为负值,这在取对数的时候会造成大量样本损失,由于我们使用的是省级层面数据,我们希望保留更多数据资料,丰富样本含量,提高估计结果的稳定性,从整体判断劳动禀赋变动对产业转移的影响,因此,式(7.1)的识别策略存在欠缺。参考金煜等(2006)的做法,我们选择地区作物播种面积占全国的比重来测度农作物生产的集中度,集中度上升表示转入,集中度下降表示转出。结合前面关于劳动禀赋区域差异对农业生产区位转移的机制分析,基本模型设定如下:

$$Y_{it}=\alpha+\beta Labor_{it}+\theta X_{it}+\mu_i+\varepsilon_{it} \tag{7.2}$$

式中,Y_{it}指第i个省份第t年某一农作物播种面积占全国比重,包括棉花、油料、糖料、蚕桑,为被解释变量。$Labor_{it}$指劳动禀赋相对状况,为关键解释变量,分别通过价格指标和数量指标来衡量:价格方面用各省份劳动者报酬与全国劳动者报酬之比来衡量,反映农业劳动成本差异;数量方面用各省份农村剩余劳动力比率与全国农村剩余劳动力比率之比来衡量,反映劳动要素丰裕度差异。X_{it}为一系列控制变量;μ_i为地区非观测效应;ε_{it}为随机误差项;α、β、θ为待估参数。

控制变量设定为三组,第一组为生产率因素变量,包括:(1)农业机械总动力;(2)耕地面积;(3)人口老龄化;(4)受教育年限。第二组控制变量为经济地理因素,包括:(4)交通运输条件,交通运输条件的改善有助于降低交易成本,对产业区位选择具有重要影响(金煜等,2006);(5)市场需求变量,新经济地理学指出,企业往往根据需求变化将产业布局在消费者市场附近(Krugman,1991),需求上升将诱使产业朝着具有更大市场规模的方向转移。对工业企业区位选择的研究表明,经济政策在产业转移过程中发挥着重要作用,是产业转移不可忽视的影响因素。因此,引入第三组为控制变量;(6)经济政策变量。

二、数据来源及处理

本章分析所用数据为 1990~2016 年各省份相关指标构成的面板数据,数据主要来源于官方统计:《中国统计年鉴》《中国人口和就业统计年鉴》《中国农村统计年鉴》《改革开放三十年农业统计资料汇编》《新中国 60 年蚕桑生产情况资料汇编》以及各省份历年统计年鉴。

相关控制变量采用各省份指标值与全国比值进行处理。其中:(1)农业机械总动力,用各省份农业机械总动力与全国农业机械总动力之比来衡量,反映机械总动力的区域差异;(2)耕地面积,用地区人均耕地面积与全国人均耕地面积之比衡量,反映土地要素丰裕度;(3)人口老龄化,用各省份人口老龄化与全国人口老龄化之比来度量;(4)交通运输条件,选择各省份客运量占全国比重和货运量占全国比重的平均值度量交通运输条件;(5)消费者需求,用城乡居民非粮食消费支出占食品消费支出比例来衡量各地区购买力水平,选择各地区城乡居民非粮食消费支出占食品消费支出比例与全国之比来衡量消费者需求;(6)地方政府参与度,采用地方政府农林水支出衡量地方政府参与农业经济发展的程度,考虑到各省份农业发展本身差异,用地方政府农林水支出占地方 GDP 比重进行标准化处理,并取其与全国之比来衡量地方政府参与度相对状况。

主要变量统计描述如表 7.1 所示。

表 7.1　　　　　　　　　主要变量描述性统计

变量	均值	标准差	最小值	最大值
棉花面积份额	6.13	6.59	0.34	58.97
油料面积份额	4.23	3.48	0.31	13.65
糖料面积份额	7.00	8.27	0.06	57.12
桑园面积份额	5.76	5.12	0.30	29.92
蔬菜面积份额	3.23	2.55	0.30	11.7

续表

变量	均值	标准差	最小值	最大值
劳动者报酬	0.14	0.09	0.02	0.57
农村剩余劳动力	3.02	2.26	0.26	7.81
农业机械总动力	3.23	3.05	0.11	14.08
人均耕地面积	3.32	2.30	0.14	11.75
人口老龄化	0.96	0.27	0.18	2.69
受教育年限	0.99	0.13	0.35	1.23
市场需求	0.97	0.12	0.60	1.53
交通运输条件	3.17	2.14	0.19	11.21
地方政府参与度	1.52	1.31	0.29	12.01

第三节 实证模拟结果分析

一、产业转移的识别

表 7.2 给出了农业生产区位转移的识别结果，总体表现为以下几点特征：

首先，从转移的空间模式来看，东部地区率先转出，中部地区随后转出，西部地区总体表现为转入。具体而言，东部地区不同作物品种自 1990 年开始基本表现出转出趋势，中部地区不同作物品种在 2000 年之前表现出一定的转入趋势，2000 年之后表现为转出，西部地区整体表现为转入趋势。除糖料生产以外，东部地区作物品种的转出强度普遍大于中部地区。农业产业转移的空间模式和农业劳动供给短缺变化由沿海向内陆地区渐进扩散相对应，伴随着"刘易斯拐点"的到来，东部地区不同作物品种率先转出，中部地区相对滞后，西部地区在劳动供给相对充裕的条件下，一直扮演承接产业转入的角色。

其次，从转移的时间模式来看，2005 年之前，不同作物品种生产区位

表 7.2　　　棉花、油料、糖料、蚕桑生产区位转移(1990~2017 年)

指标分类		棉花				油料		
		东部	中部	西部		东部	中部	西部
1990~1995		−16.11	10.23	5.87		−1.94	4.47	−2.53
1996~2000		−7.57	1.01	6.56		−0.58	−0.59	1.18
2001~2005	ΔY	6.75	−4.43	−2.33	ΔY	−0.97	−0.15	1.12
2006~2010		−2.73	−3.64	6.37		−1.86	−0.74	2.60
2011~2017		−9.08	−13.79	22.88		−2.10	−0.95	3.05
合计		−28.72	−10.63	39.35		−7.45	2.04	5.42

指标分类		糖料				蚕桑		
		东部	中部	西部		东部	中部	西部
1990~1995		−6.50	−3.39	9.88		−2.54	6.16	−3.62
1996~2000		−1.91	−9.31	11.22		−1.92	1.71	0.21
2001~2005	ΔY	−3.58	−8.43	12.01	ΔY	−2.13	1.28	0.85
2006~2010		−3.13	−2.13	5.26		−4.52	−0.18	4.70
2011~2017		−0.40	−4.03	4.43		−9.05	−1.60	10.65
合计		−15.52	−27.29	42.80		−20.16	7.37	12.79

指标分类		蔬菜				粮食		
		东部	中部	西部		东部	中部	西部
1990~1995		2.21	−1.03	−1.18		−0.21	−0.23	0.44
1996~2000		0.12	0.16	−0.28		−0.75	−0.10	0.86
2001~2005	ΔY	−1.59	−0.88	2.47	ΔY	−1.14	2.11	−0.97
2006~2010		−1.98	−0.47	2.45		−1.13	1.11	0.02
2011~2017		−5.35	−0.96	6.32		−0.90	2.49	−1.59
合计		−6.56	−3.92	10.48		−5.52	8.35	−2.83

在区域间的转入、转出交替变化,2005 年之后,东部和中部地区总体表现为转出,转出规模不断增加,转出速度不断加快。转出速度加快的变化,意味着作物生产在东部、中部地区所面临的生产约束不断增强,生产比较优势加速下降。

第三,从转移的品种次序来看,低替代弹性的作物品种转出幅度相对较大,其转移速度也明显更快。2005 年以来,东部地区蚕桑和棉花的转出量分别为 13.57%、11.81%,明显高于油料(4.93%)、糖料(3.53%)以及粮食(2.03%)的转出量,这意味蚕桑和棉花在东部地区所面临的生产约束最大,劳动供给缺乏弹性对这两类作物品种的制约程度更深。因此,低替代弹性的作物品种调整生产区位的需求更为迫切。蔬菜表现有些例外,东部和中部地区蔬菜作物生产也表现出一定转出趋势,但其转出规模相对其他经济作物较小,很重要的一点在于蔬菜需求弹性大,随着居民消费水平的不断提高,蔬菜的市场容量不断扩大,市场容量的扩大有助于稳定原有生产区位。

二、基本回归结果

表 7.3 报告了对模型(7.2)的估计结果,从模型的 F 检验值来看,各回归方程均在 1% 统计水平下显著,适合用来分析。结果显示,棉花、油料、糖料、蚕桑四组方程中劳动力价格指标与作物播种面积份额之间均存在显著的负相关关系。由于劳动力价格指标测度的是各省份劳动者报酬与全国劳动者报酬之比,反映了农业劳动成本的地区差异状况,这意味着劳动力成本相对上升对四种经济作物播种面积份额均存在一定负向影响,劳动力成本相对下降对四种经济作物播种面积份额均存在一定正向影响。

表 7.3　劳动禀赋区域差异影响农作物生产区位转移的模型估计结果

	面积份额				
	棉花	油料	糖料	蚕桑	蔬菜
劳动力价格	−0.343**	−0.211*	−0.366***	−1.221***	0.244***
	(−2.85)	(−2.00)	(−6.41)	(−5.01)	(5.28)
人均耕地面积	−0.256*	0.182***	−0.014	−0.243**	0.032
	(−2.06)	(6.51)	(−0.21)	(−2.64)	(0.88)
机械总动力	−0.243*	0.147***	−0.145**	−0.411***	0.355***
	(−2.06)	(5.79)	(−2.99)	(−3.78)	(12.14)
人口老龄化	−0.070***	−0.005	−0.028	−0.410*	0.016
	(−3.50)	(−0.59)	(−1.60)	(−2.36)	(0.34)
受教育水平	2.174*	−0.899*	3.679***	1.124	1.674***
	(2.37)	(−2.55)	(5.39)	(1.39)	(7.86)
市场需求	−0.022***	−0.007**	−0.039***	−0.017***	0.561***
	(−3.65)	(−2.98)	(−8.50)	(−3.84)	(5.91)
交通运输条件	0.124***	−0.033	0.242***	0.687*	0.061***
	(3.63)	(−1.80)	(6.29)	(2.53)	(5.18)
地方政府参与度	0.344*	0.009	0.140	0.124*	0.002
	(2.53)	(0.99)	(1.64)	(2.22)	(0.34)

续表

	面积份额					
	棉花	油料	糖料	蚕桑	蔬菜
地区固定效应	控制	控制	控制	控制	控制
时间固定效应	控制	控制	控制	控制	控制
R^2	0.38	0.16	0.57	0.21	0.29
F 统计量	23.28***	13.15***	66.74***	10.62***	42.53***
样本数	432	621	540	486	867

蔬菜表现例外，蔬菜方程的劳动力价格系数在1％统计水平上显著为正。一方面，劳动力价格提升意味着生产成本上升，成本上升会降低农户生产积极性，从而压缩作物生产份额；但另一方面，劳动力价格提升也意味着收入水平增加，收入增加会扩大需求弹性较大的农产品市场容量。因此，劳动力价格提升对蔬菜生产的影响是这两方面因素综合作用的结果。由于蔬菜的需求弹性大，收入水平增加会显著提升蔬菜的市场需求规模，这决定了后者对蔬菜生产的促进作用要超过前者对蔬菜生产的抑制作用，从而劳动力价格提升总体促进蔬菜生产份额的扩大。因此，劳动力成本相对变化不构成蔬菜生产区位调整的主导力量，市场需求提升有助于稳定蔬菜生产区位。

从回归系数来看，棉花作物中劳动力价格系数为-0.343，且在5％的统计水平上显著，表明劳动力价格相对上涨1％，则减少0.343％的棉花种植面积份额（即转出棉花产业）；当劳动力价格相对下降1％，则增加0.343％的棉花种植面积份额（即转入棉花产业）。油料作物中劳动力价格系数为-0.211，且在10％的统计水平上显著，表明劳动力价格相对上涨1％，则减少0.211％的油料种植面积份额；劳动力价格相对下降1％，则增加0.211％的油料种植面积份额。糖料作物中劳动力价格系数为-0.366，且在1％的统计水平上显著，这表明劳动力价格相对上涨1％，则减少0.366％的糖料种植面积份额；劳动力价格相对下降1％，则增加0.366％的糖料种植面积份额。蚕桑生产中劳动力价格系数为-1.221，且在1％的统计水平上显著，这表明当劳动力价格相对上涨1％，则减少

1.221%的桑园种植面积份额；当劳动力价格相对下降1%,则增加1.221%的桑园种植面积份额。这充分说明劳动力价格指标衡量的劳动禀赋区域差异对农业产业转入和转出存在重要影响。此外,根据回归系数大小也可以发现,劳动力价格相对变化对蚕桑生产区位调整的影响程度最深,诱导作用最强,对油料生产区位调整的影响程度最浅,诱导作用最弱。据此可以得出这样的判断:在劳动力价格不断上涨冲击下,那些更密集使用劳动要素的作物品种,其生产区位选择更容易受到劳动禀赋区域差异的影响。

就控制变量而言,人均耕地面积在油料回归方程中显著为正,在棉花、蚕桑回归方程中显著为负,在糖料、蔬菜回归中不显著。机械总动力在油料回归方程中显著为正,在棉花、糖料、蚕桑回归方程中显著为负。造成这一差异的原因可能和作物自身的农艺特点有关,正常情况下,土地资源丰裕的地区更有利于承接农业产业转入,但事实可能要复杂得多,由于棉花、糖料和蚕桑是较难实现机械替代的作物品种,在劳动力价格上涨背景下,那些易于实现机械替代的作物品种(如粮食),可能存在对上述作物品种的替代效应。换句话说,由于土地和机械为互补性的生产要素,在劳动力资源短缺变化下,那些易于机械替代的作物品种会积极寻求机械替代劳动,在增加机械投入的同时,扩大土地要素投入规模,这就容易形成高替代弹性作物品种对低替代弹性作物品种的替代,从而出现机械和土地投入同时增加,而低替代弹性作物生产比例下降的情况。棉花、糖料、蚕桑等恰是较难实现机械替代的作物品种,从而导致回归方程中人均耕地面积、机械总动力的参数回归结果为负。消费者需求在蔬菜方程中显著为正,在其余四个方程中均显著为负,交通运输条件在棉花、糖料、蚕桑、蔬菜回归方程中显著为正,在油料回归方程中为负但不显著。一般而言,消费者需求扩大意味着更大的市场规模,更有利于产业转入。不过,不同于工业企业,棉花、油料、糖料、蚕桑等初级农产品并非直接进入消费市场,其往往为下游工业企业提供原材料,对于这类农产品生产区位的选择,最先考量的因素主要还是生产成本。随着交通基础设施条件的改善,可以选择在劳动禀赋相对丰裕的地区从事生产以降低生产成本,并通过交通运输条件的改善来满足消费者市场需求。此外,财政支农支出变量在棉花和蚕桑回归方程中显著为正,在油料、糖料和蔬菜回归方程中为正但不显著。这可能和产业转移相关政策的分类推进有关,如"东桑西移工程"[①]、"棉花目标价格改革"[②]等。随着地区经济差异化发展,生产力空间布局发生了很大变化,引导农业产业有序转移、形成合理的产业分工体系对于推进农业供给侧结构性改革具有重要意义。当然,优化农业产业区域分工、加快农业种植结构调整以及农业生产方式转型还需要建立和完善与市场经济相适应的配套机制,如在开发新品种方面的科技支持等。

三、稳健性检验

接下来用农村剩余劳动力占比指标替换劳动力价格指标,重新检验了要素禀赋地区差异对农业产业转移的影响。表 7.4 报告了对模型 (7.2) 的估计结果,估计结果显示,采用农村剩余劳动力这一指标测度劳动禀赋相对状况时,棉花、油料、糖料、蚕桑方程的回归结果均显著为正。由于农村剩余劳动力指标测度的是地区劳动禀赋相对丰裕状况,这意味着农村剩余劳动力相对上升,有利于诱使农业产业转入,农村剩余劳动力相对下降,则推动农业产业转出。印证了农业劳动供给地区差异构成了上述经济作物生产区位调整的推拉力量,上述分析结果是稳健的。

---

① "东桑西移"是国家在 2000 年《茧丝绸行业"十五"规划》中正式以国家战略的形式提出来的,是指有计划、有步骤地引导茧丝绸原料生产与原料初加工工业,由东部地区向中西部地区转移。2006 年,为顺应蚕桑产业转移的趋势,国家开始正式实施"东桑西移"工程,从政策和资金上给予扶持。

② 2014 年,国务院批准启动新疆棉花目标价格改革试点工作。实行棉花目标价格政策后,取消临时收储政策,生产者按市场价格出售棉花。当市场价格低于目标价格时,国家根据目标价格与市场价格的差价和种植面积、产量或销售量等因素,对试点地区生产者给予补贴;当市场价格高于目标价格时,不发放补贴。具体补贴发放办法由试点地区制定并向社会公布。

表 7.4　　劳动禀赋区域差异影响农作物生产区位转移的稳健性检验

	面积份额				
	棉花	油料	糖料	蚕桑	蔬菜
剩余劳动力	1.045***	0.626***	0.431*	2.494***	0.201*
	(3.32)	(4.09)	(2.30)	(9.41)	(2.48)
人均耕地面积	−0.237	0.332***	−0.059	−0.183*	0.005
	(−0.94)	(7.24)	(−1.11)	(−2.31)	(0.12)
机械总动力	−0.282*	0.122***	−0.099*	−0.272*	−0.051**
	(−2.58)	(5.51)	(2.36)	(−2.18)	(−2.68)
人口老龄化	−0.056**	0.009	−0.035***	−0.299*	0.098
	(−2.83)	(1.07)	(−3.46)	(−2.08)	(1.87)
受教育水平	3.228***	−0.907**	1.970***	0.335***	1.516***
	(3.68)	(−2.61)	(4.21)	(4.27)	(6.54)
市场需求	−0.033***	−0.006**	−0.032***	−0.033***	0.535***
	(−5.76)	(−2.77)	(−9.11)	(−6.61)	(4.98)
交通运输条件	0.133***	0.018	0.132***	0.516*	0.075***
	(3.97)	(0.20)	(4.15)	(2.38)	(5.88)
地方政府参与度	0.497***	0.018	0.269***	0.116*	−0.018
	(3.66)	(0.92)	(4.87)	(2.51)	(−1.06)
地区固定效应	控制	控制	控制	控制	控制
时间固定效应	控制	控制	控制	控制	未控制
R^2	0.34	0.19	0.36	0.41	0.14
F 统计量	26.76***	18.81***	29.75***	25.11***	16.99***
样本数	432	621	540	486	867

蔬菜方程中,剩余劳动力指标的参数回归结果同样显著为正,这说明农业劳动供给水平的地区差异变化一定程度上推动了蔬菜生产区位的转移。不过,从回归系数来看,蔬菜方程中农村剩余劳动力系数为 0.201,小于蚕桑(2.494)、棉花(1.045)、油料(0.626)和糖料(0.431)等方程。这说明,劳动供给地区差异对蔬菜生产区位调整的推拉作用,要远远落后于蚕桑、棉花、油料和糖料,市场需求扩大一定程度缓解了劳动供给短缺变化对蔬菜生产的影响。

总体而言,劳动禀赋地区差异构成了上述经济作物生产区位调整的推拉力量。对于转出省份而言,劳动供给的短缺变化,导致劳动力价格上涨,压缩作物生产的收益空间,进而导致生产规模萎缩,作物生产开始向具有更大获利空间的地区转移。对于转入省份而言,情况恰好相反,农业劳动供给相对丰裕,其价格相对低廉,并且上述作物生产密集使用劳动要素的特点,可以部分解决农村剩余劳动力的就业问题,引致生产规模不断扩大。与此同时,劳动禀赋地区差异对低替代弹性作物品种生产区位转移的推拉作用更大。

四、进一步讨论

在产业转移进程中,那些低替代弹性作物品种的生产区位选择更容易受到劳动禀赋变化冲击的影响。为了进一步观察替代弹性在产业转移中所发挥的作用,接下来以蚕桑生产为例,引入农村剩余劳动力占比与要素替代难度的交互项,通过交互项的符号及其显著性,判断要素替代难度对产业转移的影响。基于此,分析模型设定为:

$$Y_{it} = \alpha + \beta surplus_{it} + \gamma surplus_{it} \times subsdiff_{it} + \theta X_{it} + \mu_i + \varepsilon_{it} \quad (7.3)$$

式中,$surplus_{it} \times subsdiff_{it}$ 为农村剩余劳动力占比与替代难度的交互项,为关键解释变量。一般而言,可以用替代弹性来表示替代难度,但根据估算发现,蚕桑生产替代弹性在研究时段内趋于稳定,以此构造交互项进行回归可能会存在较为严重的共线性问题。这里选择用蚕桑生产资本劳动比来反映蚕桑生产要素替代能力,并用蚕桑生产资本劳动比与粮食生产资本劳动比之比来反映要素替代能力差距,从而进一步反映蚕桑生产的要素替代难度。

表 7.5 报告了对模型(7.3)的估计结果。其中,模型(1)、(2)分别以面积份额、产量份额为被解释变量。结果显示,采用两种指标测度产业转移劳动要素丰裕度与替代难度交互项的系数均显著为正,估计结果稳健,表明蚕桑生产替代难度的存在增强了劳动禀赋变化对蚕桑产业转移的推动作用。对于发达地区而言,随着农村劳动力的大量流出,农业劳动供给约束不断增强,蚕桑生产机械替代劳动的需求快速上升,但由于蚕桑生产难以实现机械替代的特点,导致其无法通过调整要素投入结构来弥补劳

动供给短缺的影响,加之外出务工工资的上涨,蚕桑生产的机会成本不断增加,导致农户不断退出蚕桑生产,从而推动蚕桑产业转出;而对于欠发达地区而言,在非农就业机会相对有限的情形下,劳动力外出务工并不构成蚕桑生产的约束条件,相反常年性的作业特点可以部分解决就业问题。因此,尽管蚕桑生产难以实现要素替代,但相对丰裕的劳动供给水平能够有效补充蚕桑生产密集的劳动投入需求,促进蚕桑产业转入。

表7.5　　要素替代难度对蚕桑产业转移影响的模型估计结果

	模型(1)	模型(2)
劳动要素丰裕度	0.293*** (4.45)	0.367*** (3.53)
劳动要素丰裕度×替代难度	0.387*** (3.78)	0.328** (3.04)
耕地占比	2.604*** (6.69)	1.208* (1.97)
机械化程度	−0.017* (−2.37)	−0.068*** (−4.52)
人口老龄化	−0.041** (−3.01)	−0.027 (−1.29)
交通运输条件	0.652*** (4.30)	0.819** (3.43)
产业关联度	−0.018 (−0.27)	−0.350** (−3.24)
地方政府参与度	0.741*** (3.63)	0.329 (1.03)
地区固定效应	控制	控制
R^2	0.54	0.40
F统计量	49.73***	27.46***
样本数	338	338

本章小结

本章以棉花、油料、糖料、蚕桑和蔬菜为例,总结了经济作物生产区位调整的一般性规律,考察了劳动禀赋地区差异对经济作物生产区位调整的可能影响及其作用逻辑,并进一步揭示了要素替代难易程度在生产区位变迁中所发挥的作用。通过研究发现:

一、农业生产区位转移表现出明显的空间、时间和品种次序。首先,空间次序上,东部地区率先转出,中部地区随后转出,西部地区总体表现为转入。其次,时间次序上,2005年之前,不同地区转入、转出交替变化,2005年之后,东部和中部地区转出规模不断增加,转出速度不断加快。最后,品种次序上,越是低替代弹性同时低需求弹性的作物品种其转移规模越大,转移速度也明显更快。

二、地区间劳动力成本的相对变化构成了作物生产区位调整的推拉力量,劳动力成本相对上涨推动作物生产转出,劳动力成本相对下降拉动作物生产转入。用农村剩余劳动力指标替换劳动力成本指标,得到了一致的结果,即劳动禀赋区域差异变化构成了上述农作物生产区位调整的推拉力量。面对劳动力价格上涨冲击,由于无法通过技术进步提升劳动生产效率,实现生产方式的转型,使得劳动禀赋优势成为决定生产区位调整的绝对力量。如果把替代弹性大小作为技术进步水平高低的判断依据,能够发现,技术进步水平越缓慢的作物品种,其生产区位调整受劳动禀赋区域差异的推拉作用越明显,印证了越是低替代弹性的作物品种,其生产区位选择受劳动禀赋区域差异的影响程度越深。

三、劳动禀赋区域差异对蔬菜生产区位转移的影响较小,原因在于蔬菜需求弹性大,市场需求规模的扩大一定程度抵消了劳动供给短缺变化对蔬菜生产区位选择的影响。消费者市场需求并不构成棉花、油料、糖料、蚕桑产业区位调整的诱导因素,原因在于上述四类作物生产主要是为下游工业企业提供原材料,随后才进入消费市场。因此,上述作物的生产区位选择首先考量的因素主要还是生产成本,而交通运输条件的改善也为这一决策提供了支持。

总体而言,中国劳动力资源的区域差异以及农业资源广泛的区域分布为实现农业产业合理的区域分工提供了可能。那些在某些地区不具备劳动比较优势的农作物,在另一些地区依然具有劳动比较优势。但值得注意的是,随着经济发展,劳动供给的短缺变化正逐渐由沿海地区向内陆地区蔓延,现阶段具有劳动比较优势的生产区位,在未来一段时间很可能转换为劣势生产区位,加快作物生产区位转移是当务之急,转变农业生产方式才是提升作物生产比较优势的根本。此外,农业生产区位分工正在不断形成,推进上下游关联企业的协同配套是有必要的,通过关联产业的空间集聚,有助于一二三产业的融合发展。

第八章 结论及政策建议

第一节 主要结论

随着大量农村劳动力跨部门、区域转移,农业劳动供给的稀缺性变化,作物生产品种结构和空间结构调整进程不断加快,但在现实过程中还存在诸多矛盾和使人疑惑的现象,而这些现象的发生均有可能进一步加深农产品供需结构矛盾。面对区域经济发展的差异变化,消费结构升级,以及农业劳动力投入的老龄化,保障粮食安全的压力增加。合理调整农业种植结构关系到国计民生,其对促进农民增收、农业产业转型升级,实现乡村振兴发展都具有重要的现实意义。本研究从理论和实证两个层面系统考察了劳动禀赋变化对农业种植结构调整的影响,揭示了种植结构调整的逻辑,为种植业未来发展演变以及农业生产的区域专业化分工趋势提供一种判断。农民的目标是增加收入,地方政府的愿景是经济发展,国家需要保障粮食安全,各个利益主体如何实现目标有效统一?本书以农村劳动力转移与粮食生产分布变化为切入点,从农户和区域层面具体讨论农村劳动力转移对粮食生产分布的影响。

一、主要研究结论

(一)中国农业种植结构矛盾伴随着经济转型发展而不断变化,在不同的历史时期,结构调整逻辑表现出不同的特点

在 2004 年之前,结构调整受政策干预的影响较深,结构调整带有明显的"政策型波动"特征。随着市场化进程的不断推进,种植结构调整受政策因素的影响逐渐减小,受需求和资源约束的程度逐步加深,农业生产中使用越来越多的现代生产要素,农业技术进步逐渐由偏向使用劳动转向偏向使用资本,偏向使用资本的技术进步在逐步加快。但不同作物生产的技术结构存在很大差异,粮食作物技术结构主要以机械技术为主,机械对劳动的替代程度不断加深,使得粮食地劳配比不断下降;经济作物技术结构主要以生物化学技术为主,机械对劳动的替代能力有限,多数经济作物生产依然维持着密集使用劳动的特点。技术选择模式的差异,也使得粮食作物产出增加更加依赖于机械品投入增长,而经济作物产出增加更多还是依赖于劳动力投入,对生物品投入的依赖程度也有所加深,这为当前种植结构矛盾形成埋下了伏笔。

(二)劳动供给短缺变化有利于促进种植结构向粮食作物生产比例扩大的方向发展

劳动禀赋变化促进粮食生产的主要逻辑在于劳动力价格上涨诱使机械技术的大范围采用,通过机械技术发展来缓解劳动力价格上涨冲击,同时通过追加替代要素投入以弥补劳动力短缺问题。在粮食生产比例总体不断扩大的同时,粮食内部生产结构也在不断调整,受粮食价格差异以及比较优势差异的影响,水稻和玉米生产存在对小麦的替代效应。稳定粮食生产,一方面,要遵循要素市场的变动规律,积极引进适用技术促进生产方式转型;另一方面,也需要理顺粮食价格之间的关系,围绕粮食结构调整目标,完善农业补贴政策,提高粮食补贴政策的指向性、精准性和有效性。

(三)劳动供给短缺变化对棉花、油料、糖料以及蚕桑等经济作物生产产生了不利影响,并且替代弹性越低的作物品种受到劳动禀赋约束的影响程度越深

受现代生产要素供给不充分的影响,多数经济作物生产的地劳配比依然维持在一个较高水平,不可避免会面临劳动力短缺、劳动力价格上涨冲击。此外,面对劳动力成本上升对作物生产的负向冲击,农产品价格上涨起到了一定缓解作用,但当产品价格上涨的缓解作用不足以弥补劳动力成本上升的负向冲击时,作物生产规模表现出一定停滞、萎缩趋势。面对劳动供给的短缺变化,经济作物生产往往难以获取有效的技术途径来促进生产方式转型,以缓解生产成本上升冲击。刺激经济作物生产还需要增加现代化的、适用的技术供给水平。

(四)作物生产比较优势的相对变化也对种植结构调整存在一定影响

虽然粮食绝对收益水平低于经济作物,但粮食收益水平提升速度最快,与经济作物的绝对收益差距不断缩小,粮食生产正在加快获取农业生产的比较优势。在开放的市场环境下,劳动密集型的农产品一直是出口市场中占有比较优势的品种,但随着生产成本的加快上升,同时又没有一个有效的渠道来缓解这一约束,使得劳动密集型作物的生产比较优势不断下降。立足国际市场,通过贸易分工获取更多的利润,缓解成本上升对劳动密集型作物生产的制约是需要特别关注的问题。

(五)不同作物品种结构调整能力存在很大差异,这对当前农业总量结构矛盾的形成也具有较好的解释力

中国粮食结构调整能力普遍高于经济作物,而且粮食结构调整能力提升较快。造成这一差异的主要原因在于现代生产要素获取以及生产方式转型的难易程度上,由于可获得投入要素的匮乏(如机械、良种),使得多数经济作物生产依然维持传统的密集使用劳动要素的特点,依赖相对传统的生产手段,自然难以跟上农业现代化发展的要求,从而在很大程度上制约着作物结构调整能力的提升。此外,通过对比不同粮食作物结构调整能力提升的快慢,发现价格激励以及作物生产空间广泛分布有助于提升结构调整能力。

(六)劳动赋予比较优势的区域差异对农业生产区位转移具有重要影响,构成了农业产业转出、转入的推拉力量,并且替代弹性越低的作物品种,其生产区位调整受劳动禀赋区域差异的影响程度越深

一方面,这有助于我们判断农业生产区域分工的未来走势,即在劳动供给约束不断增强的背景下,那些密集使用劳动要素且无法有效实现机械替代的作物而言(包括高劳动密集型的作物品种以及小、特品种农作物),同样面临调整生产区位的压力。另一方面,中国农业资源广泛的区域分布为上述作物区位调整提供了可能,农业劳动供给短缺且劳动力成本较高的地区压缩相应作物生产规模,农业劳动供给相对丰裕且劳动力成本较低的地区扩大相应作物生产规模,这有助于优化生产力空间布局,提高农业资源配置效率。问题的关键在于如何加快、有序引导相应作物品种实现合理的区域分工,是需要政策协调配套的。从长远的角度来看,劳动供给短缺变化将不断从沿海向内陆地区蔓延,当前具备比较优势的生产区位,在未来一段时间也将转化为劣势生产区位,加快相应作物生产方式转型才是破题的根本。

(七)中国粮食生产分布,伴随着区域经济发展,在不同的历史时期,呈现出不同的特点

粮食生产区域分布随着农村劳动力的转移发生着重大变化,由"南粮北运"转变为"北粮南运"。之前有名的"鱼米之乡"浙江变为了"调粮大省",粮食产量减少并出现农户土地撂荒现象。而东北地区由"北大荒"演变为"北大仓",粮食生产分布也向北方地区集中。

(八)粮食生产与地方经济发展关系,呈现出产粮大省、经济弱省的现状

集中区的粮食生产规模较大,经济发展程度较低,并且随着经济的发展,关于粮食安全提出新的挑战,消费习惯从"吃得饱"向"吃得好"转变,直接用粮减少,间接用粮增加。不同地区关于粮食的需求量也发生了较大变化,粮食生产集中区作为劳动力输出大省,其常住人口增幅不大,粮食需求增幅也较小;转移区和调入区由于其地方经济发展较快,吸引大量农村劳动力转入或者外出劳动力回流,常住人口增幅较大,粮食需求也大幅度增加,而本地区粮食生产规模较小,甚至呈收缩趋势,就需要粮食的调入。

(九)进一步分析农村劳动力转移对粮食作物(水稻、小麦、玉米)的影响发现,三种作物的生产分布变化,只有水稻和玉米呈现明显的区域转移和集中趋势,小麦的集中趋势不明显

不同作物的生产方式和机械化程度不同,对区域自然禀赋要求也不同,造成了农村劳动力转移对不同粮食作物生产影响的异质性。

二、主要研判

随着大量农村劳动力外出务工,劳业劳动力供给不断下降,对农业生产造成了很大冲击,农业种植结构加快调整。为了深化对农业种植结构调整问题的认识,把握潜在的结构调整空间,本研究首先从理论层面分析农村劳动力转移,及其对农户家庭关于农业生产决策的影响;并分析在不同区域禀赋条件下农业生产变化的规律,讨论农业生产转移与集中的原因。分别从农户和区域层面,验证理论部分关于农村劳动力转移对农业生产讨论的影响机制。揭示了要素投入变化与农业生产之间的关系,为农业生产区域专业化与分工,农作物生产分布演变趋势提供一种研判。

通过本书研究,得出以下几点判断:

(一)农业现代化转型发展依然是不均衡、不充分的

中国农业发展正处在劳动供给不断下降,资本积累不断加速的转型阶段,农业发展大体遵循诱致性变迁路径发展,农业生产方式逐渐由密集使用劳动向密集使用资本的方向转变,但生产方式转型所涉及的行业范围较窄,粮食领域的转型发展较快,而非粮食领域的转型发展依然缓慢,农业现代化转型发展是有失全面的。

(二)在劳动供给约束不断增强的背景下,如果一行业不能选择一条可以有效消除劳动力资源制约的发展路径,就会抑制该行业发展,甚至促使该行业退出农业生产领域

如东部地区正在逐渐退出密集使用劳动要素的传统农业行业,而全国层面的粗粮、生漆、油桐籽、麻类作物业也在逐渐退出农业生产领域。

(三)作物生产的区位布局不断调整,区域分工生产正在加速形成

但区位调整进程中依然存在以下两点突出的矛盾:一方面,具有光、热、水等资源优势的传统生产区位,面临要素禀赋变化的冲击,调整种植结构的需求迫切,如何权衡资源禀赋与经济发展之间的关系,避免资源的浪费,是生产区位调整首先要考量的问题;另一方面,越是低要素替代弹性的、高附加值的作物品种受到禀赋变化的冲击越明显,其转变生产方式的需求越强烈,但这一类作物生产的技术发展往往缓慢。面对不同地区、不同作物品种的调整需要,需要适当的政策来协调实现。

(四)提升农业种植结构调整的能力,关键还在于现代生产要素的供给

增加现代生产要素的供给,可以有效提升种植结构调整的潜力,促进生产方式由传统向现代转型。通过提升现代生产要素的技术内涵,也可以有效引导作物种植结构朝着符合市场供求预期的方向发展。

(五)农村劳动力转移所形成的农业劳动减少或者是农业劳动短缺,并不构成粮食生产约束条件,相反,在一定程度上,还促进粮食生产规模扩大

这其中的逻辑,就在于要素资源的变化和要素市场的调整,可以通过家庭决策,即要素投入方式的改变,以及生产方式转型应对。当然,在粮食的生产过程中,价格起到重要的调节作用,价格的调节是一种有效手段,尤其是在农户关于种植结构选择时,作物的相对产值是决策的关键因素。但粮食与其他农产品一样,具有弱质性,单纯通过产品市场价格的调节势必会造成一定程度的扭曲,也无法有效保障粮食安全,粮食供求矛盾会进一步加深,因而需要理顺粮食生产与价格之间的关系。

(六)粮食生产的区域转移和集中,使得区域专业化和分工正在加速形成

但区位的调整进程中仍然存在以下两点突出的矛盾:一方面,粮食生产仅仅依靠要素投入的增加必然不是一个可持续和保障农民增收的有效途径,农业经营的相对低收益促使农业劳动力持续转出,未来农村劳动力转出将会持续扩大,农业生产转型成为必然的路径。另一方面,具有光、水、热、耕地等资源优势的传统农区,面临要素资源变化和劳动力价格上升的冲击,产业结构调整的需求迫切,地方政府关于区域经济发展的需求也较高,如何权衡粮食安全与经济发展的关系,避免资源的错配和浪费,也是需要考虑的问题。

粮食生产更倾向于集中在资本—劳动容易替代和农业生产要素投入成本低的地区,在设计粮食相关政策时,需要区分全国与粮食集中区、转移区、调入区的政策重点,发挥各地区在粮食生产和经济发展中的比较优势,促进粮食区域化生产与专业分工。引导城乡要素对流,推动劳动力自主、有序、合理转移,引进营农资本,尤其增加粮食生产薄弱环节机械装备水平的投资,促进全过程机械化率提升。进一步引导和整合现有资源,推动农机社会化服务发展,开发高产优质粮种,释放结构调整空间,提升粮食结构调整能力,有效保障粮食安全。积极推进农地适度规模经营,促进土地流转市场发育,降低交易生产成本,提高要素使用效率。在关注粮食安全的同时,也需要警惕调入区和转移区的撂荒所造成的耕地浪费,推动合理的制度安排和服务体系建立。

第二节　政策建议

种植结构矛盾是伴随经济转型发展而普遍存在的经济现象,加快农业种植结构调整符合经济转型发展的需要。但农业种植结构调整是一项系统性、长期性的工程,结构调整既要符合新时期农产品市场需求的目标和要求,同时也需要政策协调配套。粮食安全,是国家安全的基础,粮食安全的保障也始终是治国理政的首要大事。粮食生产区域分布变化,也是伴随地方经济发展和转型而普遍存在的经济现象,而现有的关于粮食生产分布的区域转移和生产集中趋势也具有持续现象,并且地方经济的发展可能使得粮食区域转移趋势更明显,生产集中趋势愈加凸显。农村劳动力转移是在非农收入迅速上涨的背景下,农民的理性决策,并且,农业劳动力具有持续、大规模转出的趋势。结合研究启示,为加快中国农业总量结构调整以及地区生产结构调整,提出以下几点建议:

一、加大对农业生产的科技支持,增加现代投入要素的供给水平和覆盖范围,加快促进农业生产向现代生产方式转型

(一)粮食作物生产方面

1. 补齐粮食生产薄弱环节机械装备水平,提升全程机械化水平

在劳动力成本不断上涨冲击下,粮食生产对机械技术的依赖程度日益加深,稳定粮食生产,需要保障粮食生产的机械供给水平。尽管粮食生产的机械装备率处在一个较高水平,但依然存在很大发展空间,如水稻机播、玉米机收环节的机械装备水平的提升。因此,需要通过相关政策扶持,加快薄弱环节农机装备增长。

2. 进一步引导和整合现有资源,推动农机社会化服务发展

农机社会化服务水平提升有助于降低市场交易的成本,形成一种有效的资源共享机制,社会化服务也有助于将机械技术引入生产过程,促进社会分工,同时也会影响技术创新方向,对加快农业生产向现代生产方式转型具有重要推动作用。

3. 开发高产优质粮种,释放结构调整空间

受耕地资源有限、耕地地力保护以及土地价格攀升等因素的影响,通过扩大播种面积来提升粮食产量的发展路径缺乏可持续性,也会加剧与经济作物竞争使用耕地的不良局面,进而加深农产品供需结构矛盾。在充分发挥粮食机械化生产优势的同时,也应在高产优质品种的研发上面

给予更多政策支持,通过高产优质粮种的研发,促进粮食产能提升由通过播种面积扩大向单产水平提高转变,粮食单产水平的提升也可以释放更大的结构调整空间。

4. 改良作物品种,拓展粮食作物生产空间,提升粮食结构调整能力

小麦结构调整能力偏低的特点,有可能对粮食生产构成一定威胁,拓展小麦作物的生产空间,是提升其结构调整能力的重要途径。由于中国的可耕地资源、土壤、气候区域间分布存在很大差异,小麦生产技术的转移需建立在作物品种的改良上面,如培育抗盐碱、抗旱耐寒的品种等。

(二)经济作物生产方面

1. 开发高产优质品种,促进经济作物单产水平提升,缓解劳动力成本上升冲击

由于经济作物技术选择模式、技术进步方向主要以提升土地生产率为主,遵循这一现实规律,加大对经济作物高产优质良种的研发力度。一方面,培育高产优质品种,有助于单位产出水平的提高,提升单位面积的净收益水平,从而有利于缓解劳动力成本上涨的影响;另一方面,实现高产优质良种的培育,有利于形成质高价优的农产品供给格局,单位产品价格的提升也可以有效缓解劳动力成本上升的冲击,刺激农产品供给水平增加。

2. 加大农业科研资金投入,促进劳动节约型和可持续发展技术的农业研究,促进劳动密集型以及小品种农作物中小型农机具的研发

虽然节约劳动投入的机械技术变化并不是经济作物未来技术发展的主要方向,但机械技术的缓慢发展已经对相关作物生产构成了严重的制约。在劳动力价格相对农产品价格快速上涨的背景下,如果忽略机械技术变化,劳动力成本上升不可避免会挤占农产品收益空间,导致收益下降,进一步有可能带来生产萎缩甚至退出问题。应当顺应劳动力资源约束下机械需求不断上涨的需要,通过研发支持破解机械等投入要素不足的问题。应当指出,在市场经济条件下,研发机构往往将研发资源更多地分配到具有较大市场需求的农业领域,对于市场需求存在局限的劳动密

集型的或小品种农作物而言,会存在对研发机构激励不足的情况,这需要政府有关部门加以引导、资助、激励和政策保护,促进技术创新,提升技术供给水平。

二、推进农地适度规模经营,提高生产要素配置效率

(一)积极推进农地适度规模经营,降低生产成本,提高要素使用效率

粮食机械化水平不断提高,粮食综合生产能力稳步提升,这在保障粮食安全方面发挥着重要作用。但当前土地经营规模狭小和细碎的特征不可避免会抑制机械产出效率的发挥,同时也会阻碍机械化的进一步发展。大型机械技术的广泛采用,要求土地经营规模的扩大化,或者说土地经营规模的适度扩大,也会诱使更多的大型机械被采用。应根据农村劳动力城乡转移的进程,进一步引导和推动农地适度规模经营,降低粮食生产成本,提升土地产出效率,充分挖掘粮食生产潜力。

(二)鼓励经济作物规模化经营,提高技术到位率

在劳动供给短缺背景下,劳动密集型的作物品种越是难以实现机械替代,其经营规模越小,而小规模的生产活动更不利于机械技术的引进。通过扩大经营规模,引进适用机械技术,既有利于促进生产分工,也有利于提升生产效率,这对于缓解劳动供给短缺所带来的不利影响具有积极的意义。与此同时,通过规模主体带动,加快推广和普及实用新技术,提高技术到位率和社会化服务水平,也符合现代农业发展的要求。

三、分类推进,积极引导不同作物生产向优势生产区域转移,提高农业资源配置效率

(一)按照产业转移的空间次序和品种次序,积极引导相应劳动密集型农业产业向最适宜地区转移

一方面,农业劳动禀赋的短缺变化,使得那些密集使用劳动要素且无法有效实现机械替代的作物品种,面临着调整生产区位的需要,并且越是低要素替代弹性的作物品种,其调整生产区位的需求越迫切;另一方面,中国农业资源广泛的区域分布为作物生产合理的区域分工提供了可能。遵循农业生产的自然规律,分地区、分品种积极引导相应劳动密集型农业产业向最适宜地区转移,充分挖掘各地农业生产潜力,提升农业生产资源的利用效率,深化区域分工,形成合理、有效的农业产业布局体系。

(二)推进现代农业产业链条延伸,实现一二三产融合发展

一方面,随着农业生产区位转移的进程不断加快,通过配套政策实施,加快相关农业的协同转移(如农牧结合、蔬菜和花卉结合等),实现产业的空间性集聚,从而增强产业间的技术和信息交流,共享优惠政策、市场、基础设施等,有利于提升整体生产能力和规模效益。与此同时,推进上下游企业的生产性集聚,实现产业链条的延伸,也有助于一二三产的融合发展。另一方面,多数劳动密集型农产品主要以工业原料的形式进入下游产业,加快下游产业的技术进步水平,有助于提升农产品的加工效率和产品质量,进而提升农产品的附加值、促进农民增收。

四、完善农产品价格体系,让市场引导结构调整发挥更大的作用,提升农业种植结构的自我调节能力

(一)理顺农产品价格关系,完善农产品价格形成机制,提升种植结构自我调节能力

在市场经济条件下,价格是引导资源合理配置的关键因素,合理的价格体系,会带来符合预期的结构变化和资源配置效率的改善,但不合理的价格保护和政策补贴也会扭曲价格信号的激励效果。在农业供给侧结构性改革背景下,需要进一步理顺农产品价格体系关系,推进农产品价格形成以市场为导向的机制改革,逐步形成优质优价的价格体系,依靠市场价格引导资源配置,提升农业种植结构自我调节和完善的能力。

(二)政策协调配套,引导农业种植结构高质量发展

中国农业种植结构矛盾不仅体现在总量结构和区域结构上,农产品质量结构矛盾同样突出。解决农产品质量结构矛盾,生产适销对路的农产品,围绕农药、化肥减量目标,完善农业补贴政策,调整补贴方式,由增产导向,向增产和增质并重的方向发展。推动农药、化肥施用减量化,鼓励发展高产、优质、高效、绿色的农产品。建立符合优质优价、质效导向的监管服务和支持保护体系,完善农产品质量标准,构建农产品质量安全追溯体系,强化农产品质量安全市场监管能力。

五、加强基础设施建设,提升抗灾能力,为农业种植结构调整提供基础保障

当前,政府在提升抗灾能力方面的政策努力没有得到理想的发挥,这一方面和中国是一个自然灾害多发的国家有关,另一方面也和政策投入不足有关。现阶段,农业发展的中小型基础设施陈旧,存在一定的老化现象,不利于抵御自然风险,也难以适应农业现代化发展的要求。应当加强农业基础设施建设(或修复)力度,提升抗旱供水、行洪排洪等抗灾能力,降低灾害带来的风险损失,为种植结构调整提供基础保障。

六、促进农村劳动力合理、自主、有序流动,探讨农民增收的有效途径

农村劳动力跨部门、区域转移是经济发展的一般规律,也是劳动要素追求更高报酬的必然结果。如果不引导农村劳动力有效合理流动,不仅会造成劳动力要素的低效率配置,也会引起农业生产中劳动投入的成本过高,同时也影响农业生产中资本投入,进而对区域粮食分布产生较大的影响。提高非农就业保障,尤其是城镇公共服务针对农村转入劳动力方面,避免农村劳动力因缺乏城镇生活的保障而无法融入城市,也不愿退出农业,使得农业生产兼业户持续扩大,这部分农户,并不一定会增加资本投入进行生产,迟滞小农生产与农业现代化衔接的进程。加之,农村劳动力转移的反复流动,也不利于社会总体福利提高,需要探索农民增收的有效途径。

七、加大对农业生产方面的科技支持,尤其是粮食作物的技术投入,积极引导资本进农、下乡,增加现代投入要素供给和覆盖面,促进农业生产向现代的生产方式转型

(一)针对粮食生产的薄弱环节相关的重点投入,提高机械装备水平,促进全过程的机械化率提升

在农业劳动力短缺和劳动力成本上升,粮食生产对资本,或者是农业机械技术依赖程度加深的背景下,保障粮食安全需要不断提高机械装备供给水平。尽管现有的粮食生产机械装备率一直处在一个相对较高水平,但其提升空间依然较大,如玉米机收、水稻机播等环节的机械装备水平提升。因此,需要相关政策的扶持,加快薄弱环节农机装备的增长。

(二)引导和整合现有的农业资源,促进农业资本投入增加,推动农机社会化服务的发展

在农村劳动力转移的背景下,资本成为农业生产的主要动力,积极引导资本进农、下乡。并且,农机社会化服务是由农民自发形成的一种行为,其水平的提升有助于降低交易成本,形成一种资源的有效共享机制,社会化服务也促进机械技术的投入,促进社会分工形成,同时影响技术创新的方向,对农业生产方式向现代化转型具有一定的推动作用。

(三)开发高产优质的粮食种子,释放粮食生产增长空间

受耕地资源约束、耕地细碎化以及土地机会成本上涨等因素影响,通过扩大种植面积来增加粮食产量的路径,并不可以一直持续,可能会形成"争地"的局面,使得耕地利用陷入不良怪圈,加深农产品之间或者自身的供需结构矛盾。在充分发挥粮食的机械化生产优势的同时,也应在高产优质的品种研发方面,给予更多政策支持,通过高产优质粮食种子的研发,促进粮食产能的提高,由通过播种面积扩大,向提高单产水平转变,进而保障粮食的有效供给,保障粮食安全。

八、推进农地的适度规模经营，推动多种形式土地流转，包括土地托管、兼并等，提高要素投入效率

积极地推进农地适度规模经营，降低农业生产成本，提高要素的使用效率。粮食生产的机械化水平不断提升，粮食作物的综合生产能力也稳步提升，这在保障粮食安全方面发挥较为重要作用。但当前的土地经营规模较小和细碎化的特征不可避免地会抑制农业机械产出效率的释放，也阻碍机械化进一步发展。大型农业机械技术的广泛实用，需要土地的经营规模扩大化，当然，土地经营规模的扩大，也诱使更多大型机械投入。应根据农村劳动力转移的特征和进程，进一步引导和推动农地的适度规模经营，促使粮食生产成本降低，提升土地生产效率，挖掘粮食生产潜力。农村劳动力转出的同时，也需要有技术、管理、资金等其他要素投入，实现粮食生产的"要素替代"，引入新的经营主体，深化产业分工，提高粮食生产要素的边际生产率和专业化的水平。并且，在粮食生产过程中，政府政策的作用极大，有效的政策、适当干预和作用，形成支持粮食生产的合力，将是实现种粮收入增长和粮食安全的有效机制。

九、推进和引导作物的生产向优势生产区域转移

按照农业产业转移空间的次序和品种的次序，积极地引导相应品种向最适宜的地区转移。兼顾粮食安全、农民增收、地区经济发展的目标，引导集中区农村劳动力继续转出，继续引进农业资本，实现集中区粮食生产的规模化；对于转移区和调入区，由于其自然禀赋条件并不适合农业生产规模化，可以适当发展地方经济，促进区域经济的发展。另外，一方面，农业劳动力的减少或者相对短缺，使得那些密集地需要劳动要素投入且无法有效地实现机械替代的品种，面临调整生产区位的需要，并且越是相对较低要素替代弹性的品种，其生产区位调整的需求就越迫切；另一方面，全国的农业资源广泛的区域分布，也为作物生产合理区域分工提供了可能性。要遵循作物生产的自然规律，分品种、地区积极地引导相应的农业产业向最适宜的地区集中,充分挖掘各地区的农业生产潜力,提高农业生产资源利用效率,深化区域分工,形成合理、有效的农业产业分布。

十、完善农产品的价格体系,让市场引导粮食生产,发挥区域比较优势

(一)理顺农产品的价格与市场之间的关系,促进农产品价格稳定机制的形成

在市场经济条件下,价格必然是引导资源优化配置的重要因素,合理的价格体系将会带来资源配置效率的提高,不合理的价格体系也会带来一系列的问题,例如价格不恰当保护、政策过度补贴也会扭曲价格信号,不仅仅带来市场失灵,也会引发一系列经济社会问题。在农业供给侧改革的背景下,也需要理顺农产品价格体系及其与农产品生产的关系,推进农产品价格形成向以市场为导向的改革,逐步形成优质优价、低质低价的价格体系,用市场的价格来引导资源的配置。

(二)推进粮食市场化改革,发挥集中区、转移区、调入区在经济发展中的作用

当一部分劳动力外流后,以家庭为单位的粮食生产进行了资源的重新配置,说明在集中区农村劳动力从比较利益低的粮食弱势产业转移,在一定程度上缓解了中国粮食生产的"内卷化"现象,提高了其边际劳动生产率。

十一、促进粮食生产区域化和专业分工形成,保障粮食安全

中国粮食产量虽逐年攀升,但目前粮食供给依然是紧平衡,粮食安全问题一直是重要的基础性问题,特别是关于粮食生产的区域冲突与协同发展问题,显得至关重要。农村劳动力转移降低了调入区、转移区粮食生产自给底线,因缺乏比较优势而产生的福利损失,通过集中区的粮食调入获得,粮食的区域化生产,在一定程度上提高了社会的总福利。因此,应协调粮食集中区与调入区、转移区的各个区域利益,发挥区域比较优势,进而保障粮食安全。当然在促进粮食生产分布的优化的过程中,需要促进粮食市场的形成,尤其是粮食交易过程中交易成本的减少,包括粮食的调度成本、流通成本、储存成本、销售成本等等。在转移区,农业生产中劳动投入对粮食产出弹性的影响是显著且是正向的,因为粮食调入区、转移区的区域禀赋条件,自然就决定粮食这种耕地密集型作物的生产,特别是粮食调入区、转移区人多地少、耕地稀缺,经济相对发达,比较利益也驱使调入区、转移区地区的农户放弃农业生产,形成农地撂荒的现象,以致影响到粮食安全。

为有效保障粮食安全,全国层面与粮食调入区、转移区、集中区重点应有不同,不同区域无论从自然禀赋条件,还是经济发展等方面都存在较大差异。各个区域需要农业劳动的数量和特征都存在差异,粮食安全目标和农村劳动力转移的贡献也不同,应当区别对待。按照"优势互补、互利互惠、利益共享、风险共担"的原则,一方面,培养粮食集中区的创业型农民、种粮大户,采用先进的良种和农业技术,进行适度的规模经营,提高自主创业水平和经营的能力,增强粮食的生产能力。另一方面,鼓励粮食调入区、转移区在集中区投资建立粮食生产基地,与产前、产后相关农资、加工产业合作,延伸粮食的产业链,解决当地剩余劳动力,降低粮食的生产成本,增加当地农民收入,解决集中区资金压力,间接地支持粮食集中区粮食生产和经济发展。调入区、转移区还可通过与集中区直接订购的方式,一方面可确保集中区粮食生产和销售免受市场的波动,另一方面,也可确保调入区、转移区拥有稳定的粮源。

第三节 研究展望

本书尝试从一个更加全面的视角考察农业种植结构调整问题,但由于农作物品类繁多,在有限的时间和精力内难以做到面面俱到,要保证研究结论的精度和准确性,研究需要有所取舍。故本研究结合种植结构矛盾的主要内容,依据统计资料的可得性,选择水稻、小麦、玉米、棉花、油料、烤烟、糖料、苹果、蚕桑、蔬菜等农作物品种进行生产规律变迁的总结分析，并根据作物生产的共性特征，从中选择水稻、小麦、玉米、棉花、油料、糖料、蚕桑、蔬菜等农作物品种作进一步实证检验。考虑到作物生产的生物学特性以及农艺特点存在差异，所面临的实际生产约束不尽相同，对于特定的对策性研究而言，还需要针对具体的农作物展开，充分考量作物生产的农艺特点以及所面临的实际约束条件，才能得出更具有针对性的研究结论和对策建议。

我们也尝试从一个更加全面的视角考察粮食生产分布变化的问题，粮食生产跟一般的农产品生产一致，是经济再生产和自然再生产的统一，受气候条件的影响也极大，我们主要从经济方面和异质性方面分析区域差异，并未详细讨论区域自然条件变化的具体影响，可能会形成一定的偏差。并且不同作物的生物学特性和农艺要求皆存在较大的不同，因而其所面临的生产约束也不尽相同，以后的研究还需针对具体的粮食作物展开，从而方便为相关决策部门提供更具体、更具针对性的建议。受统计资料、时间和能力的限制，获取地区具体粮食调出调入资料存在较大难度，同时各个地区的具体农村劳动力转移数量也并未详细统计，我们主要通过从微观家庭农业生产投入劳动量变化和宏观部分农业生产中劳动投入变化刻画农村劳动力转移，可能会造成一定偏误。

现阶段，中国粮食生产的空间结构矛盾不断加剧，粮食生产格局逐渐由"南粮北调"转为"北粮南运"。由于粮食生产属于高耗水行业，北方地区并不具备水资源丰沛的比较优势，南方地区虽然具备水资源丰沛的比较优势，但人均耕地资源稀缺，并且南方地区具有发展外向型经济的地理优势。如何平衡自然资源地区分布不均，协调好与经济发展之间的关系，提升资源配置效率，有效发挥资源禀赋优势，进而形成合理的粮食生产格局，是值得深入探讨的话题。此外，粮食生产布局面临的实际约束除了资源禀赋之外，粮食政策也发挥着极为重要的作用。在粮食生产的重心不断向北偏移，同时向主产区集中的过程中，主产区的财政支农支出明显强过主销区的财政支农支出，其中粮食补贴占据很大的比重。因此，在今后的研究中,进一步考察粮食生产布局的成因及其合理性时,需要更为充分地考量资源禀赋、环境变化、经济条件以及相关政策等因素。不同地区的农村劳动力转移特征差异也会影响农业生产,东部沿海地区、一线城市等地区的转移劳动力,更多是就近就业,而西部地区,尤其是中小城市,更多是跨区域就业,这也会影响关于粮食生产的决策,是本书进一步讨论的方向。

总体而言,种植结构调整是一项长期性、系统性的工程,是伴随经济转型发展而需要及时跟进研究的问题。推动种植结构调整,需要把握种植结构调整的规律和逻辑,也需要政策协调配套,解决结构调整当中可能存在的难题和困境,从而加快种植结构不断朝着合理化的方向发展。

参考文献

1. 艾利思.农民经济学：农民家庭农业和农业发展[M].上海：上海人民出版社，2006.
2. 白重恩,钱震杰.国民收入的要素分配：统计数据背后的故事[J].经济研究，2009,3.
3. 白南生.刘易斯转折点与中国农村剩余劳动力[J].人口研究，2009,2.
4. 白南生,李靖,陈晨.子女外出务工、转移收入与农村老人农业劳动供给——基于安徽省劳动力输出集中地三个村的研究[J].中国农村经济，2007,10.
5. 柏培文,许捷.中国三大产业的资本存量、资本回报率及其收敛性：1978—2013[J].经济学（季刊），2018,3.
6. 蔡昉.破解农村剩余劳动力之谜[J].中国人口科学，2007,2.
7. 蔡昉.刘易斯转折点后的农业发展政策选择[J].中国农村经济，2008,8.
8. 蔡昉.人口转变、人口红利与刘易斯转折点[J].经济研究，2010,4.
9. 蔡昉.农业劳动力转移潜力耗尽了吗？[J].中国农村经济，2018,9.
10. 蔡昉,都阳.迁移的双重动因及其政策含义——检验相对贫困假说[J].中国人口科学，2002,4.
11. 蔡昉,王美艳.农村劳动力剩余及其相关事实的重新考察——一个反设事实法的应用[J].中国农村经济，2007,10.
12. 蔡昉,王美艳.从穷人经济到规模经济——发展阶段变化对中国农业提出的挑战[J].经济研究，2016,5.
13. 蔡剑,姜东.气候变化对中国冬小麦生产的影响[J].农业环境科学学报，2011,9.
14. 蔡亚庆,胡瑞法.农民新技术供求现状及其对生产发展意愿的影响[J].华南农业大学学报（社会科学版），2009,3.

15.陈凤波,丁士军.农村劳动力非农化与种植模式变迁——以江汉平原稻农水稻种植为例[J].南方经济,2006,9.

16.陈飞,范庆泉,高铁梅.农业政策、粮食产量与粮食生产调整能力[J].经济研究,2010,11.

17.陈欢,王全忠,周宏.中国玉米生产布局的变迁分析[J].经济地理,2015,8.

18.陈剑波.农地制度:所有权问题还是委托-代理问题?[J].经济研究,2006,7.

19.陈明星,郭莎莎,陆大道.新型城镇化背景下京津冀城市群流动人口特征与格局[J].地理科学进展,2018,3.

20.陈建军.中国现阶段的产业区域转移及其动力机制[J].中国工业经济,2002,8.

21.陈鸣.中国农业科技投入对农业全要素生产率的影响研究[D].长沙:湖南农业大学,2017.

22.陈会英,周衍平.中国农业技术创新问题研究[J].农业经济问题,2002,8.

23.陈强.高级计量经济学及Stata应用[M].北京:高等教育出版社,2014.

24.陈锡文,陈昱阳,张建军.中国农村人口老龄化对农业产出影响的量化研究[J].中国人口科学,2011,2.

25.陈奕山,钟甫宁,纪月清.为什么土地流转中存在零租金?——人情租视角的实证分析[J].中国农村观察,2017,4.

26.陈奕山.1953年以来中国农业生产投工的变迁过程和未来变化趋势[J].中国农村经济,2018,3.

27.程国强,胡冰川,徐雪高.新一轮农产品价格上涨的影响分析[J].管理世界,2008,1.

28.程国强,朱满德.中国工业化中期阶段的农业补贴制度与政策选择[J].管理世界,2012,1.

29.程名望.中国农村劳动力转移:机理、动因与障碍[D].上海:上海交通大学,2007.

30.程名望,史清华,徐剑侠.中国农村劳动力转移动因与障碍的一种解释[J].经济研究,2006,4.

31.程叶青,张平宇.中国粮食生产的区域格局变化及东北商品粮基地的响应

[J].地理科学,2005,5.

32. 褚保金,许晖.中国粮食"政策型"波动及政策转型[J].江海学刊,2005,6.

33. 达存莹,岳云,贺娟,赵贵宾,刘祎鸿,张凯.西北地区小麦增产潜力分析研究[J].中国农业资源与区划,2016,5.

34. 戴天仕,徐现祥.中国的技术进步方向[J].世界经济,2010,11.

35. 邓宗兵,封永刚,张俊亮,王炬.中国粮食生产区域格局变动及成因的实证分析[J].宏观经济研究,2014,3.

36. 邓宗兵,封永刚,张俊亮,王炬.中国粮食生产区域格局演变研究[J].农业技术经济,2013,9.

37. 杜鑫.劳动力转移、土地租赁与农业资本投入的联合决策分析[J].中国农村经济,2013,10.

38. 杜鹰.努力做好新时期就业、收入分配、社会保障工作[J].中国经贸导刊,2005,21.

39. 段成荣,谢东虹,吕利丹.中国人口的迁移转变[J].人口研究,2019,2.

40. 段成荣,杨舸.我国流动人口的流入地分布变动趋势研究[J].人口研究,2009,6.

41. 范成方,史建民.粮食生产比较效益不断下降吗——基于粮食与油料、蔬菜、苹果种植成本收益调查数据的比较分析[J].农业技术经济,2013,2.

42. 范剑勇.长三角一体化、地区专业化与制造业空间转移[J].管理世界,2004,11.

43. 范志勇,赵晓男.要素相对丰裕度改变与中国供给结构调整[J].世界经济,2014,8.

44. 方文全.中国的资本回报率有多高?——年份资本视角的宏观数据再估测[J].经济学(季刊),2012,2.

45. 方师乐,卫龙宝,史新杰.中国特色的农业机械化路径研究——俱乐部理论的视角[J].管理世界,2018,9.

46. 冯颖,侯孟阳,姚顺波.中国粮食生产空间关联网络的结构特征及其形成机制[J].地理学报,2020,11.

47. 封志明,唐焰,杨艳昭,张丹.中国地形起伏度及其与人口分布的相关性[J].地理学报,2007,10.

48. 高帆.中国粮食生产的地区变化1978～2003年[J].管理世界,2005,9.

49. 盖庆恩,朱喜,程名望,史清华.要素市场扭曲、垄断势力与全要素生产率[J].经济研究,2015,5.

50. 盖庆恩,朱喜,史清华.劳动力转移对中国农业生产的影响[J].经济学(季刊),2014,3.

51. 郭界秀.比较优势理论研究新进展[J].国际贸易问题,2013,3.

52. 郭玮,王来武.粮食省长负责制:矛盾和问题[J].农业经济问题,1998,12.

53. 郭熙保,罗知.中国省际资本边际报酬估算[J].统计研究,2010,6.

54. 郭晓鸣,虞洪.四川粮食安全问题新常态及其应对思路[J].粮食问题研究,2015,3.

55. 郭犹焕.中国工业化过程中农村剩余劳动力转移研究[M].北京:中国农业科技出版社,1995.

56. 郤亮亮,黄季焜,冀县卿.村级流转管制对农地流转的影响及其变迁[J].中国农村经济,2014,12.

57. 顾莉丽.中国粮食主产区的演变与发展研究[D].长春:吉林农业大学,2012.

58. 郝枫.超越对数函数要素替代弹性公式修正与估计方法比较[J].数量经济技术经济研究,2015,4.

59. 郝晓燕,张益,韩一军.中国小麦生产布局演化及影响因素研究[J].中国农业资源与区划,2018,8.

60. 何欣,蒋涛,郭良燕,甘犁.中国农地流转市场的发展与农户流转农地行为研究——基于2013～2015年29省的农户调查数据[J].管理世界,2016,6.

61. 贺振华.农户外出、土地流转与土地配置效率[J].复旦学报(社会科学版),2006,4.

62. 侯东民,王德文,白南生等.从"民工荒"到"返乡潮":中国的刘易斯拐点到来了吗?[J].人口研究,2009,2.

63. 胡安俊,孙久文.中国制造业转移的机制、次序与空间模式[J].经济学(季刊),2014,4.

64. 胡瑞法,黄季焜.农业生产投入要素结构变化与农业技术发展方向[J].中国农村观察,2001,6.

65. 胡瑞法,梁勤,黄季焜.中国私部门农业研发投资的现状和变化趋势[J].中国软科学,2009,7.

66. 胡瑞法,冷燕.中国主要粮食作物的投入与产出研究[J].农业技术经济,2006,3.

67. 胡雪枝,钟甫宁.农村人口老龄化对粮食生产的影响——基于农村固定观察点数据的分析[J].中国农村经济,2012,7.

68. 黄爱军.中国粮食生产区域格局的变化趋势探讨[J].农业经济问题,1995,2.

69. 黄枫,孙世龙.让市场配置农地资源:劳动力转移与农地使用权市场发育[J].管理世界,2015,7.

70. 黄季焜,靳少泽.未来谁来种地:基于我国农户劳动力就业代际差异视角[J].农业技术经济,2015,1.

71. 黄勇峰,任若恩,刘晓生.中国制造业资本存量永续盘存法估计[J].经济学(季刊),2002,1.

72. 黄祖辉,王建英,陈志钢.非农就业,土地流转与土地细碎化对稻农技术效率的影响[J].2021(2014−11):4−16.

73. 姜会飞,潘学标,吴文良.中国小麦生产的时空变异及区域优势分析[J].中国农业资源与区划,2005,5.

74. 蒋为,黄玖立.国际生产分割、要素禀赋与劳动收入份额:理论与经验研究[J].世界经济,2014,5.

75. 金煜,陈钊,陆铭.中国的地区工业集聚:经济地理、新经济地理与经济政策[J].经济研究,2006,4.

76. 矫健.中国粮食市场调控政策研究[D].北京:中国农业科学院,2012.

77. 孔祥智.农业现代化国情教育读本[M].北京:中国经济出版社,2015.

78. 李宾.我国资本存量估算的比较分析[J].数量经济技术经济研究,2011,12.

79. 李波平,田艳平.两轮"民工荒"的比较分析与启示[J].农业经济问题,2011,1.

80. 李成贵.中国农业结构的形成、演变与调整[J].中国农村经济,1999,5.

81. 李春玲.流动人口地位获得的非制度途径:流动劳动力与非流动劳动力之比较[J].社会学研究,2006,5.

82. 李稻葵,刘霖林,王红领.GDP中劳动份额演变的U型规律[J].经济研究,2009,1.

83. 李谷成.资本深化、人地比例与中国农业生产率增长:一个生产函数分析框架[J].中国农村经济,2015,1.

84. 李克南,杨晓光,慕臣英,徐华军,陈阜.全球气候变暖对中国种植制度可能影响Ⅷ——气候变化对中国冬小麦冬春性品种种植界限的影响[J].中国农业科学,2013,8.

85. 李明辉,周玉玺,周林,杨洁,王盈桦.中国小麦生产区域优势度演变及驱动因素分析[J].中国农业资源与区划,2015,5.

86. 李明艳.农村劳动力转移对农地利用效率的影响研究[M].北京:社会科学文献出版社,2012.

87. 李旻,赵连阁.农业劳动力"老龄化"现象及其对农业生产的影响——基于辽宁省的实证分析[J].农业经济问题,2009a,10.

88. 李旻,赵连阁.农业劳动力"女性化"现象及其对农业生产的影响——基于辽宁省的实证分析[J].中国农村经济,2009b,5.

89. 李辉文.现代比较优势理论的动态性质——兼评"比较优势陷阱[J].经济评论,2004,1.

90. 李澜,李阳.我国农业劳动力老龄化问题研究——基于全国第二次农业普查数据的分析[J].农业经济问题,2009b,6.

91. 李瑞芬,何美丽,郭爱云.农村劳动力转移:形势与对策[M].北京:中国农业出版社,2006.

92. 李伟.中国小麦生产的时空演变特征及其影响因素分析[J].中国农业资源与区划,2019,10.

93. 李亚婷,苗长虹,潘少奇.中国县域人均粮食占有量的时空格局——基于户籍人口和常住人口的对比分析[J].地理学报,2014,12.

94. 李裕瑞,卞新民.江苏省粮食生产地域格局变化研究[J].地域研究与开发,2008,2.

95. 李政通,姚成胜,梁龙武.中国粮食生产的区域类型和生产模式演变分析[J].地理研究,2018,5.

96. 黎霆,赵阳,辛贤.当前农地流转的基本特征及影响因素分析[J].中国农村经济,2009,10.

97. 梁琦,陈强远,王如玉.户籍改革、劳动力流动与城市层级体系优化[J].中国社会科学,2013,12.

98. 梁小民.舒尔茨及其"改造传统农业"[J].世界经济,1985,11.

99. 林本喜,邓衡山.农业劳动力老龄化对土地利用效率影响的实证分析——基于浙江省农村固定观察点数据[J].中国农村经济,2012,4.

100. 林坚,李德洸.非农就业与粮食生产:替代抑或互补——基于粮食主产区农户视角的分析[J].中国农村经济,2013,9.

101. 林毅夫,沈明高.我国农业科技投入选择的探析[J].农业经济问题,1991,7.

102. 林毅夫.制度、技术与中国农业发展[M].上海:上海人民出版社,1994.

103. 林毅夫.新结构经济学[M].北京:北京大学出版社,2012.

104. 刘彬彬,林滨,冯博,史清华.劳动力流动与农村社会治安:模型与实证[J].管理世界,2017,9.

105. 刘帅,钟甫宁.实际价格、粮食可获性与农业生产决策——基于农户模型的分析框架和实证检验[J].农业经济问题,2011,6.

106. 刘涛,齐元静,曹广忠.中国流动人口空间格局演变机制及城镇化效应——基于2000和2010年人口普查分县数据的分析[J].地理学报,2015,4.

107. 刘魏,张应良,李国珍,田红宇.工商资本下乡、要素配置与农业生产效率[J].农业技术经济,2018,9.

108. 刘颖,南志标.农地流转对农地与劳动力资源利用效率的影响——基于甘肃省农户调查数据的实证研究[J].自然资源学报,2019,5.

109. 刘玉,王国刚,高秉博,周艳兵.中国粮食生产的区域格局变化研究——基于1998—2010年的数据实证分析[J].农业现代化研究,2012,6.

110. 刘珍环,唐鹏钦,范玲玲,杨鹏,吴文斌.1980—2010年东北地区种植结构时空变化特征[J].中国农业科学,2016,21.

111. 刘纪远,宁佳,匡文慧等.2010—2015年中国土地利用变化的时空格局与新特征[J].地理学报,2018,5.

112. 刘纪远,张增祥,庄大方等.20世纪90年代中国土地利用变化时空特征及其成因分析[J].地理研究,2003,1.

113. 刘建进.一个农户劳动力模型及有关农业剩余劳动力的实证研究[J].中国农村经济,1997,6.

114. 刘乃全,刘学华.劳动力流动、农业种植结构调整与粮食安全——基于"良田种树风"的一个分析[J].南方经济,2009,6.

115. 刘守英,章元."刘易斯转折点"的区域测度与战略选择:国家统计局 7 万户抽样农户证据[J].改革,2014,5.

116. 刘毓芸,徐现祥,肖泽凯.劳动力跨方言流动的倒 U 型模式[J].经济研究,2015,10.

117. 卢布,丁斌,吕修涛,于振文,赵广才,万富世.中国小麦优势区域布局规划研究[J].中国农业资源与区划,2010,2.

118. 卢锋.中国农民工工资走势:1979—2010[J].中国社会科学,2012,7.

119. 陆文聪,梅燕.中国粮食生产区域格局变化及其成因实证分析——基于空间计量经济学模型[J].中国农业大学学报(社会科学版),2007,3.

120. 陆文聪,梅燕,李元龙.中国粮食生产的区域变化:人地关系、非农就业与劳动报酬的影响效应[J].中国人口科学,2008,3.

121. 吕超,孙国锋.中国马铃薯生产区域布局的时空特征与驱动机制研究——基于主产区的面板数据的分析[J].中国农业资源与区划,2019,6.

122. 罗必良,何应龙,汪沙,尤娜莉.土地承包经营权:农户退出意愿及其影响因素分析——基于广东省的农户问卷[J].中国农村经济,2012,6.

123. 罗必良,张露,仇童伟.小农的种粮逻辑——40 年来中国农业种植结构的转变与未来策略[J].南方经济,2018,8.

124. 罗长远,张军.劳动收入占比下降的经济学解释——基于中国省级面板数据的分析[J].管理世界,2009,5.

125. 罗浩轩.中国区域农业要素禀赋结构变迁的逻辑和趋势分析[J].中国农村经济,2017,3.

126. 罗万纯,陈永福.中国粮食生产区域格局及影响因素研究[J].农业技术经济,2005,6.

127. 马继迁.劳动力市场分割对失地农民就业的影响[J].华东经济管理,2017,12.

128. 马发展.关于当前我国农业科技投入若干问题的思考[J].农业经济问题,2003,6.

129. 马晓河,马建蕾.中国农村劳动力到底剩余多少?[J].中国农村经济,2007,12.

130. 米胜渊,谭雪兰,谭杰扬,蒋凌霄,王振凯.近30年来洞庭湖地区水稻种植面积演变的影响因素分析[J].自然资源学报,2020,10.

131. 闵师,项诚,赵启然,王晓兵.中国主要农产品生产的机械劳动力替代弹性分析——基于不同弹性估计方法的比较研究[J].农业技术经济,2018,4.

132. 南亮进,马欣欣.中国经济的转折点:与日本的比较[J].中国劳动经济学,2010,1.

133. 聂雷,郭忠兴,汪险生,何如海.我国主要粮食作物生产重心演变分析[J].农业现代化研究,2015,3.

134. 农业部软科学委员会课题组.中国农业进入新阶段的特征和政策研究[J].农业经济问题,2001,1.

135. 钱龙,洪名勇.非农就业、土地流转与农业生产效率变化——基于CFPS的实证分析[J].中国农村经济,2016(12):15.

136. 钱纳里,赛尔昆.发展的型式:1950—1970[M].北京:经济科学出版社,1988.

137. 钱文荣,郑黎义.劳动力外出务工对农户水稻生产的影响[J].中国人口科学,2010,5.

138. 钱文荣,郑黎义.劳动力外出务工对农户农业生产的影响——研究现状与展望[J].中国农村观察,2011,1.

139. 钱忠好.非农就业是否必然导致农地流转——基于家庭内部分工的理论分析及其对中国农户兼业化的解释[J].中国农村经济,2008,10.

140. 秦立建,张妮妮,蒋中一.土地细碎化、劳动力转移与中国农户粮食生产——基于安徽省的调查[J].农业技术经济,2011,11.

141. 仇童伟,罗必良.种植结构"趋粮化"的动因何在?——基于农地产权与要素配置的作用机理及实证研究[J].中国农村经济,2018,2.

142. 全炯振.中国农业的增长路径:1952—2008年[J].农业经济问题,2010,9.

143. 单豪杰.中国资本存量K的再估算:1952~2006年[J].数量经济技术经济研究,2008,10.

144. 石智雷,杨云彦.家庭禀赋、家庭决策与农村迁移劳动力回流[J].社会学研究,2012,3.

145. 舒尔茨.改造传统农业[D].北京:商务印书馆,1987.

146. 宋洪远,廖洪乐. 农业发展新阶段与战略性结构调整——政策背景、主要内容、执行情况及对策建议[J]. 管理世界,2001,6.

147. 速水佑次郎,神门善久. 发展经济学:从贫困到富裕[M]. 北京:社会科学文献出版社,2005.

148. 速水佑次郎,弗农·拉坦. 农业发展的国际分析[M]. 北京:中国社会科学出版社,2000.

149. 苏昕,刘昊龙. 农村劳动力转移背景下农业合作经营对农业生产效率的影响[J]. 中国农村经济,2017,5.

150. 孙爱军,刘生龙. 人口结构变迁的经济增长效应分析[J]. 人口与经济,2014,1.

151. 孙月平. 应用福利经济学[M]. 北京:经济管理出版社,2004.

152. 王超恩,符平,敬志勇. 农民工职业流动的代际差异及其影响因素[J]. 中国农村观察,2013,5.

153. 王诚. 中国就业转型:从隐蔽失业、就业不足到效率型就业[J]. 经济研究,1996,5.

154. 王凤,刘艳芳,孔雪松,陈奕云,潘佳威. 中国县域粮食产量时空演变及影响因素变化[J]. 经济地理,2018,5.

155. 王桂新. 人口与发展:上海、东京的比较[J]. 复旦学报(社会科学版),2003,6.

156. 王介勇,刘彦随. 1990年至2005年中国粮食产量重心演进格局及其驱动机制[J]. 资源科学,2009,7.

157. 王金朔,曹雪,金晓斌,周寅康. 1644—1949年中国粮食生产与运输格局变迁初探[J]. 资源科学,2014,11.

158. 王欧,唐轲,郑华懋. 农业机械对劳动力替代强度和粮食产出的影响[J]. 中国农村经济,2016,12.

159. 王庶,岳希明. 退耕还林、非农就业与农民增收——基于21省面板数据的双重差分分析[J]. 经济研究,2017,4.

160. 王跃梅. 农村劳动力外流与粮食安全问题研究[D]. 杭州:浙江大学,2011.

161. 王子成,赵忠. 农民工迁移模式的动态选择:外出、回流还是再迁移[J]. 管理世界,2013,1.

162. 王红玲.关于农业剩余劳动力数量的估计方法与实证分析[J].经济研究,1998,4.

163. 王检贵,丁守海.中国究竟还有多少农业剩余劳动力[J].中国社会科学,2005,5.

164. 王金田,王学真,高峰.全国及分省份农业资本存量 K 的估算[J].农业技术经济,2007,4.

165. 王冉,盛来运.中国城市农民工社会保障影响因素实证分析[J].中国农村经济,2008,9.

166. 王小鲁,樊纲等.中国经济增长的可持续性——跨世纪的回顾与展望[M].北京:经济科学出版社,2000.

167. 王孝松,谢申祥.国际农产品价格如何影响了中国农产品价格?[J].经济研究,2012,3.

168. 王燕飞,蒲勇健.中国对外贸易的劳动就业效应:贸易结构视角[J].国际贸易问题,2009,3.

169. 王跃梅,姚先国,周明海.农村劳动力外流、区域差异与粮食生产[J].管理世界,2013,11.

170. 魏后凯.中国农业发展的结构性矛盾及其政策转型[J].中国农村经济,2017,5.

171. 魏锴,杨礼胜,张昭.对我国农业技术引进问题的政策思考——兼论农业技术进步的路径选择[J].农业经济问题,2013,4.

172. 吴方卫,康姣姣.农业补贴、相对要素价格与农地流转[J].财经研究,2020a,5.

173. 吴方卫,康姣姣.中国农村外出劳动力回流与再外出研究[J].中国人口科学,2020b,3.

174. 吴方卫,康姣姣.农民工流向选择和区域流动变化研究——基于河南省农民工流向的经验研究[J].农业技术经济,2019,12.

175. 吴方卫.我国农业资本存量的估计[J].农业技术经济,1999,6.

176. 吴方卫,闫周府.劳动禀赋变化:要素替代抑或生产退出——以蚕桑生产为例[J].农业技术经济,2018,12.

177. 吴建寨,张建华,孔繁涛.中国粮食生产与消费的空间格局演变[J].农业技术经济,2015,11.

178. 吴丽丽.劳动力成本上升对我国农业生产的影响研究[D].武汉:华中农业大学,2016

179. 伍山林.中国粮食生产区域特征与成因研究:市场化改革以来的实证分析[J].经济研究,2000,10.

180. 习近平.党的十九大报告[M].北京:人民出版社,2017.

181. 夏胜.资本深化,禀赋结构的农业生产效率影响研究[D].杭州:浙江大学,2018

182. 夏怡然,苏锦红,黄伟.流动人口向哪里集聚?——流入地城市特征及其变动趋势[J].人口与经济,2015,3.

183. 肖皓,刘姝,杨翠红.农产品价格上涨的供给因素分析:基于成本传导能力的视角[J].农业技术经济,2014,6.

184. 肖卫东.中国种植业地理集聚:时空特征,变化趋势及影响因素[J].中国农村经济,2012,5.

185. 谢培秀.关于中国农村剩余劳动力数量的估计[J].中国人口·资源与环境,2004,1.

186. 辛良杰,李秀彬,谈明洪.中国区域粮食生产优势度的演变及分析[J].农业工程学报,2009,2.

187. 许丽丽,李宝林,袁烨城等.2000—2010年中国耕地变化与耕地占补平衡政策效果分析[J].资源科学,2015,8.

188. 许庆,刘守英,高汉.农村剩余劳动力尚未消耗完毕——来自省、县和农户数据的证据[J].中国人口科学,2013,2.

189. 徐春春,周锡跃,李凤博,方福平.中国水稻生产重心北移问题研究[J].农业经济问题,2013,7.

190. 徐现祥,周吉梅,舒元.中国省区三次产业资本存量估计[J].统计研究,2007,5.

191. 徐志刚.比较优势与中国农业生产结构调整[D].南京:南京农业大学,2001.

192. 徐志刚,钟甫宁,傅龙波.中国农产品的国内资源成本及比较优势[J].农业技术经济,2000,4.

193. 徐志刚,宁可,钟甫宁,纪月清.新农保与农地转出:制度性养老能替代土地养老吗？——基于家庭人口结构和流动性约束的视角[J].管理世界,2018,5.

194.徐志刚,谭鑫,郑旭媛,陆五一.农地流转市场发育对粮食生产的影响与约束条件[J].中国农村经济,2017,9.

195.薛庆根,王全忠,朱晓莉,周宏.劳动力外出、收入增长与种植业结构调整——基于江苏省农户调查数据的分析[J].南京农业大学学报(社会科学版),2014,6.

196.薛宇峰.中国粮食生产区域分化的现状和问题——基于农业生产多样化理论的实证研究[J].管理世界,2008,3.

197.杨春.中国主要粮食作物生产布局变迁及区位优化研究[D].杭州:浙江大学,2009.

198.杨继军,马野青.农村剩余劳动力:理论阐释、数量匡算与经验分析[J].中国经济问题,2011,5.

199.杨继军,范从来.刘易斯拐点、比较优势蝶化与中国外贸发展方式的选择[J].经济学家,2012,2.

200.杨进,钟甫宁,陈志钢,彭超.农村劳动力价格、人口结构变化对粮食种植结构的影响[J].管理世界,2016,1.

201.杨忍,徐茜,张琳,陈燕纯.珠三角外围地区农村回流劳动力的就业选择及影响因素[J].地理研究,2018,11.

202.杨万江,陈文佳.中国水稻生产空间布局变迁及影响因素分析[J].经济地理,2011,12.

203.杨振宇,张程.东迁、自选择与劳动力溢价:"孔雀东南飞"背后的故事[J].经济学(季刊),2017,4.

204.杨志海,麦尔旦·吐尔孙,王雅鹏.劳动力转移及其分化对农业生产效率的影响——以江汉平原水稻和棉花种植为例[J].中国农业大学学报,2016,12.

205.杨志明.中国特色农民工发展研究[J].中国农村经济,2017,10.

206.杨宗辉,蔡鸿毅,陈珏颖,刘合光.我国玉米生产空间布局变迁及其影响因素分析[J].中国农业资源与区划,2018,12.

207.姚洋.非农就业结构与土地租赁市场的发育[J].中国农村观察,1999,2.

208.叶志标,李文娟.小麦空间布局演变及驱动因素分析的研究现状[J].中国农业资源与区划,2019,3.

209. 叶兴庆."米袋子"省长负责制:政策含义,出台背景及完善对策[J].农业经济问题,1996,1.

210. 叶兴庆.论新一轮农业结构调整[J].中国农村经济,1999,11.

211. 应瑞瑶,郑旭媛.资源禀赋、要素替代与农业生产经营方式转型——以苏、浙粮食生产为例[J].农业经济问题,2013,12.

212. 游和远,吴次芳.农地流转、禀赋依赖与农村劳动力转移[J].管理世界,2010(3):11.

213. 袁志刚.关于中国"刘易斯拐点"的三个疑问[J].当代经济,2010,19.

214. 约翰·奈特,邓曲恒,李实,杨穗.中国的民工荒与农村剩余劳动力[J].管理世界,2011,11.

215. 翟荣新,刘彦随.20世纪90年代以来中国粮食生产的区域格局变动[J].中国农业资源与区划,2008,2.

216. 张红宇.中国农地调整与使用权流转:几点评论[J].管理世界,2002,5.

217. 张军,覃志豪,李文娟,尤飞,张文博,张伟,程敏.1949—2009年中国粮食生产发展与空间分布演变研究[J].中国农学通报,2011,24.

218. 张兴华.中国农村剩余劳动力的重新估算[J].中国农村经济,2013,8.

219. 张怡.中国花生生产布局变动解析[J].中国农村经济,2014,11.

220. 张车伟.劳动力流动发生根本变化,已停止向东部流动.http://iple.cass.cn/xzzl/zcw/gd/201405/t20140519_1949341.shtml.

221. 张车伟,张士斌.中国初次收入分配格局的变动与问题——以劳动报酬占GDP份额为视角[J].中国人口科学,2010,5.

222. 张军,吴桂英,张吉鹏.中国省际物质资本存量估算:1952—2000[J].经济研究,2004,10.

223. 张茜,屈鑫涛,魏晨.粮食安全背景下的家庭农场"非粮化"研究——以河南省舞钢市21个家庭农场为个案[J].东南学术,2014,3.

224. 张莉,何晶,马润泓.房价如何影响劳动力流动?[J].经济研究,2017,8.

225. 张曙光.尊重农民对土地制度的创新[J].中国合作经济,2010,7.

226. 张兴华.中国农村剩余劳动力的重新估算[J].中国农村经济,2013,8.

227. 张展新.从城乡分割到区域分割——城市外来人口研究新视角[J].人口研究,2007,6.

228. 张照新,陈金强. 我国粮食补贴政策的框架、问题及政策建议[J]. 农业经济问题,2007,7.

229. 张卓元. 中国价格改革目标的较早确立及其影响——纪念价格改革40周年[J]. 价格理论与实践,2018,12.

230. 张宗毅. 2014年中国农机化发展形势分析[J]. 中国农机化学报,2014,(01):1—7.

231. 张璋,周海川. 非农就业、保险选择与土地流转[J]. 中国土地科学,2017,10.

232. 章元,吴伟平,潘慧. 劳动力转移、信贷约束与规模经营——粮食主产区与非主产区的比较研究[J]. 农业技术经济,2017,10.

233. 章铮. 民工供给量的统计分析——兼论"民工荒"[J]. 中国农村经济,2005,1.

234. 赵晓丽,张增祥,汪潇等. 中国近30年耕地变化时空特征及其主要原因分析[J]. 农业工程学报,2014,3.

235. 赵永平,常钦,马跃峰. 地,究竟该咋种?——来自河南、山东两个农业大县的调查[J]. 农村经营管理,2016,6.

236. 郑黎义. 劳动力外出务工对农户农业生产的影响[D]. 杭州:浙江大学,2010.

237. 郑旭媛. 资源禀赋约束、要素替代与中国粮食生产变迁[D]. 南京:南京农业大学,2015.

238. 郑旭媛,徐志刚,应瑞瑶. 城市化与结构调整背景下的中国粮食生产变迁与区域异质性[J]. 中国软科学,2014,11.

239. 郑旭媛,徐志刚. 资源禀赋约束、要素替代与诱致性技术变迁——以中国粮食生产的机械化为例[J]. 经济学(季刊),2016,1.

240. 钟甫宁,刘顺飞. 中国水稻生产布局变动分析[J]. 中国农村经济,2007,9.

241. 钟甫宁,邢鹂. 粮食单产波动的地区性差异及对策研究[J]. 中国农业资源与区划,2004,3.

242. 钟甫宁,陆五一,徐志刚. 农村劳动力外出务工不利于粮食生产吗?——对农户要素替代与种植结构调整行为及约束条件的解析[J]. 中国农村经济,2016,7.

243. 周传豹,吴方卫,张锦华. 收支余额变动与中国农村转移劳动力跨区域回流趋势[J]. 农业技术经济,2016,4.

244. 周晶,陈玉萍,阮冬燕. 地形条件对农业机械化发展区域不平衡的影响——

基于湖北省县级面板数据的实证分析[J].中国农村经济,2013,9.

245.周美君,李飞,邵佳琪,杨海娟.气候变化背景下中国玉米生产潜力变化特征[J].地理科学进展,2020,3.

246.周天勇.刘易斯拐点来临恐怕要到2020年以后[C].CMRC中国经济观察（总第22期）,2010,7.

247.周建锋.我国的"刘易斯拐点"研究——诠释、判断与反思[J].人口与经济,2014,5.

248.周晶,陈玉萍,阮冬燕.地形条件对农业机械化发展区域不平衡的影响——基于湖北省县级面板数据的实证分析[J].中国农村经济,2013,9.

249.朱启荣.中国棉花主产区生产布局分析[J].中国农村经济,2009,4.

250.朱福守,蒋和平.我国农业"四项补贴"政策回顾与建议[J].中国农业科技导报,2016,5.

251.朱有志,蓝万炼.农业产业空间转移论[M].长沙:湖南人民出版社,2003.

252.朱之鑫.国家统计报表制度主要指标解释[M].北京:中国统计出版社,2000.

253.宗振利,廖直东.中国省际三次产业资本存量再估算:1978—2011[J].贵州财经大学学报,2014,3.

254.佐藤宏,李实.中国农村地区的家庭成份、家庭文化和教育[J].经济学(季刊),2008,4.

255. Acemoglu,D.,Linn,J.,"Market size in innovation:theory and evidence from the pharmaceutical industry",The Quarterly journal of economics,2004,119(3):1049－1090.

256. Akamatsu,K.,"A historical pattern of economic growth in developing countries",The developing economies,1962,1(1),3－25.

257. Arauzo‐Carod,J. M.,Liviano-Solis,D.,& Manjón-Antolín,M.,"Empirical studies in industrial location:an assessment of their methods and results",Journal of Regional Science,2010,50(3),685－711.

258. Atamanov A,Berg M V D. Heterogeneous Effects of International Migration and Remittances on Crop Income:Evidence from the Kyrgyz Republic[J]. World Development,2012,40(3):620－630.

259. Bai C. E. ,Hsieh C. T. ,Qian Y. ,The return to capital in China,Brookings Paperson Economic Activity,2006,2,1—68.

260. Barrientos,A. ,"Social transfers and growth:What do we know? What do we need to find out?",World Development,2012,40(1):11—20.

261. Barnum H N,Squire L. An econometric application of the theory of the farm —household[J]. Journal of Development,1979,6(1):79—102.

262. Bentolila, S. , & Saint — Paul, G. , "Explaining movements in the labor share",Contributions in Macroeconomics,2003,3(1).

263. Bhandari P ,Ghimire D. Rural Agricultural Change and Individual Out—migration[J]. Rural Sociology,2016,81(4):572—600.

264. Binswanger H P. A Cost Function Approach to the Measurement of Elasticities of Factor Demand and Elasticities of Substitution[J]. American Journal of Agricultural Economics,1974,56(2).

265. Boski P. A Psychology of Economic Migration[J]. Journal of Cross—Cultural Psychology,2013,44(7):1067—1093.

266. Bogue,D. J. ,The study *of population,an inventory appraisal*. Chicago: University of Chicago Press,1959.

267. Brauw,Alan de. Migration,Youth,and Agricultural Productivity in Ethiopia [C]. Allied Social Science Association Agricultural and Applied Economics Association,2015.

268. Caselli,F. ,& Feyrer,J. ,"The marginal product of capital",*The quarterly journal of economics*,2007,122(2),535—568.

269. Che,Yi. Off-farm employments and land rental behavior:evidence from rural China[J]. China Agricultural Economic Review,2016,8(1):37—54.

270. Chiodi, V. ,Jaimovich, E. , & Montes-Rojas, G. , "Migration, Remittances and Capital Accumulation:Evidence from Rural Mexico",*Journal of Development Studies*,2012,48(8),1139—1155.

271. Chow,G. C. ,& Li,K. W. ,"China's economic growth:1952 - 2010",*Economic Development and Cultural Change*,2002,51(1),247—256.

272. Daniel K,Kilkenny M. Decouplage des aides a l'agriculture et localisation des

activites[J]. Economie Internationale,2003,(91):73—92.

273. Deininger K,Jin S. The potential of land rental markets in the process of economic development:Evidence from China[J]. Journal of Development Economics, 2005,78(1):241—270.

274. Dixit,A. ,J. Stiglitz,Monopoly Competition and Optimum Product Diversity [J]. American Economic Review,1977,67(3):297—308.

275. De La Grandville O,"In quest of the Slutsky diamond",*The American Economic Review*,1989,468—481.

276. Dollar,D. ,"Technological differences as a source of comparative advantage",*The American Economic Review*,1993,83(2),431—435.

277. Emerick K. Agricultural Productivity and the Sectoral Reallocation of Labor in Rural India[J]. Journal of Development Economics. 2018,135(c):488— 503.

278. Finkelstein,A. ,"Static and dynamic effects of health policy:Evidence from the vaccine industry",*The Quarterly Journal of Economics*,2004,119(2):527—564.

279. Gabszewicz,J. ,Tarola,O. ,Zanaj,S. Migration,wages and income taxes[J]. International Tax and Public Finance,2015,23(3),434—453.

280. Garnett, T. , et al. Sustainable intensification ogagriculture: Premises and policies,Science,2013,341(7):33—34.

281. Gary S. Becker. A Theory of the Allocation of Time[J]. The Economic Journal,1965,299(75):493—517.

282. Garnaut,R. ,& Song,L. (Eds.). ,*The turning point in China's economic development*,ANUE Press,2006.

283. Gollin,D. ,"Getting income shares right",*Journal of political Economy*, 2002,110(2),458—474.

284. Gohin A,Moschini R A E,Chair P O E. Evaluating the Market and Welfare Impacts of Agricultural Policies in Developed Countries: Comparison of Partial and General Equilibrium Measures[J]. Review of Agricultural Economics,2006,28(2): 195—211.

285. Gomme,P. ,& Rupert,P. ,"Measuring labor's share of income",*FRB of Cleveland Policy Discussion Paper*,2004,(7).

286. Griliches,Z. ,"Hybrid corn:An exploration in the economics of technological change. Econometrica",*Journal of the Econometric Society*,1957,501—522.

287. Griliches, Z. , Schmookler, J. , "Inventing and maximizing", *The American Economic Review*,1963,53(4):725—729.

288. G,S. ,Becker,"Education and the Distribution of Earnings",*American Economic Review* ,1966,56(1):358—380

289. Hall,R. E. ,& Jones,C. I. ,"Why do some countries produce so much more output per worker than others?",*The quarterly journal of economics*,1999,114(1),83—116.

290. Hauser,P. M. ,& Duncan,O. D. (Eds.). ,*The study of population:An inventory and appraisal*,Chicago:University of Chicago Press,1959.

291. Hayami,Y. ,& Ruttan,V. W. ,*Agricultural development:an international perspective*,Baltimore,Md/London:The Johns Hopkins Press,1971.

292. Hayami Y. ,Ruttan V W. Agricultural Development:An International Perspective[J]. American Journal of Agricultural Economics,1985,33(2):123—141(19).

293. Hayami Y. Sources of Agricultural Productivity Gap among Selected Countries[J]. American Journal of Agricultural Economics,1969,51(3):564—575.

294. Hicks,J. ,*The theory of wages*,Springer,1963.

295. Holz,C. A. ,"New capital estimates for China",*China economic review*,2006,17(2),142—185.

296. Hsueh Tien-tung,Qiang Li,eds,*China's National Income*:1952—1995,Boulder:Westview Press,1999.

297. Hu,Z. F. ,& Khan,M. S. ,1997,"Why is China growing so fast?",*Staff Papers*,44(1),103—131.

298. Huang J,Gao L,Rozelle S,et al. The effect of off—farm employment on the decisions of households to rent out and rent in cultivated land in China[J]. China Agricultural Economic Review,2012,41:5—17.

299. Huang,J. ,Wu,Y. ,& Rozelle,S. ,"Moving off the farm and intensifying agricultural production in Shandong:a case study of rural labor market linkages in Chi-

na",*Agricultural Economics*,2009,40(2),203—218.

300. Huang,J.,Kim,Y.,and Guo,B.,"Food insecurity and disability: Do economic resources matter?" *Social Science Research*,2010,39(1):111—124.

301. Ji,Y.,Yu,X.,& Zhong,F.,"Machinery investment decision and off-farm employment in rural China",*China Economic Review*,2012,23(1),71—80.

302. Johnson,D. G.,"The functional distribution of income in the United States,1850—1952",*The Review of economics and Statistics*,1954,175—182.

303. Kirwan B E,Roberts M J. Who Really Benefits from Agricultural Subsidies? Evidence from Field-level Data[J]. American Journal of Agricultural Economics,2016,98(4):1095—1113.

304. Kung J K. Off-Farm Labor Markets and the Emergence of Land Rental Markets in Rural China[J]. Journal of Comparative Economics,2002,30(2):395—414.

305. Kyle Emerick. Agricultural productivity and the sectoral reallocation of labor in rural India[J]. Journal of Development Economics,2018,135(c):488—503.

306. Kamps,C.,2004,New Estimation of Government Net Capital Stocks for 22 OECD Countries 1960—2001,IMF Working Paper,No,WP/04/67.

307. Krugman,P.,"Increasing returns and economic geography",*Journal of political economy*,1991,99(3):483—499.

308. Kmenta J.,"On estimation of the CES production function",*International Economic Review*,1967,8(2):180—189.

309. Knight J,Song L,"Towards a labor market in China",*Oxford Review of Economic Policy*,1995,11(4):97—117.

310. Kojima K.,*Direct Foreign Investment:A Japanese Model of Multinational Business Operations*,New York:Praeger,1978.

311. Krugman,P.,"Increasing returns and economic geography",*Journal of political economy*,1991,99(3),483—499.

312. Lee,E. S.,"A theory of migration",*Demography*,1966,3(1),47—57.

313. Lewis A. Economic Development with Unlimited Supplier of Labour[J]. Manchester Schoof Economics and Social Studies,1954,22:139—156.

314. Luo B. 40-year reform of farmland institution in China: target, effort and the future[J]. China Agricultural Economic Review,2018,10(1):16—35.

315. Li,L. ,Wang,C. ,Segarra,E. ,& Nan,Z. ,"Migration, remittances, and agricultural productivity in small farming systems in Northwest China",*China Agricultural Economic Review*,2013,5(1),5—23.

316. Lin,J. Y. ,"Prohibition of factor market exchanges and technological choice in Chinese agriculture",*The journal of development studies*,1991a,27(4),1—15.

317. Lin,J. Y. ,"Public research resource allocation in Chinese agriculture:A test of induced technological innovation hypotheses",*Economic Development and Cultural Change*,1991b,40(1),55—73.

318. Lucas R. E. ,"On the Mechanics of Economic Development",*Journal of Monetary Economy*,1988,22(1):3—42.

319. Markusen,J. R. ,Svensson,L. ,E. ,"Trade in Goods and Factors with International Differences in Technology",*International Economic Review*,1985,(1):175—192.

320. Miluka, J. , Carletto, G. , Davis, B. , & Zezza, A. ,"*The vanishing farms? The impact of international migration on Albanian family farming*", The World Bank,2007.

321. Nerlove,M. ,*The dynamics of supply:estimation of farm supply response to price*,Baltimore,Johns Hopkins university press,1958.

322. Nerlove, M. ,& Bessler, D. , Expectations, Information and Dynamic, In B, Gardner & G. Rausser (Eds), Handbook of Agricultural Economics:Vol. 1,Amsterdam:Elsevier Science,2001.

323. Nerlove,Marc,Kenneth L. Bachman. The Analysis of Changes in Agricultural Supply:Problems and Approaches [J]. Journal of Farm Economics, 1960, 42 (3):531—554.

324. Olesen H. , Migration, Return, and Development:An Institutional Perspective[J]. International Migration. 2010,40(5):125—150.

325. Romer P. M. ,"Increasing Returns and Long—run Growth",*Journal of Political Economy*,1986,94(5):1002—1037.

326. Rozelle,S. ,Taylor,J. E. ,& DeBrauw,A. ,"Migration,remittances,and agricultural productivity in China",*American Economic Review*,1999,89(2),287—291.

327. Ranis G,Fei J C. A. Theory of economic development. [J]. American Economic Review,1961,51(4):533—565.

328. Restuccia D,Yang D T,Zhu X. Agriculture and aggregate productivity:A quantitative cross—country analysis[J]. Journal of Monetary Economics,2008,55(2):234—250.

329. Rozelle,S. ,Taylor,J. E. ,Debrauw,A. Migration,Remittances and Agricultural Productivity in China[J]. American Economic Review,1999,89(2):287—291.

330. Rybczynski,T. M. ,"Factor endowment and relative commodity prices",*Economica*,1955,22(88):336—341.

331. Singh,Inderjit,Squire,Lyn,Strauss,John. Agricultural household models:extensions,applications,and policy[M]. Published for the World Bank [by] the Johns Hopkins University Press,1986.

332. Song Y,Jigginss J. Feminization of Agriculture and Related Issues:Two Cases Study in Marginal Rural Area in China[C]. Leiden,Holland:European Conference on Agricultural and Rural Development in China,2000.

333. Su Yaqin,Tesfazion Petros,Zhao Zhong,Where are the Migrants From? Inter— vs. intra—provincial rural—urban migration in China[J]. China Economic Review. 2018,47:142—155.

334. Schmookler,Jacob,*Invention and economic growth*,Cambridge,mass:Harvard University Press,1966.

335. Schultz,T. W. ,Transforming traditional agriculture. *Transforming traditional agriculture*,1964.

336. Schumpeter,Joseph,A. ,*The theory of economic development*,Cambridge,mass:Harvard University Press,1934.

337. Shumway,C. R. ,"Recent duality contributions in production economics",*Journal of Agricultural and Resource Economics*,1995,178—194.

338. Stolper,W. F. ,Samuelson,P. A. ,"Protection and real wages",*The Review of Economic Studies*,1941,9(1):58—73.

339. Todaro, M. P. , "A model of labor migration and urban unemployment in less developed countries", *The American economic review*, 1969, 59(1), 138—148.

340. Todaro, M. P. , Economic Development in the Third World, ngman Inc. , London, 1985.

341. Taylor J E, Yunez-Naude, Antonio. The Returns from Schooling in a Diversified Rural Economy[J]. American Journal of Agricultural Economics, 2000, 82(2), 287—297.

342. Vernon R. , "International Investment and International Trade in Product Cycle", *Quarterly Journal of Economics*, 1966, 80(1), 197—207.

343. Wang, X. , Yamauchi, F. , & Huang, J. , "Rising wages, mechanization, and the substitution between capital and labor: Evidence from small scale farm system in China", *Agricultural economics*, 2016, 47(3), 309—317.

344. Wang, Y. , & Yao, Y. , *Sources of China's economic growth*, 1952—99: incorporating human capital accumulation. The World Bank, 1999.

345. Welsh R, Hubbell B, Carpentier C L. Agro-Food System Restructuring and the Geographic Concentration of US Swine Production[J]. Environment & Planning A, 2003, 35(2): 215—229.

346. Wu Yiyun, Xican X, Xin T, et al. Policy distortions, farm size, and the overuse of agricultural chemicals in China[J]. Proceedings of the National Academy of Sciences, 2018, 115(27): 7010—7015.

347. Yang, J. , Huang, Z. , Zhang, X. , & Reardon, T. , "The rapid rise of cross—regional agricultural mechanization services in China", *American Journal of Agricultural Economics*, 2013, 95(5), 1245—1251.

348. Yao, Y. , "The development of the land lease market in rural China", *Land Economics*, 2000, 252—266.

349. Yi F, Sun D, Zhou Y. Grain subsidy, liquidity constraints and food security—Impact of the grain subsidy program on the grain—sown areas in China[J]. Food Policy, 2015, 50: 114—124.

350. Young, A. , "Gold into base metals: Productivity growth in the People's Republic of China during the reform period", *Journal of political economy*, 2003, 111

(6),1220—1261.

351. Zhang, X. , Yang, J. , & Wang, S. , "China has reached the Lewis turning point", *China Economic Review*, 2011, 22(4), 542—554.

352. Zhang Q F, Ma Q, Xu X, et al. Development of Land Rental Markets in Rural Zhejiang: Growth of Off—farm Jobs and Institution Building[J]. The China Quarterly, 2004, 180(1): 1031—1049.

353. Zhang X, Yang J, Thomas R. Mechanization outsourcing clusters and division of labor in Chinese agriculture[J]. China Economic Review, 2017, 43: 184—195.